兰州大学哲学社会科学文库

Philosophy and Social Sciences Library of Lanzhou University

# 消费者行为研究中的
# 理论与应用

柳武妹　严燕　著

兰州大学出版社

LANZHOU UNIVERSITY PRESS

**图书在版编目（ＣＩＰ）数据**

消费者行为研究中的理论与应用 / 柳武妹，严燕著
. -- 兰州 ：兰州大学出版社，2023.11
ISBN 978-7-311-06586-7

Ⅰ．①消… Ⅱ．①柳… ②严… Ⅲ．①消费者行为论
－研究 Ⅳ．①F713.55

中国国家版本馆CIP数据核字(2023)第229257号

责任编辑　王曦莹　　宋婷
封面设计　张友乾

| | |
|---|---|
| 书　　名 | **消费者行为研究中的理论与应用** |
| 作　　者 | 柳武妹　严燕　著 |
| 出版发行 | 兰州大学出版社　（地址：兰州市天水南路222号　730000） |
| 电　　话 | 0931-8912613(总编办公室)　0931-8617156(营销中心) |
| 网　　址 | http://press.lzu.edu.cn |
| 电子信箱 | press@lzu.edu.cn |
| 印　　刷 | 兰州人民印刷厂 |
| 开　　本 | 710 mm×1020 mm　1/16 |
| 印　　张 | 25.25 |
| 字　　数 | 507千 |
| 版　　次 | 2023年11月第1版 |
| 印　　次 | 2023年11月第1次印刷 |
| 书　　号 | ISBN 978-7-311-06586-7 |
| 定　　价 | 92.00元 |

# 出版说明

党的二十大报告提出的"加快构建中国特色哲学社会科学学科体系、学术体系、话语体系，培育壮大哲学社会科学人才队伍"的重要精神，为我国高校哲学社会科学事业发展提供了根本遵循，为高校育人育才提供了重要指引。高校作为哲学社会科学"五路大军"中的重要力量，承载着立德树人、培根铸魂的职责。高校哲学社会科学要践行育人使命，培养堪当民族复兴重任的时代新人；要承担时代责任，回答中国之问、世界之问、人民之问、时代之问。

作为教育部直属的"双一流"建设高校，兰州大学勇担时代重任，秉承"为天地立心，为生民立命，为往圣继绝学，为万世开太平"的志向和传统，为了在兰州大学营造浓厚的"兴文"学术氛围，从而为"新文科"建设和"双一流"建设助力，启动了开放性的文化建设项目"兰州大学哲学社会科学文库"（简称"文库"）。"文库"以打造兰州大学高端学术品牌、反映兰州大学哲学社会科学研究前沿、体现兰州大学相关学科领域学术实力、传承兰州大学优良学术传统为目标，以集中推出反映新时代中国特色社会主义理论和实践创新成果、发挥兰州大学哲学社会科学优秀成果和优秀人才的示范引领作用为关键，以推进学科体系、学术体系、话语体系建设和创新为主旨，以鼓励兰大学者创作出反映哲学社会科学研究前沿水平的高质量创新成果为导向，兰州大学组织哲学社会科学各学科领域专家评审后，先期遴选出10种政治方向正确、学术价值厚重、聚焦学科前沿的思想性、科学性、原创性强的学术成果结集为"兰州大学哲学社会科学文库"第一辑出版。

"士不可以不弘毅，任重而道远。"兰州大学出版社以弘扬学术风范为己任，肩负文化强国建设的光荣使命，按照"统一设计、统一标识、统一版式、形成系列"的总体要求，以极其严谨细致的态度，力图为读者奉献出系列学术价值厚重、学科特色突出、研究水平领先的精品学术著作，进而展示兰大学人严谨求实、守正创新的治学态度和"自强不息、独树一帜"的精神风貌，使之成为具有中国特色、兰大风格、兰大气派的哲学社会科学学术高地和思想交流平台，为兰州大学"新文科"建设和"双一流"建设，繁荣我国哲学社会科学建设和人才培养贡献出版力量。

兰州大学出版社

二〇二三年十月

# 前　言

自2020年秋季学期开始，我给学院硕士生和博士生开设了"社会心理学和消费者行为：理论研读"这门课程。当时课程只占18个学分，由我和其他两位老师合上。随后，课程的学分增加到36个学分。我承担的课时比重也占了3/4。出于备课的需要，我对自己从2011年攻读博士学位起积累的社会心理学理论进行了梳理。梳理时，我才恍悟社会心理学领域的一些前沿理论构成了消费者行为研究的理论基石。于是，我便萌生出写一本专著的想法。我想着这本专著的主题是"社会心理学中的理论对消费者行为研究的渗透和应用"。这本专著的目标人群是社会心理学和消费者行为领域的学者、学生以及企业管理和销售人员。当我和我的同事兼好友严燕博士提及这一想法时，我们一拍即合。但由于我们手头上都有研究项目要开展，所以这一写书的计划就一直被搁置。而学院在2022年6月底发给我们的一封邮件使这件事情提上我们的工作日程。根据学院的邮件内容，学校组织老师申报2022

年兰州大学哲学社会科学文库项目，并且对通过专家评审的申报成果予以资助。

出于截止日期的压力，我们开始规划书的章节框架，并且组织安排团队成员贡献素材。截至提交这份申报成果的时间，成形的书稿依旧不是很完善，但主题架构和逻辑框架均已成形。在这个过程中，我先制定了整本书的逻辑框架并对每一章撰写什么理论以及如何撰写进行了规划。具体而言，我的想法是一章介绍一个理论。在每个理论介绍时都遵循下述统一的结构安排：先介绍理论提出者和起源文献中的观点，随后介绍理论的后续推进和深化，接下来介绍理论在消费者行为研究中的应用，最后介绍理论对我们自己研究的启发和启示。

基于这一框架和结构，严燕博士撰写了本书第一至第六章中的解释水平理论、调节聚焦理论、恐惧管理理论、感知控制双过程模型、生命史理论以及心理抗拒理论。我的博士生杨巧英同学提供了第七章行为免疫系统的素材，康娜同学提供了第八章社会比较理论和第九章资源稀缺理论的素材，王曼馨同学提供了第十章归属需求理论和第十一章刻板印象内容模型的素材。我的三年级硕士生武峰同学提供了第十二章拟人化理论和第十三章社会拥挤理论的素材，肖海谊同学提供了第十四章冷-热双系统模型的素材，李佳扬同学提供了第十五章心理模拟理论和第十六章内隐人格理论的素材。我的二年级硕士生曾雅丽提供了第十七章自我损耗理论和第十八章心理所有权理论的素材，陆佑麟提供了第十九章意义维持模型的素材。我的一年级硕士生王璐提供了第二十章社会认同理论的素材。我本人撰写了本书的绪论、下编内容。同时，我在过去10年间围绕上述理论中的一部分开展过实证研究。对于一些未发表的实证研究，我也在相应理论部分进行了介绍，并对全书的内容框架进行了统一和增删调整。严燕博士对全书进行了校对和文献补充。

需要说明的是，社会心理学领域的理论数量庞大，本书只涉及了其中的20个理论。之所以选择这20个理论是因为我们自己对这些理论相对熟悉，并且这些理论在我们开展的一些实证研究中被直接或间接用过。但是社会心理学领域还有在这20个理论之外的无数有影响力的理论，比如流体补偿理论、时间导向理论、不确定性管理理论等。然而，由于时间和精力关系，我们还未将其纳入本书框架中。如果后续精力允许，我们会对这些理论进行深度研读。

整体而言，这本书是集体智慧的结晶。整本书的构思离不开我们团队在过去10年间在消费者行为领域的积累和深耕，也离不开每个团队成员的贡献。在此，对参与本书素材提供的上述博士生和硕士生的工作表示由衷的感谢！他们非常认真、高效、负责。同时，也对兰州大学管理学院和兰州大学出版社提供的平台表示感谢。最后，也感谢我们的家人在我们写作过程中帮我们分担家务，让我们有时间和精力完成书稿撰写。谢谢你们！

对于同一篇文献或同一个理论，不同读者会对它的内涵和外延有不同理解，这就意味着我们对某个理论的阐释可能有不精确和不全面之处，恳请读者批评斧正。同时，本书写作时间仓促，无法对每个理论在消费者行为中的应用进行全面介绍，这也是本书的局限。

柳武妹

2023年7月5日于兰州大学天山堂

# 目 录

上编
对消费者行为有深刻影响的社会心理学理论介绍

绪　　论

# 消费者行为研究中的社会心理学理论

　　本章为绪论。本章的最重要目的是引出本书的写作目的和本书的框架。正如前言所提，本书旨在介绍心理学尤其是社会心理学的理论对消费者行为研究的贡献，并在此基础上论证近些年的消费者行为这一市场营销学科方向的研究成果如何以社会心理学的理论作为理论基石。为了实现这一目的，本章将分为四节。第一节旨在阐述社会心理学的研究内容和方法。第二节旨在阐述消费者行为的研究内容和方法。在介绍清楚两个学科（学科研究方向）的各自研究内容和方法后，本章第三节将论证社会心理学的相关理论为何构成消费者行为研究的理论基石。最后，第四节将阐述本书的目的和框架安排。

　　我们希望，通过本章的介绍，读者能更为全面地了解消费者行为这一研究方向和研究领域，进而能够选择合适的社会心理学理论开展消费者行为研究。由于消费者行为的英文是 consumer behavior（CB），学术界因此以CB作为消费者行为的简称。本书也将参考这一惯例，在正文用CB代替消费者行为。

# 第一节
## 社会心理学的研究内容和方法

### 一、社会心理学的定义

什么是社会心理学？根据侯玉波编著的《社会心理学》（第三版），国际学术界对社会心理学的定义起初以 J. L. 弗里德曼（J. L. Freedman）的行为主义视角为主。在弗里德曼看来，社会心理学研究我们如何认识他人、如何对别人做出反应、别人如何看待我们做出反应，以及我们怎样受所处社会环境影响等问题。可以看出，弗里德曼对社会心理学的定义侧重于人们对自己、他人和环境刺激做出的反应。随着行为主义在20世纪80年代的发展以及认知革命的延伸，D. 迈尔斯（D. Myers）从社会认知的思路出发，认为社会心理学是研究人们怎样思考、怎样相互影响以及怎样与别人联系的科学。可以看出，迈尔斯对社会心理学的定义侧重于社会认知与社会影响。根据侯玉波编著的《社会心理学》（第三版），我国学者对社会心理学的定义以沈德灿教授提出的"社会心理学是研究个体和群体的社会心理、社会行为及其发展规律的科学"这一观点最为出名和全面。

### 二、社会心理学的研究内容

根据侯玉波编著的《社会心理学》（第三版），社会心理学的研究领域分为三个：个体过程、人际过程和群体过程。这三个过程的研究课题基本上包含了社会心理学的所有研究问题。其中，个体过程主要研究：成就行为与个体的工作绩效、态度及态度改变、归因问题、认知过程与认知失调、个人知觉和自我意识、个体的人格与社会发展、应激和情绪问题等。人际过程主要研究：侵犯和助人行为、人际吸引与爱情、从众和服从、社会交换与社会影响、非言语的交流、性别角色和性别差异等。群体过程主要研究：跨文化的比较研究、环境心理学、团体过程与组织行为、种族偏见与伦理问题、健康心理学等。

图0-1展示了社会心理学的研究内容。

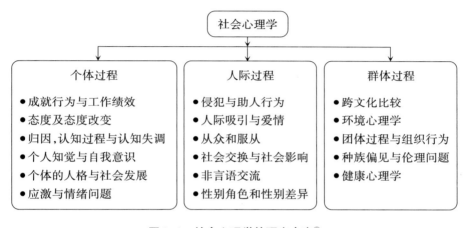

**图0-1　社会心理学的研究内容**①

### 三、社会心理学的研究方法

通过上文对社会心理学研究内容的介绍可以看出，社会心理学的研究者在研究个体过程、人际过程和群体过程这三个大主题时，通常会采用观察法、调查法、实验法、档案研究法、元分析方法等。这些方法目前在消费者行为的研究中都被使用，其中实验法使用最为常见。

---

①侯玉波：《社会心理学》，北京大学出版社，2013，第64页。

# 第二节
## 消费者行为学的研究内容和方法

### 一、消费者行为学的研究内容

对消费者行为学的研究内容，不同学者和不同教材的观点不尽相同。接下来我们将介绍一本译著、一本自编教材、一本国际学者和国内学者合著的教材的各自观点。选这些教材和观点是因为这些教材权威且反映出不同声音。

根据德尔·I. 霍金斯（Del. I. Hawkins）等著、符国群等译的《消费者行为学》，消费者行为学这一学科方向和研究内容分为：消费者行为的外部影响（主要是文化和亚文化的影响）、消费者行为的内部影响（主要是知觉、学习和记忆、动机、个性和情绪、态度和态度改变、自我概念和生活方式）、消费者决策过程（决策过程与问题认知、信息搜集、购买评价与选择、店铺选择、购后过程和客户满意），以及作为消费者的组织和市场营销法规。

根据我国学者卢泰宏和周懿瑾编著的《消费者行为学：洞察中国消费者》，消费者行为的基本问题（即研究内容）是：消费者的特征辨析和识别、消费者的心理和行为、如何解释消费者的行为、如何影响消费者，以及消费者行为的变化趋势。

根据迈克尔·R. 所罗门（Michael R. Solomon）、卢泰宏和杨晓燕编著的《消费者行为学》（第八版），消费者行为学的研究内容包括：市场中的消费者（主要是营销、伦理与道德）、作为个体的消费者（知觉、学习与记忆、动机与价值观、自我、个性与生活方式、态度、态度改变与互动传播）、作为决策者的消费者（个体决策、购买与处置、群体影响及意见领袖、组织决策与家庭决策）、消费者和亚文化（收入和社会阶层、种族、民族和区域亚文化、年龄亚文化）、消费者和文化

（文化对消费者行为的影响、全球亚文化）。

综上可以看出，消费者行为学的研究内容可以理解为：消费者决策过程、决策的内部影响因素、决策的外部影响因素，以及市场伦理道德和社会责任。图0-2描述了消费者行为学的研究内容。

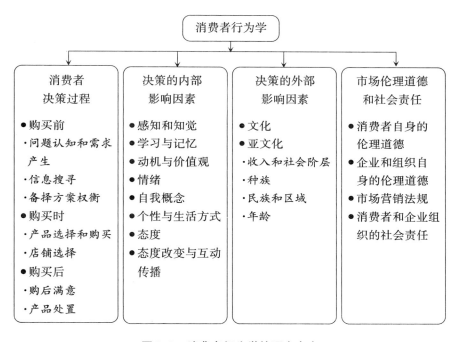

**图0-2  消费者行为学的研究内容**

### 二、消费者行为学的研究方法

上述有代表性的三本教材中，卢泰宏和周懿瑾编著的《消费者行为学：洞察中国消费者》对消费者行为学的研究方法进行了阐述。在他们看来，消费者行为的研究方法以调查法、观察法和实验法最为常见。其中，观察法属于一种探索性研究，调查法和实验法属于结论性研究，只不过调查法得出的是描述性结论，而实验法得出的是因果结论。

落脚到本书中，各章介绍的大量消费者行为研究可以看出，学者对实验法非常偏爱和使用频繁。近些年，田野实验也在消费者行为学中开始涌现并被大量倡导和鼓励（柳武妹、黄河清、叶富荣，2020）。除田野实验外，我们在审的一篇文章也发现二手数据方法被相关期刊和学者鼓励和倡导（柳武妹、杨巧英、康娜，在审）。因此，学者如果想借助本书介绍的社会心理学理论开展消费者行为研究，需要熟练掌握实验法（实验室实验），并适当运用田野实验、二手数据、观察法、问卷调查法、元分析方法（文献定量分析）等。这种在同一篇文章中运用多方法的范式会增加研究结论的说服力，减少读者对研究结论可复制性的质疑。

第三节

社会心理学的相关理论构成

CB研究的理论基石

根据第一节介绍的社会心理学的研究内容以及第二节介绍的消费者行为学的研究内容可以看出，社会心理学和消费者行为学这两门学科（学科方向和研究领域）的研究内容有很多重合、相似及共通之处。具体而言，感知和认知、态度及态度改变、情绪、个性与人格、自我概念、人际交往和社会影响、文化和亚文化、环境与伦理道德等是两门学科方向的共同研究内容。其中，社会心理学关于感知和认知领域的主要理论有：冷-热双系统模型、刺激-机体-反应模型、解释水平理论、心理模拟理论、刻板印象内容模型等。社会心理学关于自我意识和自我概念相关的理论有：自我损耗理论、全新开始心智、社会认同理论等。社会心理学关于情绪、应激和动机相关的理论主要有：恐惧管理理论、感知控制的双过程模型、心理抗拒理论、意义维持模型等。社会心理学关于人格和社会发展相关的理论主要有：内隐人格理论、调节聚焦理论等。社会心理学关于人际过程相关的理论主要有：互动仪式链理论、拟人化理论等。社会心理学关于社会交换和社会影响相关的理论主要有社会比较理论。社会心理学关于环境和环境心理学相关的理论主要有：传染理论、行为免疫系统、资源稀缺理论、社会拥挤理论等。

本书认为，社会心理学的上述理论构成了消费者行为研究的理论基石。由于篇幅有限，我们在此无法详细列举运用该理论的每一篇实证文献。但是，通过国内外消费者行为领域学者撰写的理论梳理和实证研究介绍就可以得出这一证据。表0-1～0-4中列举的代表性文献便是社会心理学理论构成CB研究理论基石的最有力佐证。需要说明的是，本书只关注我们熟悉且被学者广泛运用的20个社会心理学理论。对于本书未涵盖和介绍的社会心理学理论（如文化价值观、自我知觉理论等）也被学者广泛运用。篇幅原因，我们不做赘述。同样，篇幅原因，我们在此没有对20个理论中的每一个如何成为CB研究基石进行列举。本书后面章节的研究应用会做阐释。

表0-1　社会心理学的解释水平理论、调节聚焦理论、
恐惧管理理论和感知控制双过程模型构成了CB研究的理论基石的证据

| 作者 | 文章标题 | 发表的期刊、年份 | 梳理的理论名称 |
| --- | --- | --- | --- |
| 王财玉、雷雳、吴波 | 伦理消费者为何"言行不一"：解释水平的视角 | 《心理科学进展》，2017 | 解释水平理论 |
| Klaus Fiedler | Construal Level Theory as an Integrative Framework for Behavioral Decision-Making Research and Consumer Psychology | *Journal of Consumer Psychology*，2007 | |
| 尹非凡、王咏 | 消费行为领域中的调节定向 | 《心理科学进展》，2013 | 调节聚焦理论（或调节定向理论） |
| Echo Wen Wan，Jiewen Hong，Brian Sternthal | The Effect of Regulatory Orientation and Decision Strategy on Brand Judgments | *Journal of Consumer Research*，2009 | |
| Lei Jia，Xiaojing Yang，Yuwei Jiang | The Pet Exposure Effect：Exploring the Differential Impact of Dogs Versus Cats on Consumer Mindsets | *Journal of Marketing*，2022 | |

续表0-1

| 作者 | 文章标题 | 发表的期刊、年份 | 梳理的理论名称 |
|---|---|---|---|
| 段明明 | 基于恐惧管理理论的死亡焦虑与消费行为研究述评 | 《外国经济与管理》，2014 | 恐惧管理理论 |
| 柯学 | 大灾难可以减少消费者的多样化寻求行为：一个基于恐怖管理理论的研究 | 《管理世界》，2009 | |
| 尹非凡、王咏 | A Little Piece of Me: When Mortality Reminders Lead to Giving to Others | *Journal of Consumer Research*，2020 | |
| Keisha M. Cutright, Adriana Samper | Doing It the Hard Way: How Low Control Drives Preferences for High-Effort Products and Services | *Journal of Consumer Research*，2014 | 感知控制双过程模型 |
| Charlene Y. Chen, Leonard Lee, Andy J. Yap | Control Deprivation Motivates Acquisition of Utilitarian Products | *Journal of Consumer Research*，2016 | |

表0-2　社会心理学的生命史理论、心理抗拒理论、
资源稀缺理论和社会比较理论构成了CB研究的理论基石的证据

| 作者 | 文章标题 | 发表的期刊、年份 | 梳理的理论名称 |
|---|---|---|---|
| 王财玉、雷雳、吴波 | 生命史理论概述及其与社会心理学的结合：以道德行为为例 | 《心理科学进展》，2016 | |
| 庄锦英、王佳玺 | 女性生理周期与修饰行为的关系 | 《心理科学进展》，2015 | 生命史理论 |
| Marsha L. Richins, Lan Nguyen Chaplin | Material Parenting: How the Use of Goods in Parenting Fosters Materialism in the Next Generation | *Journal of Consumer Psychology*，2015 | |

续表0-2

| 作者 | 文章标题 | 发表的期刊、年份 | 梳理的理论名称 |
|---|---|---|---|
| 贺远琼、唐漾一、张俊芳 | 消费者心理逆反研究现状与展望 | 《外国经济与管理》，2016 | 心理抗拒理论 |
| Mona A. Clee，Robert A. Wicklund | Consumer Behavior and Psychological Reactance | *Journal of Consumer Research*，1980 | |
| Christine Ringler，Nancy J. Sirianni，Anders Gustafsson，Joann Peck | Look but Don't Touch! The Impact of Active Interpersonal Haptic Blocking on Compensatory Touch and Purchase Behavior | *Journal of Retailing*，2019 | |
| 雷亮、王菁煜、柳武妹 | 稀缺对个体心理和行为的影响：基于一个更加整合视角下的阐释 | 《心理科学进展》，2020 | 资源稀缺理论 |
| Ravi Mehta，Meng Zhu | Creating When You Have Less：The Impact of Resource Scarcity on Product Use Creativity | *Journal of Consumer Research*，2016 | |
| Kirk Kristofferson，Brent McFerran，Andrea C. Morales，Darren W. Dahl | The Dark Side of Scarcity Promotions：How Exposure to Limited-Quantity Promotions Can Induce Aggression | *Journal of Consumer Psychology*，2016 | |
| 潘定、刘子瑛、杨德锋 | 自控还是放纵？上行比较对消费者行为的影响 | 《南开管理评论》，2022 | 社会比较理论 |
| Niklas Karlsson，Tommy Gärling，Peter Dellgran，Birgitta Klingander | Social Comparison and Consumer Behavior：When Feeling Richer or Poorer Than Others Is More Important Than Being So | *Journal of Applied Social Psychology*，2006 | |
| Bearden，William O & Rose，Randall L | Attention to Social Comparison Information：An Individual Difference Factor Affecting Consumer Conformity | *Journal of Consumer Research*，1990 | |

表0-3　社会心理学的拟人化理论、刻板印象内容模型
和社会拥挤理论构成了CB研究的理论基石的证据

| 作者 | 文章标题 | 发表的期刊、年份 | 梳理的理论名称 |
|---|---|---|---|
| 汪涛、谢志鹏、崔楠 | 和品牌聊聊天：拟人化沟通对消费者品牌态度影响 | 《心理学报》，2014 | 拟人化理论 |
| Rocky Peng Chen, Echo Wen Wan, Eric Levy | The Effect of Social Exclusion on Consumer Preference for Anthropomorphized Brands | *Journal of Consumer Psychology*，2017 | |
| Xinyue Zhou, Sara Kim, Lili Wang | Money Helps When Money Feels：Money Anthropomorphism Increases Charitable Giving | *Journal of Consumer Research*，2018 | |
| 王汉瑛、邢红卫、田虹 | 定位绿色消费的"黄金象限"：基于刻板印象内容模型的响应面分析 | 《南开管理评论》，2018 | 刻板印象内容模型 |
| Nicolas Kervyn, Susan T. Fiske, Chris Malone | Brands as intentional agents framework：How perceived intentions and ability can map brand perception | *Journal of Consumer Psychology*，2012 | |
| Ze Wang, Huifang Mao，Yexin Jessica Li，Fan Liu | Smile Big or Not? Effects of Smile Intensity on Perceptions of Warmth and Competence | *Journal of Consumer Research*，2017 | |
| 柳武妹、马增光、卫旭华 | 拥挤影响消费者情绪和购物反应的元分析 | 《心理学报》，2020 | 社会拥挤理论 |
| Irene Consiglio, Matteo De Angelis, Michele Costabile | The Effect of Social Density on Word of Mouth | *Journal of Consumer Research*，2018 | |
| Klemens M. Knoeferle，Vilhelm Camillus Paus, Alexander Vossen | An Upbeat Crowd：Fast In-store Music Alleviates Negative Effects of High Social Density on Customers' Spending | *Journal of Retailing*，2018 | |

表0-4　社会心理学的心理模拟理论、内隐人格理论和社会认同理论
构成了CB研究的理论基石的证据

| 作者 | 文章标题 | 发表的期刊、年份 | 梳理的理论名称 |
|---|---|---|---|
| 熊素红、孙洪杰、陆佶、姚琦、张全成 | 具身认知视角的饮食消费行为——基于心理模拟"具身"方式 | 《心理科学进展》，2020 | 心理模拟理论 |
| Ryan S. Elder，Aradhna Krishna | A Review of Sensory Imagery for Consumer Psychology | *Journal of Consumer Psychology*，2022 | 心理模拟理论 |
| *Xiaojing Yang，Huifang Mao. Laura，A. Peracchio | It's Not Whether You Win or Lose, It's How You Play the Game? The Role of Process and Outcome in Experience Consumption | *Journal of Marketing Research*，2012 | 心理模拟理论 |
| 李爱梅、刘楠、孙海龙、熊冠星 | "内隐人格理论"与消费者决策研究述评 | 《心理科学进展》，2016 | 内隐人格理论 |
| J Kwon，D Nayakankuppam | Strength without Elaboration: The Role of Implicit Self-Theories in Forming and Accessing Attitudes | *Journal of Consumer Research*，2015 | 内隐人格理论 |
| Olya Bullard，and Sara Penner，Kelley J. Main | Can Implicit Theory Influence Construal Level? | *Journal of Consumer Psychology*，2019 | 内隐人格理论 |

续表0-4

| 作者 | 文章标题 | 发表的期刊、年份 | 梳理的理论名称 |
|---|---|---|---|
| 黄京华、金悦、张晶 | 企业微博如何提升消费者忠诚度：基于社会认同理论的实证研究 | 《南开管理评论》，2016 | 社会认同理论 |
| 刘凤军、李辉 | 社会责任背景下企业联想对品牌态度的内化机制研究：基于互惠与认同视角下的理论构建及实证 | 《中国软科学》，2014 | |
| Reilly Michael D., Wallendorf Melanie | A Comparison of Group Differences in Food Consumption Using Household Refuse | *Journal of Retailing*, 1987 | |

# 第四节
# 本书目的和框架

基于本章前三节的论述可以看出，社会心理学的理论构成了消费者行为（CB）领域的研究基石。那么，究竟前面章节介绍的社会心理学的每个理论如何起源？每个理论提出了什么观点？每个理论从提出至今被学者们进行了怎样的推进和深化？每个理论在CB研究中得到了怎样的应用？对于研究者，未来可以用这些社会心理学理论开展哪些研究？这五个问题是本书旨在回答的核心问题，也是本书的目的所在。

出于上述目的，本书提出图0-3所示的内容框架。

图0-3 本书内容框架图

上编

对消费者行为有深刻影响的
社会心理学理论介绍

在上编中，我们介绍对消费者行为有深刻影响的 20 个社会心理学理论。每一章介绍一个理论。在介绍每一个理论时，遵循"理论起源和观点→理论的深化和推进→理论中核心构念的测量和操纵→理论在 CB 领域的应用→理论在 CB 领域的未来研究展望"这一层层递进的逻辑。

我们期望，本书介绍的这 20 个理论能成为读者和学者开展消费者行为研究的理论工具。我们也期望，本书提出的未来研究方向能对读者和学者的研究有所启发和启迪。

# 第 一 章

## 解释水平理论

罗宾·R.瓦拉赫（Robin R. Vallacher），佛罗里达大西洋大学心理学系教授。研究方向为动态社会心理学、动作识别、人际动态、冲突与社会正义。

## 第一节
## 理论起源和观点

### 一、理论起源

解释水平理论（construal level theory，CLT）源自用来分析人们如何评价和计划未来的时间解释理论（temporal construal theory，TCT），而时间解释理论受到了行动识别理论的启发，因此，解释水平理论的源头更早可以追溯到罗宾·R.瓦拉赫等在 1989 年提出的行动识别理论（action identification theory，AIT）。

（一）时间解释理论

生活中，人们经常出现自己原本喜欢的事物在得到时并没有那么喜欢，甚至为过去的决策而后悔的现象，发生时间折扣（time discounting）；在计划未来时人们可能为未来安排过多的事情或目标导致计划谬误（planning fallacy），或者人们过度自信（over confidence），设定过于理想化的目标而最终无法实现。尼拉·利伯曼（Nira Liberation）等（1998）基于对上述决策与经济学领域中相关研究的梳理和分析发现，人们决策与判断的时间效应背后存在着一般规律，即人们对未来的预测取决于对未来环境的心理表征，进而提出了时间解释理论。时间解释理论提出人们会根据自己当前和事物的时间距离来理解该事物，当人们知觉事件发生在遥远未来、时间距离较远时，可能使用上位的、抽象的、本质的表征来解释事件；当人们知觉事件发生在近期时间、距离较近时，更可能使用下位的、具体的、表面的表征来解释。

（二）行动识别理论

行动识别理论指出人们的任何行动都可用不同方式进行识别，体现了对行动信息组织的不同抽象水平。行动可以从抽象的、与"为什么"有关的高水平识别，也可以从具体的、与"怎么做"有关的低水平识别，从而构成一系列不同抽象水平的认知构念等级。如对"上课"这一简单行动的识别可以排列在"坐在椅子上""看黑板""获取知识""个人成长"等这一认知构念等级中。前两项反映如何"上课"的实际动作是属于低水平行动识别，而后两项明确个体为何行动及有何行动效果属于高水平行动识别。

**二、理论主要观点**

解释水平理论提出人们对社会事件的反应取决于其对事件的心理

表征①②。心理表征是人们想象的代表外部事务的认知符号，有不同的抽象程度（即解释水平：人们编码和解码信息的方式，反映心理表征的抽象/具体程度，取决于人们所感知的与认知客体的心理距离，不同解释水平的表征见表1-1）。信息可以通过关注事件的上级方面相对抽象地表示，也可以通过关注下级细节来具体地表示。抽象思考与具体思考所关注对象的主要和次要特征在可取性/可行性、利弊，以及对"为什么" / "是什么"上不同③④。抽象（具体）思维方式在组织信息时形成更少（更多）类别，且这些类型具有广泛性和包容性（狭义和同质）⑤。相比具体表征，抽象表征有更多关于动作含义和价值的信息⑥。

---

① Liberman Nira and Sagristano Michael D., "Yaacov Trope. The Effect of Temporal Distance on Level of Mental Construal," *Journal of Experimental Social Psychology* 38, no.6 (2002): 523-534.

② Nussbaum Shiri, Yaacov Trope, and Liberman Nira, "Creeping Dispositionism: the Temporal Dynamics of Behavior Prediction," *Journal of Personality and Social Psychology* 84, no.3(2003): 485-497.

③ Liberman Nira and Yaacov Trope, "The Role of Feasibility and Desirability Considerations in Near and Distant Future Decisions: A Test of Temporal Construal Theory," *Journal of Personality and Pocial Psychology* 75, no.1(1998): 5-18.

④ Eyal Tal, et al., "The Pros and Cons of Temporally Near and Distant Action," *Journal of Personality and Social Psychology* 86, no.6(2004): 781-795.

⑤ Liberman Nira and Sagristano Michael D., "Yaacov Trope. The Effect of Temporal Distance on Level of Mental Construal," *Journal of Experimental Social Psychology* 38, no.6 (2002): 523-534.

⑥ Yaacov Trope, "Identification and Inferential Processes in Dispositional Attribution," *Psychological Review* 93, no.3(1986): 239-257.

表1-1　高水平解释和低水平解释的表征对比①

| 高水平解释 | 低水平解释 |
| --- | --- |
| 抽象 | 具体 |
| 简单 | 复杂 |
| 结构化、连贯 | 无组织、不连贯 |
| 去背景化 | 背景化 |
| 首要的、核心的 | 次要的、表面的 |
| 上位的 | 下位的 |
| 与目标有关的 | 与目标无关的 |

# 第二节
# 理论深化和推进

## 一、解释水平理论的发展

### （一）从时间距离到心理距离

1998年利伯曼等人发表了关于时间解释的开创性论文，提出时间解释理论将解释水平与时间相关联。此后十几年涌现出大量研究为解释水平假说以及基于这些假说的预测提供了一致的证据，推动了后来众多与解释水平相关的研究。2000年，利伯曼等首次采用"解释水平理论"替代"时间解释理论"，解释水平理论从只关注时间距离对于人们的心理表征、评价、选择的影响，逐渐扩展到其他距离维度，形成

---

① 孙晓玲、张云、吴明证：《解释水平理论的研究现状与展望》，《应用心理学》2007年第2期，第181—186页。

了心理距离的统一理论[①]。

解释水平理论将社会距离、空间距离和假设性，连同时间距离合并为心理距离的四个维度。其中，时间距离是指人们知觉到的事件发生时间的远近，会系统地影响人们对未来事件的解释方式以及判断与决策；空间距离是指人们知觉到的空间的远近，空间距离较远的事物与高水平解释相联系，空间距离较近的事物与低水平解释相联系；社会距离是指人们知觉的社会客体与个体自我差异的大小（如自己—他人，朋友—陌生人）；假设性或真实性是指人们对事件发生的可能性大小或与现实的距离远近的知觉。空间解释和时间解释背后存在同样的机制，这种机制也适用于更为主观的社会距离和事物的假设性。

（二）心理距离从依赖具体认知客体和背景到纯粹的概念层次

早期研究主要探讨基于具体的认知客体和相关背景的心理距离对解释水平的影响，后续有学者用内隐联想测试（implicit association test）在纯粹的概念层次上检验了时间距离、空间距离、社会距离及假设性与解释水平的关系，发现心理距离同样存在于纯粹的概念层次上，并且人们会对心理距离进行自动化加工。具体而言，当描述心理距离的词汇与描述解释水平的词汇以一致的形式配对出现时，相比它们以不一致的方式配对出现，参与者有显著的更短的反应时间。在验证了心理距离与解释水平的系统联系可以存在于纯粹的概念层次后，相继有研究者采用斯特鲁普任务（stroop task）进一步验证了心理距离（无须以当前自我为参照点）是自动加工后获得的[②③]。

（三）从心理距离对解释水平的单向影响到二者的双向影响

解释水平理论最早关注的是人们如何评价和处理时间距离，认为

① Yaacov Trope and Liberman Nira, "Temporal Construal," Psychological Review 110 (2003): 403-421.

② Bar-Anan Yoav, Liberman Nira, and Yaacov Trope, "The Association between Psychological Distance and Construal Level: Evidence from an Implicit Association Test," Journal of Experimental Psychology: General 135, no.4(2006): 609-622.

③ Williams Lawrence E. and John A. Bargh, "Experiencing physical warmth promotes interpersonal warmth," Science 322, no.5901(2008): 606-607.

个体的心理距离改变时对事物的解释水平也随之变化，进而影响到个体对事物的判断、预测、评估等认知活动[1]。随着解释水平相关研究的推进，研究者们发现不仅心理距离影响解释水平，解释水平也会影响人们感知的心理距离，心理距离与解释水平之间的关系是双向的[2]。高水平的解释促使人们感知更远的时空距离。例如，当人们的思考行为是"为什么"，行为对于个体自我概念有什么意义或者其他行为的抽象方面时，人们将预期行为会发生在更远的将来。而低解释水平促使人们收缩自己的心理视野，关注当下的、具体的需求。

## 二、解释水平理论与其他理论的融合

### (一) 与调节聚焦理论的融合

个体的调节定向，即追求目标的手段和解释水平之间的关系是怎样的？根据调节聚焦理论，不同的自我调节取向影响个体在追求目标过程中对不同类型错误的容忍度[3][4]。例如，预防定向的个体更重视安全和保护，因此倾向于采取警惕策略防止错误，也会放弃寻求替代方案以降低犯错误和遭受损失的可能。低水平的解释通常描述事件的可行性，当预防定向的个体接触到低水平解释目标追求方式的信息时，他们将体验到匹配或者契合。高解释水平个体在追求成就和成长时采取了渴望策略，努力防止遗漏错误。他们愿意考虑其他可能性，以增

---

[1] Liberman Nira and Yaacov Trope, "The Psychology of Transcending the Here and Now," *Science* 322, no.5505(2008): 1201-1205.

[2] Yaacov Trope and Liberman Nira, "Construal-Level Theory of Psychological Distance," *Psychological Review* 117, no.2(2010): 440-463.

[3] Brendl C. Miguel and Higgins E. T., "Principles of Judging Valence: What Makes Events Positive or Negative?" *Advances in Experimental Social Psychology* 28, no.6(1996): 95-160.

[4] Levine John M., Higgins E. T., and Hoon-Seok Choi, "Development of Strategic Norms in Groups," *Organizational Behavior and Human Decision Processes* 82, no.1(2000): 88-101.

加获得收益的机会①②。因为抽象的、高层次的解释提供了关于活动可取性的信息，而为什么要做某事的规范为考虑实现目标的多种方式提供了基础，当促进定向的人接触到在高水平解释目标追求方式的信息时，他们将体验到契合。

安吉拉·Y.李探讨了调节聚焦与解释水平之间的关系，发现以促进定向的个体更可能在抽象的、高水平上理解信息，而以预防定向的个体更可能在具体的、低水平上理解信息。此外，个体的调节定向和信息表达的识解水平之间相匹配时（vs.非匹配）会导致更有利的态度，并提高后续任务的表现。产生这些结果是因为匹配（fit）增强了参与度，而参与度反过来又诱导了处理流畅性并加剧了反应③。后续有学者复制了这一结果，其研究表明损失框架与具体的、低水平心态搭配时更有效，而获得框架与抽象的、高水平心态搭配时更有效。该研究通过考察激活了更具体或抽象的思维定式的调节作用，从而阐明了损失与收益框架信息在影响消费者回收利用方面的有效性条件④。

（二）与内隐人格理论的融合

内隐人格理论阐释了个体关于世界、自己的稳定性和变化的信念。具体而言，实体论者倾向于将行为归因于特征，认为社会群体中的人

① Crowe Ellen and Higgins E. T., "Regulatory Focus and Strategic Inclinations: Promotion and Prevention in Decision-Making, " *Organizational Behavior and Human Decision Processes* 69, no.2(1997): 117–132.

② Levine Ross, Norman Loayza, and Thorsten Beck, "Financial Intermediation and Growth: Causality and Causes," *Journal of Monetary Economics* 46, no.1(2000): 31–77.

③ Lee Angela Y., Punam Anand Keller, and Brian Sternthal, "Value from Regulatory Construal Fit: The Persuasive Impact of Fit between Consumer Goals and Message Concreteness," *Journal of Consumer Research* 36, no.5(2010): 735–747.

④ White K., MacDonnell R., and Dahl D. W., "It's the Mind-Set that Matters: The Role of Construal Level and Message Framing in Influencing Consumer Efficacy and Conservation Behaviors," *Journal of Marketing Research* 48, no.3(2011): 472–485.

是高度同质的，从而导致形成和使用社会刻板印象[1]。相反，渐变论者并不将行为归因于特征，认为能力、人格特征和世界都是可塑的，可以通过努力改变，他们的判断往往以过程为中心[2]。因此，渐变论者能认识到更广泛的可能性，减少了形成和使用社会陈规或定型观念的可能性。

奥利亚·布莱德将内隐人格与解释水平建立了联系，发现个体持有的内隐人格理论影响其信息处理的识解水平。与实体论者相比，渐变论者采用了更抽象的信息识解水平（高解释水平），认知灵活性是内隐人格理论和识解水平之间的关键联系[3]。个体实现从动作的具体表征到抽象表征的过渡，体现了个体的认知转移和抑制控制能力，促进细节整合，拓宽思维范围，提高高级概念化和抽象解释水平[4]。

持有渐变论（vs.实体论者）会增加（减少）人的认知灵活性，从而导致更抽象的识解水平。认知灵活性本质上是一个人切换认知以适应不断变化的环境刺激的能力[5]，高认知灵活性意味着能够根据新信息和环境或情况的变化调整思维，并愿意适应而不是僵化。认知灵活的人可以有效地在对不同概念的思考之间切换[1]，同时考虑想法、对象或行动的各个方面，并意识到多种可能性和备选方案。

---

① Levy Sheri R., Stroessner Steven J., and Dweck Carol S., "Stereotype Formation and Endorsement: The Role of Implicit Theories," *Journal of Personality and Social Psychology* 74, no.6(1998): 1421-1436.

② Connie S. K, et al., "Lay Personality Knowledge and Dispositionist Thinking: A Knowledge-Activation Framework," *Journal of Experimental Social Psychology* 42, no.2 (2006): 177-191.

③ Bullard Olya, Penner Sara, and Main Kelley J., "Can Implicit Theory Influence Construal Level?" *Journal of Consumer Psychology* 29, no.4 (2019): 662-670.

④ Scott William A., "Cognitive Complexity and Cognitive Flexibility," *Sociometry* 25, no.4(1962): 405-414.

⑤ Dennis John P. and Jillon S. Vander Wal., "The Cognitive Flexibility Inventory: Instrument Development and Estimates of Reliability and Validity," *Cognitive Therapy and Research* 34, no.2(2010): 241-253.

# 第三节
## 理论所提构念的操纵和测量

### 一、对解释水平的操纵

已有研究中解释水平的操纵分为直接操纵和间接操纵两种。

（一）直接操纵

基于不同类型心理距离的操纵示例[1]。

1.时间距离：在事件描述中，明确告知参与者事件发生的具体时间是"一年后"（高解释水平）或者"一天后"（低解释水平）。

2.空间距离：在事件描述中，明确告知参与者事件发生的具体地点是"国外"（高解释水平）或"国内"（低解释水平）。

3.社会距离：在事件描述中，明确事件发生的主体身份是"公选课上认识的同性同学"（高解释水平）或"亲密舍友"（低解释水平）。

4.假设性：参与者被告知有10%的人能完成某一任务（小概率条件，概率距离远，高解释水平）或者有90%的人能完成某一任务（大概率条件，概率距离近，低解释水平）。

（二）间接操纵

间接操纵是对与解释水平相关的事件进行操纵。例如，让参与者描述为什么参加某一活动的理由（可取性，高解释水平操纵），或者让参与者描述完成这一活动的方法（可行性，低解释水平操纵）。

### 二、对解释水平的测量

罗宾·R.瓦拉赫等人开发了行动识别量表（behavioral intention

---

[1] 陈海贤、何贵兵：《心理距离对跨期选择和风险选择的影响》，《心理学报》2014年第5期，第677—690页。

form，BIF）来测量个体的识解水平①。鉴于行动识别理论与解释水平理论的思想一致（对前者的拓展，其应用范围更广、解释力更强），可以用行为识别量表来测量参与者的解释水平。BIF有原始版（25个条目）和简洁版（19个条目），本书提供后者的中英文版见表1-2。

### 表1-2　简洁版的BIF量表

任何一种行为都可以从不同的方面来理解。比如，对上课这一行为而言，一些人会将上课理解成学习知识(a)，另一些人则会理解成看黑板(b)。每一种理解都没有对错之分，因为它们表达的只是同一行为的不同方面而已。请您接下来指出您对下列行为的理解。请在a或b上直接打钩或画圈。单选。

In this task, you will read 19 actions. Each action can be represented either by a or by b. Please first read the exemplar, and then rate each action based on your own understanding.

Example: Joining the Army: a. Helping the Nation's defense; b. Signing up.

If you choose the option a, this suggests that you think the option a can better represent the action of reading.

| 题目 | 选项 | 选项 |
|---|---|---|
| 1.制定清单<br>（Making a list） | a.让事项变得有条理<br>（Getting organized） | b.把事项写下来<br>（Writing things down） |
| 2.阅读<br>（Reading） | a.获取知识<br>（Gaining knowledge） | b.逐行看文字<br>（Following lines of print） |
| 3.洗衣服<br>（Washing clothes） | a.除去衣服上的污渍<br>（Removing odor from clothes） | b.把衣服放进洗衣机里<br>（Putting clothes into the machine） |
| 4.为铺地毯测量房间<br>（Measuring a room for carpeting） | a.为房屋的改造做准备<br>（Getting ready to remodel） | b.使用尺子<br>（Using a yardstick） |
| 5.打扫房间<br>（Cleaning the house） | a.显示主人爱干净<br>（Showing one's cleanliness） | b.用吸尘器清扫地板<br>（Vacuuming the floor） |

① Vallacher R. R. and Daniel M. Wegner, "Levels of Personal Agency: Individual Variation in Action Identification," *Journal of Personality and Social Psychology* 57, no. 4 (1989): 660-671.

续表1-2

| 题目 | 选项 | 选项 |
|---|---|---|
| 6.给房间刷油漆<br>（Painting a room） | a.让房间看起来焕然一新<br>（Making the room look fresh） | b.用刷子给房间涂色<br>（Applying brush strokes） |
| 7.付房租<br>（Paying the rent） | a.使有地方住<br>（Maintaining a place to live） | b.写下一张支票<br>（Writing a check） |
| 8.照料盆栽/室内植物<br>（Caring for houseplants） | a.让房间看起来美观<br>（Making the room look nice） | b.给植物浇水<br>（Watering plants） |
| 9.锁门<br>（Locking a door） | a.使房屋安全<br>（Securing the house） | b.把钥匙插到锁里<br>（Putting a key in the lock） |
| 10.填写一份人格测试<br>（Filling out a personality test） | a.反映出你是什么样的人<br>（Revealing what you're like） | b.回答问题<br>（Answering questions） |
| 11.刷牙<br>（Brushing teeth） | a.预防龋齿<br>（Preventing tooth decay） | b.用牙刷在嘴里刷动<br>（Moving a brush around in one's mouth） |
| 12.参加一次测试<br>（Taking a test） | a.显示一个人的知识<br>（Showing one's knowledge） | b.回答问题<br>（Answering questions） |
| 13.问候某人<br>（Greeting someone） | a.显示友好<br>（Showing friendliness） | b.说"你好"<br>（Saying "hello"） |
| 14.抵制诱惑<br>（Resisting temptation） | a.显示一个人的气节和毅力<br>（Showing moral courage） | b.说"不"<br>（Saying "no"） |
| 15.吃东西<br>（Eating） | a.获取营养<br>（Getting nutrition） | b.咀嚼和吞咽<br>（Chewing and swallowing） |
| 16.开车旅行<br>（Traveling by car） | a.观赏乡村（风光）<br>（Seeing countryside） | b.遵照地图<br>（Following a map） |
| 17.补牙<br>（Getting a cavity filled） | a.保护牙齿<br>（Protecting your teeth） | b.去看牙医<br>（Going to the dentist） |
| 18.和小孩子交谈<br>（Talking to a child） | a.教小孩子某些事情<br>（Teaching a child something） | b.使用简单易懂的语言<br>（Using simple words） |
| 19.按门铃<br>（Pressing a doorbell） | a.看是否有人在家<br>（Seeing if someone is at home） | b.移动手指<br>（Moving a finger） |

# 第四节
## 理论在 CB 研究中的应用

### 一、在感官营销领域中的研究应用

已有研究基于解释水平理论和视觉感知理论考察颜色（黑白色 vs. 彩色）与解释水平之间的关系，发现由于黑白色使人们关注形式（相对于细节），而形式是一个重要的高层次特征，因此，黑白色（彩色）能促进消费者的高水平解释（低水平解释）。黑白色图像（彩色图像）增强了产品主要特征（产品次要特征）的感知重要性，导致消费者更喜欢主要特征优于次要特征的产品[1]。进一步研究显示，形状代表对象和事件的高级视觉特征，而颜色代表低级视觉特征。无论未来事件的时间距离是遥远还是临近，形状都是可视化的恒定焦点，随着与未来事件的时间距离增加，消费者对形状（vs. 颜色）的关注增加，而颜色的焦点随着时间距离的增加而减少。这种对形状与颜色关注的相对转移，使人们对遥远（vs. 近）未来事件的想象越来越接近黑白色。当被要求在着色任务中再现他们的视觉表征时，那些想象遥远未来的人不太会使用彩色。表明在营销传播中，当关于遥远（vs. 近）未来事件的信息伴随着黑白（vs. 彩色）图像时，会导致消费者有更高的购买意愿和积极的评价[2]。

---

[1] Lee H., Deng X., Unnava H. R., et al., "Monochrome Forests and Colorful Trees: The Effect of Black-and-White Versus Color Imagery on Construal Level," *Journal of Consumer Research* 41, no.4(2014): 1015–1032.

[2] Lee H., Fujita K., Deng X., et al., "The Role of Temporal Distance on the Color of Future-Directed Imagery: A Construal-Level Perspective," *Journal of Consumer Research* 43, no.5(2017): 707–721.

## 二、在消费者耐心领域中的研究应用

王晶[1]等人考察解释水平如何通过情感和认知路径影响等待时间判断，发现低（vs.高）解释水平者在等待过程中会产生更多与等待无关的想法。由于人们会自然而然地依靠自己的主观感受来判断自己等待了多久，因此，低解释（vs.高解释）水平消费者更容易被与等待无关的想法分心，他们发现等待没有那么无聊，进而判断等待时间更短。然而，当主观感受变得不易接近（延迟后）或缺乏诊断性（被认为不太可信）时，或者当心理标记（认知路径）变得更容易接近时，人们会求助于他们在等待期间的想法数量来推断持续时间，他们的想法越多肯定持续时间越长。在这种情况下低解释水平（vs.高水平）的人认为等待的时间更长。

## 三、在自我控制领域中的研究应用

2006年富士塔·肯塔罗[2]提出自我控制涉及的决策和行为与高、低解释水平具有一致性。激活高级解释水平（捕捉事件的全局、上级、主要特征）应比激活低级解释水平（捕捉局部、下级、次要特征）更能实现自我控制。富士塔·肯塔罗等通过操纵解释水平，评估其对自我控制和潜在心理过程的影响，发现高解释水平导致对即时而非延迟结果的偏好降低，身体耐力增强，自我控制意愿增强，对破坏自我控制的诱惑的积极评价降低。这些结果支持对自我控制的解释水平分析。

---

① Wang Jing, Jiewen Hong, and Rongrong Zhou, "How Long did I Wait? The Effect of Construal Levels on Consumers'wait Duration Judgments," *Journal of Consumer Research* 45, no.1(2018): 169-184.

② Fujita Kentaro, et al., "Construal Levels and Self-control," *Journal of Personality and Social Psychology* 90, no.3(2006): 351-367.

## 四、在消费者情感和认知领域中的研究应用

情感和理性是人类生活的基本要素，与此同时作为抽象概念其通常很难定义和掌握。因此，在整个西方社会的历史中，"头部"和"心脏"这两个具体的可识别的元素一直被用作理性和情感的象征。借助概念隐喻的框架，卢卡·西亚①建议采用更具体的概念——头部和心脏之间的垂直差距——来理解理性和情感的抽象概念。该研究展示了一种根深蒂固的概念隐喻关系，消费者将理性与"向上"或"更高"联系在一起，情感与"向下"或"更低"联系在一起。垂直性与理性和情感之间的关联会影响消费者感知信息的方式，从而对态度和偏好产生下游影响。当消费者意识不到这一点时，以及当它适用于不熟悉的刺激时，这种关联最具影响力。例如，电视、计算机或智能手机上从打印页面到屏幕的所有视觉格式都需要垂直放置，因此，这种关联具有重要的管理意义。

## 五、在价格质量决策领域中的研究应用

有研究发现，心理距离远（高解释水平）的消费者，更多地将价格感知作为产品质量的指标，而心理距离近（低解释水平）的消费者更多地将价格感知作为货币支付行为，并且这一感知差异会引发经济学上的需求曲线变化②。基于解释水平理论，当消费者的判断在心理上疏远（与接近）时，消费者对价格（vs.特定特征的产品属性）进行质量推断的依赖将增强③。例如，当价格（属性）对质量推断的影响是针对他人而不是自己做出的时，会增加（减少）这些推断对质量推断的影响。

---

① Cian Luca, Aradhna Krishna, and Norbert Schwarz, "Positioning Rationality and Emotion: Rationality is Up and Emotion is Down," *Journal of Consumer Research* 42, no.4 (2015): 632-651.

② Bornemann Torsten and Christian Homburg, "Psychological Distance and the Dual Role of Price," *Journal of Consumer Research* 38, no.3 (2011): 490-504.

③ Yan Dengfeng and Jaideep Sengupta, "Effects of Construal Level on the Price-Quality Relationship," *Journal of Consumer Research* 38, no.2 (2011): 376-389.

# 第五节
# 理论在CB研究中的未来展望

## 一、信息保存方式与解释水平

数字化时代，人们的信息保存方式总体上有两种：一是传统方式，即以纸笔书写记录的方式保存信息和知识；二是电子方式，即通过各种云端空间保存信息和知识。从空间距离上看，传统方式保存知识可能诱发低解释水平，而电子方式保存知识和信息可能诱发高解释水平。因为，纸笔书写与我们的空间距离更接近，而各类云端空间保存的知识距离我们更加遥远。作者认为，未来可以进一步探究由不同信息存储方式诱发的心理解释水平如何影响消费者的行为与决策。另外，不同解释水平的消费者可能偏好不同的信息保存方式，在营销领域中探讨信息保存方式导致的消费者行为结果时，也可以考虑二者的交互影响。

## 二、支付方式与解释水平

消费过程中常见的支付方式有现金支付和信用卡支付。根据解释水平理论，我们推测不同支付方式的消费者在产品特征属性偏好方面存在差异，内在机制可以通过解释水平理论解释。具体而言，我们推测偏好信用卡支付（vs.现金支付）的用户在消费时对体验品（vs.搜索品）有更高的评价和购买意愿。搜索品和体验品的主要区别在于购买前能否获取足够信息，前者是指消费者在购买前就对产品的质量和主要属性有较高感知程度（如水杯），后者指消费者在购买和使用产品之后才能对产品质量和主要属性进行感知（如化妆品和食品都是体验品）①。从心理距离来看，信用卡（vs.现金）激活消费者的高解释水平（vs.低解释水平）与体验品（vs.搜索品）之间有更高的心理匹配性，使得用户在产品评估和购买阶段有更高的感知流畅性。

———

① Nelson P., "Information and Consumer Behavior," *Journal of Political Economy* 78, no.2(1970): 311–329.

第 二 章

调节聚焦理论

希金斯·E.托里（Higgins E. Tory），哥伦比亚大学心理学教授、哥伦比亚商学院动机科学中心主任、美国艺术与科学院院士。主要研究领域为动机与社会认知、判断和决策、自我监管的偏见和脆弱性。

第一节
理论起源和观点

一、理论起源

（一）享乐原理

调节聚焦理论提出之前，学界对人类行为动机的理解主要基于享乐原理（hedonic principle）。享乐原理主张人类行为的动机在于追求快乐和避免痛苦的天性，揭示了人类行为动机的来源及其本质。但是，享乐原理没有将追求快乐和避免痛苦这两种不同的动机加以区分，也不能解释这些动机是如何产生的，通过什么方式和途径来实现，其背后不同的作用机制不清楚。

（二）自我差异理论

1987年，希金斯提出的自我差异理论（self-discrepancy theory）也是调节聚焦理论的基础之一。该理论中希金斯把自我划分为三个方面：现实自我（actual self）、理想自我（ideal self）与责任自我（ought self，又译为应该自我），人们在追求理想自我和责任自我的过程中会存在两种不同的期望终极状态：（1）理想终极状态，代表强烈的理想，是个体自身或重要他人对其的希望、愿望和渴望；（2）责任终极状态，代表强烈的责任，是个体自身或重要他人对其义务、责任和职责的信念[①]。

1994年，希金斯在他公开发表的论文中指出个体在追求两种不同的期望终极状态时，会产生两种不同的个体自我调节倾向：促进聚焦（promotion focus）的自我调节和防御聚焦（prevention focus）的自我调节。当理想自我、责任自我与现实自我存在差异时，个体有动机减少这种差异。个体的自我调节系统降低理想自我与现实自我的差异产生促进聚焦，而个体的自我调节系统降低责任自我与现实自我的差异产生预防聚焦。

## 二、主要理论观点

1997年，希金斯在其《超越快乐与痛苦》的文章中正式提出了调节聚焦理论（regulatory-focus theory），提出从不同角度阐释自我调节行为的促进-预防原理，该原理能对人类行为动机及其作用机制进行更深入的阐释[②]。调节聚焦理论认为，促进聚焦的个体具有进取动机，以努力实现个体的理想、希望和愿望为目标结果，注重个人发展和自我实现。在战略方式上采取积极追求达到目标的促进战略，在收获或者无收获情境下对正面结果出现与否敏感。情感体验以快乐或沮丧为主；

---

[①] Higgins E. T., "Self-discrepancy: A Theory Relating Self and Affect," *Psychological Review* 94, no.3(1987): 319–340.

[②] Higgins E. T., "Beyond Pleasure and Pain," *American Psychologist* 52, no.12(1997): 1280–1300.

预防聚焦的个体具有防御动机，以努力避免失败和错误为目标结果，注重履行个人的责任和义务，满足他人的期望。在战略方式上采取防止错误而实现目标的防御战略，在无损失或损失情境下对负面结果出现与否敏感。情感体验以平静或焦虑为主。

# 第二节
## 理论深化和推进

### 一、调节聚焦与稳定和变化的关联

希金斯（1998）通过实验研究将调节聚焦理论与已有的任务中断、禀赋效应两支研究建立起联系，发现不同的调节焦点与稳定、变化具有匹配性，具体而言预防焦点（prevention focus）的个体不愿意交换当前的拥有物，促进焦点的（promotion focus）个体更愿意做一个替代任务而非中断任务[①]。

### 二、区分无损失和获得，损失和无获得

调节聚焦理论在获得和损失问题上提供了一个全新的视角，1999年洛林·C.伊德森进一步明确了该理论区分了对积极结果存在或者不存在（促进焦点）的关注和对消极结果存在或者不存在的关注（预防焦点）[②]。这表明，需要对获得和损失进行更全面的考虑，具体来说，不仅要考察人们对获得（gain，积极结果的存在）和损失（losses，消极结果的存在）的反应，还要考察人们对非获得（nongains，没有积极

---

[①] Higgins E. T., *Promotion and Prevention: Regulatory Focus As a Motivational Principle* (Academic Press, 1998), pp. 1–46.

[②] Idson Lorraine Chen, Liberman Nira, and Higgins E. T., "Imagining How you'd Feel: The Role of Motivational Experiences from Regulatory Fit," *Personality and Social Psychology Bulletin* 30, no.7 (2004): 926–937.

结果）和非损失（nonlosses，没有消极结果）的反应。解释了人们如何体验无损失与获得的乐趣，又如何经历损失与无获得的痛苦。

### 三、调节匹配理论

虽然，调节聚焦理论阐释和体现了人们在追求目标时不同的行为倾向，但却忽视了目标追求过程中个人与环境的互动对自我调节产生的影响。针对这一问题，希金斯（2000）提出了调节匹配理论（regulatory fit theory），该理论认为当外部环境或人际互动的对象与个体调节焦点匹配时，人们会表现出更高的满意度以及努力程度。在调节匹配的情况下，个体会感觉自己的行为是正确的，达成目标的方法也被外部环境所认同，从而增加了行动的信心，随之提升行为动机以及参与社会互动的积极性[1]。

约瑟夫·塞萨里奥等探讨了调节匹配对信息劝服的影响，发现当信息接收者从调节匹配中"感觉正确"时，这种主观经验会转移到说服背景中，并作为相关评估的信息，包括感知到的信息说服力和主题观点。匹配（fit）是由消息参数的策略框架（以一种不符合信息接收者调节状态的方式）或与消息本身无关的来源引起的[2]。

### 四、调节聚焦与决策权重

消费者的调节导向会影响他们对妥协选择的偏好，预防焦点的消费者比促进焦点的消费者更喜欢折中方案。尽管已有研究对自我调节焦点在妥协选择的相对偏好中发挥什么作用进行阐释，但这一现象背

---

[1] Higgins E. T., "Making a Good Decision: Value from Fit," *American Psychologist* 55, no.11(2000): 1217–1230.

[2] Cesario Joseph, Heidi Grant, and Higgins E. T., "Regulatory Fit and Persuasion: Transfer from 'Feeling Right'," *Journal of Personality and Social Psychology* 86, no. 3 (2004): 388–404.

后的确切机制尚未得到解释①。因此，刚塞格等人在2014年对两个竞争假设（分配给决策成分的权重不同vs.偏差感知）进行考察，探讨了不同调节焦点下的妥协效应的差异易感性的驱动因素②。这项研究认为人们的选择有两种成分：选择该结果的可取性（或享乐价值）和实现该结果的可能性（或风险）。不同调节焦点分配给选择不同成分（可取性和可行性）的权重不同，预防（vs.促进）调节焦点个体分配给选择结果的可取性低权重，而分配给实现结果的可能性高权重③。

第三节

理论所提构念的操纵和测量

### 一、情境性调节聚焦的实验操纵

在调节聚焦理论的应用研究中大部分采用的是实验研究方法，多通过操控信息呈现方式、回忆任务，以及任务说明书等方式来启动参与者暂时性的调节聚焦倾向。常用的几种操控方法如下：

（一）通过自我报告操纵

鉴于已有研究已经重复验证了希望、渴望与促进聚焦之间的匹配关系，责任、义务与预防聚焦之间的匹配关系。因此，研究中最常用的调节定向操纵方法就是让参与者写出过去或者现在自己的愿望（hope）、渴求（aspirations）和梦想（dreams），过去的或现在的责任（duties）、义

---

① Mourali Mehdi, Ulf Böckenholt, and Michel Laroche, "Compromise and Attraction Effects under Prevention and Promotion Motivations," *Journal of Consumer Research* 34, no.2 (2007): 234-247.

② Ryu Gangseog, et al., "The underlying Mechanism of Self-Regulatory Focus Impact on Compromise choice," *Journal of Business Research* 67, no.10(2014): 2056-2063.

③ Ryu G, Suk K, Yoon S O, et al., "The Underlying Mechanism of Sself-Regulatory Focus Impact on Compromise Choice," *Journal of Business Research* 67, no.10(2014): 2056-2063.

务（obligations）和职责（responsibilities）[1][2]。

（二）通过情境想象操纵

在实验研究中常采用不同的信息呈现方式（收获的信息框架和损失的信息框架）表达实质相同的信息，以此来诱发个体情境性的调节聚焦倾向。情境想象通常是利用一段文字或者图片描述某个假想情节，要求参与者想象自己就是情节中的当事人。在情境中所传递的信息使用不同的呈现方式，诱发促进聚焦一般利用获得-无获得的框架，诱发预防聚焦则通过损失-无损失的框架。例如，要求参与者给老鼠找到路径摆脱迷宫，在促进聚焦条件下描述老鼠离开迷宫是为了获得奶酪，而预防聚焦条件下离开迷宫是避免被潜伏的猫头鹰抓住[3]。

还有在希金斯（2000）的研究中采用了购书情境，一组参与者被告知购书所需支付的金额为65元，如果用现金支付可获得5元奖励，如果用信用卡支付则得不到5元奖励（收获的信息框架）；另一组参与者则被告知，购书所需支付的金额是60元，如果是信用卡支付必须多付5元的手续费，但是用现金支付可免于支付5元手续费（损失的信息框架）。通过收获的信息框架诱发了促进聚焦，损失的信息框架诱发防御聚焦调节倾向。

（三）通过短文撰写法操纵

短文撰写法本质上是一种书写任务，实验过程中要求参与者撰写短文，一部分参与者被要求撰写成就、进步、理想相关的题目诱发暂时性促进聚焦的形成，如"成功在于作为，不是无为"；另一部分被要求撰写与安全和警告有关的题目来诱发暂时性的预防聚焦的形成，如

---

① Higgins E. T., et al., "Ideal Versus Ought Predilections for Approach and Avoidance Distinct Self-Regulatory Systems," *Journal of Personality and Social Psychology* 66, no. 2 (1994): 276.

② 孙瑾、苗盼:《口碑效价因人而异:调节定向与社会距离对消费者口碑效价的影响》,《南开管理论》2021年第5期,第202-214页。

③ Wan Echo Wen, Jiewen Hong, and Brian Sternthal, "The Effect of Regulatory Orientation and Decision Strategy on Brand Judgments," *Journal of Consumer Research* 35, no.6(2009): 1026-1038.

"预防是最好的治疗"，为确保能成功诱发，一般要求所有的参与者撰写至少5个支持论点的语句①。

（四）通过再认任务操纵

再认任务是在记忆的基础上，要被确认面对的材料是否曾经学习过或者阅读过。例如，要求参与者再认字母顺序颠倒的品牌名称，每个品牌名称被赋予一定的分数。在促进聚焦条件下，参与者基础分数是0分。如果答对一个品牌名称，得1分，答错不扣分；在预防聚焦条件下，参与者基础分数是10分。如果答错一个品牌名称，扣1分，答对不扣分②。

（五）通过群体身份的唤醒操纵

群体身份的唤醒也是一种情境性调节聚焦诱发的方式，具体是操纵消费者对群体成员身份的认知。例如，当任务目标是为了群体福利时个体将会形成较强的预防聚焦，当任务目标是为了个人福祉，个体将会形成相对较强的促进聚焦。群体身份的唤醒不仅影响与团队有关的选择，在与人际关系无关的一些个人选择上也具有一定的作用。由于这种操纵方法与参与者原有的文化价值观无关，因此，无论在个人主义文化还是集体主义文化中都有效③。

（六）通过单词测验操纵

通过单词测验操纵调节聚焦也是最常用的一种方法。具体操作是，参与者要将左边一列英文单词与右边一列释义连线（单词和释义是一一对应的）。随机分配到促进定向与预防定向组的参与者分别看到的问卷共有五组词汇，其中中间的三组词汇对两组参与者是相同的且与调节聚焦倾向无关。差别在于测验的第一组和最后一组词汇与调节聚焦

① Dholakia U. M.，"The Role of Regulatory Focus in the Experience and Self-Control of Desire for Temptations，"*Journal of Consumer Psychology* 16，no.2（2016）: 163-175.

② Higgins E. T.，"Ideal Versus Ought Predilections for Approach and Avoidance Distinct Self-Regulatory Systems，"*Journal of Personality and Social Psychology* 66，no.2（1994）:276-286.

③ Grant S. J. and Xie Y.，"Hedging Your Bets and Assessing the Outcome，"*Journal of Marketing Research* 8，no.3（2007）: 516-524.

倾向有关，例如，诱发促进聚焦的个体看到的词汇有"achievement 与成就""gain 与获得"等，而诱发预防聚焦的个体看到的词汇有"fail 与失败""safe 与安全"等[①]。

（七）通过阅读文章操纵

阅读文章也是以往研究中经常用的诱发调节聚焦的方法。约瑟夫·塞萨里奥关于调节聚焦对说服影响的研究中采用该方法。这项实验中具体是通过描述与食用水果和蔬菜相关的不同问题来操纵调节聚焦，其中促进定向的文章重点强调关注成就，预防定向的文章强调关注安全[②]。

"促进定向"的文章：

### 吃水果和蔬菜，
### 你（不会）觉得自己有成就感！

像水果和蔬菜中所含的营养素一样，（丰富/不丰富）的饮食会直接影响大脑的生物化学，导致（增加/失去增加）能量的机会，改善情绪，以及普遍的幸福感和满足感。那些（吃/不吃）均衡饮食的人，水果和蔬菜是其中的一个组成部分，可以（体验/错过）更大的信心和乐观，这（反过来使/反过来不会使）他们对他人更有吸引力，并在他们的努力中取得成功。血液中充足的营养供应（对保持）迷人的头发和皮肤也很重要，并且（促进/不促进）活跃的代谢，（活跃时）燃烧脂肪，有助于整体健美和有吸引力的身体，水果和蔬菜中的维生素和矿物质提供了提高注意力所需的营养，并最大限度地发挥了心智能力和创造力。（良好的营养/不保持良好的营养）可能会对考试成绩和IQ（智力）评分产生实质性的积极影响。如果你每天（吃/不吃）适量的水果和蔬菜，你（可能/不会）

---

① 张黎、郑毓煌、吴川：《消费者的调节聚焦对品牌延伸评价的影响》，《营销科学学报》2011年第1期，第15-34页。

② Cesario Joseph, Heidi Grant, and Higgins E. T., "Regulatory Fit and Persuasion: Transfer from 'Feeling Right'," *Journal of Personality and Social Psychology* 86, no. 3 (2004): 388-404.

体验到自我感觉良好的总体感觉。

以促进为中心的文章中强调了能量的增加和总体满足感："富含必需营养素的饮食，如水果和蔬菜中的营养素，对大脑的生物化学有直接影响，从而增加能量、改善情绪和总体幸福感和满足感。"

"预防定向"的文章：

**吃（忽略吃）水果和蔬菜，**

**享受（你会错过）健康的安全**

人类需要一整套营养素来保持基本的健康。（吃/不吃）水果和蔬菜（供应/导致无法提供）身体所需的营养，（使/也不会使）身体产生物质，从而缓冲我们生活的世界对身体的需求（污染、日常压力、恶劣天气等）。水果和蔬菜中的维生素和矿物质具有保护作用，有助于修复已经受损的组织。（吃/不吃）水果和蔬菜（有助于/不会有助于）促进免疫系统的行动，免疫系统（起作用/不起作用）保持你的健康和免受疾病的危害。（营养良好的免疫系统/营养不良的免疫系统）（阻止/不阻止）病原体（毒物）并中和其毒素，（形成/不形成）阻止入侵细菌传播的屏障。（某些蔬菜甚至被证明能保护身体免受癌症和心脏病的影响/不吃某些蔬菜意味着你将错过获得有效保护身体免受癌症和心脏病影响的营养的机会）如果你不摄入水果和蔬菜中的营养素，你也无法对牙齿、牙龈和骨骼健康做出贡献。如果你（吃/不吃）适量的水果和蔬菜，你（能/不能）积极帮助自己远离疾病，获得整体良好的健康。

在以预防为中心的文章中强调保护身体免受有害的日常元素影响："吃水果和蔬菜为身体提供所需的营养，使身体能够产生物质，缓冲我们生活的世界对身体的需求（污染、日常压力、恶劣天气等）。"

## 二、调节聚焦特质的测量

个体特质性调节聚焦有多种测量的方法，概括来说有如下两类：

（一）调节聚焦问卷（regulatory focus questionnaire，RFQ）

RFQ量表是使用最为广泛的特质性调节聚焦测量工具，由希金斯等（2001）开发。量表共有11个项目，其中6个思考型（reflective）问题用于评估促进聚焦，5个思考型问题用于评估预防聚焦①。林晖芸等（2008）指出RFQ可以适用于中国文化情境。具体测量条目详见表2-1。

表2-1　调节聚焦问卷

下面是一组问题问你生活中的具体事件，请根据条目描述判断与你的符合程度：
1＝从不或很少；3＝有时；5＝经常。

This set of questions asks you about specific events in your life. Please indicate your answer to each question by circling the appropriate number below it.

1 = never or seldom；3 = sometimes；5 = very often

| |
|---|
| 1.与大多数人相比，你通常无法从生活中得到你想要的东西吗？<br>Compared to most people, are you typically unable to get what you want out of life? |
| 2.在成长过程中，你会不会"越界"做一些父母无法容忍的事情？<br>Growing up, would you ever "cross the line" by doing things that your parents would not tolerate. |
| 3.你多久完成一次让你"心甘情愿"更加努力工作的事情？<br>How often have you accomplished things that got you "psyched" to work even harder? |
| 4.在你成长的过程中，你经常让父母感到紧张吗？<br>Did you get on your parents' nerves often when you were growing up? |
| 5.你多久遵守一次父母制定的规章制度？<br>How often did you obey rules and regulations that were established by your parents? |
| 6.在成长过程中，你有没有采取过你父母认为令人反感的方式？<br>Growing up, did you ever act in ways that your parents thought were objectionable? |
| 7.当你尝试不同的事情时你做得好吗？<br>Do you often do well at different things that you try? |
| 8.不够小心有时会给我带来麻烦。<br>Not being careful enough has gotten me into trouble at times. |

① Higgins E. T., et al., "Achievement Orientations from Subjective Histories of Success: Promotion Pride Versus Prevention Pride," *European Journal of Social Psychology* 31, no.1 (2001): 3-23.

续表2-1

| |
|---|
| 9. 当谈到现实中对我来说重要的事情时，我发现我的表现不如理想中的那样好。<br>When it comes to achieving things that are important to me, I find that I don't perform as well as I ideally would like to do. |
| 10. 我觉得我在人生中取得了成功。<br>I feel like I have made progress toward being successful in my life. |
| 11. 在我的生活中，我发现很少有爱好或活动能引起我的兴趣或激励我去努力。<br>I have found very few hobbies or activities in my life that capture my interest or motivate me to put effort into them. |

（二）调节聚焦量表（regulatory focus scale，RFS）

RFS量表是B.费尔纳（Bernhard Fellner，2007）等开发的[①]，该量表由10个项目组成，用于测量促进取向和预防取向。具体测量条目见表2-2。

表2-2　调节聚焦量表

| 调节焦点 | 维度 | 请评价下列描述与你的符合程度：<br>1=非常不符合；2=不符合；3=比较不符合；4=中性；5=比较符合；6=符合；7=非常符合。 |
|---|---|---|
| 促进定向<br>Promotion Factors | 自主性<br>Autonomy | 1. 我喜欢在没有别人指示的情况下工作。<br>I prefer to work without instructions from others. |
| | | 2. 规章制度对我是有帮助和必要的。<br>Rules and regulations are helpful and necessary for me. |
| | 对新事物的开放性<br>Openness to New Things | 6. 我喜欢用一种新的方式做事。<br>I like to do things in a new way. |
| | | 7. 我一般创造性地解决问题。<br>I generally solve problems creatively. |
| | | 8. 我喜欢尝试很多不同的东西，而且经常能成功地做到这一点。<br>I like trying out lots of different things, and am often successful in doing so. |

① Fellner Bernhard, et al., "Regulatory Focus Scale (RFS): Development of a Scale to Record Dispositional Regulatory Focus," *Swiss Journal of Psychology* 66, no.2(2007):109-116.

续表2-2

| 调节焦点 | 维度 | 请评价下列描述与你的符合程度：<br>1=非常不符合；2=不符合；3=比较不符合；4=中性；5=比较符合；6=符合；7=非常符合。 |
|---|---|---|
| 预防定向<br>Prevention Factors | 责任感<br>Sense of Obligation | 3.对我来说，履行赋予我的义务非常重要。<br>For me, it is very important to carry out the obligations placed on me. |
| | | 4.我总是试图使我的工作尽可能准确和无差错。<br>I always try to make my work as accurate and error free as possible. |
| | | 5.我不介意仔细地回顾或检查事情。<br>I'm not bothered about reviewing or checking things really closely. |
| | 对他人的期望<br>Orientation to the Expectations of Others and | 9.我的成就得到他人的认可和重视，这对我来说很重要。<br>It is important to me that my achievements are recognised and valued by other people. |
| | | 10.我经常思考别人对我的期望。<br>I often think about what other people expect of me. |

# 第四节
## 理论在CB研究中的应用

1997年希金斯提出的调节聚焦理论，至今都是动机和决策领域的重要理论。珍妮弗·艾克（Jennifer Aaker）等2001年将该理论引入营销领域的研究中，个体的调节定向如何和其他因素交互形成匹配进而影响个体决策和行为是该理论在营销领域的重要应用体现。

### 一、调节定向和新产品类型的匹配

已有研究发现对于促进定向的人，革新性新产品的负面评论有用性明显高于正面评论有用性，渐进性新产品负面评论的有用性略低于正面评论的有用性；而对于防御定向的消费者新产品类型没有调节作用[1]。依据调节定向理论，促进定向的消费者偏好收益会对正面信息更加敏感，正面评论会达成调节匹配，负面评论会达成调节非匹配，因此正面评论的有用性应该更高。但是，上述研究中促进定向的消费者面对革新性新产品时认为负面评论的有用性更高，并没有达成调节匹配。作者认为这是由于革新性新产品的不确定性和感知风险较大，负面评论使得产品风险明确让消费者偏好保守，尽管会经历调节非匹配，但负面评论能帮助个体规避风险，因此负面评论也会有较高的有用性。

### 二、调节定向和新颖线索的匹配

玛琳·吉尔巴特等（Marleen Gillebaart）基于调节定向理论和新颖分类理论（novelty categorization theory，NCT）使用阈下单纯暴露范式，考察了不同调节定向与新颖性与否的匹配。研究发现，与安全性相比个体更关注增长时，新刺激会得到更积极的评价，具有匹配性；而与安全性相比，个体更关注增长时，熟悉刺激会受到更消极的评价。结果表明，与预防焦点相比，促进焦点对新刺激的评价更为积极地形成了匹配性，对于熟悉的刺激，所有效应都被逆转[2]。

### 三、调节定向和消费者决策策略的匹配

消费者的调节定向和处理信息的决策策略如何影响他们的判断？万雯等（2009）通过将调节焦点与两种重要的决策策略（准确性策略和进展策略）联系起来，发现预防定向消费者使用能够提升决策准确度的策略时更偏好所选品牌，促进定向消费者使用能够促进决策进度

---

① 杜晓梦、赵占波、崔晓：《评论效价、新产品类型与调节定向对在线评论有用性的影响》，《心理学报》2015年第4期，第555页。

② Gillebaart Marleen, Jens Förster, and Mark Rotteveel, "Mere Exposure Revisited: The Influence of Growth Versus Security Cues on Evaluations of Novel and Familiar Stimuli," *Journal of Experimental Psychology: General* 141, no.4(2012): 699–714.

的策略时更偏好所选品牌①。而且，无论这两种决策策略是由关于如何处理信息的指令控制，还是由信息呈现格式控制，结果均符合决策匹配假设，自信感知是匹配对评估影响的中介机制。这表明，调节定向和决策策略之间的匹配激活了积极的主观体验，并将这种积极的主观体验转移到对主导选择备选方案的评估上，同时也说明判断受到决策者对信息处理方式的感觉的影响，这种感觉独立于消息内容。

### 四、调节定向和拟人化沟通的匹配

汪涛等（2014）②认为启动促进定向的消费者注重机会，乐意改变，愿意将自己的现实自我与理想自我同步，在消费行为上呈现出低风险规避；而启动预防定向的消费者则更注重安全，不乐意改变，愿意将现实自我与责任自我同步，在消费行为上呈现高风险规避。基于消费者行为推测启动促进定向的消费者会更多追求机会而非考虑风险，而启动预防定向的消费者会抗拒风险，追求平稳。不同的品牌所启动的不同消费者调节定向模式会影响到拟人化沟通的整体效用，具体而言，相比预防定向的消费者，拟人化对促进定向的消费者会有更好的效果。

## 第五节
## 理论在CB研究中的未来展望

### 一、调节聚焦与产品获取方式

购买产品是消费者获取产品的最传统方式，但是现代消费者也越

---

① Wan Echo Wen, Jiewen Hong, and Brian Sternthal., "The Effect of Regulatory Orientation and Decision Strategy on Brand Judgments," *Journal of Consumer Research* 35, no.6(2009): 1026-1038.

② 汪涛、谢志鹏、崔楠：《和品牌聊聊天——拟人化沟通对消费者品牌态度影响》，《心理学报》2014年第7期，第987-999页。

来越多地从事各种形式的实体消费品的租赁，选择范围从滑雪板到婚纱多种多样。甚至，很多企业将同一产品提供平行销售和租赁选项，允许消费者在这两种选项之间进行自我选择。例如，在苹果的电影商店中，绝大多数电影既可以出租也可以购买。租赁价格低于购买价格，因为租赁客户只能在有限的时间内获得产品，而那些购买电影的消费者可以继续享受后续的观看。那么，对于企业而言是否可以更精确地分辨什么情况下为消费者提供何种产品获取方式会更受欢迎，有更高的成交率？作者认为可从调节聚焦视角探究这一问题，对于促进定向的消费者会更愿意通过租赁的方式获取产品，而预防定向的消费者更偏好购买的方式获取产品。

### 二、消费者着装风格与调节聚焦

众所周知，个体着装在日常生活有重要而永恒的作用，作为社会交往中被最先注意到的线索，在传达个人身份时着装的美学（如风格）甚至比话语更重要[1]。不同的着装风格会诱发人们不同类型的调节聚焦，进而对人们的下游消费行为产生不同影响吗？这将是一个有趣的问题。以往心理学领域的研究显示，正式和非正式着装会引发不同的认知后果。具体而言，穿着正式的人们对事件解释方式更加抽象。以往研究显示，预防定向（促进定向）的个体接触到更具体（更抽象）的信息时将体验匹配或者契合[2]。我们预测，当消费者穿着正式服装时可能诱发促进定向的调节定向，反之穿着休闲装时会诱发预防定向的调节定向。

① Rose Gregory M., et al., "Social Values, Conformity, and Dress," *Journal of Applied Social Psychology* 24, no.17(1994): 1501–1519.

② Levine John M., Higgins E. T., and Hoon-Seok Choi., "Development of Strategic Norms in Groups," *Organizational Behavior and Human Decision Processes* 82, no.1(2000): 88–101.

## 第 三 章

# 恐惧管理理论

杰夫·格林伯格（Jeff Greenberg），亚利桑那大学心理学系教授，是探究人类感知死亡的能力如何影响我们的日常经验和行为的领先科学家。主要研究领域为恐怖管理理论、认知失调理论、偏见和成见、动机的心理动力学观点、自我概念和自尊等。

## 第一节
### 理论起源和观点

### 一、理论起源

恐惧管理理论是杰夫·格林伯格等人基于欧内斯特·贝克尔（Ernest Becker）的著作，尤其是《意义的诞生与死亡》（1962）、《否认死亡》（1973）和《逃离邪恶》（1975）中的有关观点而提出的理论构想[①②③]。贝克尔最初是试图将各种社会科学学科的贡献整合成一个关于人类动机和行为的连贯概念，他提出有关人必死的意识和恐惧对人类的社会行为产生了至关重要的影响，在人类建构的文明社会中，大多数行为的根本动机在于缓解人类对于死亡的恐惧。

## 二、理论主要观点

1986年，格林伯格等在其著作中正式提出恐惧管理理论（terror management theory，TMT），认为人类拥有死亡意识——一种必死性（mortality）意识，同时也拥有生存的本能，两者的冲突导致了死亡焦虑以及较低的幸福感[④]，明确了必死性意识对人们生活造成威胁，为了应对这种威胁，人们会启动一系列心理防御机制。在恐惧管理理论的研究中，有两个重要的概念：一是死亡凸显（mortality salience），指引发必死性意识的实验操作；二是死亡凸显效应（mortality salience effect），指死亡凸显后出现一系列心理防御行为的现象[⑤]。

---

① Greenberg J., et al., "Evidence for Terror Management Theory Ⅱ: The Effects of Mortality Salience on Reactions to Those Who Threaten or Bolster the Cultural Worldview," *Journal of Personality and Social Psychology* 58, no.2(1990): 308-318.

② Greenberg J., Tom Pyszczynski, and Solomon Sheldon, "The Causes and Consequences of a Need for Self-Esteem: A Terror Management Theory," *Public Self and Private Self* (Springer, 1986), pp.189-212.

③ Solomon Sheldon, Greenberg J., and Tom Pyszczynski, "A Terror Management Theory of Social Behavior: The Psychological Functions of Self-Esteem and Cultural Worldviews," *Advances in Experimental Social Psychology* 24, no.8(1991): 93-159.

④ Juhl Jacob and Clay Routledge, "Putting the Terror in Terror Management Theory: Evidence that the Awareness of Death Does Cause Anxiety and Undermine Psychological Wellbeing," *Current Directions in Psychological Science* 25, no.2(2016): 99-103.

⑤ Greenberg J., et al., "Role of Consciousness and Accessibility of Death-Related Thoughts in Mortality Salience Effects," *Journal of Personality and Social Psychology* 67, no.4 (1994): 627-637.

# 第二节
# 理论深化和推进

## 一、死亡焦虑的缓冲机制

### (一) 文化世界观防御和自尊寻求

人类意识到自己的脆弱性及最终必将死亡时会产生强大的恐惧。恐惧的可能性给不断发展的文化带来了压力,任何要生存下来的文化都需要提供管理这种恐惧的手段。因此,特定文化所信奉的现实概念是文化焦虑缓冲的基础,这种文化焦虑缓冲(anxiety-buffer)旨在保护个人免受因意识到其脆弱性和最终死亡而产生的焦虑。但是,并不是所有能提供现实概念的世界观都能保护个体免受死亡焦虑,只有那些在特定文化背景下能帮助个体实现一种价值感或获得自尊的文化才有这种功能[1]。实证研究验证了文化世界观作为焦虑缓冲剂的证据[2]。当死亡凸显时,人们对支持自己文化世界观的个体做出积极的反应(如惩罚更宽松、奖励更多)。基于内外群视角的研究进一步发现,死亡凸显时个体对与自己信仰一致的人更积极,对威胁他们信仰的人变得消极。死亡凸显导致对组内成员更积极的评价和对组外成员更多的负面评价[3]。

---

① Rosenblatt A, Greenberg J, Solomon S, et al., "Evidence for Terror Management Theory: I. The Effects of Mortality Salience on Reactions to Those Who Violate or Uphold Cultural Values," *Journal of Personality and Social Psychology* 57, no.4(1989): 681–690.

② Solomon Sheldon, Greenberg J., and Tom Pyszczynski., "A Terror Management Theory of Social Behavior: The Psychological Functions of Self-Esteem and Cultural Worldviews," *Advances in Experimental Social Psychology* 24, no.8(1991): 93–159.

③ Greenberg J., et al., "Evidence for Terror Management Theory II: The Effects of Mortality Salience on Reactions to Those Who Threaten or Bolster the Cultural Worldview," *Journal of Personality and Social Psychology* 58, no.2(1990): 308–318.

自尊也提供了对死亡恐惧的保护。人们之所以追求积极的自我评价是因为自尊提供了一种缓冲，可以应对人类独特的死亡意识所产生的无处不在的焦虑①。死亡凸显增加了人们的焦虑，进而促使人们的自尊寻求，但这一现象在高自尊者身上消失，因为死亡相关想法的可及性减少了。如果在提醒死亡后增加对世界观的防御是对死亡恐惧的反应，那么高水平的自尊应该减少或消除对死亡凸显的世界观防御偏好。

（二）亲密关系防御

早期 TMT 理论提出了两种死亡焦虑缓冲机制（buffer mechanism）：世界观防御（worldview defense）和自尊寻求（self-esteem striving）。但是，世界观防御以及自尊寻求都是针对自己死亡的凸显出现的，而人的自我概念包括私人自我（private self）和社会自我（social self）。那么，当亲密他人的死亡凸显，以及和亲密他人的终生分离又会诱发怎样的反应？亲密他人的死亡线索凸显时，人们也会产生焦虑或死亡想法的凸显。高自尊者通过什么来实现生命不朽进而缓冲焦虑？有学者提出对亲密关系（close relationship）的投入也可缓解人们的死亡焦虑②。

TMT 中，亲密关系防御是指通过与他人建立和保持亲密的关系，寻求与他人在一起（togetherness）、亲密（intimacy）、依恋（attachment）和联结（affiliation），从而缓解死亡焦虑的机制。依恋风格与个人死亡恐惧之间关系密切，安全型依恋风格是死亡凸显下减缓恐惧的缓冲剂③。在 TMT 中，亲密关系和世界观、自尊一样，是应对人们必死性意

---

① Mikulincer Mario, Victor Florian, and Rami Tolmacz, "Attachment Styles and Fear of Personal Death: A Case Study of Affect Regulation," *Journal of Personality and Social Psychology* 58, no.2(1990): 273-280.

② Mikulincer Mario, Victor Florian, and Rami Tolmacz, "Attachment Styles and Fear of Personal Death: A Case Study of Affect Regulation, " *Journal of Personality and Social Psychology* 58, no.2(1990): 273-280.

③ Wisman Arnaud and Sander L. Koole, "Hiding in the Crowd: Can Mortality Salience Promote Affiliation with Others Who Oppose One's Worldviews," *Journal of Personality And Social Psychology* 84, no.3(2003): 511-526.

识引发的死亡焦虑机制之一[1]。甚至亲密关系防御似乎更加强大，在面对死亡焦虑时，亲密关系足以压倒世界观防御。总之，死亡相关想法的凸显会让个体意识到自己生命的脆弱以及死亡的必然。这时个体会产生难以抗拒的焦虑和恐惧。为了应对这种死亡焦虑，人们会选择去捍卫和防御自己所处的文化世界观（焦虑缓冲机制一）、去奋力捍卫自己的自尊（焦虑缓冲机制二）、去增加人际归属和人际联结（焦虑缓冲机制三）。这三种缓冲机制都会减少死亡相关想法的出现，进而减缓焦虑。

## 二、认知双加工模型

20世纪90年代中期，研究者基于精神动力学与认知科学，提出认知双加工模型（cognitive dual-process model）[2]，从微观层面对恐惧管理的认知过程进行探索。该模型提出人们防御死亡意识的两种机制：一是意识层面的近端防御（proximal defenses），引发死亡意识后的个体将采用否认（deny）、合理化（rationalization）和注意力分散（distraction）的策略，以消除死亡意识带来的脆弱感和恐惧感；二是无意识层面的远端防御（distal defenses），死亡思维可及性的升高将激活远端防御，在潜意识层面启动三种焦虑缓冲机制，促使人们做出表面上与死亡无关的防御行为，如维护世界观、增强自尊或促进亲密关系[3]。

---

① Mikulincer Mario, Victor Florian, and Rami Tolmacz, "Attachment Styles And Fear of Personal Death: A Case Study of Affect Regulation," *Journal of Personality and Social Psychology* 58, no.2(1990): 273–280.

② Pyszczynski T., Greenberg J., and Solomon S., "A Dual Process Model of Defense Against Conscious and Unconscious Death Related Thoughts: An Extension of Terror Management Theory," *Psychological Review* 106, no.4(1999): 835–845.

③ Kosloff Spee, et al., "Proximal and Distal Terror Management Defenses: A Systematic Review and Analysis," in *The Handbook of Terror Management Theory*, Routledge C.& Vess M.(Eds.), (Academic Press, 2018), pp.31–63.

## 第三节
## 理论所提构念的操纵和测量

### 一、回忆日常生活事件

通过让参与者回忆自己就医（如拔牙）的经历，或者是看到的有关暴力冲突的新闻报道、与死亡相关的多媒体素材等。

### 二、思考并回答有关自身死亡的开放式问题

通过开放式问题让参与者思考自身死亡的情形以及当时的情绪，控制组操作类似，但思考的是一般消极主题，如牙痛[1]、失败[2]、考试[3]。这是常用的死亡凸显操纵的方式。格林伯格等（1990）的研究中采用了填写死亡问卷的方式对死亡凸显进行操纵。具体操作是：在参与者完成前期所有问卷调查后，实验组的参与者需要继续完成一份额外的死亡凸显状态问卷，其中包含两个开放式问题：一是他们被要求写下当他们身体死亡时会发生什么；二是他们自己死亡的想法在他们身上引发的情绪。每个题目大约有四分之一页的篇幅。对照组的参与者未收到该开放问卷，也没有平行的写作任务。作者比较了无问卷对

---

① Greenberg J., et al., "Clarifying the Function of Mortality Salience-Induced Worldview Defense: Renewed Suppression or Reduced Accessibility of Death-Related Thoughts," *Journal of Experimental Social Psychology* 37, no.1 (2001): 70-76.

② Arndt Jamie, et al., "Cancer and the Threat of Death: The Cognitive Dynamics of Death Thought Suppression and Its Impact on Behavioral Health Intentions," *Journal of Personality and Social Psychology* 92, no.1 (2007): 12-29.

③ Arndt Jamie, et al., "Suppression, Accessibility of Death-Related Thoughts, and Cultural Worldview Defense: Exploring the Psychodynamics of Terror Management," *Journal of Personality and Social Psychology* 73, no.1 (1997): 5-18.

照组和平行写作任务对照组，发现两者之间没有差异，但每个对照组和死亡凸显组之间存在明显差异[1]。

### 三、单词拼图任务

在一项死亡凸显会引发人生稀缺感的研究中，通过让参与者接触与死亡相关的词或对照词进行死亡凸显操纵。具体操作是：完成随机分配的两个单词拼图中的一个。在实验条件下，字谜中嵌入的单词与死亡有关（例如dead，tombstone）；在对照条件下，字谜中嵌入的单词与疼痛有关（例如疼痛、头痛）。所有参与者完成了21项单词填空任务，其中5个项目可以用与死亡相关的词来完成，例如，"coff_uu"可以用"coffe"或"coffin"来完成；"de_u"可以用"deal"或"dead"来完成[2]。

# 第四节
## 理论在CB研究中的应用

### 一、文化世界观防御机制的应用：死亡凸显与国货偏好

（一）死亡凸显增加国货偏好的西方研究

TMT预测死亡提醒会导致人们的消费支出增加和世界观防御。那么，如果品牌中蕴含有关死亡提醒的线索是否会增加消费者与死亡相关的想法，影响消费者行为呢？M. L. 弗朗桑（M.L.Fransen）发现，有意识地让消费者接触保险品牌会诱发死亡凸显，增加与死亡相关的想

---

[1] Rosenblatt A, Greenberg J, Solomon S, et al., "Evidence for Terror Management Theory: I. The Effects of Mortality Salience on Reactions to Those Who Violate or Uphold Cultural Values," *Journal of Personality and Social Psychology* 57, no.4(1989): 681-690.

[2] King Laura A., Joshua A. Hicks, and Justin Abdelkhalik., "Death, Life, Scarcity, and Value: An Alternative Perspective on the Meaning of Death," *Psychological Science* 20, no.12 (2009): 1459-1462.

法的可及性，进而导致消费者短期购买意愿的增加和世界观防御；（隐性）保险品牌暴露对消费者的慈善捐赠有积极影响；潜意识品牌暴露影响世界观防御，观看了作为阈下意识保险品牌的消费者比对照条件下的消费者更看好国内产品，而不看好国外产品[①]。

琳达·C.索尔兹伯里[②]进一步延伸和拓展了 M. L. 弗朗桑（2008）的研究，发现如果某一保险类或退休金类产品会诱发死亡凸显，那么为了防御死亡焦虑，消费者对与死亡关联强（vs.关联弱）的产品选项更排斥、购买可能性更低。对于退休金类产品，消费者购买时会有两种选择：购买年金或个人退休账户。年金比个人退休账户更易让人联想起死亡。所以在死亡凸显下，消费者会对年金选择概率低。这一现象在临近退休的老年消费者身上和真实的促销情境下都被复制。

（二）死亡凸显增加国货偏好的中国研究

来自西方发达国家的研究发现，死亡暴露其实是对个体和社会有好处的：会增加消费者对国产品牌的偏好[③]。但这一研究结论是否适用于中国的消费者尚不得而知。因为对于发展中国家的消费者而言，他们通常会为寻求高自尊、身份和地位而购买外国货，自尊防御在发展中国家消费者身上将表现为购买外国货，文化世界观防御将表现为购买国货、支持所处的文化世界观。死亡暴露会促使发展中国家消费者采取哪一防御机制？柳武妹等（2014）检验了两种竞争预测，发现死亡暴露会增加发展中国家消费者的国货选择，但机制是补偿个人控制感的缺失。同时，已有探讨死亡暴露与国货偏好的研究并没有检验何时死亡暴露将不再增加国货偏好，发现启动亲密的人际归属感是边界

① Fransen Marieke L., et al., "Rest in Peace? Brand-Induced Mortality Salience and Consumer Behavior," *Journal of Business Research* 61, no.10（2008）: 1053-1061.

② Salisbury Linda Court, and Gergana Y. Nenkov., "Solving the Annuity Puzzle: The Role of Mortality Salience in Retirement Savings Decumulation Decisions," *Journal of Consumer Psychology* 26, no.3（2016）: 417-421.

③ Fransen Marieke L., et al., "Rest in Peace? Brand-Induced Mortality Salience and Consumer Behavior," *Journal of Business Research* 61, no.10（2008）: 1053-1061.

条件①。

## 二、自尊防御机制的运用：死亡凸显与放纵消费

死亡凸显让人产生存在焦虑，导致人们使用两种主要的应对策略来缓解这种焦虑，即捍卫一个人的文化世界观，并试图增强自尊②。TMT 认为，当死亡凸显时个体会自尊寻求。有研究显示死亡凸显下，人们会在对个人自尊有重要贡献的领域花更多调控资源，因此，会较少在该领域做出放纵选择，但是对个人自尊没有重要贡献的领域花的调控资源少，会在该领域放纵消费③。后续，有学者们对上述研究进行了拓展发现，与对照组相比，最近被提醒自己即将死亡的消费者希望购买更多的食品（实际上吃得更多）。这种影响主要发生在低自尊的消费者中。从逃避自我意识的角度来看，低自尊参与者通过过度消费以应对死亡激活，以此作为逃避自我意识的手段。

## 三、归属需求机制的应用：死亡凸显与品牌依恋

鉴于以往物质主义相关研究，未能阐明物质主义价值观与消费者行为的关系。有学者基于恐惧管理理论，考察物质主义对自我和公共品牌连接的影响来解决这一差距，发现物质主义者与他们的品牌形成了强大的联系，作为对存在不安全感的回应④。表明对死亡的恐惧鼓励物质主义者与他们的品牌建立牢固的联系。存在的不安全感

---

① 柳武妹、王海忠、何浏：《人之将尽，消费国货？死亡信息的暴露增加国货选择的现象、中介和边界条件解析》，《心理学报》2014 年第 4 期，第 1748-1759 页。

② Pyszczynski Tom, et al., "Why Do People Need Self-Esteem? A Theoretical and Empirical Review," *Psychological Bulletin* 130, no.3(2004): 435-468.

③ Ferraro Rosellina, Baba Shiv, and James R. Bettman., "Let Us Eat and Drink, For Tomorrow We Shall Die: Effects of Mortality Salience and Self-Esteem on Self-Regulation In Consumer Choice," *Journal of Consumer Research* 32, no.1(2005): 65-75.

④ Rindfleisch Aric, James E. Burroughs, and Nancy Wong, "The Safety of Objects: Materialism, Existential Insecurity, and Brand Connection," *Journal of Consumer Research* 36, no.1(2009): 1-16.

(existential insecurity) 增加了高物质主义者和品牌之间的联结。翁智刚等（2011）进一步发现灾难后短期内人们的物质拥有观下降，群体归属感上升，其中弱物质主义者反应显著。长期或者喜庆事件冲销后，人们的物质拥有观上升，群体归属感由于死亡焦虑的缓解而下降[①]。

### 四、焦虑机制的应用：死亡凸显与多样化寻求

死亡凸显会引发双过程（激活与死亡相关的焦虑 vs. 与死亡相关的抽象想法），但已有研究未对二者进行剥离，死亡相关想法的瞬间自发激活（但不一定焦虑），不带情绪地去思考死亡，不会诱发世界观防御，提及死亡只有当个体感受到自己的脆弱和易感时才会防御[②]。将二者剥离需要找到一个共同的因变量，多样性寻求和二者密切相关（整体加工和焦虑）。黄忠强等（2015）提出，由思考自己的死亡引发的焦虑会降低个体在随后不相关情境中的多样性寻求，稳定寻求为中介。而激活死亡概念但不诱发焦虑却会增加多样性寻求，整体加工方式为中介。另外，死亡凸显降低多样性寻求的现象在高认知负荷（走情感路径）和产品选项高熟悉度（能缓冲焦虑）时更明显[③]。

柯学（2009）[④]和黄忠强等（2015）[③]观点相似，当消费者在接收到与死亡相关的消息之后，更倾向于选择自己喜爱的产品或者品牌，同时减少对产品或者品牌的多样化寻求行为。上述研究表明，当世界不幸发生一些大灾难的时候，商家可以加强促销他们的优势产品或者

① 翁智刚、张睿婷、宋利贞：《基于恐怖管理理论的灾后消费行为及群体归属感研究》，《软科学》2011年第1期，第181-192页。

② Arndt Jamie, et al., "Cancer and the Threat of Death: The Cognitive Dynamics of Death thought Suppression and Its Impact on Behavioral Health Intentions," *Journal of Personality and Social Psychology* 92, no.1(2007): 12-29.

③ Huang Zhongqiang Tak and Wyer Jr R. S., "Diverging Effects of Mortality Salience on Variety Seeking: The Different Roles of Death Anxiety and Semantic Concept Activation," *Journal of Experimental Social Psychology* 58, no.3(2015): 112-123.

④ 柯学：《大灾难可以减少消费者的多样化寻求行为：一个基于恐怖管理理论的研究》，《管理世界》2009年第11期，第122-129页。

品牌，而不是一些新产品或者品牌。

### 五、生命永恒机制的应用：死亡凸显与捐赠

已有的死亡凸显的研究都关注于死亡凸显引发的焦虑可以通过什么防御策略来减缓。但是焦虑只是结果，背后驱动剂是死亡（mortality），如果可以实现不死（immortality），则个体就不会焦虑。还有死亡凸显的研究认为死亡提醒会促使个体自私，但如果一些行为可以实现拥有物的不死，那么个体就会慷慨，就会感到自身不死。研究中如何实现这两点呢？可以通过以下方式：一是聚焦死亡凸显导致慷慨（亲社会）的情形；二是挖掘何种捐赠会实现生命或拥有物的传承和延续；三是可以代际相传的拥有物是自我的一部分。

鉴于已有研究发现，提醒自己的死亡可能会导致个体的物质主义和自私的消费者行为。利亚·邓恩[①]等发现，当捐赠行为具有很高的超越潜力时，死亡凸显会导致捐赠财产的倾向增加。具体而言，当产品被认为与自我高度相关（vs.非高度相关）时，在死亡凸显的条件下（与比较条件相比），消费者更有可能将其财产捐赠给慈善机构。此外，该研究还发现，只有当通过捐赠才能实现死亡超越时，这种趋势才会出现。而在以下情况下，观察到的效果会减弱：第一，死亡超越已经通过替代手段得到满足，例如当消费者不属于一个具有超然特征的群体（归属感满足）时，这一现象会更加明显；第二，捐赠的财产不会超越自我（即其物理完整性因被分解和回收而丢失）。

---

① Dunn Lea, Katherine White, and Darren W. Dahl, "A Little Piece of Me: When Mortality Reminders Lead to Giving to Others," *Journal of Consumer Research* 47, no. 3 （2020）：431–453.

## 第五节
## 理论在CB研究中的未来展望

### 一、死亡凸显与自我提升偏好

人们往往希望成为更好的自己，反映出对自我改善的兴趣。市场为消费者提供了广泛的产品和服务，承诺以某种方式改善或提升消费者。是什么因素影响了消费者是否会投资于能够自我提升的产品？我们预期，与不具有自我提升特征的同等吸引力产品相比，死亡凸显使得消费者对具有自我提升特征的产品更加偏好。依据恐惧管理理论，死亡暴露会促使消费者采取提升自尊的防御机制。而消费者可以通过购买特定产品寻求高自尊[1]，自我提升产品能帮助消费者更好地完成某项任务或提高自我某些方面，以满足高自尊寻求动机。

### 二、死亡凸显与绿色消费

绿色消费是指商品在购买、使用和处置的过程中尽可能减小对环境的负面影响的消费行为[2]，是解决环境问题的重要举措。我们预期，当提醒自己的死亡后，相比较非绿色产品，消费者会对同类型的绿色产品有更高的评价和购买意愿。已有的死亡凸显研究显示，可以代际相传的拥有物是自我的一部分，让个体感到自身不死，从而达到克服死亡焦虑的作用。绿色消费是一种福泽后代的道德行为，产生的影响超越时空和生死，有可能缓冲死亡凸显对个体的负面影响。

---

[1] Batra Rajeev, et al., "Effects of Brand Local and Nonlocal Origin on Consumer Attitudes in Developing Countries," *Journal of Consumer Psychology* 9, no.2(2000): 83–95.

[2] Peattie Ken, "Green Consumption: Behavior and Norms," *Annual Review of Environment and Resources* 35, no.1(2010): 195–228.

### 三、探索死亡威胁后的感官补偿行为

死亡凸显作为生活中的一种常态会引发消费者的死亡焦虑和恐惧，生命的意义被破坏又促使消费者寻求有效的缓解方式。已有研究主要探讨了消费者以具体的产品或者品牌为主的物质补偿消费应对死亡焦虑，但是死亡凸显情境下消费者还可能通过感官补偿行为来缓解恐惧。近期，黄静等探讨了死亡凸显后消费者对高频声音的偏好，意义寻求是内在机制[1]。未来可以继续拓展消费者受到死亡威胁后其他的感官补偿行为，例如，相比较粗糙的外观，消费者是否会更偏好外观光滑的产品？一方面，光滑表面比粗糙的表面更容易联想到生命的流淌和延续；另一方面，从性别联想上，光滑和女性联系在一起，而粗糙和男性联系在一起，而女性是生命延续的起点。

---

① 黄静、刘洪亮、王正荣、肖皓文、郭浪浪等：《死亡凸显对高音频声音偏好的影响及作用机制》，《管理科学》2022年第1期，第118-128页。

## 第 四 章

# 感知控制
# 双过程模型

约翰·R.魏斯（John R. Weisz），哈佛大学心理学教授。研究涉及开发和测试针对精神健康障碍和挑战的干预措施，以及通过元分析描述和改进青少年心理健康护理。

## 第一节
## 理论起源和观点

### 一、理论起源

人们在面临各种受威胁的情境时（如交通堵塞、考试、自然灾害等）常处于低控制感的状态。此处的控制感指个体在特定时间感到自己有多大能力来对环境产生影响，并使环境朝期望方向变化的一种信念[1]。大量证据表明，人们极度看重控制感并不愿意放弃控制感知。习得性无助理论（helplessness）和控制源理论（locus of control theorists）都把人们的妥协内倾行为（如被动、退缩和服从）看作对控制的放弃。罗斯鲍姆·弗雷德（Rothbaum Fred）认为，这些反应在本质上都反映出人们对特定类型的控制感知，想要提出一种新的理论，将习得性无助、内控、外控、归因等整合在一个模型中，解释人们如何应对控制感的威胁或缺乏，并且对控制是单过程构念（one-process construct）还是双过程构念（two-process construct）进行明晰。1982年，罗斯鲍姆·弗雷德、约翰·R. 魏斯等[2]在其文章中首次提出感知控制的双过程模型（two-process model of perceived control）。

## 二、主要理论观点

感知控制双过程模型认为控制感受威胁时，个体心理经历的第一个过程是获取初级控制（primary control）——指向外部环境，即个体改变外部环境来满足自己的需要和欲望，是不可控制性理论（uncontrollability theories）认为的控制。当初级控制失败后，个体会经历第二个过程获取次级控制（secondary control）——指向自我，包括思想、评价和反应等，即通过调整个体自身来适应环境。

次级控制有四种表现，包括：①预见性控制（predictive control）：把不可控事件归因为个人的严重能力不足，以缓解失望。被动和退缩行为属于这一类。②虚幻控制（illusory control）：把不可控事件归因为偶然性（chance），在涉及技能的情境或事件中会表现出被动和退缩行为，以便保存能量，获取力量。③代理控制（vicarious control）：把不可控事件归因为强大的他人（尤其是个体认同这些强大他人时，如领

---

[1] Greenberger David B. and Strasser S., "Development and Application of a Model of Personal Control in Organizations," *Academy of Management Review* 11, no.1(1986): 164-177.

[2] Rothbaum Fred, Weisz John R., and Snyder Samuel S., "Changing the World and Changing the Self: A Two-Process Model of Perceived Control," *Journal of Personality and Social Psychology* 42, no.1(1982): 5-37.

导、团体、上帝等）。④解释性控制（interpretive control）：上述这三类
归因都会促使解释性控制产生，这类控制指人们会试图从不可控事件
中理解和提取意义，以便接受这些不可控事件。当感知控制的初级控
制和次级控制这两种形式被认可时，人们在控制感威胁发生后表现出
的一系列行为都可以被看作是努力维持（efforts to sustain）而非放弃感
知控制（relinquish perceived control）。

# 第二节
## 理论深化和推进

1995 年 J. 赫克豪森等[①]整合了罗斯鲍姆·弗雷德的初级控制和
次级控制的动机理论，提出一种新的成功老龄化毕生控制理论，即
初级与次级控制最优化模型（model of optimization in primary and
secondary control，OPS），进一步扩展了初级控制和次级控制理论。
该理论的核心观点假设是个体被激活去控制环境和自身[②]，并试图
解释人对环境的适应性。初级控制在人的动机系统中发挥首要功能
作用，并要求个体在不同发展领域中放弃那些不适合自己或对自己
长期发展产生不良影响的目标，并有意识地将初级控制最大化。但
是，初级控制并不是在行动周期的每一个阶段都有首要体现[③]。

已有的发展调节文献表明，个体在行动中达成目标的不同机会与
追求目标或放弃目标之间的匹配程度是成功发展的先决条件[①]。纵观人
的一生，初级控制和次级控制的发展受各种发展任务及生理和环境因

① Heckhausen Jutta and Richard Schulz, "A Life-Span Theory Of Control, "
*Psychological Review* 102，no.2(1995): 284-304.

② Lerner R. M. and W. F.Overton, *The Handbook of Life-Span Development*, Volumel:
Cognition Biology, and Methods, John Wiley & Sons, 2010, p76.

③ Tomasik Martin J. and Katariina Salmela-Aro, "Knowing when to Let Go at the
Entrance to University: Beneficial Effects of Compensatory Secondary Control After Failure, "
*Motivation and Emotion* 36, no.2(2012): 170-179.

素的影响①，其发展轨迹可以用倒"U"型描述，表现出人类的初级控制策略的发展具有不稳定性，一般而言，个体从童年期到成人期会快速增长，在中年期达到高峰。除非有严重的生理障碍或衰老的情况，否则人的初级控制策略在中年阶段基本保持稳定，而在整个成年期，个体会不断增加次级控制和适应性应对策略的使用，所以次级控制策略的发展呈不断上升趋势，甚至贯穿高龄期。

## 第三节
## 理论所提构念的操纵和测量

### 一、控制感操纵

（一）回忆任务

控制感操纵常用方式之一是要求参与者写一些积极的事情，这些事情是他们所做的事情（即他们能够控制的事情）或不是他们所做的事情（即他们无法控制的事情），在这个过程中保持情绪稳定。例如，凯莎·M.卡特赖特等（Keisha M. Cutright，2014）的研究采用该方法对控制感进行操纵②。C.Y.陈（2017）的真实购物行为实验也采用回忆任务操纵控制感③。

---

① Specht Jule, Boris Egloff, and Stefan C. Schmukle, "Stability and Change of Personality Across the Life Course: The Impact of Age and Major Life Events on Mean-Level and Rank-Order Stability of the Big Five," *Journal of Personality and Social Psychology* 101, no.4(2011):862–882.

② Cutright K. M. and Samper A., "Doing It the Hard Way: How Low Control Drives Preferences For High-Effort Products and Services," *Journal of Consumer Research* 41, no.3 (2014):730–745.

③ Chen C. Y., Leonard Lee, and Andy J. Yap, "Control Deprivation Motivates Acquisition of Utilitarian Products," *Journal of Consumer Research* 43, no.6(2017): 1031–1047.

（二）环境控制任务

该方式是通过在实验过程中给予环境一定干扰（如噪音），同时提供干预措施（高控制感）或者无干预措施（低控制感）来实现。卡特赖特等（2012）研究中：告知参与者将参与一项认知表现研究，要求参与者在房间里回答几个两位数的加法和减法问题。在解决数学问题时，参与者会听到距离座位不到1米的扬声器发出的100分贝的尖锐口哨声。其中实验组会收到一个遥控器并被告知"可按下按钮来终止噪音，虽然我们希望你不要这样做，但你是否按下按钮完全取决于你"，而对照组从未见过遥控器，也从未提及终止噪音的可能性。在这两种情况下都是主试打开和关闭了噪音[①]。

## 二、控制感量表

（一）初级和次级控制信念量表（primary and secondary control scale，PSCS）

1997年常等编制了初级和次级控制信念量表[②]。国内学者进行了修订，该量表符合东方文化背景且同时包括初级和次级控制信念，是一份颇有价值的测量工具[③]。具体测量条目见表4-1、4-2。

① Cutright Keisha M.，"The Beauty of Boundaries: When and Why We Seek Structure in Consumption，"*Journal of Consumer Research* 38，no.5（2012）：775-790.

② Chang W. C.，Chua W. L. and Toh Y.，"The concept of psychological control in the Asian context，"in *The Progress in Asian social psychology*. Leung K.，Kim U.，Yamaguchi S. and Kashima Y.（Eds），（New York: John Wiley，1997），pp.95-117.

③ 辛自强、赵献梓、郭素然：《青少年的控制信念:测量工具及应用》，《河北师范大学学报(教育科学版)》2008年，第54-60页。

## 表4-1　初级控制信念条目

该量表采用5级评分,其中1=从不如此,5=总是如此。

| 直接控制 |
| --- |
| 1.我试图提出一个行动计划以改变情境 |
| 2.我努力思考如何使事情向对我有利的方向变化 |
| 3.我寻找原因以便直接解决问题 |
| 4.我集中精力做一些能改变处境的事情 |
| 5.我采取进一步的行动以解决该问题 |
| 6.我努力寻求能改变处境的方法 |
| 7.我把其他活动放一边以便集中精力改变处境 |
| 8.我仔细研究目前的处境以便改变它 |
| **间接控制** |
| 9.我下功夫改变处境 |
| 10.我寻找能解决问题的更多突破口 |
| 11.我研究如何改变目前处境的具体措施 |
| 12.我把这件事告诉那些能给我指明如何具体处理该问题的人 |
| 13.我向有能力改变该局面的人倾诉 |
| 14.我寻求有能力改变该情境的人的帮助 |
| 15.我试图对能够改变现状以帮助我的人施加影响 |

*(左侧纵向标注:初级控制)*

## 表4-2　次级控制信念条目

| 认知控制 |
| --- |
| 1.我尽力从所发生的事情中看到一些好的方面 |
| 2.我把这件事看作学习生活经验的机会 |
| 3.我把这件事当作磨炼意志的机会 |
| 4.我把该事件视为增加我的能力以克服未来更大困难的开端 |

*(左侧纵向标注:次级控制)*

续表4-2

| | |
|---|---|
| 次级控制 | 5.我尽力从不同角度审视这件事以看到其积极意义 |
| | 6.我把此事理解为增加经验的机会,因为我此前很少有类似经历 |
| | 7.我把这件事理解为锻炼自己长大成人的机会 |
| | 8.我把这件事看作了解自我的过程的一部分 |
| | **情感控制** |
| | 9.我接受所发生的一切 |
| | 10.我承认事情已经不可改变 |
| | 11.我告诉自己虽然事态不可控制,但是我能控制它对我的影响 |
| | 12.我发现该发生的都已经发生了,没有必要对此总是念念不忘 |
| | 13.我认为最好是接受现实,反正一切都已经发生了 |
| | 14.我感到试图改变情境是没有意义的 |
| | 15.我觉得总是对此忧心忡忡也不能改变它,因为一切都过去了 |

（二）初级控制和次级控制最优化量表（model of optimization in primary and secondary control，OPS）

1995年赫克豪森基于初级控制和次级控制的最优化模型开发了初级控制和次级控制的最优化量表。该量表包括最优化策略、选择性初级控制、选择性次级控制、补偿性初级控制、补偿性次级控制五个分量表。除了最优化策略有12题，其余4个维度各有8题。由于条目较多，本书仅呈现选择性初级控制维度的8个条目（见表4-3），该表采用7级评分，其中1=非常不符合，7=非常符合。

表4-3 选择性初级控制

| |
|---|
| 1.当我有了目标时,我愿意为了实现它而努力磨砺技能。<br>When I have a goal, I am willing to work hard at sharpening the skills in order to achieve it. |
| 2.当我真的想要某样东西时,我能够努力工作去实现它。<br>When I really want something, I am able to work hard to achieve it. |

**续表4-3**

| |
|---|
| 3.当障碍进入我的道路时,我付出了更多的努力。<br>When obstacles get in my way I put in more effort. |
| 4.当我把心思放在某件事情上时,我就把它放在第一位。<br>When I have set my mind on something, I put it before everything else. |
| 5.当某件事对我真正重要时,我会投入尽可能多的时间。<br>When something really matters to me, I invest as much time as I can in it. |
| 6.当我为自己设定了一个任务时,我试着去学习做好它所必需的技能。<br>When I have set a task for myself, I try to learn the skills necessary to do it well. |
| 7.一旦我决定了一个目标,我就尽我所能去实现它。<br>Once I have decided on a goal, I do whatever I can to achieve it. |
| 8.当一个目标比预期的更难时,我会更加努力地去实现它。<br>When a goal is more difficult than expected, I try harder to achieve it. |

## （三）初级控制和次级控制测量简表

2000年卡斯滕·沃斯奇[1]基于彭等（1994）[2]的研究发展了一个14项条目的初级控制和次级控制测量简表,采用4级评分,其中1=完全没有,4=很多。量表的具体条目见表4-4。

**表4-4 初级控制和次级控制测量简表**

| | 坚持目标(persistence in goal striving) |
|---|---|
| 初级控制<br>（primary<br>control） | 1.当事情不按我的计划进行时,我的座右铭是"哪里有意志,哪里就有办法"。<br>When things don't go according to my plans, my motto is, "Where there's a will, there's a way." |

---

① Wrosch Carsten, Jutta Heckhausen, and Lachman Margie E., "Primary and Secondary Control Strategies for Managing Health and Financial Stress Across Adulthood," *Psychology and Aging* 15, no.3(2000): 387–399.

② Peng Y. and Lachman M. E., "Primary and Secondary Control: Cross-Cultural and Lifespan Developmental Perspectives"(13th Biennial Meeting of Institutional Society for the Study of Behavioral Development, Amsterdam, the Netherlands. 1994).

续表4-4

| 初级控制<br>（primary<br>control） | 2.当面对一个糟糕的情况时,我做我能做的事情来改变它。<br>When faced with a bad situation, I do what I can do to change it for better. |
| --- | --- |
| | 3.即使当我觉得我有太多的事情要做时,我也会找到办法把它全部完成。<br>Even when I feel I have too much to do, I find a way to get it all done. |
| | 4.当我遇到问题时,我不会放弃,直到我解决它们。<br>When I encounter problems, I don't give up until I solve them. |
| | 5.我很少放弃我正在做的事情,即使事情变得艰难。<br>I rarely give up on something I am doing, even when things get tough. |
| 次级控制<br>（secondary<br>control） | **积极重新评价（positive reappraisals）** |
| | 1.我发现我通常从一个困难的情境中学到一些有意义的东西。<br>I find I usually learn something meaningful from a difficult situation. |
| | 2.当我面临糟糕的处境时,它有助于找到一种看待事物的不同方式。<br>When I am faced with a bad situation, it helps to find a different way of looking at things |
| | 3.即使在一切似乎都出了问题的时候,我通常也能发现情况的光明面。<br>Even when everything seems to be going wrong, I can usually find a bright side to the situation. |
| | 4.我可以找到一些积极的东西,即使在最坏的情况下。<br>I can find something positive, even in the worst situations. |
| | **降低期望（lowering aspirations）** |
| | 1.当我的期望没有得到满足时,我降低了我的期望。<br>When my expectations are not being met, I lower my expectations. |
| | 2.为了避免失望,我没有把自己的目标定得太高。<br>To avoid disappointments, I don't set my goals too high. |
| | 3.当我放下我的一些责任时感到放心。<br>1 feel relieved when I let go of some of my responsibilities. |
| | 4.经常提醒自己不能做到面面俱到。<br>1 often remind myself that I can't do everything. |
| | 5.当我无法得到我想要的东西时,我假设我的目标一定是不现实的。<br>When I can't get what I want, I assume my goals must be unrealistic. |

<br>

第四节
理论在CB研究中的应用

## 一、初级控制与高努力产品偏好

人们之所以有行为的动力是因为相信自己能够掌控生活的结果——这是人类不断朝目标奋斗的核心原因，也是人们不会被未来恐惧所击退的原因[1][2]。然而，生活中经常发生威胁这种信念的负性事件，小至日常生活经历，大到毁灭性的自然灾害、政治和经济动荡都可能使消费者质疑他们控制生活结果的能力。当消费者面临威胁控制感的事件时，产品应该发挥什么作用帮助消费者追求自己的目标，是一个值得思考的问题。消费者是和产品或服务一起努力来获取期望结果，还是让产品和服务帮助其获取期望结果？与产品一起努力能够提升个体在追求控制感过程中的个人投入对行为结果的影响。但是需要个人努力，是一个费力的过程，例如有的产品要求消费者付出有意义的努力，以达到同样的效果，或者可以通过尽可能轻松的方式来帮助消费者达到预期的结果。例如，消费者经常听到这样的产品描述：某品牌的鞋可以在你放松时增强你的小腿；某品牌的清洁产品能更省力地清除更多污垢。选择产品代替自己来实现行为结果，虽然不费力但对感知控制没有帮助。

卡特赖特等[3]的一系列研究表明：消费者在低控制感时偏爱和产品或服务一起努力来获取期望结果；在高控制感时偏爱自己不努力，但

---

[1] Kelley Harold H., "The Processes of Causal Attribution," *American Psychologist* 28, no.2(1973): 107–128.

[2] Miller Suzanne M., "Controllability and Human Stress: Method, Evidence and Theory," *Behavior Research And Therapy* 17, no.4(1979): 287–304.

[3] Cutright Keisha M., "The Beauty of Boundaries: When and Why We Seek Structure in Consumption," *Journal of Consumer Research* 38, no.5(2012): 775.

让产品和服务帮助自己获取期望结果。遭遇控制感的威胁会激发个体恢复控制的强烈渴望，当个体表现出强控制渴望时，也会同时担心自己没有能力来控制相关的资源和相应的行为结果。鉴于产品自身具有工具性用途，那些需要消费者投入一部分个人努力，产品自身也会投入一部分努力的产品会解决消费者的这种矛盾心理，让消费者有一种赋能感。当消费者的控制感渴求低时（如未受威胁），会遵循最小付出原则（省力原则），偏爱个人努力投入少的低努力产品。

上述研究对多个领域的研究都有贡献：第一，是对控制感研究的理论推进，对控制的本质及其如何激励个人提供了新的视角。以往文献认为，低控制感对个人表现有负面影响，但是上述研究表明，低控制感时人们也会投入更多个人努力（例如努力工作），而非放弃努力。与此同时，该研究调和了与已有研究之间的不一致性，即低控制感个体到底是更努力工作还是减少努力，取决于对进展速度（实现目标时个人的效能感）的感知。第二，通过确定消费者何时会更喜欢与品牌进行或多或少合作的伙伴关系，对品牌关系文献贡献了新知识。第三，拓展了人们可以通过消费来弥补心理状态的感知缺陷，即消费者会寻找那些能弥补他们渴望拥有特征的产品。除了寻找仅仅象征某一特定特征的产品外，消费者有时更喜欢能让他们有机会实际展示自己拥有某一特征的产品，也就是寻求补充性的产品，而不是单纯的替代品，这说明了消费者期望与产品的互动是驱动他们产品偏好的重要因素。

**二、初级控制与实用品偏好**

在控制有限的情况下，人们会通过寻找其他手段来维持控制，从而显示出调节自己控制感的巨大能力[1]。有研究提出当人们的控制感被剥夺时更有可能购买实用产品，因为，解决问题可以增强人的控制感，

---

[1] Langer Ellen J., "The Illusion of Control," *Journal of Personality and Social Psychology* 32, no.2(1975): 311.

而功能品往往与解决问题相关①。具体而言，控制感缺失的个体会将获取产品作为应对心理威胁时的补偿策略（compensatory strategy），实用品（vs.享乐品）可以看成是一种控制感的来源。消费者一般购买实用品都是出于工具性目的，相比较之下，购买享乐品是出于感官愉悦和享乐。工具性表明实用品可以帮助消费者解决日常问题，获取该类产品可以看作是控制感恢复的信号。C. Y. 陈（2017）②等的研究也确实印证了这一推测：相比高控制感的人，控制感受威胁的人偏爱实用品而非享乐品。内在机制也是实用品可以帮助消费者解决问题，进而增强个人控制感。所以，实用品可以作为一种积极主动寻求控制感的途径。此类研究对控制感领域的贡献在于：证明了低控制感会导致一种新的补偿式消费，即偏爱能够解决问题的实用品，以强化控制信念。对于产品获取方式的研究而言，该研究发现了实用品的偏好源于低控制感及相应的问题解决倾向。

### 三、初级控制与边界偏好

人们在经历恐怖袭击后的很长一段时间里，对自己的脆弱性和对生活结果缺乏控制的意识会不断增强，为了应对控制感缺乏的威胁，人们会表现出对政府的支持③，更坚定自己的宗教信仰④，消费支出也在增加。但是，人们试图重塑控制感的努力伴随着对产品的感知而变化。具体来说，人们对自己脆弱状态的反应从视觉上开放、灵活和半

---

① Mirowsky John and Catherine E. Ross, *Social Causes of Psychological Distress* (New York: Aldine, 1989), p.64.

② Chen Charlene Y., Leonard Lee, and Andy J. Y., "Control Deprivation Motivates Acquisition of Utilitarian Products," *Journal of Consumer Research* 43, no.6 (2017): 1031-1047.

③ Willer Robb, "The Effects of Government-Issued Terror Warnings on Presidential Approval Ratings," Current Research in Social Psychology 10, no.1 (2004): 1-12.

④ Smith Tom W., Kenneth A. Rasinski, and Marianna Toce, "America Rebounds: A National Study of Public Response to the September 11th Terrorist Attacks, " Chicago, IL: National Opinion Research Center at the University of Chicago (2001): 1-21.

透明的产品转向更结构化和紧密结合的产品（例如，具有清晰的边界、封闭形式和不透明的包装）。鉴于这种发现只是一种基于观察的推测，卡特赖特产生了寻求"结构性消费"作为消费者应对个人控制感低下策略的想法[①]。也就是说，当个体的控制感缺失时，环境（产品的边界、围绕绘画的框架、围绕房屋的围栏或围绕公司标志的突出边界）是否提供了消费者所需要的秩序感和结构感？环境中的视觉线索如何满足个人的心理需求并影响他们的消费选择？当个人控制受到威胁时，消费者对结构化消费的渴望如何导致他们对环境边界的偏好增强？

卡特赖特在其研究中回答了上述问题，当消费者似乎无法控制自己的生活结果时，他们应对的方式可以是寻求更大的消费结构，或感觉一切都在其指定的位置（为给定对象识别出一个不同的位置，并且在不存在物理边界的情况下与其他位置区分开来时）。因为当人们的个人控制感受到威胁时，他们可能会渴望这种界限所提供的秩序感和结构感。此外，该研究还表明，环境中非常简单的边界为实现这种结构感提供了一种手段。当个人控制受到威胁时，消费者更喜欢有形或无形的标志、产品和环境，而不是无限的。进一步表明了控制感威胁会增加人们对结构的渴望，人们可以通过产品和服务提供的有形的或无形的边界来实现结构化的消费。

该项研究为控制感领域的文献引入了结构化或者边界消费的新结果，并深入挖掘了认知层面的中介机制（注意力超载）。与此同时，也丰富了边界和结构相关的文献，表明控制感威胁导致结构消费，消费情境中的边界可以实现结构需求。通过对上述研究的梳理，可以发现背后的理论依据都是感知控制的双过程模型，用高努力的产品和寻求实用品以解决问题，以及寻求边界或者结构消费，都是一种主动控制环境、获取期望结果的初级控制过程。

---

① Cutright Keisha M., "The Beauty of Boundaries: When and Why We Seek Structure in Consumption," *Journal of Consumer Research* 38, no.5（2012）: 775-790.

# 第五节
## 模型在CB研究中的未来展望

### 一、凸显选择与初级控制

人们在每一天中都会面临和做出各种选择，如早餐吃燕麦还是米饭，上班穿蓝色衬衫还是白色衬衫等。虽然，这些日常选择中的大多数看起来都很平凡、琐碎，也没有什么持久的影响，但是，即使是一个没有太多考虑或意图的简单选择，也是一个复杂的行为，具有广泛的行为后果。当人们有更多选择时，会更快乐、更有利于健康，生活也更有动力[①]。虽然，有选择能给个体带来诸多积极的影响，但生活并非总有更多选项可以选择。那么，当人们在生活中面临无可选择的时候，可能会产生一种被动的受驱使感，从而导致低控制感。做出选择之所以在心理和行为上如此重要，是因为"有选择"可以让人们表达他们的偏好，感受到自己对环境的影响。相应地，缺乏选择时人们也丧失了对环境产生影响的一个途径，从而产生对控制感的威胁。未来，可以从有无选择与人对环境的控制感之间的关系探讨营销情境下的结果。

### 二、自我建构与初级控制

以往研究表明，在强调个体突出并独立于社会和自然环境、自主决定命运的文化中，初级控制非常重要[②]。独立性自我建构的个体更注

① Nanakdewa K., Madan S., Savani K., et al., "The Salience of Choice Fuels Independence: Implications for Self-Perception, Cognition, and Behavior," *Proceedings of the National Academy of Sciences* 118, no.30(2021): e2021727118.

② Markus H. R. and Kitayama S., "Culture and the Self: Implications for Cognition, Emotion, and Motivation," *Psychological Review* 98, no.2(1991): 224.

重积极地改变环境的一些方面，以便把负性心理效应减到最小并获得最大的潜在满足感；相反依从性自我建构的个体由于更注重人与人之间的联系，更可能通过改变自己去适应他人或者世界，次级控制发挥更重要的作用。按照以往研究的结论，当个体的控制感受威胁时，个体可能会采取一定的措施，例如用高努力的产品协助工作和寻求实用品以解决问题，以及寻求边界或者结构消费，以寻求主动控制环境获取期望结果。但是，这些效应可能受到个体自我建构类型的调节而存在边界条件。具体而言，相比较依从性自我建构的个体，在面对控制感威胁时，独立性自我建构的个体有更强的倾向寻求对环境的主动控制。

# 第 五 章

## 生命史理论

杰伊·贝尔斯基（Jay Belsky），儿童发展和家庭研究领域专家。研究重点为父亲和母亲、婚姻以及亲子关系，对家庭互动模式的自然家庭观察。

## 第一节
## 理论起源和观点

### 一、理论起源

#### （一）亲代投资理论

R. L. 特里夫斯（R. L. Trivers，1974）的亲代投资理论认为，个体的早期人生经历或者经验设定子代在以后生活中遵循的繁殖策略。例如，当一个人由于父母离婚而成长在没有父亲的家庭中时，会发展出与特定预期（父亲对抚养孩子的投资是缺席的，关系也是不稳定的）相一致的行为特征。具体而言，一旦达到生理的成熟，这些个体就会寻求建立亲密的异性关系。而由父亲主导的家庭则会有相反的预期，进而推迟性行为[①]。

（二）父亲缺席与生殖策略模型

1982年，P.德雷珀（P. Draper）借鉴了特里夫斯的亲代投资理论，提出了更具创新性的父亲缺席与生殖策略模型[②]。该模型认为，从进化的视角看，人类对早期养育环境具有敏感性，在生命早期活动的经验将塑造他们未来的配偶关系和养育子女的行为。父亲是一个家庭的重要核心人物，早期个体成长中如果父亲缺席就意味着资源匮乏，无法获得良好的教育和成长条件。这样的预期促使女孩更早地达到性成熟（如月经初潮的提前），以便从其他男性身上获取生存资源。

虽然，P.德雷珀的模型主要阐释个体早期经历中父亲缺席对女孩的影响缺乏系统性，但是开启了学者们对个体童年经历、早期经验、社会化和心理理论在人类发展过程中作用的意识。基于此，杰伊·贝尔斯基等认为应该结合当代心理和行为发展理论，更普遍地思考家庭中的早期情感体验，建立一个以进化为基础的社会化理论[③]。在整合了依恋理论、社会化理论、社会学习理论等相关学科知识的基础上，贝尔斯基等（1991）借鉴进化领域的"生命史"概念，提出了一个全新的生命发展模型，即生命史理论（life history strategy，LHS）。

## 二、理论主要观点

生命史理论认为，个体生命史策略的选择主要受到生命历程中早期成长环境的影响，由于生命早期可获取的资源存在差异，不同个体

---

① Trivers R. L, "Parent-Offspring Conflict," *Integrative and Comparative Biology* 14, no.1(1974): 249–264.

② Draper Patricia and Henry Harpending, "Father Absence and Reproductive Strategy: An Evolutionary Perspective," *Journal of Anthropological Research* 38, no.3(1982): 255–273.

③ Belsky Jay, Laurence Steinberg, and Patricia Draper, "Childhood Experience, Interpersonal Development, and Reproductive Strategy: An Evolutionary Theory of Socialization," *Child Development* 62, no.4(1991): 647–670.

形成了快慢不同的生命史策略，进而影响其成年后的各种行为[1]。生命史理论的提出对传统的个体发展研究进行了扩展，又解决了生理与心理统一性的问题，是一种比较综合的生命发展理论[2]。从进化心理学视角，生存和繁衍是人类面临的两大基本挑战，如何有效地分配时间、资源和能量来应对两大挑战是地球上每个有机体都要面临的挑战[3]。例如，过多地参与社会竞争会降低个体的身体免疫力，在教养子女上的投入会占用个体寻求新配偶的时间和资源，生命史理论从"怎么样"和"为什么"两个层面给出了上述问题的答案。

生命史理论区别于其他人类发展理论的核心变量是性成熟时间，阐释了一个以往心理学研究从未开启的新问题，早期经历如何影响个体的繁衍策略，并有力地揭示了早期经历影响个体繁衍策略的基本路径：①早期的家庭环境，包括父母的婚姻状态、家庭经济条件、社会环境；②早期的抚养经历，如照料者的敏感性、尽责性；③心理和行为的发展，主要指个体的依恋模式、内部工作模式；④躯体的发展，如何时性成熟；⑤特定繁衍策略的选择[4]。

---

① Griskevicius V., et al., "The Influence of Mortality and Socioeconomic Status on Risk and Delayed Rewards: A Life History Theory Approach," *Journal of Personality and Social Psychology* 100, no.6(2011): 1015-1026.

② Belsky Jay., "Childhood Experiences and Reproductive Strategies," in R. Dunbar, L. Barrett, *The Oxford Handbook of Evolutionary Psychology*(England: Oxford University Press, 2007), pp. 237-214.

③ Charnov E. L., *Life History Invariants*(England: Oxford University Press, 1993), p. 112.

④ Draper Patricia and Henry Harpending, "Father Absence and Reproductive Strategy: An Evolutionary Perspective," *Journal of Anthropological Research* 38, no.3(1982): 255-273.

# 第二节
# 理论深化和推进

## 一、资源分配权衡

生存资源的有限性决定了个体在生命进程中，随时要面对如何优化地分配资源以获得最大发展的问题[1]。生命史理论阐释了包括人类在内的所有有机体，如何形成和采取不同的生命史策略[2]，对有限的资源进行分配的过程[3]。贝尔斯基等（1991）提出生命史理论之初，认为任何有机体为了繁衍都必须为了三个任务而努力，包括：成长和发育；交配；养育。相比较其他物种，人类更强调成长和发育，意味着成长和发育将可能被分配更多资源。但是，并未进一步阐述个体面对一系列生命命题时，如何权衡资源的分配。最初回答这个问题的是 R.H.麦克阿瑟（R. H. MacArthur，1967），他认为个体分配资源时主要是在生存投入（somatic effort；分配资源给生存）与繁殖投入（reproductive effort；分配资源给繁衍、养育后代等）间进行权衡[4]。

---

[1] Griskevicius V., et al., "The Influence of Mortality and Socioeconomic Status on Risk and Delayed Rewards: A Life History Theory Approach," *Journal of Personality and Social Psychology* 100, no.6(2011): 1015-1026.

[2] Kaplan H. S. and Gangestad S. W., "Life History Theory and Evolutionary Psychology," *In the Handbook of Evolutionary Psychology* (New York: John Wiley and Sons, 2005), pp. 68-95.

[3] Low B. S., "Sex, Wealth, and Fertility: Old Rules, New Environments," in L. Cronk, N. Chagnon, & W. Irons, *Adaptation and Human Behavior: An Anthropological Perspective* (New York: Aldine de Gruyter, 2000), pp. 323-344.

[4] MacArthur R.H. and Wilson E.O., *The Theory of Island Biogeography* (NJ: Princeton University Press, 1967), p. 57.

## 二、"快"与"慢"的生命史策略

个体如何在上述两类权衡中做出选择，反映了不同的生命史策略。生命史是一个人独特的生活经历，会影响其行为模式形成不同的生命史策略。生命史策略是生命史理论中的重要概念，指个体特有的行为模式的集合，不同的生命史策略所代表的行为也反映出了个体独特的生活经历。布鲁斯·J.埃利斯等（2009）将各类生命史策略放在一个由"慢"至"快"的连续体上进行评价（fast-slow strategy），以实现对生命史策略的系统描述[1]。具体而言，慢生命史策略往往指向未来的生存投入（somatic effort），比如更晚的生育年龄以及延迟满足行为，而快生命史策略则指向当下的繁殖投入（reproductive effort），如更早地发生性行为，更早生育，拥有更多性伴侣，生育更多子女，但是在后代抚养上投入更少，更看重当下获利等[2]。

## 三、敏感化模型

不同的个体可能会持有不同的生命史策略，那么一个人形成不同的生命史策略是受到哪些因素的影响呢？人的童年经历是个体日后对世界的普遍认识观的基础，这种认知图式影响个体形成不同的生命史策略[3]。敏感化模型（sensitization model）进一步解释了童年经历如何影响其生命史策略的形成，即不同的早期生活经验可以塑造人们成年

---

① Ellis Bruce J., et al., "Fundamental Dimensions of Environmental Risk," *Human Nature* 20, no.2(2009): 204–268.

② Belsky Jay, Gabriel L. Schlomer, and Bruce J. Ellis, "Beyond Cumulative Risk: Distinguishing Harshness and Unpredictability as Determinants of Parenting and Early Life History Strategy," *Developmental Psychology* 48, no.3(2012): 662–673.

③ Ellis Bruce J., et al., "Fundamental Dimensions of Environmental Risk," *Human Nature* 20, no.2(2009): 204–268.

后面对逆境时不同的应对方式①。

### 四、r/K 理论

适应是进化生物学中的一个基本概念，体现在两个方面：一是最终的生物适应，通过繁殖成功或后代数量进行操作；另一个是整体适应性，即使有机体更成功的特性和能力。有机体达到综合适应性的策略具有多元性，生命史理论指出由于特定环境中的可用资源有限性，决定了必须对能量分配进行权衡，以解决特定的适应任务。因此，个人可以为躯体努力（如长出更大的身体）或生殖努力（如追求配偶或投资后代）分配资源。

繁衍的这些基本维度在传统上被称为 r/K 理论，其中 K-选择策略是产生较少数量的"更适应"的后代，具有较高的生存机会，而 r-选择策略是产生大量后代，其中只有少数可能存活。这些不同的共同适应的生殖策略是由聚集在一起的社会心理特征造成的，高 K 策略的例子是大象、人类或鲸鱼，当应用于人类时生命史理论被称为"差别K"②。与人类高 K 策略相关的特征是：长期思考和计划、对长期关系的承诺、广泛的父母投资、社会支持结构的存在、遵守社会规则（例如利他主义和合作）以及仔细考虑风险③。

### 五、生命史理论与解释水平理论的融合

A.怀特（A. White，2001）将解释水平理论与生命史理论中的生物学原理相结合，通过解释水平的视角理解环境线索中的个体和情境变化，包括童年和成年时期的环境线索，这些线索形成了一个人的生命

① Griskevicius V., et al., "When The Economy Falters, Do People Spend Or Save? Responses to Resource Scarcity Depend on Childhood Environments," *Psychological Science* 24, no.2(2013): 197-205.

② Rushton J. Philippe, "Differential K theory: The Sociobiology of Individual and Group Differences," *Personality and Individual Differences* 6, no.4(1985): 441-452.

③ Figueredo Aurelio José, et al., "Consilience and Life History Theory: From Genes to Brain to Reproductive Strategy," *Developmental Review* 26, no.2(2006): 243-275.

史策略。从生命史的角度来看，个体根据当地生态特征，在其一生中采取不同的策略来分配资源以进行生长、维护和繁殖[①]。作者认为解释水平是一种适应性心理过程，与生命史策略有关，因为不同的解释水平可以帮助个人驾驭不同严酷性和不可预测性的生态环境。

慢生命史策略出现在安全、可预测的环境中，个体放弃当前的生殖努力，转而支持未来的生殖努力。相应地，高解释水平允许个体超越当前情境，根据全局规划未来。而快速生命史策略出现在恶劣、不可预测的环境中，在这些环境中未来是不确定的，个人需要密切关注当前环境才能生存。相应地，低解释水平使个体沉浸在眼前的情况中，使他们能够灵活地应对局部问题。鉴于生命史各方面与解释水平之间的对应关系，采用慢生命史策略的个体似乎有可能更频繁地使用高水平的解释，以帮助超越当前状况、规划未来，而采用快速生命史策略的个体应更频繁地使用低解释水平来帮助监控其恶劣、不可预测环境的细节。

为了验证生命史理论与解释水平理论之间的关系，A.怀特考察了儿童时期的环境严酷性和不可预测性、儿童时期的社会经济地位以及当前环境严酷性和不可预测性、局部死亡率是否影响一个人的解释水平。作者预期童年时期的社会经济地位会与当前局部死亡率的线索相互作用，从而影响解释水平。对于在高社会经济地位家庭中长大的个体，较高的局部死亡率将导致高水平解释的增加。对于在低社会经济地位家庭中长大的个体，较高的局部死亡率将导致低水平解释的增加。遗憾的是，结果并不支持这些假设。

---

[①] White A., "The Big, Predictable Picture: Construal-Level Reflects Underlying Life History Strategy"(Arizona State University, 2011), p.2.

# 第三节
## 理论所提构念的测量

### 一、亚利桑那生命史量表（arizona life history battery，ALHB）

个体的生命史策略可以被直接测量，最常用的生命史量表是奥雷里奥·J.菲格雷多（2005）等开发的亚利桑那生命史量表及分量表——Mini-K量表[1]。亚利桑那生命史量表为自陈式量表，测量一组与生命史策略相关的认知和行为指标，从各方面衡量生命史策略，分数越高表明个体越倾向于慢生命史策略。该量表共有199个条目，7个分量表，包括：（1）Mini-K分量表；（2）洞察、计划和控制力分量表；（3）父亲/母亲关系质量分量表、家庭/朋友联系分量表；（4）家庭/朋友支持分量表；（5）亲密关系经验分量表；（6）利他行为分量表；（7）信仰分量表。由于Mini-K分量表的聚合效度最高，其内部一致性系数和重测信度最佳，研究者往往将Mini-K分量表单独抽出来替代整个ALHB量表，以减少参与者的任务量。Mini-K分量表，原量表包含20个项目，6个维度。具体条目见表5-1。

### 二、高K策略量表（High-K strategy scale，HKSS）

HKSS量表由塞萨尔·乔桑（2006）开发[2]，可用于直接测量生命史策略，测量与慢生命史策略相关的一系列特质，包括个人的生理状态及人际吸引力，是否具有良好的健康状况，对环境安全/稳定性的知觉，以及积极的自我概念/社会成就，等。该量表与上述测量行为的Mini-K分量表不同，由23～26个条目组成。具体条目见表5-2。

---

① Figueredo Aurelio José, et al. , "The K-Factor: Individual Differences in Life History Strategy," *Personality and Individual Differences* 39, no.8(2005): 1349-1360.

② Giosan Cezar, "High-K Strategy Scale: A Measure of the High-K Independent Criterion of Fitness," *Evolutionary Psychology* 4, no.1(2006): 394-405.

表5-1 Mini-K量表

| 非常不同意<br>Disagree<br>Strongly | 较多不同意<br>Disagree<br>Somewhat | 稍微不同意<br>Disagree<br>Slightly | 不确定<br>Don't Know<br>/Not Applicable | 稍微同意<br>Agree<br>Slightly | 较多同意<br>Agree<br>Somewhat |
|---|---|---|---|---|---|
| −3 | −2 | −1 | 0 | 1 | 2 |

1.我常常能知道事情的结果是什么。

I can often tell how things will turn out.

2.我试图了解我是如何陷入困境的,以弄清楚如何处理它。

I try to understand how I got into a situation to figure out how to handle it.

3.我经常发现糟糕情况的光明面。

I often find the bright side to a bad situation.

4.在我解决问题之前,我不会放弃。

I don't give up until I solve my problems.

5.我经常提前做好计划。

I often make plans in advance.

6.我避免冒险。

I avoid taking risks.

7.在成长过程中我与亲生母亲有着亲密而温暖的关系。

While growing up, I had a close and warm relationship with my biological mother.

8.在成长过程中我与亲生父亲有着亲密而温暖的关系。

While growing up, I had a close and warm relationship with my biological father.

9.我和自己的孩子关系亲密而温暖。

I have a close and warm relationship with my own children.

10.我和我的性伴侣有亲密温暖的浪漫关系。

I have a close and warm romantic relationship with my sexual partner.

11.我一次只有一个伴侣。

I would rather have one than several sexual relationships at a time.

12.我必须与某人有亲密接触之后才会与其发生关系。

I have to be closely attached to someone before I am comfortable having sex with them.

续表5-1

| 非常不同意<br>Disagree<br>Strongly | 较多不同意<br>Disagree<br>Somewhat | 稍微不同意<br>Disagree<br>Slightly | 不确定<br>Don't Know<br>/Not Applicable | 稍微同意<br>Agree<br>Slightly | 较多同意<br>Agree<br>Somewhat |
|---|---|---|---|---|---|
| −3 | −2 | −1 | 0 | 1 | 2 |

| 13. 我经常与我的亲人互动。<br>I am often in social contact with my blood relatives. |
|---|
| 14. 我经常从我的血亲那里得到情感支持和实际帮助。<br>I often get emotional support and practical help from my blood relatives. |
| 15. 我经常给血亲情感上的支持和实际帮助。<br>I often give emotional support and practical help to my blood relatives. |
| 16. 我经常与朋友进行社交接触。<br>I am often in social contact with my friends. |
| 17. 我经常从朋友那里得到情感支持和实际帮助。<br>I often get emotional support and practical help from my friends. |
| 18. 我经常给朋友情感上的支持和实际的帮助。<br>I often give emotional support and practical help to my friends. |
| 19. 我与我的社区紧密相连,并参与其中。<br>I am closely connected to and involved in my community. |
| 20. 我与我的宗教关系密切,并参与其中。<br>I am closely connected to and involved in my religion. |

表 5-2  高K策略量表

| 1.我从事的活动,无论是在工作中还是在其他地方,都是安全的(不危及生命)。<br>The activities I engage in, both at work and elsewhere, are safe (not life threatening). |
|---|
| 2.我为自己和家人提供了良好的健康福利。<br>I have good health benefits for my family and I. |
| 3.我没有重大的医疗问题。<br>I don't have major medical problems. |

**续表5-2**

| |
|---|
| 4.我能够为自己和我的家庭提供体面的生活质量。<br>I am able to provide a decent quality of life for myself and my family. |
| 5.我相信人们认为我很有吸引力。<br>I believe people think I am attractive. |
| 6.我会定期见我的亲戚(例如父母、叔叔、阿姨、侄子、侄女等)。<br>I see my relatives(for example, parents, uncles/aunts, nephews/nieces, etc.)regularly. |
| 7.我的培训和经验很可能会给我带来晋升的机会,增加未来的收入。<br>My training and experience are likely to bring me opportunities for promotion and increased income in the future. |
| 8.我的家里舒适安全。<br>I live in a comfortable and secure home. |
| 9.我住在一个可以很容易地走出去享受大自然的地方。<br>I live in a place where I can easily go outside and enjoy nature. |
| 10.我身体状况良好。<br>I am in good physical shape. |
| 11.我居住的小区是安全的。<br>The neighborhood where I live is safe. |
| 12.如果面对突然的威胁(例如洪水、火灾等),我相信我有能力保护自己和我的家人。<br>If I were to face a sudden threat(e.g., flood, fire), I believe I would have the ability to protect myself and my family. |
| 13.如果我想,找到和开始新的约会对我是容易的。<br>If I wanted to, it would be easy for me to find and go on a new date. |
| 14.如果我有孩子,并且不得不离开一段时间,我指望我的亲戚来照顾他们。<br>If I had children and had to go away for a while, I could count on my relatives to take care of them. |
| 15.如果我出了什么事,会有很多朋友准备帮助我。<br>If something bad happened to me, I'd have many friends ready to help me. |
| 16.我的同事是喜欢我的。<br>The people I work with are like me. |

续表5-2

| | |
|---|---|
| 17. 我生活在一个我很适合的社区。<br>I live in a community to which I am well suited. | |
| 18. 我的朋友敬仰我。<br>My friends look up to me. | |
| 19. 如果我有孩子,并且不得不离开一段时间,我指望我的朋友来照顾他们。<br>If I had children and had to go away for a while, I could count on my friends to take care of them. | |
| 20. 如果我死了,除了我的家人,也会被他人所怀念。<br>I would be missed by people, besides my family, if I were to die. | |
| 21. 我定期和朋友见面。<br>I meet with my friends regularly. | |
| 22. 我的表亲戚(如侄子、堂兄弟、叔叔、侄女)一般都很健康。<br>My second-degree relatives (nephews, cousins, uncles, nieces) are generally healthy. | |
| 23. 你是已婚还是与伴侣同住?<br>Are you married or living with a partner? | |
| 24. 如果你已婚或与伴侣同居,请回答以下问题。<br>If you are married or living with a partner answer the following.<br>a. 我相信人们会发现我的配偶或伴侣很有吸引力。<br>Believe people find my spouse/partner attractive.<br>b. 我的配偶或伴侣没有重大的生理健康问题。<br>My spouse/partner has not had major medical problems.<br>c. 如果我失业了,我可以依靠我的配偶或伴侣的收入保证生活质量没有明显下降。<br>If I were out of work, I could rely on my spouse/partner's income for a while without a significant drop in my quality of life. | |

### 三、通过环境因素和童年经验进行测量

个体的生命史策略除了可以用量表直接测量,还可以通过影响生命史策略的环境因素、童年经验来间接测量生命史策略。

反映当下环境恶劣性的客观指标有:当下的社会经济地位(如收入水平、受教育程度);当地犯罪率;当地疾病-死亡发生率;预期寿

命。对应的童年经验为童年时期的社会经济地位。

反映当下环境恶劣性的主观指标则包括：个体对生活环境的主观估计和感知；对邻居暴力行为与犯罪状况的主观评定；对亲属疾病或死亡情况的回忆。相对应的童年经验包括对童年社会经济地位的主观评定，以及对童年家庭环境冲突与暴力事件的主观评定。

反映当下环境不稳定性的测量指标：当地疾病-死亡发生率的波动情况[1]，对童年生活环境不稳定性的测量则可以通过父母生活压力的三种来源——失业、搬家与离异经历来测定。

# 第四节
# 理论在 CB 研究中的应用

## 一、对环境线索的感知和利用

### （一）口红效应

经济大萧条带来严重的经济衰退，导致大量的工作场所裁员、房屋买卖和经济活动整体下降。虽然，大多数消费品的支出都出现了下降，但是美容产品表现异常良好[2]。2008 年，当其他经济体的销售额创纪录下降的时候，世界上最大的化妆品公司之一欧莱雅的销售数据显示，其销售额增长 5.3%。这一现象被称为口红效应[3]，即在经济衰退时期，女性可能会在增强吸引力的产品上花费相对更多的钱。

经济衰退为什么会影响女性的心理和行为？莎拉·E.希尔等

---

[1] Ellis B. J., Figueredo A. J., Brumbach B. H., and Schlomer G. L., "Fundamental Dimensions of Environmental Risk," *Human Nature* 20, no.2(2009), 204–268.

[2] Allison M. and Martinez A., "Beauty-Products Sales Bright Spot During Recession," *The Seattle Times*, September 9, 2010, http://seattletimes.com.

[3] Nelson Emily, "Rising Lipstick Sales May Mean Pouting Economy," The Wall Street Journal(2001): B1.

（2012）①基于生命史理论发现，经济衰退时期，女性在美容产品上的高投入是为了提高在择偶时的吸引力，以期求得资源丰富的配偶。因为，当经济衰退时高质量男性的数量会减少，加剧了女性间的竞争。另外在经济衰退时期，高质量的男性更能保证后代繁衍中的亲代投入。该项研究的主要贡献在于，阐明了经济衰退如何以及为什么会影响女性对美容产品的需求外，还为女性的交配心理、消费行为以及两者之间的关系提供了新的见解。但是，该研究只运用了生命史策略中的一部分假设，没有考虑人们在儿童期的社会经济地位，而只看当前困境（经济衰退）如何影响男性和女性的偏好及配偶寻求机制。

（二）性别偏向的亲代投资

性别偏向的亲代投资是指，父母对某个性别的后代偏好进而投入更多的养育资源，包括有男性偏向的亲代投资和女性偏向的亲代投资。在人类学研究中，儿子受优待是社会普遍存在的现象，而女儿受优待在社会中相对少见。克朗克·李（1991）②在其研究中基于本地配偶和资源竞争与增强模型以及经济理性行为模型，阐述了亲代投资存在性别偏向的证据，并表明父母偏爱其中一种性别的孩子比偏爱另一种性别的孩子可能是有适应性的，这主要与生育不同性别孩子的成本以及养育过程中需要投入资源的多少有关。也有研究显示，对女性后代的投资取决于资源的可用性。经济条件差的消费者更倾向于将资源分配给女儿，而不是儿子。例如，恶劣的环境导致人们在遗嘱中把更多的资产留给女孩，并选择让女孩接受有益的课外活动。这项研究通过揭示环境因素如何、为什么以及何时影响女孩与男孩的消费行为做出了贡献③。

---

① Hill Sarah E., et al., "Boosting Beauty in An Economic Decline: Mating, Spending, and the Lipstick Effect," *Journal of Personality and Social Psychology* 103, no.2(2012): 275–291.

② Cronk Lee, "Human Behavioral Ecology." Annual Review of Anthropology 20, no.1 (1991): 25–53.

③ Durante K. M., Griskevicius V., and Redden J. P., et al., "Spending on daughters versus sons in economic recessions," *Journal of Consumer Research* 42, no.3(2015): 435–457.

## 二、 生命史策略与生活偏好

### （一） 高能量食物偏好

生活在恶劣环境中会影响人们的食物选择吗？依据生命史理论，如果童年时期暴露在低的社会经济地位（socioeconomic status，SES）条件下，个体将调整其发展以促进在严酷和不可预测的生态环境中生存和繁衍。儿童时期的低SES是导致成年后肥胖、生活中改善自身状况的一个重要风险因素。尽管越来越多的证据表明，儿童期低SES可能增加肥胖风险，但对驱动这种联系的机制知之甚少[①]。

莎拉·E.希尔（2016）基于生命史理论通过测量或控制参与者的能量需求，考察了儿童时期低SES会在缺乏能量需求的情况下影响饮食。结果发现：资源稀缺时儿童期经历低SES的个体更会过量饮食；低童年SES者不论当前是否饥饿，都会食用过多能量食物，在不饥饿时比童年高SES者更明显；童年SES者的血糖水平影响其对高能量饮料的消耗量，如低童年SES者在不需要血糖提升（血糖高）时，对高能量饮料的饮用量高于高童年SES者。这表明，我们当前的饮食偏好受童年SES的影响，童年时期SES可能会对食品摄入的调节产生持久的影响。童年较低的SES让我们不能依据自身的血糖水平来调控饮食摄入。因为我们害怕不摄入高能量食物，童年SES会再度到来。

类似结论的另一项研究通过提示个体当前环境恶劣的线索（例如，关于经济危机的新闻，人们在生活中面临逆境的景象），使其感知到世界上的资源是稀缺的，因此人们消费更多的高热量食物[②]。罗一君等（2020）采用饱食进食（eating in the absence of hunger， EAH）范式，发现生命早期环境不可预测性能够显著正向预测个体饱食状态下的高

---

① Laitinen Jaana, Chris Power, and Marjo-Riitta Järvelin, "Family Social Class, Maternal Body Mass Index, Childhood Body Mass Index, and Age at Menarche as Predictors of Adult Obesity," *The American Journal of Clinical Nutrition* 74, no.3（2001）: 287-294.

② Laran J. and Salerno A., "Life-History Strategy, Food Choice, and Caloric Consumption," *Psychological Science* 24, no.2（2013）: 167-173.

热量食物选择（即过度进食）；新型冠状病毒（COVID-19）暴发背景下高死亡威胁组和控制组参与者，通过问卷法回溯性地测量生命早期环境不可预测性并探究其影响当前过度进食的机制，发现生命早期环境不可预测性通过生命史策略的中介作用间接影响过度进食。

（二）寿命预期和保险偏好

虽然，人们对自己寿命的预期可能会推动许多重要的消费决策，但是，研究者们对消费者主观预期寿命的前因后果知之甚少。奇拉格·米塔尔（Chiraag Mittal，2020）提出主观预期寿命受人们童年环境和当前环境的综合影响[①]，当面临压力时在贫困环境中（vs. 在富裕环境中）长大的人预期自己的寿命更短。经历紧张性刺激会导致来自资源贫乏童年的人们相信他们会死得更早，因为他们以更悲观的方式应对紧张性刺激。进一步的研究表明，主观预期寿命是一个重要的心理机制，它直接影响多种消费者决策，包括对长期护理保险的渴望、关于退休储蓄的决定，以及对长期债券的偏好。总体而言，该项研究通过展示主观预期寿命如何、为什么以及何时影响消费者行为，开辟了未来的研究途径。


# 第五节
## 理论在 CB 研究中的未来展望


## 一、环境污染与生命史策略

生命史理论假设资源是有限的，个体能量被分配给三个主要的生命功能：生长、繁殖和维持，多余的资源也可以存储以备将来使用。根据"分配规则"，这些功能是相互排斥的，投资于一个功能的资源不

---

[①] Mittal Chiraag, Griskevicius V., and Kelly L. Haws, "From Cradle to Grave: How Childhood and Current Environments Impact Consumers' Subjective Life Expectancy and Decision-Making," *Journal of Consumer Research* 47, no.3（2020）: 350–372.

能再用于另一个功能。个体在自身资源分配中会采取的行为权衡模式有"快策略"和"慢策略"的生命史策略。快策略的个体更倾向于短期利益，而慢策略的个体则与之相反更看重长远的利益。生命史分析侧重于特定年龄的死亡率和生殖力，以及相关特征，包括寿命、首次生育年龄、体型和生长率等。目前，特定年龄死亡率作为生命史策略的主要驱动因素受到特别关注①。但是，以往研究少有探索暴露于环境污染线索或情境下，对个体的经济活动有什么影响。例如，如果将个体暴露于环境污染线索（如严重的雾霾中），个体是否倾向于采用快策略，更注重当下的享受而不是长远的健康，从而出现放纵消费的现象。

**二、生命史理论与其他理论的融合推进**

A.怀特（2011）探讨了生命史理论与解释水平理论之间的联系，预期童年社会经济地位会与当前局部死亡率的线索相互作用，从而影响解释水平。但是，最终的结论并没有为这一假设提供支持。未来，可以继续在生命史理论与解释水平理论之间做更深入的探讨。另外，调节聚焦理论认为，不同调节定向的个体在行为方式上有很大的差异，促进定向的个体更重视行为结果的收益而偏向于冒险，而预防定向的个体更重视防止损失而避免冒险。这与快生命策略、慢生命策略之间具有什么样的联系？未来有待于进一步的探讨。

---

① Charnov E. L., *Life History Invariants*(England: Oxford University Press, 1993), p. 89.

第 六 章

## 心理抗拒理论

杰克·W.布雷姆（Jack W. Brehm），心理学教授。曾在耶鲁大学、杜克大学和堪萨斯大学担任主要教职，是堪萨斯州的名誉教授。主要研究领域为认知失调、心理抗拒等。

# 第一节
## 理论起源和观点

### 一、理论起源

20世纪早期到50年代中期，库尔特·勒温（Kurt Lewin）等格式塔心理学家指出人类行为的复杂性和行为主义研究存在的问题，为社会行为研究创造了新的时代精神。大约在同一时期，耶鲁大学的卡尔·霍夫兰德（Carl Hovland）启动了一个态度改变项目，鼓励采用多学科的方法阐释沟通过程的各个方面（沟通者、信息、接收者）是如何影响说服的。1957年利昂·费斯廷格（Leon Festinger）的认知失调理论是社会行为研究的重大革命，这一理论主要阐释了认知之间的关系、认知对持有认知人的重要性以及认知对变化的抗拒力。在这一背景下，杰克·W.布雷姆（1962）等基于认知失调理论，在耶鲁大学的态度改变项目中开展了一项说服研究，旨在关注抗拒行为[①]。布雷姆发现，帮助他人也可能引起被帮助人的反抗，为了回答上述问题，他提出一种新的理论——心理抗拒理论（theory of psychological reactance）。随后，布雷姆与其合作者在1975年的文章和1981年的著作中对这一理论进行了系统阐述。

## 二、理论的主要观点

布雷姆等（1966，1975，1981）表明社会影响可能会威胁人们的自主决策、形成自己的观点、持有各种态度（或根本没有态度）以及做事情的自由。当人们认为自己的自由受到威胁时，他们会进行反抗，出现一种旨在恢复自由的状态。

（一）威胁自由的来源

思想和行为的自由是人类最重要的价值观之一，人们相信他们拥有某些自由来从事自由的行为。但是，日常生活中很多时候人们的自由被限制，或者认为自己的自由被限制（例如，被说服购买某种特定的产品、被强迫支付学费、被禁止在学校使用手机、被指示为老板工作），这时人们就会产生抗拒。抗拒是一种不愉快的动机唤醒，是一种恢复自由的动力。一个人抗拒的程度取决于被限制的自由的重要性和对威胁的感知程度。自由受到威胁有两种：内部威胁，是自我施加的威胁，产生于选择特定的选择和拒绝其他的；外部威胁，可能来自偶然的为个人自由制造障碍的非个人情境因素，也可能来自针对特定个人的社会影响企图[②]。

① Brehm Jack W. and Ann H. Cole, "Effect of a Favor Which Reduces Freedom," *Journal of Personality and Social Psychology* 3, no.4 (1966): 420–426.

② Clee Mona A. and Robert A. Wicklund, "Consumer Behavior and Psychological Reactance," *Journal of Consumer Research* 6, no.4 (1980): 389–405.

（二）自由受到威胁时的反应

个体自由受到威胁时会产生一系列反应，包括：（1）情感方面：伴随着情感的体验，不愉快的反抗动机状态导致行为和认知努力重建一个人的自由。受到威胁的人通常会感到不舒服、有敌意、有攻击性和愤怒[1][2]。（2）行为方面：受到威胁的人可能会表现出受限制的行为（直接恢复），也可能会观察他人进行相关的行为（间接恢复）。他们可能会咄咄逼人地迫使有威胁的人解除威胁，或者他们可能会表现出敌意和侵略性的方式，只是为了发泄（侵略性）。（3）认知方面：人们可能会贬低威胁的来源，提升被限制的自由，或者降低被强制的选项（改变吸引力）[3]。

# 第二节
理论深化和推进

## 一、心理抗拒的缓冲

心理抗拒理论和大量文献均表明，当来自社会的影响不会威胁到个体的重要自由时，这种影响更容易发挥作用达到目的[4]。然而，根据该理论，有自由威胁的社会影响并不一定会减少服从，人们会在抗拒状态下依然遵守威胁信息的条件。也就是说，当个体面对自由威胁时会有动机去摆脱这种束缚。那么，怎样才能阻断个体的抗拒？早期的

---

① Berkowitz Leonard,"Reactance and the Unwillingness to Help Others,"*Psychological Bulletin* 79,no.5(1973): 310–317.

② Dillard James Price and Lijiang Shen,"On the Nature of Reactance and Its Role in Persuasive Health Communication,"*Communication Monographs* 72,no.2(2005): 144–168.

③ Bijvank Marije Nije, et al.,"Age and Violent-Content Labels Make Video Games Forbidden Fruits for Youth,"*Pediatrics* 123,no.3(2009): 870–876.

④ Brehm S. S. and Brehm J. W., *Psychological Reactance: A Theory of Freedom and Control*(Academic Press,2013),p.121.

研究者基于社会影响的趋近-回避原则给出了答案。沃切尔·斯蒂芬（Worchel S.，1971）等在其著作中主张社会影响（如他人的帮助、建议等）对个体自由的威胁创造的是一种积极和消极力量的结合，其中积极的力量有助于遵守，而更强大的消极的力量则去对抗，最终采取的行为是这些对立力量的结果①。

布雷姆等（1981）进一步提出，来自社会的影响在激活个体抗拒动机的同时，也创造了自由威胁下的顺从可能。将抗拒和顺从视为冲突力量的产物，意味着克服抗拒说服的几种方法：一是单独地对任何一种力量采取行动都会影响遵从性。施加影响方可以通过提升其吸引力或可信度增加顺从，相反也可以通过削弱阻力减少抗拒，如受到威胁之前先行使自由②③，也可以增加对抗拒行为后悔的预期④；二是同时影响两种力量——增加积极力量和减少消极力量——应该会显著影响遵从性。

西尔维娅·P. J.（2005）认为，人际相似性可以通过增加顺应性和减少阻力来缓冲心理抗拒⑤，并通过两个实验对这一假设进行了检验，结果发现：当沟通者与被说服者的相似性较低或未知时，自由的威胁感才会产生；当沟通者与被说服者高度相似时，无论威胁如何，人们都强烈同意。相似性通过增加喜欢程度、降低威胁感知来增加说服力，减少抗拒的负面力量。表明，相似性和好感深刻地影响着人们的社会认知，人们以积极、迎合的方式解读喜欢的人的行为。

---

① Worchel Stephen and Brehm Jack W., "Direct and Implied Social Restoration of Freedom,"*Journal of Personality and Social Psychology* 18, no.3(1971): 294–304.

② Snyder Melvin L. and Robert A, "Wicklund. Prior Exercise of Freedom and Reactance,"*Journal of Experimental Social Psychology* 12, no.2(1976): 120–130.

③ Davis Barbara Price and Eric S. Knowles, "A Disrupt-then-Reframe Technique of Social Influence,"*Journal of Personality and Social Psychology* 76, no.2(1999): 192–199.

④ Crawford Matthew T., et al., "Reactance, Compliance, and Anticipated Regret," *Journal of Experimental Social Psychology* 38, no.1(2002): 56–63.

⑤ Silvia Paul J., "Deflecting Reactance: The Role of Similarity in Increasing Compliance and Reducing Resistance,"*Basic and Applied Social Psychology* 27, no.3(2005): 277–284.

## 二、心理抗拒理论与自我建构理论的融合

不同的文化，如个人主义和集体主义，对不同的威胁做出差异化的反应，并以不同的方式恢复其自由，在这个过程明确威胁来自个体内部还是外部可能至关重要。已有研究表明，个人主义者和集体主义者对控制和选择的期望不同，因此在自我建构方面也不同，这使得他们对威胁的敏感性存在差异[1]。有学者通过测量感知的威胁和情感体验来评估人们的心理抗拒体验[2]，结果发现与集体主义者或具有相互依存自我建构的人相比，个人主义者或具有独立自我意识的人更容易受到对个人自由的威胁的影响（例如，借别人的商务车帮别人的忙）；独立自我建构的人也更容易受到集体自由威胁的影响，即威胁不仅影响到他们自己，而且影响到他们的群体（例如，通过借给另一个分支一队商务车来帮他们的忙）。

D.特拉菲莫夫（1991）通过描述其自身与他人之间的差异性、相似性来启动独立性与相互依存性时，获得了一致性的研究结论[3]。这表明人们的心理抗拒体验在很大程度上取决于威胁发生时最容易达到的目标和价值观。在这些文化研究中，价值观是群体的还是个人的，是导致心理抗拒差异的关键因素。因此，作为感知到的威胁和情绪的混合体的抗拒体验似乎在本质上是动机性的。只有当人们的价值观受到影响时，他们才会充满活力，努力恢复自由。

---

① Iyengar Sheena S. and Mark R. Lepper, "Rethinking The Value of Choice: A Cultural Perspective on Intrinsic Motivation," *Journal of Personality and Social Psychology* 76, no.3 (1999): 349–366.

② Jonas Eva, et al., "Culture, self, and the Emergence of Reactance: Is There a "Universal" Freedom," *Journal of Experimental Social Psychology* 45, no.5 (2009): 1068–1080.

③ Trafimow David, Harry C. Triandis, and Sharon G. Goto, "Some Tests of the Distinction Between the Private Self and the Collective Self," *Journal of Personality and Social Psychology* 60, no.5 (1991): 649–655.

第三节
理论所提构念的操纵和测量

## 一、心理抗拒的操纵

心理抗拒是一种动机状态，一般通过威胁对行为或态度的影响来衡量。以往心理抗拒的文献中经常采用操纵个体某种自由受到威胁，进而测量其心理抗拒的程度。威胁操纵与研究者的主题一致，例如，使用自由的威胁、态度自由的威胁等。而在操纵过程中，让参与者阅读文章是常见的方式，如西尔维娅·P. J.（2005）的研究中就采取这一方式，让参与者阅读了传播者是否威胁到他们的态度自由的文章，具体操纵如下：

态度自由的高威胁条件下，阅读的文章[①]。

> 好吧，对于我的第一篇观点文章，我想写一下 KU 对学生的态度。我知道我会说服你的。在急于满足教职员工、校友以及体育和商业界的过程中，KU 忘记了一个重要的群体，即学生。有时学生在这里似乎是二等公民。谁的停车位最差？当教职员工要求更高的薪水时，谁来买单？当体育迷涌入校园参加体育赛事时，谁找不到停车位（有时甚至开车到校园）来使用图书馆或计算机设施？而 KU 与可口可乐和信用卡公司等大企业之间的密切联系也有点奇怪。当然，大学通过允许公司向学生销售和营销来获得资金；学生收获了什么？我认为 KU 需要记住它的主要目的：促进优秀的教育。*我知道你同意我的观点。事实上，你真的只能同意，因为 KU 学生在这个问题上不能有不同的意见。*

斜体加粗的句子是威胁线索（实际的研究中没有斜体加粗），在低

---

① Silvia Paul J., "Deflecting reactance: The Role of Similarity in Increasing Compliance and Reducing Resistance," *Basic and Applied Social Psychology* 27, no.3（2005）: 277–284.

威胁的条件下，参与者收到同样的文章，但没有斜体加粗的句子。需要注意的是，在沟通中添加威胁性陈述是心理抗拒研究中使用最广泛的威胁操纵手段之一（布雷姆等，1981）。阅读文章后回答文章后面作为心理抗拒的测量指标的问题（见表6-1），包括对传播者的认同和感知到的交流强制性。

表6-1　心理抗拒测量条目

| 对传播者的认同 | 你在多大程度上同意作者的观点？<br>How much do you agree with the author? |
|---|---|
| 感知的交流强制性 | 文章的作者在努力地说服我。<br>The essay writer was trying too hard to persuade me. |
| | 这篇文章的作者试图阻止我对这个话题做出自己的决定。<br>The essay writer was trying to keep me from making up my own mind about the topic. |
| | 文章的作者咄咄逼人。<br>The essay writer was 'pushy. |

### 二、心理抗拒的测量

（一）洪氏心理抗拒量表（Hong's psychological reactance scale，HPRS）

S. M. 洪（1989）等将心理抗拒作为一种特质来衡量，在默兹心理抗拒量表（merz psychological reactance scale，MPRS）基础上发展了洪氏心理抗拒量表（HPRS）[1]。该量表有14个条目，包含4个维度，是目前最常用的心理抗拒的测量工具，已被翻译成多种语言，并被世界各地的国家使用。具体条目见表6-2。

---

[1] Hong Sung-Mook and Sandra Page, "A Psychological Reactance Scale: Development, Factor Structure and Reliability," *Psychological Reports* 64, no.3(1989): 1323-1326.

表6-2 洪氏心理抗拒量表

| 维度 | 条目(1=非常不符合,7=非常符合) |
|---|---|
| 选择自由<br>(freedom of choice) | 1.当我的自由选择被限制时,我会愤怒。<br>1 become angry when my freedom of choice is restrited. |
| | 2.当我无法做出自由和独立的决定时,我感到沮丧。<br>I become frustrated when I am unable to make free and independent decisions. |
| | 3.只有当我按照自己的自由意志行事时,我才感到满足。<br>I am contented only when I am acting of my own free will |
| | 4.依赖别人的想法让我恼火。<br>The thought of being dependent on others aggravates me. |
| 一致性抗拒<br>(conformity reactance) | 5.当某件事情被禁止时,我通常会认为"这正是我要做的"。<br>When something is prohibited, I usually think that's exactly what I am going to do. |
| | 6.规定在我身上触发了一种反抗的感觉。<br>Regulations trigger a sense of resistance in me |
| | 7.我发现反驳别人很刺激。<br>I find contradicting others stimulating. |
| 行为自由<br>(behavioural freedom) | 8.看到别人服从社会的标准和规则,我感到很失望。<br>It disappoints me to see others submitting to society's standards and rules. |
| | 9.当有人强迫我做某件事情时,我就想做相反的事情。<br>When someone forces me to do something, I feel like doing the opposite. |
| | 10.我抵制别人影响我的企图。<br>I resist the attempts of others to influence me. |
| | 11.当另一个人被认为是我效仿的榜样时,这让我生气。<br>It makes me angr when another person is held up as a role model for me to follow. |
| 建议和推进抗拒<br>(reactance to advice and recommendations) | 12.我认为别人的建议是一种冒犯。<br>I consider advice from others to be an intrusion. |
| | 13.忠告和建议通常诱导我做正好相反的事情。<br>Avice and recommendations usually induce me to do just the opposite. |
| | 14.当有人指出对我来说显而易见的事情时,会激怒我。<br>It irritates me when someone points out things which are obvious to me. |

（二）治疗性抗拒量表（the therapeutic reactance scale，TRC）

E.托马斯·多德基于布雷姆（1966）①心理抗拒的概念开发了一个心理抗拒量表，可用于测量治疗背景下的心理抗拒，该量表有语言抗拒和行为抗拒两个维度，具体条目见表6-3。

表6-3　治疗性抗拒量表

| 维度 | 条目（1=非常不符合,7=非常符合） |
|---|---|
| 行为抗拒 behavioral reactance | 1.如果我在餐馆里收到了一道微温的菜,我就试图让人知道。<br>If I receive a lukewarm dish at a restaurant,I make an attempt to let that be known. |
| | 2.我讨厌那些试图告诉我该做什么的权威人物。<br>I resent authority figures who try to tell me what to do. |
| | 3.我喜欢看到别人做一些我们都不能做的事情。<br>I enjoy seeing someone else do something that neither of us is supposed to do. |
| | 4.我喜欢玩"魔鬼的倡导者",只要我能。<br>I enjoy playing "devil's advocate" whenever I can. |
| | 5.没有什么比一个好的论据更能让我兴奋!<br>Nothing turns me on as much as a good argument! |
| | 6.如果我被告知要做什么,我经常会做相反的事情。<br>If I am told what to do,I often do the opposite. |
| | 7.当警察告诉人们该做什么时,我真的很烦恼。<br>It really bothers me when police officers tell people what to do. |
| | 8.我不会因为小组中有人想做不一样的事而感到困扰。（R）<br>It does not upset me to change my plans because someone in the group wants to do something else.(R) |

① Dowd E. Thomas, Christopher R. Milne, and Steven L. Wise, "The Therapeutic Reactance Scale: A Measure of Psychological Reactance," *Journal of Counseling &Development* 69,no.6(1991): 541-545.

**续表6-3**

| 维度 | 条目(1=非常不符合,7=非常符合) |
|---|---|
| 行为抗拒<br>behavioral<br>reactance | 9.如果有人向我求助,我会三思这个人到底想要什么。<br>If someone asks a favor of me, I will think twice about what this person is really after. |
| | 10.我不太容忍别人试图说服我。<br>I am not very tolerant of others' attempts to persuade me. |
| | 11.我相对固执己见。<br>I am relatively opinionated. |
| | 12.对我来说,相对于别人处于强势地位是很重要的。<br>It is important to me to be in a powerful position relative to others. |
| | 13.我非常乐意接受别人对我问题的解决方案。(R)<br>I am very open to solutions to my problems from others.(R) |
| | 14.我喜欢正确展现自己的人。<br>I enjoy "showing up" people who think they are right. |
| | 15.我认为自己比合作更有竞争力。<br>I consider myself more competitive than cooperative. |
| | 16.我非常固执,并以我的方式。<br>I am very stubborn and set in my ways. |
| | 17.与我工作的人相处得好对我来说非常重要。(R)<br>It is very important for me to get along well with the people I work with.(R) |
| 言语抗拒<br>verbal<br>reactance | 1.我发现我经常不得不质疑权威。<br>I find that I often have to question authority. |
| | 2.我有维护个人自由的强烈愿望。<br>I have a strong desire to maintain my personal freedom. |
| | 3.在讨论中,我很容易被别人说服。(R)<br>In discussions, I am easily persuaded by others.(R) |

| 维度 | 条目（1=非常不符合，7=非常符合） |
|------|----------------------------------|
| 言语抗拒<br>verbal<br>reactance | 4.我最好有更多的自由去做我想做的工作。<br>It would be better to have more freedom to do what I want on a job. |
| | 5.我有时害怕和别人意见不一致。（R）<br>I am sometimes afraid to disagree with others.（R） |
| | 6.我不介意别人告诉我该做什么。（R）<br>I don't mind other people telling me what to do.（R） |
| | 7.我喜欢和其他人辩论。<br>I enjoy debates with other people. |
| | 8.我经常听从别人的建议。（R）<br>I often follow the suggestions of others.（R） |
| | 9.我不介意为某人做某事，即使我不知道我为什么要这样做。（R）<br>I don't mind doing something for someone even when I don't know why I'm doing it.（R） |
| | 10.我通常同意别人的建议。（R）<br>I usually go along with others' advice.（R） |
| | 11.我觉得为我所信仰的东西挺身而出比保持沉默更好。<br>I feel it is better to stand up for what I believe than to be silent. |

注：（R）表示是反向计分的题。

（三）状态抗拒（state reactance）

丽莎·L.马西·林赛（2005）在其研究中采用4个条目测量心理抗拒状态[1]，具体条目见表6-4。

----

[1] Massi Lindsey and Lisa L., "Anticipated Guilt as Behavioral Motivation: An Examination of Appeals to Help Unknown Others Through Bone Marrow Donation," *Human Communication Research* 31, no.4（2005）: 453-481.

表6-4　状态抗拒测量条目

1=强烈不同意,7=强烈同意。

| 1.当被告知如何感受时,我会不舒服。 |
| --- |
| I am uncomfortable being told how to feel about. |
| 2.我不喜欢被告知如何去感受。 |
| I do not like that I am being told how to feel about. |
| 3.PSA告诉我如何去感受,这让我很恼火。 |
| It irritates me that the PSA told me how to feel about. |
| 4.我反感被告知如何去感受。 |
| I dislike that I am being told how to feel about. |

# 第四节
# 理论在CB研究中的应用

## 一、主动式营销

　　心理抗拒理论主要用于解释主动式营销领域的用户心理,已有研究显示未经请求的建议会导致心理抗拒,并使得用户忽略网站中的推荐[①]。专家意见在人类互动和决策中一直发挥着重要作用。随着互联网的发展,此类建议的潜在益处和危害可能产生更广泛、更快的影响。传统观点认为,一般来说客户对建议持肯定态度,客户在面临多项选择的情况下做出选择时往往会遇到相当大的困难。建议有助于潜在地减少所需的努力（即思考成本）[②]以及决策周围的不确定性,从而降低

---

　　① Fitzsimons Gavan J. and Donald R. Lehmann, "Reactance to Recommendations: When Unsolicited Advice Yields Contrary Responses," *Marketing Science* 23, no.1 (2004): 82-94.

　　② Shugan Steven M., "The Cost of Thinking," *Journal of Consumer Research* 7, no.2 (1980):99-111.

做出选择的难度并增加与之相关的信心。当建议的来源被认为是高度可信的或在决策背景下具有特定的专业知识时，这种"积极"影响预计会加剧。加文·J.菲茨西蒙斯等（2004）通过四个实验证明专家的建议对消费者的满意度和选择有实质性的影响，最初印象相矛盾的主动建议会导致消费者激活抗拒状态。这种抵制反过来会导致行为上的反弹，这不仅会导致消费者忽视代理人的建议，而且会故意反驳他们[1]。

## 二、在线推荐服务

在线推荐服务是个性化的常见形式，被视为一种有说服力的沟通。企业通过网络和无线设备等多种渠道与客户互动时可以在个人层面收集大量客户数据，利用隐藏在客户数据中的偏好信息，通过提供个性化服务和提高客户网络体验的质量来满足客户的特定需求。尽管，企业就在线推荐对消费者的价值展现出了信心，但消费者的反应并不乐观，只有 5.6% 的消费者希望获得任何个性化的网络服务[2]。为什么在线推荐服务在公司的高期望与客户的冷淡反应之间存在明显差距？消费者对在线推荐服务不那么热情的问题出在哪里？使用心理抗拒理论来探索消费者对推荐服务的负面感受是一个重要视角。G.李等（2009）[3]就采用心理抗拒理论阐释了用户对于推荐服务产生消极情绪的原因。作者认为，采用在线推荐服务可以提高决策的质量，但也可能对自由选择构成威胁。当消费者意识到他们的自由被他人减少或威胁时，他们很可能会经历一种试图恢复自由的心理抗拒。

---

① Fitzsimons Gavan J. and Donald R. Lehmann., "Reactance to Recommendations: When Unsolicited Advice Yields Contrary Responses," *Marketing Science* 23, no.1 (2004): 82-94.

② Nunes Paul F. and Ajit Kambil, "Personalization? No Thanks," *Harvard Business Review* 79, no.4 (2001): 32-33.

③ Lee Gyudong and Won Jun Lee, "Psychological Reactance to Online Recommendation Services," *Information & Management* 46, no.8 (2009): 448-452.

## 第五节
## 理论在 CB 研究中的未来展望

### 一、关于心理抗拒的测量

目前心理抗拒的测量工具有限，原因之一是心理抗拒是一个"中间假设变量"，难以直接测量，未来的研究应该探究人们在自由受到威胁时的感受。因为，现有的很多文献表明，心理抗拒的一个重要组成部分是愤怒的情绪体验。愤怒通常被理解为一种消极情绪，但也与趋近动机有关[①]。趋近动机是指引人们朝着某个方向前进的动机，是一种决定人类行为和情感的力量[②]，有学者认为趋近动机是心理抗拒出现的必要前提[③]。当一个人感觉能够解决威胁事件（即应对情况）时会激发趋近动机[④]。因此，可以评估人们对威胁情况的体验，由此激活的认知和情感过程，以及伴随着试图恢复自由而在大脑中产生的生理唤醒和活动，作为心理抗拒的指标。

### 二、抗拒心理与恢复自由产品偏好

布雷姆等（1966）指出，当人们认为自己的自由受到威胁时会产

---

① Harmon-Jones Eddie and John JB Allen, "Anger and Frontal Brain Activity: EEG Asymmetry Consistent with Approach Motivation Despite Negative Affective Valence," *Journal of Personality and Social Psychology* 74, no.5(1998): 1310–1316.

② Gray J. A., *The Neuropsychology of Anxiety*(New York, NY: Oxford University Press, 1982), p.75.

③ Chadee D., "Toward Freedom: Reactance Theory Revisited," in *D. Chadee*, ed. Time Page(Wiley Blackwell, 2011), pp. 13–43.

④ Harmon-Jones Eddie, et al., "Anger, Coping, and Frontal Cortical Activity: The Effect of Coping Potential on Anger-Induced Left Frontal Activity," *Cognition and Emotion* 17, no.1 (2003): 1–24.

生恢复自由的动机，进而进行反抗行为。他们认为，消费者的抗拒心理可能增加其创造体验型消费①。目前，越来越多的企业积极组建消费者参与创新的网络社区，让消费者参与到产品创造与设计的过程中。创造体验型消费指由消费者主动产生结果的活动，例如数字绘画、烹饪指南、DIY蛋糕工坊、陶艺工坊等。已有研究认为，创造体验型消费能够帮助消费者发挥创造力（黄静等，2023）②。这一过程将有助于消费者体验自由、积极情绪，对心理抗拒有缓冲作用。

① Brehm Jack W. and Ann H. Cole., "Effect of a Favor Which Reduces Freedom," *Journal of Personality and Social Psychology* 3, no.4(1966): 420–426.

② 黄静、许新宇、肖皓文等：《控制感缺失对创造体验型消费意愿的影响研究》，《南开管理评论》2023年第1期，第239–250页。

第七章

# 行为免疫系统

马克·夏勒（Mark Schaller），不列颠哥伦比亚大学心理学教授。主要研究为人类动机系统（如行为免疫系统、父母关怀动机系统）及其对社会认知和社会互动的影响（如印象形成、道德判断、偏见、从众）。

## 第一节
## 理论起源和观点

### 一、理论起源

有大量研究证明了病原体威胁会促进动物产生认知和行为反应的进化模式，即很多动物都会先于病原体进入身体前采取一定的行为策略避免被病菌感染①。例如，哺乳动物对潜在配偶的病原体感染迹象较

---

① Hart B. L., "Behavioral Adaptations to Pathogens and Parasites: Five Strategies," *Neuroscience &Biobehavioral Reviews* 14, no.3(1990): 273-294.

为敏感，并且会避免与显示这些迹象的个体交配[1]。黑猩猩会对表现出衰弱性身体症状的其他黑猩猩做出不寻常的暴力反应[2]。基于对动物行为反应的观察，有学者提出很可能人类的思维也具有识别病原体感染迹象并对表现出这些迹象的个体做出负面反应的机制，尤其是在病原体感染风险特别高的情况下。例如，人们会回避一些患有传染性疾病的病人[3]；具有异常或非典型形态特征的个体——毁容或残疾的人，或严重肥胖的人会被外界污名化，而且这种污名化似乎特别强烈地发生在疾病担忧更为明显的人群中[4]；此外，也有证据表明，病原体流行会影响人类的择偶偏好（即更喜欢具有较强身体吸引力的人），而且这种影响发生在更广泛的偏好上。结合这些现象，马克·夏勒认为人类也和动物一样进化出了一种行为免疫系统，作为生物体抵御潜在有害寄生虫和病原体的第一道天然防线。由于该系统涉及情绪、认知以及行为，可能更适合称为心理免疫系统，但是由于该术语已经出现在心理学文献中，并且被用于描述与寄生虫防御无关的一系列不同的过程，因此，马克·夏勒就将这种识别病原体威胁并做出负面反应的机制命名为"行为免疫系统"。

## 二、理论主要观点

行为免疫系统（behavioral immune system，BIS）是由感知特定种类的刺激（例如，形态异常的外观）而触发的。当感知到这种刺激时，随之而来的是特定情绪和认知的自动激活（例如，厌恶；关于疾病暗

---

① Kavaliers Martin, et al., "Aversive and Avoidance Responses of Female Mice to the Odors of Males Infected with an Ectoparasite and the Effects of Prior Familiarity," *Behavioral Ecology and Sociobiology* 54, no.5(2003): 423–430.

② Goodall J., "Social Rejection, Exclusion and Shunning Among the Gombe Chimpanzees," *Ethology and Sociobiology* 7, no.3–4(1986): 227–239.

③ Crandall C. S., and Moriarty D., "Physical Illness Stigma and Social Rejection," *British Journal of Social Psychology* 34, no.1(1995): 67–83.

④ Park J. H., "Cue-Recognition Mechanisms and Person Perception" (Unpublished Doctoral Dissertation, University of British Columbia, 2005).

示特征的自动推断），这会进一步促进功能性行为反应（例如，回避、社会排斥）。这一系列反应的激活既有成本也有收益，因此，行为免疫系统在功能上是灵活的，对与这些成本和收益相关的信息做出反应。这些相关信息可能存在于当前情况的临时特征中，因此，这些歧视性反应在某些情况下可能比在其他情况下更强烈。这些相关信息也可能存在于长期的个体差异中，因此，这些反应在一些人中可能比在其他人中更强烈地被触发。最后，相关信息也可能存在于生态环境的慢性方面，因此，这些反应在某些人群中可能比在其他人群中更强烈地被触发。

## 第二节
## 理论深化和推进

马克·夏勒等（2006）提出这一理论后与在后续的一系列研究中进行了清晰的解释和说明，并指出了行为免疫系统发挥作用的基本原则及其机制。马克·夏勒等[1]进一步将行为免疫系统界定为一种用以降低病菌感染的防御系统，由来自进化环境中反复发生的疾病压力选择而来，其功能是抑制与可能带有传染性病菌的物体或者活体接触。行为免疫系统由一整套心理机制组成，包括：（1）检测暗示周围环境中存在传染性病原体的线索；（2）引发与疾病相关的情绪和认知反应；（3）促进对病原体感染的行为回避。

### 一、行为免疫系统的基本原则

因为病菌不可见，为了最大限度识别并回避病菌威胁，行为免疫系统具有过度泛化（over generalization）和功能灵活性（functional

---

[1] Schaller M. and Duncan L. A., "The Behavioral Immune System: Its Evolution and Social Psychological Implications," In J. P. Forgas, M. G. Haselton, & W. von Hippel, *Evolution and the Social Mincl: Evolutionary Psychology and Social Cognition* (Routledge/ Taylor & Francis Group, 2007), pp. 293–307.

flexibility）两大特点。

（一）过度泛化

过度泛化指行为免疫系统对疾病相关信号具有过度敏感或者过度概括的倾向。有人把这种特性形象地称为烟雾探测器原则[1]。就像烟雾探测器可能对很小的油烟信号发出警报一样，行为免疫系统可能把一切传染性的、非传染性的身体和心理异常都视为病菌信号，甚至包括毁容[2]、残疾[3]、肥胖[4]、衰老[5]等，继而激发后继的心理和行为反应。尽管这些信号会激发错误的警报。

（二）功能灵活性

功能灵活性指行为免疫系统的激活与否受到环境线索和个体的病菌易感性两种因素的调节。因为不是所有的环境都具有相同水平的感染威胁，也不是所有人都具有相同的易感性，而行为免疫也有代价，因此，行为免疫系统在病菌回避的利弊权衡中就需要一定的灵活性，以尽可能使行为免疫的收益最大、成本最小。当环境线索暗示更多或更大的病菌威胁时，如肮脏的环境或者流行病高发的地区，个体更可

---

[1] Haselton M. G. and Nettle D., "The Paranoid Optimist: Advances in *Psychological Science* an Integrative Evolutionary Model of Cognitive Biases," *Personality and Social Psychology Review* 10, no.1(2006): 47–66.

[2] Ackerman J. M., Becker D. V., Mortensen C. R., Sasaki T., Neuberg S. L., and Kenrick D. T., "A Pox on the Mind: Disjunction of Attention and Memory in the Processing of Physical Disfigurement," *Journal of Experimental Social Psychology* 45, no.3, (2009): 478–485.

[3] Park J. H., Faulkner J., and Schaller M., "Evolved Disease-Avoidance Processes and Contemporary Anti-Social Behavior: Prejudicial Attitudes and Avoidance of People with Physical Disabilities," *Journal of Nonverbal Behavior* 27, no.2(2003): 65–87.

[4] Lund E. M. and Miller S. L., "Is Obesity Un-American? Disease Concerns Bias Implicit Perceptions of National Identity," *Evolution and Human Behavior* 35, no. 4(2014): 336–340.

[5] Duncan L. A., Schaller M., and Justin H. Park., "Perceived Vulnerability to Disease: Development and Validation of a 15-Item Self-Report Instrument," *Personality and Individual Differences* 47, no.6(2009): 541–546.

能启动行为免疫系统；对于同样的环境线索，高病菌易感性的个体更容易感知病菌信号，也就是说，当个体具有更高的病菌易感倾向时，即便是较为微弱的病菌信号也可能激活其行为免疫系统。

### 二、行为免疫系统发挥作用的主要机制

在行为免疫系统探测和应对疾病威胁的过程中，厌恶（disgust）情绪扮演着核心的角色，即行为免疫系统主要利用厌恶情绪来对抗外界环境中可能存在的疾病威胁[1]。如同其他动物一样，人类可以利用自身的感觉器官（比如视觉和嗅觉）探测环境中可能存在的病菌威胁，并产生相应的厌恶反应。由于厌恶情绪与病菌威胁之间存在着密切关系，带有病菌威胁的环境线索常常引起人们的厌恶反应，并且很多引起人们厌恶反应的刺激都跟疾病传播有关。此外，作为行为免疫系统的一个环节，厌恶情绪可以用来对抗外界环境中可能存在的病菌威胁和疾病感染，因此，厌恶情绪被视作行为免疫系统之下的一套适应性心理机制，驱动着个体产生病原体回避行为[2]。人类的厌恶反应同样具有过度敏感的特点，即人们倾向于把可能带有病菌的刺激知觉为令人厌恶的反应并加以回避，即使这种刺激实际并不带有病菌。除此之外，很多在视觉、嗅觉、触觉和听觉方面跟进化情境中的病菌威胁相似的刺激都会引起人们的厌恶反应，进而触发个体的回避反应[3]。

---

[1] Murray D. R. and Schaller M.,"The behavioral immune system: Implications for social cognition, social interaction, and social influence,"in *The Advances in experimental social psychology*, Olson J. M. & Zanna M. P.(Eds.),(Elsevier Academic Press,2016),pp.75-129.

[2] Curtis V., Barra M. de, and Aunger R.,"Disgust as an Adaptive System for Disease Avoidance Behavior,"*Philosophical Transactions of the Royal Society B-Biological Sciences* 366, no.1563(2011): 389-401.

[3] Tybur J. M., Frankenhuis W. E., and Pollet T. V., "Behavioral Immune System Methods: Surveying the Present to Shape the Future,"*Evolutionary Behavioral Sciences* 8, no.4 (2014): 274-283.

### 三、行为免疫反应的类型

激活行为免疫系统而产生的应对反应可以区分为被动的（inactive）和主动的（proactive）的行为反应：（1）被动行为反应是为了减少当前感染的风险。当个体知觉到环境中有即刻传染风险的信息时，如，闻到恶心的气味或者看到他人的痛苦，个体立刻会出现反应性回避行为，如更严格的性态度[1]、更愿意使用安全套[2]、回避患病的人等；（2）主动行为反应的目的是应对疾病的长期威胁。如，面对长期的病菌威胁，人们在择偶时会更看重配偶的身体吸引力、对称性和第二性征等健康信号[3]，因为配偶的这些健康指征不但降低了自己感染病菌的风险，也使下一代获得更具免疫力的基因[3]。被动和主动的行为免疫反应均有助于保护个体及其后代，并减缓疾病在群体内的横向传播速度。

## 第三节
## 理论所提构念的操纵和测量

### 一、行为免疫系统的特质性激活与测量

人们在厌恶反应的敏感性上（即厌恶敏感性，disgust sensitivity）

---

① Duncan L. A., Schaller M, and Justin H. Park., "Perceived Vulnerability to Disease: Development and Validation of a 15-Item Self-Report Instrument, "*Personality and Individual Differences* 47, no.6(2009), pp. 541-546.

② Tybur J. M. and Gangestad S. W., "Mate Preferences and Infectious Disease: Theoretical Considerations and Evidence in Humans, " *Philosophical Transactions of the Royal Society Biological Sciences* 366, no.1583(2011): 3375-3388.

③ Hill S. E., Prokosch M. L., and DelPriore D. J., "The Impact of Perceived Disease Threat on Women's Desire for Novel Dating and Sexual Partners: Is Variety the Best Medicine?" *Journal of Personality and Social Psychology* 109, no.2(2015): 244-261.

存在明显的个体差异，即行为免疫系统激活水平的特质差异，是个体在疾病回避上一种长期稳定的行为倾向[1]，受遗传变异和生长环境的影响。在病原体密集环境中长大的个体更可能伴随对病菌的长期担忧，也更容易产生厌恶感[2]，降低了行为免疫系统的功能弹性，也影响到了个体的社会行为和态度，例如，生活在传染病高发地区的个体的厌恶敏感性更高，更不信任外群体成员[3]。因此，厌恶敏感性量表（disgust scale-revised，DS）和疾病易感性知觉量表（perceived vulnerability to diseases，PVD）常被用来衡量行为免疫系统的特质性激活水平。DS和PVD分别从情绪和认知反应层面反映行为免疫系统的特质性激活。

（一）中文版厌恶敏感性量表（disgust scale-revised Chinese，DSRC）

李济（2016）在奥拉通吉（2007）[4]基础上修订了中文版DSRC量表，量表共27个条目，3个维度，采用5点计分（0=一点也不厌恶，4=极其厌恶），得分越高，表明厌恶敏感性越高。其中，动物提醒厌恶与身体侵犯相关内容不反映行为免疫系统激活水平，研究者可作为控制变量考察。部分条目见表7-1。

---

① Shook N. J., Oosterhoff B., Terrizzi J., and Clay R., "Disease Avoidance: An Evolutionary Perspective on Personality and Individual Differences,"in *The SAGE Handbook of Personality and Individual*, Zeigler-Hill V. & Shackelford T.（SAGE Publications Ltd, 2018），pp.133-158.

② 吴宝沛、张雷：《疾病的心理防御巨：人类如何应对病菌威胁》，《心理科学进展》2011年第3期，第410-419页。

③ O'Shea B. A., Watson D. G., Brown G. D. A., and Fincher C. L., "Infectious Disease Prevalence, Not Race Exposure, Predicts Both Implicit and Explicit Racial Prejudice Across the United States,"*Social Psychological and Personality Science* 11,no.3（2020）: 345-355.

④ Olatunji B. O., Williams N. L., Tolin D. F., Abramowitz J. S., Sawchuk C. N., Lohr J. M., and Elwood L. S., "The Disgust Scale: Item Analysis, Factor Structure, and Suggestions for Refinement,"*Psychological Assessment* 19,no.3（2007）: 281-297.

表7-1　中文版厌恶敏感性量表

| 维度 | 条目示例 |
| --- | --- |
| 污染厌恶(contamination disgust) | 我从未让我身体的任何部位触碰到公共厕所的坐便器 |
| 动物提醒厌恶(animal reminder disgust) | 我情愿绕路也不愿穿过一片坟地 |
| 核心厌恶(core disgust) | 如果我看到别人呕吐,我会感到反胃 |

（二）疾病易感性知觉量表（perceived vulnerability to diseases，PVD）

A.迪亚斯（2016）[1]开发了PVD量表来测量对自身疾病易感程度的知觉，共15个项目，2个维度，采用7点计分（1=完全不同意，7=完全同意），得分越高，表明越认为自身容易受到疾病感染。部分题目见表7-2。

表7-2　疾病易感性知觉量表

| 维度 | 条目示例 |
| --- | --- |
| 细菌厌恶(germ wariness) | 我不喜欢用某人咬过的铅笔写字 |
| 疾病易感性(perceived infectability) | 曾经有一段时间,我很容易受到传染病的侵袭 |

## 二、行为免疫系统的情境性激活与操纵

行为免疫系统的激活也能即时地发生情境性的改变，从而对个体的认知、情绪和行为产生影响。以往研究通过简单呈现与疾病威胁相关的线索就可以情境性地激活个体的行为免疫系统，并且迄今为止的大多数研究都采用了疾病威胁的视觉线索[2]。例如，吴奇等2022年的研

---

[1] Díaz A., Soriano J. F., and Beleña Á., "Perceived Vulnerability to Disease Questionnaire: Factor Structure, Psychometric Properties, and Gender Differences," *Personality and Individual Differences* 100, no.101(2016): 42–49.

[2] Nussinson Ravit, Sari Mentser, and Nurit Rosenberg, "Sensitivity to Deviance and to Dissimilarity: Basic Cognitive Processes Under Activation of the Behavioral Immune System," *Evolutionary Psychology* 16, no.4(2018): 1474704918813433.

究中①将被试者随机分为两组：疾病启动条件下被试者要求观看一段与激活个体病原体厌恶情绪的刺激物相关的简短视频，内容为肮脏的下水道里，充斥着各种腐烂的食物、动物尸体、垃圾以及蛆虫的片段；疾病控制条件下被试者要求观看一段与激活个体恐惧情绪的刺激物相关的简短视频，内容截取自电影《大白鲨》，内容为潜水员在水下被大白鲨攻击的片段。

## 第四节
## 理论在CB研究中的运用

### 一、由行为免疫系统激发的厌恶情绪所驱动的消费者行为反应

在行为免疫系统探测和应对疾病威胁的过程中，厌恶情绪扮演着核心的角色，即行为免疫系统主要利用厌恶情绪来对抗外界环境中可能存在的疾病威胁，并在厌恶情绪驱动下做出相应的规避行为②。对于一些特定的产品而言，当激活行为免疫系统后，消费者可能会对这些产品进行相应的推断，并由此产生厌恶情绪。例如，有研究表明，在凸显传染病线索的情况下，消费者会增加对熟悉产品的偏好③。这是由于行为免疫系统包括了，检测周围环境中存在传染性的病原体线索、引发与疾病相关的情绪和认知反应、促进对病原体感染的行为回避等一整套流程。因此，当环境中存在凸显的传染病线索时，消费者的行

---

① 吴奇、吴浩、周晴、陈东方、鲁帅、李林芮：《行为免疫系统对个体就医行为倾向的影响》，《心理学报》2022年第8期，第931页。

② Murray D. R. and Schaller M., "Threat(s) and Conformity Deconstructed: Perceived Threat of Infectious Disease and Its Implications for Conformist Attitudes and Behavior," *European Journal of Social Psychology* 42, no.2(2012): 180–188.

③ Ghelsea C., Carpenter G. S., and Hayagreeva R., "Disgusted and Afraid: Consumer Choices Under the Threat of Contagious Disease," *The Journal of Consumer Research* 47, no.3 (2020): 373–392.

为免疫系统会被激活，并且首先会产生厌恶情绪。其次，该研究进一步指出，除了使污染物的存在变得突出并引起厌恶之外，传染病线索通常提供了关于消费者是否可能生病的不确定性以及对结果缺乏控制的评估，因此，遭遇传染病线索还会引发消费者的恐惧。在厌恶和恐惧情绪的共同作用下，消费者会通过增加对熟悉产品的偏好应对传染病威胁。

除了会产生这种熟悉偏好外，有学者指出行为免疫系统的激活也会导致消费者对二手产品的厌恶，并进而降低对二手产品的评价和支付意愿。对这一现象最直接的证据就是在传染病流行的社会背景下，二手产品零售商的相对销售量会下降。关于这种对二手产品厌恶的消费者行为，学者们分别提出了不同的解释机制：第一，二手产品表明了先前与他人的接触历史，因此，人们认为二手产品保留了之前使用者的一些负面属性（如疾病、细菌等），从而出于厌恶情绪，消费者对二手产品的偏好[1]降低；第二，出于人际规避的观点，学者们认为传染病线索会激活消费者的行为免疫系统。在凸显传染病威胁的情况下，个体会将其他人视为潜在的细菌携带者。虽然许多疾病直接在人与人之间传播，但物体也可以传播致病微生物。出于对病原体的规避心理，个体更容易对他人接触过的物品产生负面反应，并贬低它们的价值。由于二手产品具有明显的他人使用及接触历史，因此，也意味着更高的病毒传染风险，所以消费者对二手产品的评价以及支付意愿会随着疾病威胁而持续降低[2]。值得注意的是，当卖方为买方所知，并且买方从事与传染预防相关的行为（例如洗手）时，消费者的感知疾病风险会被明显削弱，此时疾病线索不会触发二手产品的贬值。

① O'Reilly Lynn, et al., "The Relationship of Psychological and Situational Variables to Usage of a Second-Order Marketing System," *Journal of the Academy of Marketing Science* 12, no.3(1984): 53-76.

② Huang J. Y., Ackerman J. M., and Sedlovskaya A., "(De)Contaminating Product Preferences: A Multi-Method Investigation into Pathogen Threat's Influence on Used Product Preferences," *Journal of Experimental Social Psychology* 70, no.1(2017): 143-152.

**二、由行为免疫系统激发的人际规避动机所驱动的消费者行为反应**

由于传染性疾病很容易从一个人传递到另一个人，所以当激活个体的行为免疫系统后，个体很容易表现出对其他潜在病原体携带者的回避反应。并且由于行为免疫系统的过度敏感特点，会导致个体产生更普遍的社会排斥和人际规避行为，即人们不仅回避与疾病线索相关的个人，而且会回避一般情况下的其他个人[①]。基于此观点，Huang等（2020）[②]提出环境中凸显的疾病线索会导致消费者降低对典型产品的偏好。由于在特定类别中典型（非典型）的产品选项在概念上与许多（少数）人相关联。更典型的产品选项意味着占据该产品类别的更大的市场份额，从而也表明有更多的消费者会选择这一产品选项。因此，当疾病威胁激活消费者的行为免疫系统时，会引发消费者产生避开其他人的想法，这种想法会使得消费者在面临具体选择时将其相对偏好从典型选项转向非典型选项，因为前者在概念上与更多人相关联。

除上述与他人具有直接关联的产品外，由传染病线索引起的社会规避可能会延伸到拟人化产品，暴露于传染病线索的消费者会降低对拟人化产品的偏好，而这一效应对于数字化（vs. 实体）产品会有所减弱[③]。原因在于拟人化产品在间接层面上与人类关联，如具有人类的特征、形象等，与行为免疫系统的烟雾探测原则一致，人际规避动机的驱使会使消费者规避一切与人类有关的事物，拟人化产品刚好属于这一类别，因此，在凸显传染病线索的情况下反而会引发消费者的不利态度。

上述所提对二手产品、典型产品以及拟人化产品的偏好降低等现象都属于人际规避动机被激活所导致的直接应对反应。然而，也有研

① Sawada N., Auger E., and Lydon J. E., "Activation of the Behavioral Immune System: Putting the Brakes on Affiliation," *Personality and Social Psychology Bulletin* 44, no. 2 (2017):224–237.

② Huang Y. and Sengupta J., "The Influence of Disease Cues on Preference for Typical Versus Atypical Products," *Journal of Consumer Research* 47, no.3(2020): 393–411.

③ Ding Y. and Xu S., "Detrimental Impact of Contagious Disease Cues on Consumer Preference for Anthropomorphic Products," *Marketing letters* 34, no.1(2022): 1–15.

究指出当激活消费者的行为免疫系统后可能会导致一些间接的应对反应[1]，如消费者会更加偏好人工服务，并享受其所带来的人际互动体验[2]。但最近的一项研究显示，在新冠肺炎大流行的背景下，消费者更加偏好人工智能（机器人）提供的酒店服务，其中消费者对安全及社交距离的担忧起主要作用[3]。相比人类，机器人携带传染性病原体的风险会更低，因此，当环境中凸显的传染病线索激活消费者的行为免疫系统后，会导致消费者回避可能的病原体携带者并偏好其他具有较低病原体风险的人或事物。使用机器人服务来代替固有的人工服务，就属于一种人际规避动机下的间接应对措施。

### 三、行为免疫系统在消费者行为领域的其他运用

先前 CB 领域中大多数行为免疫系统的研究都聚焦于传染病线索凸显这一特定情境，以及随后消费情境中消费者的行为选择，且都没有跳出厌恶情绪和人际规避动机这两种解释机制。但是近期的一篇实证研究就打破了这一研究常态，并创新式地采用特质性激活和情境性激活两种方式来探究行为免疫系统被激活所导致的延迟就医现象[4]。就医行为是指人们在感到身体不舒服或已经出现一些疾病症状时，综合考虑病情、经济情况、医疗机构等，而采取向医疗单位寻求医疗服务的

---

① Kim Seongseop Sam, et al., "Preference for Robot Service or Human Service in Hotels? Impacts of the COVID-19 Pandemic," *International Journal of Hospitality Management* 93, no.4(2021): 102795.

② Guenzi P. and Pelloni O., "The Impact of Interpersonal Relationships on Customer Satisfaction and Loyalty to the Service Provider," *International Journal of Service Industry Management* 15, no.3(2004): 365-384.

③ Kim S. S., Kim J., Badu-Baiden F., Giroux M., and Choi Y., "Preference for Robot Service or Human Service in Hotels? Impacts of the COVID-19 Pandemic," *International Journal of Hospitality Management* 93, no.4(2021): 102795.

④ 吴奇等：《行为免疫系统对个体就医行为倾向的影响》，《心理学报》2022 年第 8 期，第 931 页。

行为①。吴奇等人（2022）指出，在现代社会中行为免疫系统的激活会影响个体产生对就医的负性态度，更倾向于不就医或延迟就医。出现这一现象的原因是现代医学的一些治疗方式和就医环境（如拥挤的、与其他病患缺乏社交距离的就医环境，导致个体可能接触到他人排泄物和体液的诊疗室等）会被多数人视为一种明显的疾病感染线索，尤其是对厌恶敏感性以及疾病易感性更高的个体而言，意味着较高的疾病感染风险。例如，在现代医学环境下，服药、注射甚至手术等治疗手段，虽然会使个体自身的疾病状况得到缓解，但同时也意味着外源性的异物会进入人体内部，并且在就医过程中个体也可能会接触到他人的排泄物和体液（如粪便、尿液等），以及其他病原体载体（如受污染的空气、物品等）。

因此，现代的一些医疗方式以及就医环境中潜在的风险线索可能会被从远古进化而来的行为免疫系统识别为疾病感染线索，从而导致个体在激活行为免疫系统的情况下对就医行为持消极态度。进一步，该作者还提出行为免疫系统激活对就医态度和就医延迟倾向的影响以对就医感染风险的感知为中介②。上述研究结论揭示出行为免疫系统对现代医学可能缺乏进化的适应性，并为理解现代人类就医行为提供了新的理论视角。

## 第五节
## 理论在CB研究中的未来展望

由于行为免疫系统的激活及发生作用需要检测到相应的疾病相关

---

① Zeng Yanbing, et al., "Healthcare-Seeking Behavior Among Chinese Older Adults: Patterns and Predictive Factors," *International Journal of Environmental Research and Public Health* 18, no.6(2021): 2969.

② 吴奇等:《行为免疫系统对个体就医行为倾向的影响》,《心理学报》2022年第8期,第931页。

信号，而消费环境中的疾病线索凸显提供了一种非常明显的疾病信号，因此，行为免疫系统在消费行为领域的运用主要集中于疾病线索凸显后消费者的应对反应。消费者行为的当前研究还可以聚焦这一主要观点来探究下述有趣的消费行为现象。

## 一、疾病线索导致特定包装的产品偏好

行为免疫系统是由感知与疾病相关的刺激而触发的。当感知到这种刺激时，会导致个体认知的自动激活（例如关于疾病暗示特征的自动推断），这会进一步促进功能性行为反应（例如，回避、社会排斥）。市场中的一些产品包装容易留下他人接触痕迹，例如透明包装、软材质包装等，他人触摸后可能会在包装表面留下指纹或者导致包装变形。在感知到疾病威胁后，这些特征都可以被视为一些携带潜在病原体的启发式特征，出于功能性回避反应，消费者可能会避免选择带有这类包装的产品，转向偏好使用磨砂及硬材质包装的产品（磨砂材质和硬材质更不易留下指纹以及按压变形）。

## 二、疾病线索导致有序消费环境偏好

由于激活行为免疫系统后会导致个体对疾病暗示特征的自动推断，混乱无序的消费环境（例如凌乱的货架、摆放杂乱的店铺）可以推断出先前有较多他人接触。虽然许多疾病直接在人与人之间传播，但物体和空间也可以传播致病微生物。出于对病原体的规避心理，消费者更容易对暗示曾经多人接触的环境产生负面反应。结合这一推导，在凸显疾病线索的情况下，消费者可能会出于人际规避的考虑而更多地选择整齐有序的消费环境。

第 八 章

社会比较理论

利昂·费斯廷格（Leon Festinger），美国社会心理学家。主要的研究领域为人的期望、抱负和决策，并用实验方法研究偏见、社会影响等社会心理学问题。主要的研究贡献为社会比较理论、认知失调论。

## 第一节
### 理论起源和观点

**一、理论起源**

社会比较的理论和研究可以追溯到西方哲学的一些经典观点：1936年穆扎费尔·谢里夫开创性地提出，与他人的比较在评估和构建社会现实中起着重要作用①，两个共同面对相同不稳定情况的个体，通过相互的社会影响过程发展出单一的特征参

① Sherif Muzafer, *The Psychology of Social Norms*(Oxford, England: Harper, 1936), p.88.

照点；H. 海曼（1942）的工作推动了对参考群体的社会学研究，该研究也强调了比较过程①，证明了对一个人在经济地位、智力能力和外表吸引力等方面的地位的评估取决于与自己比较的群体。直到1954年利昂·费斯廷格首次在自己的经典论文中明确提出社会比较这一术语，并提出了详细的社会比较理论，包括具体命题和推论。

### 二、理论主要观点

社会比较是指将自己和一个或多个其他个体进行比较的思考过程。社会比较理论（social comparison theory）是关于"人们如何实现自我认识"的系列命题。该理论认为，人们对自我认识的追求不仅通过获取客观信息，而且通过与他人比较来实现。也就是说，人们普遍有着获取自我评价的内驱力，当客观的评价标准不可得时，就会转向与他人比较。在相对主观的、社会性的评价中，个人总是倾向于通过与相似的他人比较来进行自我评价，并在此过程中满足自身对于观点（opinion）和能力（ability）进行自我评价（self-evaluation）的内在需求。


# 第二节
## 理论深化和推进

费斯廷格提出社会比较的概念与理论后，该理论在过去的几十年里受到众多领域的关注和研究。鉴于初始的社会比较理论在一定程度上又局限于对能力和观点比较的不足，后续理论在经历了无数的转变和调整后，从一个专注于通过他人进行自我评价的理论发展成为一个活跃、多样和复杂的研究领域，并且涵盖了多元化的范式、方法和

---

① Hyman H., "Psychology of status," *Archives of Psychology* 269(1942): 5-28.

应用①。

## 一、经典社会比较理论

费斯廷格的研究是经典的社会比较理论，认为个体均有一种自我评价的欲望，通过评价以确定自己的观点是否正确以及确定自身能做什么，个体通常更喜欢用客观信息来评价自己在某一特定属性上的地位，但当无法获得这些信息时，就会向他人寻求社会信息。此外，费斯廷格进一步强调了社会比较的人际关系后果，如个体倾向于寻求与自己相似的人做伴，并试图说服与自己不同的人。并且个体在进行能力比较时，往往存在一种向上的驱动力，促使个体向更好、更高层次的方向发展，以提升自身的价值。但后续大量的研究表明，当面对比自己更加优秀的个体时，个体可能会以各种各样的防御方式做出反应②，如当个体在表现不如目标的情况下，会通过强调他们身份的各个方面使他们与标准相区别，这在高自尊的个体身上表现尤为突出③。

## 二、恐惧-从属理论

费斯廷格（1954）认为，个体进行社会比较的动机是基于自己"观点"和"能力"的判断。在费斯廷格开创性研究的5年后，斯坦利·沙赫特（1959）将情绪相关的内容纳入社会比较的领域，这是社会比较理论的第二个重大发展④。沙赫特的一项实验表明，在面对不得不遭受电击的预期时，参与者会产生恐惧的心理。在这种情况下，大多数参与者更愿意与将要经历同一事件的人而不是与处于不同情况的

---

① Buunk Abraham P. and Frederick X. Gibbons, "Social Comparison: The End of a Theory and the Emergence of a Field," *Organizational Behavior and Human Decision Processes* 102, no.1(2007): 3-21.

② Sherif M., *The Psychology of Social Norms*(Oxford, England: Harper, 1936), p.88.

③ Mussweiler T., Gabriel S., and Bodenhausen G. V., "Shifting Social Identities as a Strategy for Deflecting Threatening Social Comparisons," *Journal of Personality and Social Psychology* 79, no.3(2000): 398.

④ Schacheter S., *The Psychology of Affiliation*(Stanford University Press, 1959), p113.

人一起等待。沙赫特认为，社会比较是压力下从属关系背后的主要动机，它比对威胁性质的清晰认知更重要。但沙赫特的研究也遭到了相关学者的挑战。J. A. 如库利克（2000）[1]认为，沙赫特的研究中可以广泛引用的一些结论的证据很少。在有压力的情况下，选择与相似的个体一起等待可能是个体自身的偏好。这在沙赫特最初的研究中也得到证明，处于高威胁（vs.低威胁）状态的参与者并没有更多选择，只是内部分析显示恐惧程度与从属倾向之间存在相关性。尽管沙赫特的一些结论在后续被证明是错误的，但综合来看，他的研究显著扩展了社会比较理论的范围——从只关注能力和观点到关注情绪和情感。

### 三、下行比较理论

在费斯廷格、沙赫特的研究之后，后续学者对此进行进一步拓展。下行比较理论的出现是社会比较理论发展的第三个重大发展。D. A. 桑顿（1966）等首次经验性地解决下行比较的问题[2]，K. L. 哈克米勒（1966）等[3]认为在特定情境中，受到威胁的个体更愿意与在该情境下被认为更糟糕的其他个体进行比较，这一观点也得到了后续学者的验证。R. M. 弗瑞德（1973）等[4]通过研究证明，与在考试中取得优异成绩的个体相比，失败的个体更倾向于回避关于他人更好的信息。这些早期研究强调了下行比较在威胁下的作用，为社会比较的发展做出了重大贡献。此外，在下行比较的发展过程中，有三位学者的作用不可

---

[1] Kulik J. A. and Mahler H. I., "Social Comparison, Affiliation, and Emotional Contagion Under Threat" *In Handbook of Social Comparison.* (Springer Boston, MA, 2000), pp.295-320.

[2] Thornton D. A. and Arrowood A. J., "Self-Evaluation, Self-Enhancement, and the Locus of Social Comparison," *Journal of Experimental Social Psychology* 1, no.1 (1966): 40-48.

[3] Hakmiller K. L., "Threat as a Determinant of Downward Comparison," *Journal of Experimental Social Psychology* 1, no.2 (1966): 32-39.

[4] Friend R. M. and Gilbert J., "Threat and Fear of Negative Evaluation as Determinants of Locus of Social Comparison," *Journal of personality* 41, no.2 (1973): 328-340.

忽视：一是P. 布里克曼（1977）探究了社会比较中的情感体验[1]，认为个体进行上行比较有可能获取潜在的信息，但也可能对个体自身产生威胁。出于这个原因，那些受到威胁的个体倾向于避免上行比较，而是寻求与其他被认为更糟糕的个体进行比较（下行比较）；二是T. A. 威尔斯（1981）[2]，其认为正在经历幸福感下降的个体通常会将自己与被认为更糟的其他人进行比较，以努力改善他们的幸福感，尤其是在无法采取工具性行动的情况下；三是谢利·E.泰勒（1983）等[3]对患有乳腺癌的女性及其丈夫进行的研究发现，乳腺癌患者倾向于与比自己病情更严重的其他患者进行比较，以获得自己病情没有那么糟糕的情形，再次为下行比较提供了样本证据。但也有一些研究表明，当个体面临某种威胁时，进行下行比较的负面影响更大[4]。

### 四、建构性社会比较理论与选择通达理论

当个体进行平行比较、上行比较以及下行比较时，均是与现实中的他人进行比较。G. R. 格塔尔斯（1991）等[5]提出的建构性社会比较（constructive social comparison，CSC）理论认为，比较个体可能并不是以实际存在的其他个体为参照进行比较，而是构想出一个虚拟的其他个体及其行为进行比较。通过建构性比较而获得的自我产生式的比较信息可能会优于通过现实比较而产生的信息。选择通达理论

---

① Brickman P. and Bulman R. J., "Pleasure and Pain in Social Comparison.," (DC: Hemisphere, 1977), pp.149-186.

② Wills T. A., "Downward Comparison Principles in Social Psychology," *Psychological Bulletin* 90(1981): 245-271.

③ Taylor S. E., Wood J. V., and Lichtman R. R., "It Could Be Worse: Selective Evaluation as a Response to Victimization," *Journal of Social Issues* 39(1983): 19-40.

④ Buunk B. P., Ybema J. F., Gibbons F. X., and Ipenburg M. L., "The Affective Consequences of Social Comparison as Related to Professional Burnout and Social Comparison Orientation," *European Journal of Social Psychology* 31(2001): 337-351.

⑤ Goethals G. R., Messick D. M., and Allison, S. T., "The uniqueness bias: Studies of constructive social comparison," in *The Social comparison: Contemporary theory and research*, Suls J. &Wills T. A.(Eds.), (Lawrence Erlbaum Associates Inc, 1991), pp.149-176.

（selective accessible theory，SAT）对社会比较过程中个体的内部心理
过程进行展示，当个体面对外在环境提供的潜在社会比较信息时，会
首先在自我与比较目标之间快速进行有关相似性的判断①。如果最初
的评估结果表明目标与标准是相似（不相似）的，个体会进行相似性
检验（相异性检验），使与标准相似（相异）的知识成为通达的，评
价结果与标准会导致同化效应（对比效应）。所谓对比效应是指个体
面对社会比较信息时，其自我评价水平背离比较目标的现象，即个体
面对上行比较信息时会降低其自我评价水平，或面对下行比较信息时
会提升其自我评价水平。同化效应是指当个体面对社会比较信息时，
其自我评价水平朝向比较目标的现象，即个体面对上行比较信息时会
提升其自我评价水平，或面对下行比较信息时会降低其自我评价
水平②。

## 第三节
## 理论所提构念的操纵和测量

### 一、社会比较的操纵

社会比较的操纵方式一般采用情境启动。如在郑晓莹和彭泗清等
（2014）的研究中，要求上行比较组（vs.下行比较组）的参与者将自己
上一学年的GPA（绩点）与同专业同年级的排名第一（vs.排名最后）
的学生进行比较。另外，实验通过画一个坐标轴用以代表年级不同学
生在整个年级的成绩排名位置来强化比较的效果，坐标轴下面依次标
出对应的百分比。百分比越大代表排名越靠后，坐标轴最右端1%代表

---

① Mussweiler T., "Comparison Processes in Social Judgment: Mechanisms and Consequences,"*Psychological Review110*,no.3（2003）：472-489.

② Blanton H., *Evaluating the Self in the Context of Another: The Three-Selves Model of Social Comparison Assimilation and Contrast*（Psychology Press,2013），pp79-91.

第一名所在的位置，最左端100%代表最后一名所在的位置。要求上行比较组（vs.下行比较组）的参与者将自己的排名与第一名（vs.最后一名）进行比较，并标出自己所处排名的位置。

社会比较的维度除了学业成绩外，还涉及其他方面。如宫秀双等（2020）①借鉴了A. E. 施洛瑟（2016）等②的研究设计，采用"人物描述任务"对社会比较（上行vs.下行）进行操纵。要求上行比较组（vs.下行比较组）的参与者需要从自己认识的人里列举出三个人，这三个人目前的处境或现状都比自己更好、更优越（vs.更差、更恶劣），并将这三个人姓名的首字母写下来。随后，参与者需要从自己列举的三个人中选出一人，并且尽可能详细地描述此人的现状如何比自己更好、更优越（vs.更差、更恶劣）。最后，要求参与者在测量表上完成社会比较的操纵检验测项，并勾选进行社会比较的维度。此种操纵方式的好处是可以全面了解个体日常生活中开展社会比较的维度。

## 二、社会比较的测量

社会比较的测量工具种类颇多，其中最具代表性的为F. X. 吉本斯（1999）③编制的社会比较倾向量表（the iowa netherlands comparison orientation measure，INCOM）。该量表包括11个条目，分为2个维度，其中"能力"维度6个条目，"观点"维度5个条目（见表8-1）。国内学者王明姬等（2006）在INCOM量表的基础上进行了本土化的修订，修订后的量表仍然包括能力和观点两个维度，但研究者将原量表中"我从不将我的人生际遇与他人相比"这一条目从"观点"因子转到了"能力"因子。

---

① 宫秀双、张红红：《别人家的孩子vs.平庸的自己:社会比较对独特性寻求行为的影响》，《心理学报》2020年第5期，第645—657页。

② Schlosser A. E. and Levy E.，"Helping Others or Oneself: How Direction of Comparison Affects Prosocial Behavior，"*Journal of Consumer Psychology* 26，no.4(2016): 461—473.

③ Gibbons F. X. and Buunk B. P.，"Individual Differences in Social Comparison: Development of A Scale of Social Comparison Orientation，"*Journal of Personality and Social Psychology* 76，no.1(1999): 129.

表8-1　社会比较倾向量表

| 维度 | 条目（5点评分，1=非常不同意，5=非常同意） |
|---|---|
| 能力<br>abilities | 1.我经常将我所爱的人（男/女朋友、家庭成员等）与其他人的表现进行比较。<br>I often compare how my loved ones（boy or girlfriend，family members，etc.）are doing with how others are doing. |
| | 2.与别人做事的方式相比，我总是很注重自己做事的方式。<br>I always pay a lot of attention to how I do things compared with how others do things. |
| | 3.如果我想知道我做事情有多好，我就把我做的事情和别人做的事情进行比较。<br>If I want to find out how well I have done something，I compare what I have done with how others have done. |
| | 4.我经常与其他人比较我在社交方面的表现。<br>I often compare how I am doing socially（e.g.，social skills，popularity）with other people. |
| | 5.我不是那种经常和别人比较的人。（R）<br>I am not the type of person who compares often with others.（reversed） |
| | 6.我经常把自己和别人在生活中所取得的成就进行比较。<br>I often compare myself with others with respect to what I have accomplished in life. |
| 观点<br>opinions | 7.我经常喜欢和别人谈论彼此的观点和经历。<br>I often like to talk with others about mutual opinions and experiences. |
| | 8.我经常试图了解和我一样问题的人的想法。<br>I often try to find out what others think who face similar problems as I face. |
| | 9.我总是想知道别人在类似的情况下会怎么做。<br>I always like to know what others in a similar situation would do. |
| | 10.如果我想更多了解某件事，我会试着去了解别人对它的看法。<br>If I want to learn more about something，I try to find out what others think about it. |
| | 11.我从来不把自己的生活处境同别人的生活处境做比较。（R）<br>I never consider my situation in life relative to that of other people.（reversed） |

注：（R）表示反向计分的题。

# 第四节
# 理论在CB研究中的应用

## 一、社会比较影响消费者的心理

总体上，个体与更差、更劣势的他人比较（即下行比较）会提升个体的自我评价与自我满意度，而与更优秀的他人比较（即上行比较）会降低个体的自我评价水平，对个体心理产生消极影响[1][2]。相关研究发现，上行比较会导致反刍、妒忌以及抑郁[3]等消极心理。同时，上行比较也会对个体的自我概念产生威胁、降低自尊，并导致消极的自我评价[4]。面对上行比较的威胁，个体会通过疏远更加优秀的比较对象[5]、降低比较维度对自己的重要性，以及夸大自己无法超越的比较对象等直接策略予以应对[6]。

---

① 邢淑芬、俞国良：《社会比较研究的现状与发展趋势》，《心理科学进展》2005年第1期，第78-84页。

② Collins R. L., "For Better or Worse: The Impact of Upward Social Comparison on Self-Evaluations," *Psychological Bulletin* 119, No.1(1996): 51-69.

③ Appel H., Crusius J., and Gerlach A. L., "Social Comparison, Envy, and Depression on Facebook: A Study Looking at the Effects of High Comparison Standards on Depressed Individuals," *Journal of Social and Clinical Psychology* 34, no.4(2015): 277-289.

④ 韩晓燕、迟毓凯：《自发社会比较中的威胁效应及自我平衡策略》，《心理学报》2012年第12期，第278-285页。

⑤ Pleban R. and Tesser A., "The Effects of Relevance and Quality of Another's Performance on Interpersonal Closeness," *Social Psychology Quarterly* 44, no.3(1981): 278-285.

⑥ Alicke M. D., LoSchiavo F. M., Zerbst J., and Zhang S., "The Person Who out Performs Me Is a Genius: Maintaining Perceived Competence in Upward Social Comparison," *Journal of Personality and Social Psychology* 73, no.4(1997): 781-789.

## 二、社会比较影响消费者的亲社会行为

社会比较的方向会对个体的亲社会行为产生影响。具体而言，为了对自己进行评估，个人经常将自己的当前位置与某个基准进行比较。这种比较可以在方向上变化，如表明一个人比基准做得更好（下行比较）或比基准做得更差（上行比较）。与那些上行比较的人相比，那些相对富裕的人更有可能把给予视为表达利他价值的一种方式（如回报社会，做一个更好的人）[①]。这也就说明，与上行比较相比，当情境强调捐赠如何使他人受益时，下行比较中的个体更有可能捐赠。此外，作者还发现，当情境强调给予对自身有益的作用时，这种差异就会减弱，而当给予对他人有益的作用受到挑战时，这种差异就会发生逆转。

## 三、社会比较引发消费者的补偿性消费行为

人们普遍有着获取自我评价的内驱力，当客观的评价标准不可得时，就会转向与他人比较。在无任何比较的情形下，人们在自我评价中普遍存在优于平均值效应。下行比较也能够让个体感知到自己确实比他人更好、更优越，由此印证个体持有的优于平均值自我评价偏差，使得个体更加确信自己是独特的；然而，上行比较会打破这一自我评价偏差，使个体意识到自身表现并不高于平均水平，从而向下调整自我评价，进而引发后续的补偿性消费行为。郑晓等（2014）认为，上行比较会给个体带来心理威胁（如无能感等），为了应对这种心理威胁，个体倾向于选择炫耀性消费作为心理补偿。与之类似，宫秀双等（2020）通过5个实验证明上行比较对独特性寻求行为的正向影响，并且揭示该效应产生的根本驱动因素在于上行比较降低了而非下行比较提升了个体的自我独特性感知，从而导致个体出于补偿的动机产生更高的独特性寻求行为倾向。

---

① Schlosser A. E. and Levy E., "Helping Others or Oneself: How Direction of Comparison Affects Prosocial Behavior," *Journal of Consumer Psychology* 26, no.4, (2016): 461–473.

## 第五节
## 理论在CB研究中的未来展望

### 一、社会比较与反享乐主义偏好

社会地位是指个体或群体在社会系统中所处的位置，反映个体与社会整体的关系以及个体在社会整体关系中的社会身份。不同的社会地位代表着不同的社会威望和荣誉，也代表着不同的财产、权力和社会资源的拥有情况。个体在社会上的地位会受到多种因素的影响，比如智力、教育、财富、权威、职业等。当个体进行上行比较时，会产生消极的自我评价，进而获得较低的社会地位感知。与寻求快乐，避免痛苦的享乐主义相对，反享乐消费（counterhedonic consumption）是指为唤起恐惧和焦虑等负面情绪的体验或产品消费。当个体在低社会地位的情境下，享乐性产品会引起个体愧疚的心理，反而享乐性产品体验反而与其心境相匹配。因此，上行比较（vs. 下行比较）会降低个体的社会地位感知，进而提升其对反享乐性产品体验的消费偏好，全新开始的心态在其中起调节作用。

### 二、社会比较与自我提升动机

费斯廷格（1954）认为社会比较是人类机体中存在的一种评价自己观点和能力的驱动。个体会将情绪、健康等诸多方面将自己与他人进行对比，从而获得对自身的全面了解[①]。以往的研究表明，在无任何比较的情况下，个体普遍感觉自我良好，甚至自我评价还普遍存在着优于平均值效应，即对自己在多个维度上的表现比大多数人更好、更

---

① Chou H. T. G. and Edge N., "They Are Happier and Having Better Lives than I Am": The Impact of Using Facebook on Perceptions oof Others' Lives," *Cyberpsychology*, *Behavior*, *and Social Networking* 15, no.2(2012): 117–121.

优越的感知①，但与比自己更强的人比较会将这一自我评价偏差打破。上行比较（vs.下行比较）会使个体产生自我威胁，基于补偿性动机，个体会倾向于选择自我提升类产品。

### 三、社会比较与幸运消费

人们每天都会接触到各种关于他人的成功、失败、特质和生活方式等方面的信息，在目睹别人的成功后，很多时候个体会自主将其映射到自己身上进行比较，因此，社会比较是一种个体自发的、无意识的、不需要主观努力的行为。以往研究显示，上行比较会给个体带来诸多负面影响，包括情绪层面（如自卑、嫉妒、抑郁等）和认知层面（如控制感受威胁、自我效能感低）。我们推测，人们在上行比较后还可能增加其反事实思维的概率，反事实思维是人们基于对理想结果的追求和敏感性，将已发生的既定事实与可能的理想化结果进行替换后心理模拟的过程。上行社会比较后的反事实思维是让个体假设自己在有利的位置或结果下的具体情况，容易将其当下境遇归因为自己运势差。因此，未来可以进一步探讨上行社会比较后消费者是否为了感知幸运而进行幸运消费行为。

---

① Alicke M. and Govorlin O., "The better-than-average effect, " in *The self in social judgment*, Alicke M. D., Dunning D. A., Krueger J.(Eds.), (New York：The Psychology Press, 2005), pp. 85-106.

第九章

---

## 资源稀缺理论

---

塞德希尔·穆莱纳坦（Sendhil Mullainathan），哈佛大学终身教授、哈佛大学经济学重要领头人。主要研究领域为应用微观经济学、行为科学、机器学习。

## 第一节
## 理论起源和观点

### 一、理论起源

塞德希尔·穆莱纳坦等人关于稀缺的研究来源于其对贫穷和忙碌等问题的探讨。A. K. 沙（2012）[①]就稀缺问题展开研究，利用实验室研究发现"稀缺"问题会潜移默化地占用个体的注意力，通过实验条件创造出的"穷人"或"忙碌的人"，都会因为过度专注于稀缺资源问题而削弱

---

① Shah A. K., Mullainathan S., and Shafir E., "Some Consequences of Having Too Little," *Science* 338, no.6107(2012): 682–685.

了在其他任务上的认知判断力，无法做出科学理性的决策。2013年，穆莱纳坦等在其合著的《稀缺》一书中首次提出了稀缺理论（scarcity theory），认为稀缺是一种"拥有"少于"需要"的感觉。他们将经济学概念"稀缺"界定为一个心理问题，而不仅仅是资源问题，并利用心理学的实证研究揭示了稀缺是如何对人类造成影响的。这一理论可以用于解释各式各样的社会现象和人们的行为方式。

**二、理论主要观点**

稀缺理论的核心观点为：稀缺使个体对某些信息产生注意偏向，因个体需要集中精力解决稀缺问题，所以潜意识中对稀缺资源的相关信息尤为敏感。由于注意力集中于所缺的资源上，个体接下来要执行其他任务的认知、执行能力便会受到认知资源不足的影响，认知差异最终可能导致个体做出不合理决策，使个体无法摆脱稀缺困境。

# 第二节
## 理论深化和推进

穆莱纳坦在他所著的《稀缺》一书中指出，稀缺对人类大脑的影响存在于潜意识之中，无论我们是否愿意，它都会牢牢地俘获我们的注意力。稀缺对我们注意力的俘获，不仅会影响我们的所见和所见的速度，而且也会影响我们对周遭世界的认识。稀缺实质上就是一种心态，当它俘获我们的注意力时，就会改变我们的思维方式，影响我们的决策和行为方式，即稀缺会减弱我们的认知能力，降低我们的执行控制力，使我们产生权衡式决策思维。稀缺理论提出以来就引起了学术界各个研究领域的广泛关注，整体来看，学者们对资源稀缺理论的深化和推进主要体现为稀缺的双刃剑效应。

## 一、积极效应

一部分学者认为，资源稀缺可以给个体带来"专注红利"（focus dividend）。如稀缺可以引发个体的注意偏向，促使个体产生珍惜性行为以及创造性行为等积极影响。在资源稀缺条件下，个体会集中注意力思考，应对当前的资源匮乏问题，而忽视与其无关的因素，进而使稀缺资源发挥最大价值。如 A. K. 沙（2012）的一项让参与者用弹弓射击华夫饼的实验表明，那些拥有射击次数较少的参与者比拥有射击次数较多的参与者在射击前的瞄准用时更多，但投射得更加精准。这说明射击机会的匮乏能使个体集中注意力于射击任务，忽视无关影响因素以获得更大的射击准度。穆莱纳坦等（2013）的另一项研究也表明，资源稀缺的玩家在虚构的认知游戏中更为专注，并因此获得更高的分数。此外，资源稀缺可以增加个体的珍惜行为以及创造性行为。消费者在时间稀缺的情况下会要求更高的时间工资率，有趣的是想象时间稀缺能给人带来更大的快乐体验，增加个体的幸福感[1]。该研究是针对大学四年级的毕业生展开的追踪研究，在时间稀缺组的学生需要不断想象自己将要在一个月之后离开，而时间充裕组的学生只需要列出他们每周所做过的活动，并不会使他们产生时间紧迫的感觉。一个月的追踪研究发现，稀缺组的参与者报告的主观幸福感比时间富裕组的学生更高。这是因为在时间稀缺条件下，个体会对剩余时光更加珍惜，充分利用时间去做更加积极的事情。突出稀缺激活了一种约束思维，这种思维持续存在，并通过在后续产品使用环境中减少功能固着表现出来（即使消费者超越给定产品的传统功能进行思考），从而增强了产品

---

[1] Layous K., Kurtz J., Chancellor J., and Lyubomirsky S., "Reframing the Ordinary: Imagining Time as Scarce Increases Well-Being," *The Journal of Positive Psychology* 13, no.3 (2018): 301–308.

使用的创造力[①]。

## 二、消极效应

资源稀缺不仅可以给个体带来积极影响，还可以给个体带来"管窥负担"（tunneling tax）。如稀缺会导致个体的认知、执行功能降低，引发个体产生补偿性行为、攻击性行为等消极影响。由于稀缺问题侵占个体大量的认知资源，人们不得不专注于眼前最急迫的事情，无法将认知资源自由地分配到其他任务中，这使得个体执行其他任务的认知功能和执行功能下降。金钱稀缺使个体将金钱置于首位而罔顾金钱获取渠道的合理性和合法性，进而产生盗窃、冲突等反社会行为[②]。另外，在金钱资源稀缺背景下，如果出现能够节省金钱的信息，消费者就会对其过分关注，从而忽略其他信息[③]。这也解释了消费前资源稀缺为何会使消费者忽视重要信息，甚至改变其原有目标。不仅如此，资源稀缺可以增加个体的补偿性行为以及攻击性行为。处于经济危机威胁下的个体会倾向于消耗高热量的食物，借此补偿金钱缺乏带来的威胁[④]。

---

① Mehta R. and Zhu M., "Creating when You Have Less: The Impact of Resource Scarcity on Product Use Creativity," *Journal of Consumer Research* 42, no.5(2016):767-782.

② Prediger S., Vollan B., and Herrmann B., "Resource Scarcity and Antisocial Behavior," *Journal of Public Economics* 119, no.C(2014): 1-9.

③ Mittal C. and Griskevicius V., "Silver Spoons and Platinum Plans: How Childhood Environment Affects Adult Health Care Decisions," *Journal of Consumer Research* 43, no. 4 (2016): 636-656.

④ Laran J. and Salerno A., "Life-History Strategy, Food Choice, and Caloric Consumption," *Psychological Science* 24, no.2(2013): 167-173.

## 第三节
## 理论所提构念的操纵和测量

### 一、资源稀缺的操纵

资源稀缺会受到资源客观状态与资源主观状态的共同影响。根据这两类影响因素，资源稀缺的操纵方式可大致分为两类。

第一类，聚焦于客观资源操纵，旨在通过控制或唤醒资源的实际缺乏使参与者感知到资源稀缺。遵循这一操纵方式的研究又可分为实验控制型操纵、环境暗示型操纵及个体特质型操纵。其中，实验控制型操纵依托精细的实验设计，将资源使用与因变量指标的测量巧妙结合，而且方便搭载眼动、功能性脑成像等实验仪器。例如，通过在实验中操纵完成实验任务所需的"子弹"数量来对资源稀缺水平进行分类。环境暗示型操纵则将资源稀缺操纵与因变量测量分离，通过利用信息、杂志、图片等载体向参与者呈现世界自然资源的客观不足来操纵资源稀缺。该操纵方式简单便捷，但一般仅在经济萧条、绿色消费等特定背景下的研究中使用[1]。个体特质型操纵则指研究者直接将贫困群体、长期饥饿群体等类型的群体作为参与者，利用参与者的特质型资源水平完成对资源稀缺的操纵[2]。

第二类，聚焦于主观感受操纵，旨在令参与者通过想象、回忆等方式体验资源稀缺。这一操纵方式又可分为社会比较型操纵和稀缺唤醒型操纵。社会比较型操纵的特点是令参与者与他人进行比较，这在金钱资源稀缺相关变量（如财务约束、经济剥夺）的研究中被广泛使

① Netchaeva E. and Rees M., "Strategically Stunning: The Professional Motivations Behind the Lipstick Effect," *Psychological Science* 27, no.8(2016): 1157–1168.

② Mullainathan S. and Shafir E., *Scarcity: Why Having Too Little Means so Much* (Macmillan, 2013), p.50.

用。研究者通常会通过创设情境写作任务，令参与者描述比同辈财务状况更差（好）的情形与感受，并以此操纵资源稀缺水平[1]。而稀缺唤醒型操纵在笼统的以资源稀缺为主题（并不区分具体稀缺资源类型）的研究中被广泛使用，研究者往往通过写作任务、想象、回忆等方式唤醒参与者的资源稀缺感[2][3]。

## 二、资源稀缺的测量

资源稀缺的测量方式可以大致分为两种。第一种，用量表测量参与者的客观资源指标。例如，研究者会通过询问参与者家庭收入等指标来进行测量[4]，也可以请参与者填写"家庭资源量表"等自我报告量表来测量其资源稀缺程度[5]。这些测量方式一般适用于长期暴露于资源稀缺状态的对象。第二种，采用C. 罗克斯（2015）[6]编制的感知稀缺量表直接测量主观感受。这类测量方式更适用于测量暂时处于资源稀缺状态的对象。各类操纵方式与测量方式均有其所长，研究者们通常根据自身的研究内容灵活调整，选择适合的方式操纵和测量资源稀缺。表9-1总结了资源稀缺的操纵及测量方式：

---

① Sharma E. and Alter A. L., "Financial Deprivation Prompts Consumers to Seek Scarce Goods," *Journal of Consumer Research* 39, no.3(2012): 545–560.

② Briers B. and Laporte S., "A Wallet Full of Calories: The Effect of Financial Dissatisfaction on the Desire for Food Energy," *Journal of Marketing Research* 50, no. 6 (2013):767–781.

③ Park H., Lalwani A. K., and Silvera D. H., "The Impact of Resource Scarcity on Price-Quality Judgments," *Journal of Consumer Research* 46, no.6(2020): 1110–1124.

④ Hill R. P., "Does Research on Scarcity Apply to Impoverished Consumers," *Journal of the Association for Consumer Research* 5, no.4(2020): 439–443.

⑤ Mittal C., Laran J., and Griskevicius V., "How Early-Life Resource Scarcity Influences Self-Confidence and Task Completion Judgments," *Journal of the Association for Consumer Research* 5, no.4(2020): 404–414.

⑥ Roux C., Goldsmith K., and Bonezzi A., "On the Psychology of Scarcity: When Reminders of Resource Scarcity Promote Selfish(and Generous) Behavior," *Journal of Consumer Research* 42, no.4(2015): 615–631.

表9-1　资源稀缺的操纵及测量方式

| | 具体类型 | 具体操纵方式 | 测量方式 |
|---|---|---|---|
| 客观资源操纵型 | 个体特质型 | 将贫困群体、长期饥饿群体等类型的群体直接作为被试者 | 家庭经济收入/家庭资源量表 |
| | 实验控制型 | 以实验程序操纵完成任务所需的资源总量 | 感知稀缺量表/财务满意度量表 |
| | 环境暗示型 | 通过信息、杂志、图片等载体暗示资源不足 | |
| 主观感受操纵型 | 社会比较型 | 令被试者与资源水平较高的同辈进行社会比较 | |
| | 稀缺唤醒型 | 令被试者回忆自己的稀缺经历、撰写成长过程中涉及资源的文章，或想象自己生活在资源稀缺的环境中 | |

# 第四节
# 理论在CB研究中的应用

资源稀缺是一种真实存在或者消费者感知到的已拥有资源少于需求资源的主观感受，会对消费者行为产生影响。通过对以往的研究进行系统梳理，发现资源稀缺对消费者行为的影响可以归纳为个体心理与个体行为两个方面。

## 一、资源稀缺对消费者心理的影响

（一）影响产品价值感知

资源稀缺会对个体的价值感知产生重要影响。具体而言，当产品越稀缺时，消费者所感受到的产品价值越高。任何商品的价值都取决于产品的可获得性[1]。吴等（2012）的一项研究也证实了上述结

---

[1] Brock T. C., "Implications of Commodity Theory for Value Change," in *The Psychological Foundations of Attitudes*, ed. Time Page（Academic Press, 1968）, pp. 243-275.

论[1]，在该研究中作者引导参与者想象一个日常购物情境，在稀缺组突出商品的限量版特点，在控制组则突出商品库存充足的特点。研究结果表明，稀缺组的参与者对产品的价值感知显著高于控制组。然而也有研究发现，产品稀缺不一定会影响消费者对产品的价值感知，这取决于消费者自身的信息处理能力。信息处理能力强的消费者很难产生产品稀缺感知，因此，这类消费者对产品的价值感知在稀缺和不稀缺时相似。相反，信息处理能力弱的消费者会产生很强的产品稀缺感，从而对产品的价值感知更高[2]。

（二）影响竞争感知

资源稀缺除了影响个体价值感知外，还会影响个体的竞争感知。学者们常通过词汇判断任务（lexical decision task）来测量参与者的竞争感知。例如，罗克斯等（2015）发现，启动参与者的产品稀缺感会增加参与者感知到的竞争。在他们的实验中，被随机分配到稀缺组和控制组的参与者需要完成一项词汇判断任务，该任务包含 10 个与竞争相关的词汇、10 个中性词汇，以及 30 个不是词汇的字母序列。研究人员用识别词汇的速度来测量参与者的竞争感知，结果发现，产品稀缺组的参与者识别竞争有关词汇的速度显著快于控制组，即稀缺感会增加消费者对竞争的感知。与此相类似的是，在产品稀缺对消费者攻击行为的一项研究中也发现，当消费者面临产品稀缺的情境时会将其余的消费者作为自己的竞争对手[3]。

（三）影响安全感知

资源稀缺影响个体的安全感知。研究人员发现，金钱稀缺会增加

① Wu W. Y., Lu H. Y., Wu Y. Y., and Fu C. S., "The Effects of Product Scarcity and Consumers' Need for Uniqueness on Purchase Intention," *International Journal of Consumer Studies* 36, no.3(2012): 263–274.

② Inman J. J., Peter A. C., and Raghubir P., "Framing the Deal: The Role of Restrictions in Accentuating Deal Value," *Journal of Consumer Research* 24, no.1(1997): 68–79.

③ Kristofferson K., McFerran B., Morales A. C., and Dahl D. W., "The Dark Side of Scarcity Promotions: How Exposure to Limited-Quantity Promotions Can Induce Aggression," *Journal of Consumer Research* 43, no.5(2017): 683–706.

消费者的不安全感。樊亚凤等（2017）①将参与者随机分配至有财务约束组和无财务约束组，随后测量了参与者的安全感知。他们发现，与处于无财务约束组的参与者相比，处于财务约束组的参与者表现出更高的不安全感，更不愿意进行多样化寻求。

（四）消费者情绪

资源稀缺还会对个体的情绪产生影响。首先，食物稀缺会导致个体产生不耐烦情绪。在 D. 瑞德（D. Read，1998）的实验中，首先通过操纵参与者回答问题的时间操纵了参与者的饥饿状态，然后要求参与者在两种方案中间做出选择：一周后吃 vs. 立即选择吃②。结果发现，处于饥饿状态下的消费者选择立即吃的比例显著高于选择一周后吃的比例，即没有耐心等待随后吃。其次，金钱稀缺会使消费者产生不愉悦的情绪。例如，消费者在金钱剥夺的情况下会选择稀缺的产品，因为消费者需要通过选择稀缺商品来消除金钱剥夺带来的不愉悦情绪③。此外，当消费者的稀缺诉求得不到满足时，可能会引发消费者的愤怒情绪，进而使消费者产生产品转换意图④。

## 二、资源稀缺对消费者行为的影响

资源稀缺会引发消费者对范围营销的偏好⑤。通过提醒消费者资源

① 梁淑静：《稀缺效应：稀缺感知对个体冒险行为与风险决策的影响》，博士学位论文，西南交通大学，2020，第 55 页。

② Read D. and Van Leeuwen B., "Predicting Hunger: The Effects of Appetite and Delay on Choice," *Organizational Behavior and Human Decision Processes* 76, no.2 (1998): 189–205.

③ Read D. and Van Leeuwen B., "Predicting Hunger: The Effects of Appetite and Delay on Choice," *Organizational Behavior and Human Decision Processes* 76, no.2 (1998): 189–205.

④ Biraglia A., Usrey B., and Ulqinaku A., "The Downside of Scarcity: Scarcity Appeals Can Trigger Consumer Anger and Brand Switching Intentions," *Psychology & Marketing* 38, no.8 (2021): 1314–1322.

⑤ Fan L., Li X., and Jiang Y., "Room for Opportunity: Resource Scarcity Increases Attractiveness of Range Marketing Offers," *Journal of Consumer Research* 46, no.1 (2019): 82–98.

稀缺会诱发消费者的促销导向，从而增加消费者对范围营销产品的好感度，并且这种效应随着出价范围的增大会变得更强。资源稀缺还会激发消费者的控制欲，进而促使消费者偏好选择幸运产品（如产品上印有幸运数字等）①，基于补偿性动机会增加对怀旧产品的偏好。有研究记录了童年资源稀缺对成人感官偏好的新影响。研究结果表明，童年资源稀缺的个体在成年期表现出对明亮刺激的偏好。这种效应的潜在机制是个体对光明的渴望②。不仅如此，杨等（2022）表明，资源稀缺会影响消费者反享乐消费的偏好，而控制感是这种效应的潜在驱动因素③。在产品使用方面，资源稀缺可以提升个体使用产品的创造力④。这是因为，突出稀缺激活了一种约束思维，这种思维持续存在，并通过在后续产品使用环境中减少功能固着表现出来（即，使消费者超越给定产品的传统功能进行思考），从而增强了产品使用的创造力。

（一）影响产品推断与评估

稀缺会降低消费者使用价格来判断产品质量的倾向⑤，因为稀缺会引发一种弥补不足和寻求富足的欲望，从而降低个体的总体分类倾向（因为分类会带来一种被减少的感觉），这反过来又妨碍了消费者将产品视为属于不同价格层次的群体，从而降低了他们以价格作为判断产品质量基础的倾向。徐等（2021）的研究表明，与受欢迎诉求相比，当产品呈现在稀缺诉求的环境中时，消费者对可持续产品的评价更负

---

① Wang L., Su X., and You Y., "Purchasing Luck: The Impact of Scarcity Cues on Superstitious Behavior," *Journal of Consumer Behaviour* 20, no.3(2021): 577-589.

② Wang W., Yi Y., Li J., Sun G., and Zhang M., "Lighting op the Dark: How the Scarcity of Childhood Resources Leads to Preferences for Bright Stimuli," *Journal of Business Research* 139, no.C(2022): 1155-1164.

③ Yang H. and Zhang K., "How Resource Scarcity Influences the Preference for Counterhedonic Consumption," *Journal of Consumer Research* 48, no.5(2022): 904-919.

④ Mehta R. and Zhu M., "Creating when You Have Less: The Impact of Resource Scarcity on Product Use Creativity," *Journal of Consumer Research* 42, no.5(2016): 767-782.

⑤ Park H., Lalwani A. K., and Silvera D. H., "The Impact of Resource Scarcity on Price-Quality Judgments," *Journal of Consumer Research* 46, no.6(2020): 1110-1124.

面①。类似，有研究发现消费者会将时间稀缺性理解为不便，进而稀释时间稀缺性的积极作用，降低其对产品的评价②。

（二）影响消费者购买与捐赠行为

资源稀缺对消费者的购买行为的影响相对复杂，一些研究发现，在新冠疫情的背景下资源稀缺会促使消费者产生冲动性购买行为③。但有研究显示，资源稀缺会对消费者的购买意愿产生负面影响。如由于新冠肺炎大流行，消费者对需求驱动的稀缺线索形成了一种新的推断：消费者认为稀缺的酒店业务不太安全④。这种新的稀缺–安全推断反过来会降低消费者的购买意愿和偏好。在捐赠意愿方面，以往的研究表明，消费者在资源稀缺信息的提示下会寻求为自己谋求福利，进而增加个体的自私行为，降低捐赠意愿。但也有研究指出，资源稀缺会激活竞争导向，也可以诱发个体的慷慨行为，提升消费者的捐赠意愿⑤。

（三）影响消费者合作与冒险行为

在面对资源稀缺的威胁时，一部分消费者会采取积极主动应对的策略，降低资源稀缺带来的威胁。修洪洁（2020）采用改编的"囚徒困境"游戏范式，通过实验验证了稀缺感知对个体合作行为的正向影

---

① Xu A. J., Schwarz N., and Wyer Jr R. S., "Hunger Promotes Acquisition of Nonfood Objects," *Proceedings of the National Academy of Sciences* 112, no.9(2015): 2688–2692.

② Lee S. Y. and Jung S., "Scarcity in Time as Inconvenience: The Role of Dispositional Reactance in Product Evaluation," *Social Behavior and Personality: An International Journal* 49, no.4(2021): 1–8.

③ Yuen Kum Fai, et al., "Social Determinants of Panic Buying Behavior Amidst COVID-19 Pandemic: The Role of Perceived Scarcity and Anticipated Regret," *Journal of Retailing and Consumer Services* 66, no.1(2022): 102948.

④ Li Y., Yao J., and Chen J., "The Negative Effect of Scarcity Cues on Consumer Purchase Decisions in the Hospitality Industry During the COVID-19 Pandemic," *International Journal of Hospitality Management* 94, no.11(2021): 102815.

⑤ Roux C., Goldsmith K., and Bonezzi A., "On the Psychology of Scarcity: When Reminders of Resource Scarcity Promote Selfish (and Generous) Behavior," *Journal of Consumer Research* 42, no.4(2015): 615–631.

响①。在饥饿状态下的个体之间虽然存在着竞争关系，但由于防御机制避免消耗太多资源而产生自我约束行为，从而更倾向于合作。此外，资源稀缺也会诱发个体的冒险行为。这是因为，资源稀缺降低了个体对环境的控制感，处于资源相对劣势的个体，会把冒险作为一种获取资源的手段，通过冒险的方式获取金钱等资源以弥补损失②。

## 第五节
## 理论在CB研究中的未来展望

### 一、开展资源稀缺影响消费者行为的元分析

资源稀缺是一种个体拥有的资源少于自身所需求资源的主观感受。它在人们的生活中广泛存在，如时间的稀缺、金钱的稀缺、食物的稀缺等。资源稀缺作为全球共同面临的突出问题，影响着个体的认知、情绪及行为等，受到了国内外学者的广泛关注③。然而，在消费者行为领域，各位学者关于资源稀缺的研究结论存在较多不一致之处。例如，一些研究发现，在新冠疫情下资源稀缺会促使消费者产生冲动性购买行为等④。另一些研究却发现，资源稀缺在新冠疫情期间内会对消费者

---

① 修洪洁：《稀缺感对个体合作行为的影响》，博士学位论文，曲阜师范大学，2020。

② Liang S., Ye D., and Liu Y., "The Effect of Perceived Scarcity: Experiencing Scarcity Increases Risk Taking," *The Journal of Psychology* 155, no.1(2021): 59–89.

③ 安薪如、刘楠、车敬上、王海侠、李爱梅：《资源稀缺对消费行为的双刃剑效应：研究框架与展望》，《外国经济与管理》2021年第10期，第103–119页。

④ Zhang J., Jiang N., Turner J. J., and Pahlevan Sharif S., "The Impact of Scarcity of Medical Protective Products on Chinese Consumers' Impulsive Purchasing During the COVID-19 Epidemic in China," *Sustainability* 13, no.17(2021): 1–14.

的购买意愿产生负面影响[1]。再如，一些研究发现，资源稀缺会促使消费者产生亲社会行为，如促进个体间的合作行为（修洪洁，2020）等。而另一些研究表明，资源稀缺会将个体的注意力集中在眼前最急迫的事情上，忽略其他信息而造成负面影响。如金钱稀缺的个体可能将金钱置于首位，而忽略法律法规，进而产生盗窃等反社会行为[2]。这些研究结果的异质性也给学者们的研究工作带来了一定的挑战：资源稀缺究竟会给消费者带来何种影响？以往研究为何会出现不一致的结论？

为了解决上述问题，可以通过元分析方法，探究资源稀缺对消费者行为（行为倾向 vs.实际行为）的影响，以及利用文献来源（学位论文 vs.期刊论文）、操纵方式（文字启动 vs.图片启动）、样本来源（学生vs.非学生）、研究方法（问卷调查 vs.实验室实验）的调节作用，尝试找出以往研究结论不一致的原因。

## 二、探究稀缺线索对消费者冲动购买行为的影响

"稀缺"一词最早来源于经济学领域，西方经济学理论认为，相对于人的需求，人类可以利用的物品和资源都是稀缺的，而人的欲望是无限的，因此，人类必须考虑如何使用有限的相对稀缺的生产资源来满足无限多样化的需要。如稀缺线索，特别是需求驱动的稀缺线索，是表明高服务需求和低服务可用性的信息[3]。消费者在决策过程中，通常会采用稀缺性线索来推断服务的受欢迎程度和质量。如消费者更喜欢拥挤的餐馆而不是空的，因为他们认为拥挤的餐馆会提供更

---

① Li Y., Yao J., and Chen J., "The Negative Effect of Scarcity Cues on Consumer Purchase Decisions in the Hospitality Industry During the COVID-19 Pandemic, " *International Journal of Hospitality Management* 94, no.11(2021): 1-10.

② Prediger S., Vollan B., and Herrmann B., "Resource Scarcity and Antisocial Behavior," *Journal of Public Economics* 119, no.C(2014): 1-9.

③ Huang H., Liu S. Q., Kandampully J., and Bujisic M., "Consumer Responses to Scarcity Appeals in Online Booking," *Annals of Tourism Research* 80, no.C(2020): 1-4.

好的食物①。自我概念清晰性是指个体对自我概念认知的清晰度、确信度、内部一致性和稳定性②，它既可以是一种个体特质也可以通过情境启动。而稀缺线索反映了当前资源不足以满足个体的必要需求，可能会降低个体对自我概念认知的清晰性，进而引发个体的冲动性购买行为。

---

① Hellofs L. L. and Jacobson R., "Market Share and Customers'Perceptions of Quality: When Can Firms Grow Their Way to Higher Versus Lower Quality?"*Journal of Marketing* 63, no.1(1999): 16–21.

② Campbell J. D., "Self-Esteem and Clarity of the Self-Concept,"*Journal of Personality and Social Psychology* 59, no.3(1990): 538.

## 第 十 章

# 归属需求理论

罗伊·F.鲍迈斯特（Roy F. Baumeister），美国社会心理学家，主要研究领域为自我、社会排斥、归属感、性和性别差异、自我控制、自尊、自我否定行为、动机、攻击性、意识和自由意志。

## 第一节
## 理论起源和观点

### 一、理论起源

归属感动机的心理学历史由来已久，很多心理学家认识到人类需要成为群体和关系的一部分。西格蒙德·弗洛伊德（1930）认为对关系的渴望来自于人们的力比多（性力），或更多地与父母和孩子之间的联系有关[①]。亚伯拉罕·马斯洛的

---

[①] Freud Sigmund, *Civilization and Its Discontents* (Broadview Press, 1930), p.55.

动机层次理论把归属感的需求放在满足生理需求（如吃饱和睡足）和自尊的需求之间。这些早期的心理学家只认识到人类在努力成为关系的一部分，并没有把这种驱动力放在更高的意义上[①]。约翰·鲍尔比可能是第一个提出归属感是一种特殊需要的心理学家，也是最早对这种想法进行实验测试的人之一。最具影响力的归属需求理论是1995年由鲍迈斯特等提出的，他们的理论扩展了马斯洛的工作，认为当归属感的某些社会条件在一个或多个不同的背景下得到满足时，它可以塑造和指导由此产生的社会认知和行为结果。他们将满足归属感的需求与确保生存所需的必需品（如食物和住所）进行了比较[②]。

## 二、理论主要观点

归属需求理论有两个必要部分[③]：第一，人们需要与他人频繁地接触或互动。理想情况下，这些互动应该是积极的或令人愉快的，但最重要的是大多数人不受冲突和负面影响；第二，人们之间持续不断的关系是至关重要的。人们需要认识到存在一种以稳定的情感关注和可预见的未来为特征的人际关系。这些互动不能是随机的，而是应该作为稳定、持久的关系的一部分，在这种关系中，人们关心对方的长期健康和幸福。

---

① Maslow A. and Lewis K. J., "Maslow's Hierarchy of Needs," *Salenger Incorporated* 14, no. 17(1987): 987–990.

② Baumeister R. F. and Mark R. L., "The Need to Belong: Desire for Interpersonal Attachments as a Fundamental Human Motivation," *Interpersonal Development* 117, no. 3 (2017): 57–89.

③ Baumeister R. F. and Leary M. R., "The Need to Belong: Desire for Interpersonal Attachments as a Fundamental Human Motivation," *Psychological Bulletin* 117, no.3(1995): 497–529.

# 第二节
# 理论深化和推进

## 一、个体对归属感的即时反应

### （一）认知反应

对归属感的威胁应该导致对关系和社会联系的认知关注增加，通过消耗有限的认知资源，可能导致其他领域的加工受损[2]。对随机分配经历社会排斥或长期未满足归属感需求的个体进行的研究表明，未满足的归属感与对人际和社会事件的更好记忆、语音语调的更大注意和处理、识别面部情绪的更准确、理解他人想法和感受的更准确有关[1]。这些研究表明，归属感的威胁和长期得不到满足的归属感需求与对社会相关信息的更多关注和处理有关。

与此相关的是，当参与者的归属感受到虚假反馈的威胁，即他们将来会遭受孤独时，他们在各种复杂的认知任务上的表现得到了改善[2]。也就是说，归属感受到威胁的参与者似乎将认知能量集中在可以证明社会前景改善的任务上。此外，在回顾被拒绝的事件后，社会群体的突出性似乎会增加。在归属感受到威胁后，个体被证明会用群体相关的词来完成更多的单词片段，更快地识别出群体身份词，参照群体来描述自己，相比那些回忆身体疼痛或学业失败的参与者，回忆被

---

① Gardner W. L., Pickett C. L., Jefferis V., and Knowles M., "On the Outside Looking In: Loneliness and Social Monitoring,"*Personality and Social Psychology Bulletin* 31, no.11 (2005): 1549–1560.

② DeWall C. N., Baumeister R. F., and Vohs K. D., "Satiated with Belongingness? Effects of Acceptance, Rejection, and Task Framing on Self-Regulatory Performance," *Journal of Personality and Social Psychology* 95, no.6(2008): 1367–1382.

拒绝事件的个体认为自己所在群体更重要和有凝聚力[①]。通过收到孤独反馈或观看诱发孤独电影片段操纵归属感受威胁的参与者，比未收到孤独反馈或未观看诱发孤独电影片段的参与者，在描述宠物时有更多社会联系特征[②]。因此，缺乏归属感的人似乎会将非人类的代理人拟人化，也许是为了提供一个社会出口。

（二）情绪反应

鲍迈斯特（1995）认为，对归属感的威胁应该对情感产生深刻的影响，因为这种对社会关系的威胁意味着对生存的威胁[③]。许多研究评估了人们对归属感受到威胁时的情绪反应，但对于社会排斥时的消极情绪反应，证据不一。一些研究人员发现，那些归属感受到威胁的参与者对比那些归属感没有受到威胁的参与者，他们在情绪上没有差异[④]。然而，在许多研究中，已经发现归属感受到威胁对情绪反应的影响。例如，一些研究发现，被排斥的参与者有更高的负面情绪[⑤]，而也有研究发现，被排斥个体积极情绪水平较低[⑥]。

---

① Knowles M. L. and Gardner W. L., "Benefits of Membership: The Activation and Amplification of Group Identities in Response to Social Rejection," *Personality and Social Psychology Bulletin* 34, no.9(2008): 1200-1213.

② Epley N., Akalis S., Waytz A., and Cacioppo J. T., "Creating Social Connection Through Inferential Reproduction Loneliness and Perceived Agency in Gadgets, Gods, and Greyhounds," *Psychological Science* 19, no.2(2008): 114-120.

③ Baumeister R. F. and Leary M. R., "The Need to Belong: Desire for Interpersonal Attachments as a Fundamental Human Motivation," *Psychological Bulletin* 117, no.3(1995): 497-529.

④ DeWall C. N. and Baumeister R. F., "Alone But Feeling No Pain: Effects of Social Exclusion on Physical Pain Tolerance and Pain Threshold, Affective Forecasting, and Interpersonal Empathy," *Journal of Personality And Social Psychology* 91, no.1(2006): 1-15.

⑤ Blackhart G. C., Eckel L. A., and Tice D. M., "Salivary Cortisol in Response to Acute Social Rejection and Acceptance by Peers," Biological Psychology 75, no.3(2007): 267-276.

⑥ Van Beest I. and Williams K. D., "When Inclusion Costs and Ostracism Pays, Ostracism Still Hurts," *Journal of Personality and Social Psychology* 91, no.5(2006): 918-928.

### （三）行为反应

有学者提出，当人们的归属感受到威胁后最直接的行为表现是，被排斥的个体会寻求补偿性的联系[1]。然而，一些实证研究显示，归属感需求受到威胁的参与者会以反社会的方式回应他人，这似乎更有可能把人赶走，而不是创造联系的机会。特别是许多研究发现，对归属感威胁的行为反应表明，被排斥的参与者更有动机对排斥他们的人进行报复，而不是寻求与他人的联系[2]。例如，当参与者收到未来会孤独终老或者被他人拒绝的虚假反馈（vs.未来有稳定婚姻或不错的人际关系）后，会出现更多的攻击性行为，这不仅是对威胁他们归属感的人，还会对中立的人们都表现出负面评价[3]。

## 第三节
## 理论所提构念的测量

受访者以5分制表示每个条目对他们的真实程度（1=完全没有，2=少有，3=中等，4=非常，5=极度）。归属感需求量表（need to belong scale，NTBS）上得分高的表示自身非常希望被社会交往所接受，并对被排斥有强烈反应；而得分较低的则表示自身渴望较少的亲密关系。具体条目见表10-1：

---

① Baumeister R. F. and Leary M. R., "The Need to Belong: Desire for Interpersonal Attachments as a fundamental Human Motivation," *Psychological Bulletin* 117, no.3 (1995): 497-529.

② Leary M. R., Twenge J. M., and Quinlivan E., "Interpersonal Rejection as a Determinant of Anger and Aggression," *Personality and Social Psychology Review* 10, no.2 (2006): 111-132.

③ Twenge J. M., Baumeister R. F., Tice D. M., and Stucke T. S., "If You Can't Join Them, Beat Them: Effects of Social Exclusion on Aggressive Behavior," *Journal of Personality and Social Psychology* 81, no.6 (2001): 1058-1069.

表10-1　归属感需求量表[①]

| |
|---|
| 1.如果其他人不接受我,我不会让这件事困扰我。(R)<br>If other people don't seem to accept me, I don't let it bother me. |
| 2.我努力不做那些会让别人避开或拒绝我的事情。<br>I try hard not to do things that will make other people avoid or reject me. |
| 3.我很少担心别人是否关心我。(R)<br>I seldom worry about whether other people care about me. |
| 4.我需要感觉到,在需要的时候,我可以向人求助。<br>I need to feel that there are people I can turn to in times of need. |
| 5.我希望其他人能接受我。<br>I want other people to accept me. |
| 6.我不喜欢孤独。<br>I do not like being alone. |
| 7.与朋友长时间分开并不困扰我。(R)<br>Being apart from my friends for long periods of time does not bother me. (R) |
| 8.我有一种强烈的"归属感"。<br>I have a strong "need to belong." |
| 9.当我没被纳入其他人的计划中时,我感到非常困扰。<br>It bothers me a great deal when I am not included in other people's plans. |
| 10.当我觉得别人不接受我时,我的感情很容易受到伤害。<br>My feelings are easily hurt when I feel that others do not accept me. |

注：(R) 表示该项目是反向计分的。


# 第四节
## 理论在CB研究中的应用

作为社会性生物——人类有强烈的与他人建立联系、追求群体归属感的内驱力。当这种归属需求得不到满足时（如被他人拒绝或排

---

① Leary Mark R., et al., "Construct Validity of the Need to Belong Scale: Mapping the Nomological Network," *Journal of Personality Assessment* 95, no.6(2013): 610-624.

斥），直接的应对方式是通过积极与他人接触以重新建立联系，或遵从群体规范以被认可①；而另外一种间接的应对方式则是通过其他非社会性目标（如产品）重新建立归属感，消费就是实现该目标的一种重要途径和工具。

### 一、归属需求与怀旧偏好

有学者通过一系列研究证明，社会排斥会促使消费者策略性地从事能够帮助建立归属感的消费行为，例如，选择能够象征群体成员身份的产品②。在一个实验中，参与者被告知与其配对的"实验同伴"不能与他或她进行面对面的互动交流，原因是同伴看过视频之后不喜欢他或她，所以不愿意与他或她进行进一步交流（拒绝组），或者是同伴忘记了另外一个重要的约会（非拒绝组）。接下来，学者们让参与者在不同产品种类中进行选择，结果发现被拒绝组的消费者更愿意购买具有群体成员身份象征意义的产品，如带有学校标志的腕带。此外，怀旧的产品也可以满足人们的归属需要，因为怀旧的东西使人们感觉与过去，以及过去一起消费这些产品的重要他人重新建立了联系③。研究表明，被排斥的消费者确实更喜欢怀旧产品，如过去流行的电影、电视节目、食物或者汽车④。

---

① Maner J. K., DeWall C. N., Baumeister R. F., and Schaller M., "Does Social Exclusion Motivate Interpersonal Reconnection? Resolving The "Porcupine Problem", *Journal of Personality and Social Psychology* 92, no.1(2007): 42.

② Mead N. L., Baumeister R. F., Stillman T. F., Rawn C. D., and Vohs K. D., "Social Exclusion Causes People to Spend and Consume Strategically in the Service of Affiliation," *Journal of Consumer Research* 37, no.5(2011): 902-919.

③ Brown S., Kozinets R., and Sherry J., "Teaching old Brands New Tricks: Retro Branding and the Revival of Brand Meaning," *Journal of Marketing* 67, no.3(2003): 19-33.

④ 高晓倩、覃岳、高歌：《社会排斥对怀旧消费的影响机制研究——归属感需求的中介作用》，《牡丹江师范学院学报》(哲学社会科学版)2019年第3期，第95-101页。

## 二、归属需求与"真诚"品牌个性的偏好

被排斥的消费者更喜欢"真诚"的品牌，并且感觉与"真诚"的品牌有更紧密的品牌联系。因为品牌是消费者传递自我形象的重要工具，因此，品牌的特点一定程度上反映了消费者自身的特点[1]。真诚是促进建立良好的人际关系的重要特质，因此，被排斥的消费者希望表现自己是一个真诚的人，以重新建立社会联系感和归属感。

## 三、归属需求与柔软触感偏好

丁瑛等（2016）认为，在意归属感的个体在经历社会排斥后往往会更倾向于采取一定的策略以重建社会连结，寻求归属需求的满足，和对抗社会排斥引发的强烈的消极心理感受[2][3]。柔软触感的物体能够在很大程度上缓解人们归属感的缺失[4]，这对于缺乏安全感和归属感的个体更有吸引力[5]。因此，对于认为归属感重要的个体，相较于社会接纳，社会排斥会导致个体更偏好柔软触感的产品；反之，对于认为归属感不重要的个体，社会排斥则无法对其归属感造成强烈威胁，因此，不会影响个体对柔软触感产品的偏好。

---

[1] Min K. E, "When a Brand is A Sincere Friend: Compensatory Response to Social Exclusion"(PhD diss, Duke University, 2012).

[2] 丁瑛、宫秀双：《社会排斥对产品触觉信息偏好的影响及其作用机制》，《心理学报》2016年第10期，第1302-1313页。

[3] Williams K. D. and Nida S. A., "Ostracism: Consequences and Coping, "*Current Directions in Psychological Science* 20, no.2(2011): 71-75.

[4] MacDonald G. and Leary M. R., "Why Does Social Exclusion Hurt? The Relationship Between Social and Physical Pain, "*Psychological Bulletin* 131, no.2(2005): 202-223.

[5] Anisfeld E., Casper V., Nozyce M., and Cunningham N., "Does Infant Carrying Promote Attachment? An Experimental Study of the Effects of Increased Physical Contact on the Development of Attachment, "*Child Development* 61, no.5(1990): 1617-1627.

### 四、归属需求与拟人化产品偏好

刘尊礼等（2015）[1]认为与未受到排斥相比，受到排斥的消费者更倾向于购买拟人化产品。社会联系的缺失甚至能够改变人们看待无生命物体的方式，如对科技设备、私人纪念品或照片等，人们会表现出更多的依恋感[2]。赋予非人类物体以人格特征，在某种程度上可以满足人们对于归属感的寻求[3]。社会关系的威胁会促使人们寻求其替代物，如为应对孤独感，人们会更加依恋于电视角色[4]。从信息处理角度分析，人们受到社会排斥后，信息处理能力下降，使得人们对简单或熟悉的信息表现出更为快速的反应。另一方面，经历过社会排斥或害怕受到社会排斥威胁的消费者，倾向于寻求能够满足其归属需求的产品，原因在于产品不会对人类产生情感要求，同时也不会对人们的种种行为表现出拒绝与排斥。

### 五、归属需求与从众消费

越来越多的研究表明，排斥会增加人们建立新的社会关系的欲望。被排斥的人谨慎地渴望与他人一起工作和玩耍，他们倾向于以积极、

---

① 刘尊礼、余明阳：《社会排斥对拟人化产品购买的影响：类社会特征的中介效应》，《现代管理科学》2015年第7期，第97-99页。

② Epley N., Akalis S., Waytz A., and Cacioppo J. T., "Creating Social Connection Through Inferential Reproduction Loneliness and Perceived Agency in Gadgets, Gods, and Greyhounds," *Psychological Science* 19, no.2(2008): 114-120.

③ Kim S. and McGill A. L., "Gaming with Mr. Slot or Gaming the Slot Machine? Power, Anthropomorphism, And Risk Perception," *Journal of Consumer Research* 38, no.1(2011): 94-107.

④ Gaertner L., Iuzzini J., and Erin M. O' Mara, "When Rejection by one Fosters Aggression Against Many: Multiple-Victim Aggression as a Consequence of Social Rejection and Perceived Groupness," *Journal of Experimental Social Psychology* 44, no.4(2008): 958-970.

乐观的眼光看待新的社会联系①。拟态是一种增强人际关系融洽度的无意识行为模式②，在受到排斥后，对群体内成员的拟态会自动增加③。被排斥的个体比未被排斥的个体更容易遵从他人的意见④。之前的研究表明，归属需求符合许多动机中的普遍模式：当受挫时，人们会寻找新的方式来满足需求。先前的研究支持了这种理论，即对归属感的威胁会提高社会接纳的动机。这种归属感威胁对人们的消费和消费决策有非常具体的影响，即社会排斥导致人们在从属服务中策略性地消费⑤。

### 六、归属需求与女性外表消费倾向

社会排斥意味着个体与他人之间关系的断裂，直接威胁了个体的归属感需求。遭到社会排斥后个体会更想要建立社会联系。例如，在遭到社会排斥后，个体会对笑脸等象征社会接纳的信号表现出更高的选择性关注⑥。王紫薇和涂平将外表消费定义为可以提升个体外表吸引

① Leary M. R., Twenge J. M., and Quinlivan E., "Interpersonal Rejection as A Determinant of Anger and Aggression," *Personality and Social Psychology Review* 10, no. 2 (2006): 111-132.

② Chartrand Tanya L. and Bargh John A., "The Chameleon Effect: The Perception Behavior Link and Social Interaction," *Journal of Personality and Social Psychology* 76, no.6 (1999): 893.

③ Lakin J. L., Chartrand T. L., and Arkin R. M., "I Am Too Just Like You: Nonconscious Mimicry as an Automatic Behavioral Response to Social Exclusion," *Psychological Science* 19, no.8(2008): 816-822.

④ Williams K. D., Cheung C. K., and Choi W., "Cyberostracism: Effects of Being Ignored over the Internet," *Journal of Personality And Social Psychology* 79, no.5(2000): 748.

⑤ Mead N. L., Baumeister R. F., Stillman T. F., Rawn C. D., and Vohs K. D., "Social Exclusion Causes People to Spend and Consume Strategically in the Service of Affiliation," *Journal of Consumer Research* 37, no.5(2011): 902-919.

⑥ DeWall C. N., Maner J. K., and Rouby D. A., "Social Exclusion and Early-Stage Interpersonal Perception: Selective Attention to Signs of Acceptance," *Journal of Personalityand Social Psychology* 96, no.4(2009): 729.

力的消费，他们认为社会排斥会激发个体寻求社会联系和归属感的动机，而外表的吸引力可以有效提升个体的社会关注和社会接纳程度[①]。故而，人们会通过外表消费的方式应对社会排斥困境，以期提升自身吸引力和重建社会联系。而人们更容易用外表来评价女性[②]，因此，女性对于外表也更加看重，所以此效应主要体现在女性身上。

## 第五节
### 理论在CB研究中的未来展望

### 一、归属需求与宠物消费

依据归属感理论和已有相关研究，遭遇社会排斥的个体有动力建立新的关系联结，并在新的领域和方向缓解负面影响。其中一个方面就是进行宠物消费，现代社会中有很多家庭会选择豢养宠物，将动物视为家庭一员甚至是动物伴侣。宠物一般是个体为了精神目的豢养并为之消费的。虽然豢养宠物需要在日常生活中对其进行照料和互动，要投入大量的时间、精力和金钱；但是对于养宠物的人来说也收获了来自宠物的温暖、爱和依恋感，从而对养宠物者这一身份产生群体归属感，并在群体交流中进一步巩固其身份认同。归属感需要可能使原本豢养宠物的消费者在宠物方面的消费激增，也可能使原本没有宠物的消费者临时购买宠物食物、用品（为流浪动物消费）等，作为一种应对排斥重获归属感的方式。因此，未来可以继续探讨归属感与临时宠物消费，或者支持流浪动物保护的品牌之间的关系。

---

① 王紫薇、涂平：《寂寞让人如此美丽——社会排斥对女性外表消费的促进作用》，《营销科学学报》2015年第3期，第18–28页。

② Bar-Tal D. and Saxe L., "Physical Attractiveness and Its Relationship to Sex-Role Stereotyping,"*Sex Roles* 2, no. 2(1976): 123–133.

## 二、归属需求与形状偏好

以往归属需求受威胁在营销领域的研究更多关注的是，被排斥的个体会寻求补偿性的消费以重新建立关系。然而，也有研究显示，归属感需求受威胁的人会以直接且负面的方式回应他人（如报复拒绝自己的人），倾向于疏远关系而不是创造联系的机会[1]。未来可以继续从这一方向探讨相关的营销结果，例如，鉴于当个体的归属需求受到威胁时表现出的攻击性，我们推测他们会对尖角（vs.圆角）的产品或者品牌更加偏好。因为，圆形会使消费者觉得该品牌或产品更加舒适、柔和，而尖角则会使消费者觉得该品牌或产品更加耐用、牢固[2]。同时，从心理动力学视角，偏好尖锐形状或物品能表达个体内在的攻击性。这意味着个体如果归属感受威胁并展现出攻击性时，尖角形状的产品和品牌标识的感知流畅性会更高。但是，需要注意的是归属需求与形状偏好之间的关系可能存在一定的调节变量。

---

[1] Twenge J. M., Baumeister R. F., Tice D. M., and Stucke T. S., "If You Can't Join Them, Beat Them: Effects of Social Exclusion on Aggressive Behavior," *Journal of Personality and Social Psychology* 81, no.6(2001): 1058–1069.

[2] 潘鹏杰、尹龙、王忠勋:《圆还是椭圆:品牌标识边框与内容匹配对消费者感知的影响》,《商业研究》2020年第12期,第1-9页。

第十一章

---

# 刻板印象内容模型

---

S. T. 菲斯克（S. T. Fiske），普林斯顿大学心理学教授，社会心理学家，以研究社会认知、刻板印象和偏见而闻名。她的理论贡献包括发展了刻板印象内容模型、矛盾性别偏见理论、权力控制理论，以及连续性印象形成模型。

## 第一节
### 理论起源和观点

### 一、理论起源

刻板印象内容模型（stereotype content model，SCM）源于对刻板印象的研究。刻板印象首次出现在1922年沃尔特·李普曼（Walter Lippman）的《公共舆论》一书中，主要指基于性别、种族、年龄、职业等形成的以偏概全的固定印象或内隐观念，一般与某些特征和行为相关联。从心理学视角，刻板印象往往对应某一原型，基于原型过度将认知扩大化，并不断衍生出各种子类型来继承原型的偏见、印象和思维模式，进一步强化基于原型的片面，甚至扭曲认知，并体现、弥散在集体意识和社会文化中[1]。刻板印象概念提出后，业界研究重心经历了从人们对某群体的刻板印象是什么，到导致刻板印象的动机驱力与心理过程，以及刻板印象的社会学习和社会强化机制等主题的转变[2]。进入21世纪，研究者的目光重新聚焦到了刻板印象内容，2002年S. T. 菲斯克在这一背景下提出刻板印象内容模型[3]，一个以"温暖"和"能力"为基础的二维模型。因此，SCM是刻板印象研究下，以刻板印象内容为主的研究分支的主要成果。

## 二、理论的主要观点

SCM模型认为，人们对不同的社会群体成员有不同的刻板印象内容，而且所有群体的刻板印象和人际印象都是沿着温暖和能力两个维度形成。其中，温暖是对知觉对象的意图感知（包括友好、值得信任、助人、真诚和道德等方面），能力则是对知觉对象实现该意图的能力状况的感知（包括智力、效能、技能和创造性等方面）。人们在进化过程中倾向于，首先评估一个陌生人伤害或帮助他人的意图（温暖维度），然后判断该陌生人是否有能力按照该感知的意图行事（能力维度）[4]。

---

[1] 姚星亮、黄盈盈、潘绥铭：《国外污名理论研究综述》，《国外社会科学》2014年第3期，第119-133页。

[2] 石长慧、王卓妮：《刻板印象内容模型的验证及修正：以典型职业群体为例》，《首都师范大学学报》（社会科学版）2017年第2期，第82-92页。

[3] Fiske S. T., Cuddy A. J., Glick P., and Xu J., "A Model of (Often Mixed) Stereotype Content: Competence and Warmth Respectively Follow from Perceived Status and Competition," *Journal of Personality and Social Psychology* 82, no.6(2002): 878-902.

[4] Fiske S. T., et al., "A Model of (Often Mixed) Stereotype Content: Competence and Warmth Respectively Follow from Perceived Status and Competition" *In The Social cognition*, ed. Time Page(Routledge, 2018), pp.162-214.

SCM模型有四个相互关联的基本假设[1]:(1)双维结构假设:温暖和能力决定外群体的分布,可以通过温暖和能力两个维度来区分群体,确定各类群体在社会中的位置。(2)混合评价假设:大部分群体的刻板印象是混合的。(3)社会地位假设:群体的社会地位可以预测刻板印象。具体表现为社会地位与能力呈正相关,社会地位越高的人能力也越强;竞争性与温暖呈负相关,对于与本群体有竞争关系的群体被认为不温暖;(4)群体偏好假设:刻板印象中普遍存在参照群体偏好和外群体贬抑,人们对于自身所属群体(即内群)给予更高评价,而给予外群体较低的评价,产生外群体贬抑[2]。

# 第二节
# 理论深化和推进

如前所述,早期的刻板印象研究大多以刻板印象的过程作为研究重点,菲斯克等为了发展出更整合且高涵容性的理论框架,以温暖和能力为基础建立二维模型,并区分了不同的群体刻板印象和情绪反应,形成了SCM模型以预测不同的群体行为。后续研究对基础SCM模型进行了补充和发展,并开创性地形成了群际情绪-刻板印象-行为趋向系统模型(behaviors from intergroup affect and stereotypes,BIAS)。

## 一、SCM模型的概念发展

为了说明刻板印象内容的多样性,SCM模型在温暖和能力两个维度上组织社会感知,温暖和能力又分别由竞争(外部群体的目标与内

---

[1] Amy J. C., Cuddy Susan T., Fiske Virginia S. Y., "Stereotype Content Model Across Cultures: Towards Universal Similarities and Some Differences," *British Journal of Social Psychology* 48, no.1(2009): 1–33.

[2] 石长慧、王卓妮:《刻板印象内容模型的验证及修正:以典型职业群体为例》,《首都师范大学学报》(社会科学版)2017年第2期,第83–92页。

部群体的目标的感知不相容）和地位（指一个群体的社会资源和声望）
来预测。与所有的科学模型一样，基础SCM模型过于简单，必须基于
新的证据得到进一步发展[1]。鉴于，基础SCM模型主要考虑了温暖维度
（包括温暖维度的定义，从合作或竞争中预测温暖维度），2015年N.凯
文等将SCM模型对威胁的原始定义扩展到了象征性威胁，并扩大了温
暖概念，将其定义为一个包含社会性和道德性的总称[1]。这种对温暖的
重新概念化回应了早期学者认为温暖维度混淆了社会性（描述合作和
善良等属性）和道德（描述内部道德感）这两个变量的问题[2]，进而提
出了一个替代的三维模型，保留了能力并将温暖分为道德和社交能
力[2]。上述研究对道德在群体间认知中的重要性的呼吁也得到了后续学
者[3][4]的响应。

## 二、SCM模型的文化普适性和群际关系预测性

SCM模型主要描述和预测某一群体在既定社会分类中的框架结
构[5]，依据温暖和能力这两个维度，SCM模型划分出四类群体：高温
暖-高能力群体；低温暖-高能力群体；高温暖-低能力群体；低温暖-
低能力群体。不同的群体对应不同的情感反应，具体来说，钦佩高温

① Kervyn N., Fiske S., and Yzerbyt V., "Forecasting the Primary Dimension of Social
Perception: Symbolic and Realistic Threats Together Predict Warmth in the Stereotype
Content Model," *Social Psychology* 46, no.1(2015): 36–45.

② Leach C. W., Ellemers N., and Barreto M., "Group Virtue: The Importance of Morality
(Vs. Competence And Sociability) in the Positive Evaluation of In-Groups," *Journal of
Personality and Social Psychology* 93, no.2(2007): 234.

③ Fiske S. T., "Intergroup Biases: A Focus on Stereotype Content," *Current Opinion in
Behavioral Sciences* 3, no.11(2015): 45–50.

④ Johnson M A., Stevenson R. M., and Letwin C.R., "A Woman's Place Is in the
Startup! Crowdfunder Judgments, Implicit Bias, and the Stereotype Content Model," *Journal
of Business Venturing* 33, no.6(2018): 813–831.

⑤ Yang H.J., Soong W.T., "Using the CES-D in a Two-Phase Sur-Vey for Depressive
Disorders Among Non-Referred Adolescents in Taipei: A Stratum-Specific Likelihood Ratio
Analysis.," *Journal of Affective Disorders* 82, no.3(2004): 419–430.

暖-高能力群体、嫉妒低温暖-高能力群体、怜悯高温暖-低能力群体，以及轻视低温暖-低能力群体。后续研究将SCM模型在众多国家和地区（如美国、法国、意大利、韩国、墨西哥、中国香港等）进行了跨文化检验，不仅应用于不同群体感知研究，而且应用于对个体和国家感知的研究[①]。另外，SCM模型也得到了神经科学研究的支持，通过核磁共振成像技术（nuclear magnetic resonance imaging，NMRI）分析被试者的脑活动数据发现，当被试者观看低温暖-低能力群体的照片时，其脑岛和杏仁核（与SCM模型预测的厌恶情感相关）被激活，而观看另外三类群体的照片的被试者激活的是内侧额叶前皮层（进行社会互动或社会认知任务时被激活的脑区）[②]。该数据表明，与其他三类群体相比，低温暖-低能力群体常被认为较不值得进行社会交往。

### 三、行为趋向系统模型

SCM模型深化了对刻板印象的研究与应用，但是它尚未涵盖行为模式的预测。A. J. 卡迪等（2007）的研究中将SCM模型与群际情绪、行为反应相结合，开创性地形成了群际情绪-刻板印象-行为趋向系统模型。他们在SCM模型的四个象限中的每一个象限中测试了一个刻板印象发展的因果模型，该模型将环境背景与刻板印象的发展联系起来，提出是激发的情绪导致行动倾向[③]。BIAS假设热情是首要维度，知觉到

---

① Cuddy A. J., Fiske S. T., and Glick P., "Warmth and Competence as Universal Dimensions of Social Reception: The Stereotype Content Model and the BIAS Map," in *The Advances in Experimental Social Psychology*, Zanna M. P.(Eds.), (Advances in Experimental Social Psychology, 2008), pp.61-149.

② Harris Lasana T. and Fiske S. T., "Dehumanizing the Lowest of the Low: Neuroimaging Responses to Extreme Out-Groups," *Psychological Science* 17, no. 10(2006): 847-853.

③ Cuddy A. J., Fiske S. T., and Glick P., "Warmth and Competence as Universal Dimensions of Social Reception: The Stereotype Content Model and the BIAS Map," in *The Advances in Experimental Social Psychology*, Zanna M. P.(Eds.), (Advances in Experimental Social Psychology, 2008), pp.61-149.

的热情唤醒了积极行为，如果群体被判断为热情，则引发主动助长（如帮助行为），否则导致主动伤害（如攻击行为）。在处于从属位置的能力维度上，如果群体被判断为高能力，则唤起被动助长（如合作行为），否则引发被动伤害（如忽视行为）。总之，BIAS 作为 SCM 模型的扩展，加入了由温暖和能力维度交互作用的情绪与行为。


# 第三节
# 理论所提构念的测量


## 一、直接测量刻板印象

（一）自由联想法（free response）

自由联想法是最简单的一种方法，其过程是让人们直接说出与某一研究群体相关的形容词，这些与某一群体联系最紧密的形容词往往反映了人们头脑中存在的刻板印象。这一方法的优点是与选择选项比较，其在偏见预测的一些指标上都要更加敏感。但缺点是很难对程序进行控制，而且无法计分。

（二）Katz-Braly 法

简称 K–B 法，即检核法，是戴维·卡茨（Davld Katz）等在 20 世纪 30 年代对不同群体印象开展调查时所采用的技术，优点是可以将特定群体的典型特征量化。其操作过程是：戴维·卡茨等要求普林斯顿大学的 100 位大学生从 84 个形容词中选出 5 个最具代表性的形容词，来描述德国人、意大利人、中国人、犹太人、黑人等 10 个不同的社会群体。参与者为特定群体选出的 5 个词，就是针对该群体刻板印象的内容，比如美国人，大家选择出来的 5 个词是"勤奋、高智商、物质主义、有野心以及革新主义"，而选词的一致性程度，即表示刻板印象的强弱。

（三）Gardner 法

R. C. 加德纳（R. C. Gardner）等人推出的方法更数量化，具体过程是要求参与者在一系列的两极特质量表上评价某个团体，然后再用 T 检验找出与量表中值有显著差异的特质，这些特质就是刻板印象的内容，与中值的差异表示刻板印象的强度。该方法的优点是能够对刻板印象的内容进行定量化分析，但缺点是如果研究者给参与者设定特定群体的形容词选项，被调查者就很容易受到研究者主观倾向的干扰与暗示[1]。

## 二、间接测量法

间接测量的就是人们的内隐刻板印象。间接测量的优点是能看到人们在外显层面所忽视的无意识。内隐联想测验（implicit association test，IAT）成为目前的内隐社会认知研究领域应用最广泛的工具，除了IAT还有投射测验以及加工分离程序。内隐联想测验是 A. G. 格林沃尔德和他的同事在 1998 年提出的一种测量个体内隐社会认知的方法[2]，其研究逻辑是与人们内心的真实态度相一致的联系，比如说"花朵"和"漂亮"，当与人们真实态度不一致的联系，比如说"军人"与"脆弱"相比较时，人们在做前项选择反应时速度要更快。最早的 IAT 研究实验中格林沃尔德等在显示器上呈现了花（郁金香等）的名字同昆虫（蜘蛛等）的名字，以及积极的词（爱等）和消极的词（丑陋等），要求参与者用不同的按键对这些词进行分类。结果显示，花同积极的词、昆虫同消极的词在参与者的头脑中有较强的联系。因此，参考者对花与积极的词、昆虫与消极的词的反应就快，这意味着参与者的记忆与这一联系相一致，当记忆与联系不相容时（昆虫与积极、花与消极在一起），参与者的反应就慢。

① Gardner R. C., et al., "Ethnic Stereotypes: An Alternative Assessment Technique, the Stereotype Differential.," *The Journal of Social Psychology* 87, no.2(1972): 259-267.

② Greenwald A. G., McGhee D. E., and Schwartz J. L. K., "Measuring Individual Differences in Implicit Cognition: The Implicit Association Test," *Journal of Personality and Social Psychology* 74, no.6(1998): 1464-1480.

## 第四节
## 理论在CB研究中的应用

### 一、品牌的温暖与能力

品牌温情被定义为顾客对品牌意图的感知。一个具有积极、合作意图的品牌显得很温暖，而具有消极、竞争或剥削意图的品牌则显得很冷漠[①]。从用户的角度来看，那些以朋友式的沟通方式进行巧妙互动的品牌往往有几个特点：表示友好和关怀的意图；暴露出真诚、诚实和真实的特质和个性；产生一种合意的体验和亲密的关系。当消费者对品牌感到温暖或善意，很可能会以积极的情绪和反应来回应。品牌能力被认为是诱发意图的能力，能够激发意图的品牌被认为是有能力的，而不能这样做的品牌被认为是无能的[②]。知识-态度-技能模型确定了支撑能力的三个组成部分：认知或心理技能，也就是所谓的知识；情感技能，也就是所谓的态度；以及精神运动、手工和身体技能，也就是所谓的技能[③]。例如，类似于工程师风格的智能互动赋予了一个品牌专业和专家的特征，并表明该品牌被知识、理解、应用和分析所武装，善于用丰富的体力技能解决问题，因此被认为是高效、可靠的[④]。

---

[①] Kervyn N., Fiske S. T., and Malone C., "Brands as Intentional Agents Framework: How Perceived Intentions and Ability Can Map Brand Perception," *Journal of Consumer Psychology* 22, no.2(2012): 166-176.

[②] Thomson M., "Human Brands: Investigating Antecedents to Consumers' Strong Attachments to Celebrities," *Journal of Marketing* 70, no.3(2006): 104-119.

[③] Cutcliffe J. R. and Sloan G., "Towards a Consensus of a Competency Framework for Clinical Supervision in Nursing: Knowledge, Attitudes, and Skills," *The Clinical Supervisor* 33, no.2(2014):182-203.

[④] Edelman D. C. and Singer M., "Competing on Customer Journeys," *Harvard Business Review* 93, no.11(2015): 88-100.

## 二、公司的刻板印象

消费者利用温暖和能力这两个支配人们社会判断的基本维度来形成对企业的看法。消费者认为非营利组织比营利性组织更温暖，但能力更弱。此外，消费者更不愿意购买非营利组织生产的产品，因为他们认为该公司缺乏竞争力。但当非营利组织的能力通过暗示可信度的微妙线索得到提升时，购买意愿的差异就消失了。事实上，当消费者感知到高水平的能力和温暖，他们会对公司感到钦佩，这转化会为消费者增加购买欲望[①]。

## 三、国家情感对产品影响

消费者对某个国家的负面刻板印象会导致品牌偏见，甚至敌意。刻板印象是对特定群体的语义关联，当刻板印象群体的成员或象征性的对等物出现时，通常会被自动激活[②]。偏见是以对某一成员的态度反应或群体榜样的形式产生的，取决于人们对群体的个人信仰[③]。负面刻板印象及其产生的情绪也与歧视性行为倾向有关，如A. J. 卡迪（2007）认为对特定群体的愤怒与对该群体成员的主动伤害直接相关[④]。尽管，他们的研究没有聚焦于国家，目标群体包括宗教群体或文化群体，但是他们研究框架中的愤怒成分直接映射到国家仇恨的定义。因此，现有关于偏见和歧视的文献表明，如果消费者对某个国家怀有敌意，他们很可能会因为刻板印象对这个国家的品牌表达偏见（即他们对这个

---

① Aaker J., Vohs K. D., and Mogilner C., "Nonprofits Are Seen as Warm and For-Profits as Competent: Firm Stereotypes Matter," *Journal of Consumer Research* 37, no. 2 (2010): 224-237.

② Blair I., "The Malleability of Automatic Stereotypes and Prejudice," *Personality and Social Psychology Review* 6, no.3 (2002): 242-261.

③ Devine P. G., "Stereotypes and prejudice: Their Automatic and Controlled Components," *Journal of Personality and Social Psychology* 56, no.1 (1989): 5.

④ Cuddy A. J., Fiske S. T., and Glick P., "The BIAS Map: Behaviors from Intergroup Affect and Stereotypes," *Journal of Personality and Social Psychology* 92, no.4 (2007): 631.

品牌的态度会更加消极），并通过不消费这些品牌来歧视这些品牌[1]。

C. Y. 陈等（2014）认为，与国家有关的情感（country-related affect，CRA）影响产品评价，这取决于 CRA 的价值以及温暖或能力的关联[2]。国家是多维度的刻板印象建构，很可能是基于消费者随时间发展的不同联想而形成的。因此，与国家有关的情感也可以从社会判断的两个主要来源产生：能力和温暖。由于与能力（vs. 温暖）相关的判断会产生对能力的感知[3]，与能力相关的判断所产生的情感可能被认为与产品评价直接相关。此外，能力和效率通常与商业和制造业有关，并能直接影响到消费者对原产国的质量认知。因此，与能力相关的判断所产生的 CRA 可能以一种价值一致的方式直接影响产品的评价，即积极的 CRA 比消极的 CRA 导致更有利的评价。相比之下，由温暖相关的判断产生的情感被认为是与国家的产品质量无关的[④]。

## 四、广告中的性别刻板印象

性别刻板印象（gender stereotype）指人们对于不同性别的人应该具有的特质和行为形成一种固定和刻板的看法。性别刻板印象在我们的生活中普遍存在，且没有随着时代的发展产生巨大的变化。大部分文化中的民众普遍存在性别刻板印象，在同一社会文化或同一群体中，性别刻板印象具有一定程度的一致性，一般而言认为男性具有自信、坚强、勇敢等品质，而女性则更为敏感、柔弱和温柔。早期，费斯廷格（1954）发现社会比较与广告模特对女性的外观满意度有负面影

① Russell C. A. and Russell D. W., "Guilty by Stereotypic Association: Country Animosity and Brand Prejudice and Discrimination," *Marketing Letters* 21, no.4(2010): 413-421.

② Chen C. Y., Mathur P., and Maheswaran D., "The Effects of Country-Related Affect on Product Evaluations," *Journal of Consumer research* 41, no.4(2014): 1033-1046.

③ Kervyn N., Fiske S. T., and Malone C., "Brands as Intentional Agents Framework: How Perceived Intentions and Ability Can Map Brand Perception," *Journal of Consumer Psychology* 22, no.2(2012): 166-176.

响[①②]。对女性的刻板印象强调女性身材的苗条，而对男性的刻板印象往往强调其运动能力和肌肉发达，这增加了消费者对身体外观的焦虑[③]。许多研究也显示了在广告中使用非刻板印象的女性描述具有积极影响[④⑤]。总之，广告对消费者在日常生活中如何谈论性别有着很大的影响力。已有研究试图比较消费者对男性和女性文化广告的反应，并强调跨文化的刻板印象，发现性别既有助于身份分化，也是一种持续进行的、易受干预和重新意义化影响的工具[⑥⑦]。

① Richins M. L., "Social Comparison and the Idealized Images of Advertising," *Journal of Consumer Research* 18, no.1(1991): 71-83.

② Halliwell E. and Dittmar H., "Does Size Matter? The Impact of Model's Body Size on Women's Body-Focused Anxiety and Advertising Effectiveness," *Journal of Social and Clinical Psychology* 23, no.1(2004): 104-122.

③ Lorenzen L. A., Grieve F. G., and Thomas A., "Brief Report: Exposure to Muscular Male Models Decreases Men's Body Satisfaction," *Sex Roles* 51, no.11(2004): 743-748.

④ Liljedal K. T., Berg H., and Dahlen M., "Effects of Nonstereotyped Occupational Gender Role Portrayal in Advertising: How Showing Women in Male-Stereotyped Job Roles Sends Positive Signals About Brands", *Journal of Advertising Research* 60, no.2(2020): 179-196.

⑤ Janssen D. M. and Paas L. J., "Moderately Thin Advertising Models Are Optimal, Most of the Time: Moderating the Quadratic Effect of Model Body Size on Ad Attitude by Fashion Leadership," *Marketing Letters* 21, no.2(2014): 167-177.

⑥ Nelson M. R. and Paek H. J., "Nudity of Female and Male Models in Primetime TV Advertising Across Seven Countries," *International Journal of Advertising* 27, no.5(2008): 715-744.

⑦ Butler J., "The Compelling 'Hard Case' for 'Green' Hotel Development," *Cornell Hospitality Quarterly* 49, no.3(2008): 234-244.

## 第五节
## 理论在CB研究中的未来展望

### 一、SCM模型视角下广告代言与产品属性

来自文化刻板印象的研究显示，人们普遍认为中产阶级、富有的群体，以及职业女性都属于"能力高但容貌差"的群体，"粉领（社会学定义是指执行次要工作的女性）"是漂亮但不十分聪慧的"能力低但容貌好"群体①。能力和美貌也是刻板印象模型中矛盾信念的核心维度，人们对群体的判断往往不会同步应用这两个维度，大部分群体被认为是在一个维度较强，而在另一个维度较弱。这也符合当下广告代言明星的分类：实力派明星的能力凸显，而流量明星被认为外表是出众的。因此，已有研究关注了激活性别刻板印象后能力和温暖维度下的营销结果，未来可以探索广告诉求类型与代言明星（能力/外貌）刻板印象的匹配程度对广告效果的影响。具体而言，我们推测流量明星（实力明星）与外观产品（功能品）有更高的匹配程度，进而产生更好的广告效果。

### 二、SCM模型与心理抗拒理论的融合

2001年，L.J.克莱基于心理抗拒理论提出了刻板印象抗拒（或者刻板印象阻抗）的概念②，将其定义为一种表现出和刻板印象非一致的行为倾向，即个体在本应受刻板印象威胁的任务上不但没有表现下降，

---

① Rosenberg S., Nelson C., and Vivekananthan P. S., "A Multidimensional Approach to the Structure of Personality Impressions," *Journal of Personality and Social Psychology* 9, no. 4(1968): 283.

② Kray L. J., Thompson L., and Galinsky A., "Battle of the Sexes: Gender Stereotype Confirmation and Reactance in Negotiations," *Journal of Personality & Social Psychology* 80, no.6(2001): 942-58.

反而出现上升的情况。随后有很多研究对刻板印象抗拒进行了探讨，例如，一项探究性别刻板印象对个体在STEM（science，technology，engineering，mathematics）和人文学科上的影响的研究发现，男性在人文学科方面的表现竟然上升了（男性被刻板地认为在人文学科方面的能力较差，因而本应该在刻板印象威胁的影响下表现下降），即表现出刻板印象抗拒效应[①]。未来可以基于SCM模型继续探索营销领域中的刻板印象抗拒效应。

---

①王祯、杨丽娴：《刻板印象提升与刻板印象促进》，《心理科学进展》2018年第7期，第1264-1271页。

## 第十二章

# 拟人化理论

斯图尔特·E.格思里（Stewart E. Guthrie），福特汉姆大学社会学与人类学教授。主要研究兴趣集中在宗教理论、拟人论、万物有灵论、知觉与认知。

## 第一节
## 理论起源和观点

### 一、理论起源

中国东汉时期的许慎最早将"拟"字解读为"拟，度也"（《说文解字》），即今所谓"揣度"之意，故拟人亦可指向对人的揣度。虽然古人对拟人解读的重点在于"拟"字，且并未将拟人的对象推及非人，但由此我们仍然可知，拟人的前提在于了解人性并与他者进行比较。在西方拟人化（anthropomorphism）一词来源于希腊语"anthropos"（人）和"morphe"（形状或形式）的组合，最早由公元前6世纪的希腊哲学家色诺芬尼（Xenophanes）提出，用以描述宗教信徒与其信奉的神灵之间的相似性，如希腊的神总是如希腊人一般金发碧眼，而非洲的神则具有非洲人的外貌特征。从拟人化概念的发展历程来看，这一概念来源于宗教神学领域[①]，并在诸多领域均有所提及，如艺术学中的表现方式[②]、语言学中的修辞方式[③]、拟人化营销[④]。但最早系统地介绍拟人化理论的是斯图尔特·E.格思里，在他出版于1993年的著作《云中的面孔》中，基于宗教学原理介绍了该理论的相关内容。

## 二、理论主要观点

拟人化是指以人类的形式和事件来看待非人类的物体，这一倾向普遍存在于个体的判断之中。个体进行拟人化的原因主要有三个：首先，拟人化可以通过提供关系或陪伴来安慰人们；其次，拟人化可以帮助人们更好地理解周围的世界。人们利用自己熟悉的知识，将人类特征归因于事件或实体，以便更好地解释不确定的结果；再次，拟人化可以被视为一种认知和感知策略。即人们可以通过优先考虑对世界的更高层次的解释，而不是较低层次的解释，从而最大限度地提高特定对象附加属性的可预测性，增强个体的控制感，以便更好地服务于人[⑤]。

拟人化有三种类型：第一种，部分拟人化，当人们看到物体和事

---

① Hume D., *The Natural History of Religion*(Stanford University Press,1957),p.50.

② Webster T. B. L., "Personification as a Mode of Greek Thought," *Journal of the Warburg and Court Auld Institutes* 17,no.1-2(1954): 10-21.

③ Ricoeur P.,Czerny R.,McLaughlin K.,and Costello J.,"The Rule of Metaphor: Multi-Disciplinary Studies of the Creation of Meaning in Language," *Philosophy and Rhetoric* 33, no.1(1977): 200-204.

④ Fournier V., "The Appeal to 'Professionalism' as a Disciplinary Mechanism," *The Sociological Review* 47,no.2(1999): 280-307.

⑤ Rosch E., Mervis C. B., Gray W. D., Johnson D. M., and Boyes-Braem P., "Basic Objects in Natural Categories," *Cognitive Psychology* 8,no.3(1976): 382-439.

件具有一些重要的人类特征，但不认为该目标的实体整体上是人类时，就会发生部分拟人化。第二种，实际拟人化，当人们相信一个物体实际上是人时，则是实际拟人化。这一类型的拟人化通常是由于一些错误的认知，例如，在昏暗的灯光下把堆放的垃圾袋误认为是一个蹲在那里的人。第三种，偶然拟人化，当人们在无生命物体中看到人类形态的某些元素，但认为这种结果是巧合时，就会发生偶然拟人化。例如，当人们在岩石或云中看到了一个人的脸。


# 第二节
## 理论深化和推进

N. 埃普利等（2007）从心理学视角系统地梳理了拟人化的相关内容，并进行了一定创新，解释了个体"何时"会进行拟人化，以及"为什么"会进行拟人化等系列问题[1]。

### 一、拟人化的动机

拟人化描述了一种倾向，即将人类的特征、动机、意图或情感赋予给非人类主体的真实或想象行为。因此，意识感知中涉及的属性，如意识体验、元认知和意图[2]是拟人化的核心，此外，还包括类人情绪状态、行为特征或类人形式[3]。拟人化是对非人类主体的不可观察特征的推断过程，而不是对非人类主体的可观察或想象行为的描述性报告。对于拟人化推理来说，执行此类推理的基本认知操作应该与任何其他

---

① Epley N., Waytz A., and Cacioppo J. T., "On Seeing Human: A Three-Factor Theory of Anthropomorphism," *Psychological Review* 114, no.4(2007): 864.

② Gray H. M., Gray K., and Wegner D. M., "Dimensions of Mind Perception," *Science* 315, no.2(2007): 619.

③ Leyens J. P., Cortes B., Demoulin S., Dovidio J. F., Fiske S. T., Gaunt R., and Vaes J., "Emotional Prejudice, Essentialism, and Nationalism the 2002 Tajfel Lecture," *European Journal of Social Psychology* 33, no.6(2003): 703–717.

归纳推理一样。这些基本认知操作包括获取知识、激活存储的知识，以及将激活的知识应用于给定目标[①]。

## 二、拟人化的过程

拟人化通过一个类似归纳的基本过程来工作，即从高度可访问的知识结构作为锚定或归纳基础开始，随后可以对其进行校正并应用于非人类目标。因此，个体拟人化的程度应由归纳过程的三个主要部分决定：一是在对非人类主体进行推断时，长时记忆或情境因素激活与人类相关知识的可能性；二是纠正或调整拟人化表征，以适应关于非人类主体的非拟人化知识的可能性；三是将激活的和可能校正的拟人化表征应用于非人类代理的可能性。

## 三、拟人化的影响因素

影响个体拟人化的因素主要包括动机和认知两个方面。具体来说，即诱发主体知识（elicited agent knowledge）、效能动机（effectance motivation）与社会动机（sociality motivation）三个因素，简称SEEK模型。并且倾向（dispositional）、情境（situational）、发展（developmental）和文化（cultural）会影响拟人化的三个因素。

诱发主体知识的认知机制和效能、社会两种动机共同作用进而影响了个体的拟人化。一般而言，关于人类的知识，特别是关于自我的知识，很可能作为归纳的基础，主要是因为这种知识获得较早，而且比关于非人类主体的知识更为详细。因此，在做出判断时，人们可能更容易获得关于人类特征或品质的此类知识。然而，随着非人类主体知识的获得，关于人类或自我的知识不太可能仅仅因为在判断时替代知识结构的共同激活（可能最终替代激活）而被用作归纳的基础。然后，这种替代知识结构的激活将影响可访问知识在给定目标上的

---

[①] Higgins E. T., "Knowledge activation: Accessibility, applicability, and salience," in *The Social psychology Handbook of basic principles*, Higgins E. T. & Kruglanski A. W.(Eds.), (Guilford Press, 1996), pp.133-168.

应用。

效能动机涉及个体与非人类主体（或感知主体）的有效互动，并用于增强解释当前复杂刺激和预测未来这些刺激行为的能力。将人类特征和动机归因于非人类代理可以提高理解代理行为的能力，减少与代理相关的不确定性，并提高对该代理未来预测的信心。因此，与不确定性相关的焦虑以及预测代理人行为的重要性应该影响人们拟人化非人类代理人的倾向。

与之相反，社会动机描述的是与其他人建立社会关系的需要和愿望。拟人化通过与非人类代理建立感知到的类人连接来满足这一需求。换句话说，在与其他人没有社会联系的情况下，人们通过拟人化从非人类中创造出人类代理人，以满足他们的社会联系动机。

而倾向是指稳定的个体差异或人格特征，它们改变了某些知识表征或动机状态长期活跃的程度。情境是指环境的暂时方面，可以改变知识表示的可访问性，或者可以增加或减少效能和社会动机。最后，发展和文化可以通过影响代理表征的内容和效能动机的强度来改变拟人化，而不受发展时间和文化地点的制约[1]。见表12-1。

**表12-1　拟人化的影响因素**

| 自变量类型 | 主要心理决定因素 | | |
|---|---|---|---|
| | 诱发主体知识 | 效能动机 | 社会动机 |
| 倾向 | 认知需求 | 闭合需要、控制欲 | 长期孤独 |
| 情境 | 感知相似性 | 预期交互、显著预测性 | 社会脱节 |
| 发展 | 替代理论的习得 | 获得能力 | 依恋 |
| 文化 | 经验、规范、思想体系 | 不确定规避 | 个人主义与集体主义 |

注：根据 Epley N.、Waytz A. 等（2008）文献整理。

---

[1] Epley N., Waytz A., and Cacioppo J. T., "On Seeing Human: A Three-Factor Theory of Anthropomorphism," *Psychological Review* 114, no.4(2007): 864-885.

由此可见，拟人化被认为是一种个体的认知倾向，是以人为主体的主观感知，即能够觉知到目标对象具有人类的特征，既然是认知倾向，就会存在个体间的差异。但是，近些年的研究则以产品、品牌等客体为对象，对其赋予人类的特征，拟人化则是以非人类为主体的客观状态。

## 第三节
## 理论所提构念的操纵和测量

拟人化既可以作为一种过程，也能将其视为一种倾向[1]。人们能够在特定的条件下知觉到非人类对象所具有的所谓人类的特征，但存在个体差异。例如，儿童比成人更容易拟人化[2]，来自欠发达地区的儿童会更少地将动物拟人化[3]等。此外，虽然对外部世界的拟人化程度存在个体差异，但作为一种人类固有的认知倾向，只要适当对目标物体或事件加以"润色"，拟人化是可以被成功操纵的[4]。

### 一、拟人化的操纵

拟人化的操纵方式主要有三种：

文字操纵：是指用一段文字材料促使参与者将目标物体或事件拟人化，并且分为主动型操纵和被动型操纵[4]。在主动型的文字操纵中，实验材料本身并无拟人化偏向，只是用指导语引导参与者从拟人化的角度描述或评价实验材料的人类特性，从而更多地调动参与者自身的

---

[1] Epley N., Waytz A., and Cacioppo J. T., "On Seeing Human: A Three-Factor Theory of Anthropomorphism," *Psychological review* 114, no.4(2007):864.

[2] Bering J. M., and Bjorklund D. F., "The Natural Emergence of Reasoning About the Afterlife as a Developmental Regularity," *Developmental psychology* 40, no.2(2004):217.

[3] Atran S., "The trouble with memes," *Human nature* 12, no.4(2001): 351-381.

[4] 许丽颖、喻丰、邬家骅、韩婷婷、赵靓：《拟人化：从"它"到"他"》，《心理科学进展》2017年第11期，第1942-1954页。

能动性，达到良好的拟人化操纵效果。例如，引导参与者将品牌想象为一个活生生的人，并描述这个"人"的个性、外貌特征、观点、职业等[①]。被动型的文字操纵，是指直接在呈现给参与者的实验材料中使用拟人化的语言描述，使参与者不自觉地感知到目标的拟人化特点。例如使用人称代词"他"或"她"来代替"它"[②]。

外观操纵：载体可以是实物，也可以是图片或视频，但不论载体是什么，本质上都是使实验材料的外形或动作具有人类特征，并由此达到拟人化的目的。如，将长有两只脚的榨汁机作为实验材料[③]。

联合操纵：使用多种操纵方式以达到更好的拟人化效果[④]。

### 二、拟人化的测量

早期对于拟人化的测量主要采用参与者自主报告的方式。如 S. 基斯勒（2002）直接询问参与者非人主体的外观、行为与人类的相似度[⑤]，还有研究通过统计参与者回忆有类人行为的超自然主体时所犯的错误，来对拟人化的个体差异进行内隐测量等[⑥]。

---

① Aggarwal P. and McGill A. L., "Is that Car Smiling at Me? Schema Congruity as a Basis for Evaluating Anthropomorphized Products," *Journal of Consumer Research* 34, no. 4 (2007):468–479.

② Riva P., Sacchi S., and Brambilla M., "Humanizing Machines: Anthropomorphization of Slot Machines Increases Gambling," *Journal of Experimental Psychology: Applied* 21, no.4 (2015):313.

③ Puzakova M., Kwak H., and Rocereto J. F., "When Humanizing Brands Goes Wrong: The Detrimental Effect of Brand Anthropomorphization Amid Product Wrongdoings," *Journal of Marketing* 77, no.3(2013): 81–100.

④ Wen Wan E., Peng Chen R., and Jin L., "Judging a Book by Its Cover? The Effect of Anthropomorphism on Product Attribute Processing and Consumer Preference," *Journal of Consumer Research* 43, no.6(2017): 1008–1030.

⑤ Kiesler S. and Goetz J., "Mental Models of Robotic Assistants" (CHI' 02 extended abstracts on Human Factors in Computing Systems, November 576–577, 2002).

⑥ Barrett J. L. and Keil F. C., "Conceptualizing a nonnatural entity: Anthropomorphism in God concepts," *Cognitive psychology* 31, no.3(1996): 219–247.

（一）拟人化个体差异问卷

2010年A.韦茨等开发了第一个拟人化个体差异问卷（individual differences in anthropomorphism questionnaire，IDAQ）[1]。IDAQ量表包含三种常见的拟人化对象：非人类动物（nonhuman animals）、自然实体（naturalentities）和科技设备（technological devices）。其中对三种拟人化对象的考察又包括五个方面：意识（consciousness）、自由意志（free will）、意图（intentions）、心灵（mindedness）和情绪（emotions）。量表共计15个条目，采用11点评分，从0（一点也不）到10（很大程度），得分越高表明拟人化倾向越强。

（二）儿童版拟人化问卷

在此之后，R.L.塞弗森等（2016）在IDAQ的基础上结合成人与儿童样本编制了IDAQ儿童版（IDAQ-Child Form，IDAQ-CF）[2]。同样考虑到童年时期的重要性以及IDAQ题目的抽象性等缺陷。

（三）拟人化倾向问卷

N.尼夫等（2015）开发了一个新的评估拟人化倾向的问卷（anthropomorphism questionnaire，AQ）[3]。该问卷共包含20个条目，采用6点评分，具体条目见表12-2。

---

[1] Waytz A., CacioppoJ., and Epley N., "Who Sees Human? The Stability and Importance of Individual Differences in Anthropomorphism," *Perspectives on Psychological Science* 5, no.3(2010): 219-232.

[2] Severson R. L. and Lemm K. M., "Kids See Human Too: Adapting an Individual Differences Measure of Anthropomorphism for a Child Sample," *Journal of Cognition and Development* 17, no.1(2016): 122-141.

[3] Neave Nick, et al., "The Influence of Anthropomorphic Tendencies on Human Hoarding Behaviors," *Personality and Individual Differences* 72, no.1(2015): 214-219.

**表 12-2　拟人化倾向问卷**

拟人化是一种假设非人类物体有思想、情感和动机的倾向。请仔细阅读每句话,然后用适当的数字表示你同意的程度:0 =完全不同意,6 =非常同意。

---

1.我有时会想,我的电脑在我大喊大叫之后是否故意运行得更慢?

I sometimes wonder if my computer deliberately runs more slowly after I have shouted at it.

---

2.当我还是个孩子的时候,我总是确定当我离开房间后,我最喜欢的玩具是舒适的(例如坐起来或塞进床上)。

When I was a child I always made sure my favourite toy was comfortable (e.g. sitting up or tucked into bed) when I left the room.

---

3.小时候,我有时会对我最喜欢的一些玩具说"你好"和"晚安"。

As a child I sometimes said "hello" and "good night" to some of my favourite toys.

---

4.小时候,我为我最喜欢的玩具举办生日派对。

When I was a child I held birthday parties for my favourite toys.

---

5.有时我觉得我的电脑或打印机故意弄巧成拙。

On occasions I feel that my computer/printer is being deliberately awkward.

---

6.我有时会想,当我给物品做清洁时它们是否感激。

I sometimes wonder if my personal possessions appreciate it when I have given them a good clean.

---

7.有时候,我觉得天气状况是故意糟糕以破坏某件事。

On occasion I feel that the weather conditions are being deliberately bad in order to ruin a social event.

---

8.小时候当我收拾玩具的时候,我会确保身边任何一个奇怪的玩具都与其他玩具在一起,以避免它们感到孤独。

As a child, when I put away my toys I made sure that any odd ones lying around were placed with the others so that they wouldn't feel lonely.

---

9.我确信某些汽车有其独特的个性。

I do think that certain cars have a specific personality.

---

10.小时候,当我扔掉一个玩具,我会担心它可能认为我不接受它。

If I threw out a toy when I was a child I worried that it might think I had rejected it.

**续表12-2**

| |
|---|
| 11.如果我不小心打碎了我最喜欢的东西,我一定会为我的笨拙向它道歉。<br>If I accidentally break one of my favourite possessions I make sure that I apologise to it for my clumsin ess. |
| 12.小时候,我觉得我的一些玩具生病了。<br>As a child, I felt that some of my toys had become ill. |
| 13.我认为有些树是友好的,而有些树则有一种威胁气息。<br>I think that some trees are friendly while others have an air of menace. |
| 14.我有时会想,如果我的电脑或打印机让我感到快乐或被需要,那么它们就不太可能出故障。<br>I sometimes think that if my computer/printer is made to feel happy and/or wanted, then they will be less likely to malfunction. |
| 15.小时候,我时常觉得我的一些玩具心情不好。<br>As a child I felt at times that some of my toys werein a bad mood. |
| 16.小时候,一想到如果我死了,我最喜欢的玩具没有我会怎样,我就很担心。<br>As a child, the thought of how my favourite toys would cope without me if I died was something that I worried about. |
| 17.我有时觉得大海会生气。<br>I sometimes feel that the sea can be angry. |
| 18.我有时会想,如果玩具被存放在黑暗的阁楼或房间里看不见的地方,它们可能会感到孤独。<br>I sometimes wonder that if toys are stored out of sight in a dark attic or room, they might feel lonely or unloved. |
| 19.我选择新车或电器的部分原因是,当我第一次看到它时,我觉得它是友好的。<br>Part of the reason why I picked a new car/electrical item was because when I first saw it I felt that it had a friendly personality. |
| 20.当我还是个孩子的时候,我会确保把我的玩具中是朋友的玩具放在一起。<br>When I was a child, I made sure that when I put my toys away the ones who were friends were placed side by side. |

# 第四节
## 理论在 CB 研究中的应用

汪涛等（2014）[①]把拟人化营销定义为"将拟人化作为品牌主要推广手段的企业策略"。事实上，拟人化营销不仅包括对品牌的拟人化，还包括对产品的拟人化[②]。在此基础上，品牌或产品的拟人化效应成为了消费者行为研究中的重要议题。拟人化策略会在目标消费者心中留下独特印记，进而对消费者产生积极影响。但是拟人化也蕴含着潜在的不稳定因素，可能会产生负面效应。

### 一、拟人化对消费者的积极影响

（一）拟人化对消费者感知和认知的影响

早期的研究证实拟人化策略能够降低消费者对目标产品的感知风险，进而提高对其的好感度和评价[③]。后续研究详细阐释了拟人化策略在降低个体风险感知的积极作用的原因[②]，消费者在对不熟悉产品的认知过程中，由于拟人化倾向的存在会无意识地将其与人的概念进行类比，并在类比过程中获得该产品的共性或差异信息。这一过程进而产生了两方面的影响，即相较于非拟人化产品或品牌，消费者对拟人化的产品或品牌的理解力更强，进而更容易产生趋近倾向。进一步的研究显示，拟人化品牌形象可以显著提升消费者的认知流畅性，原因在于消费者能够通过与拟人化产品进行社交互动来建立信任，进而满足

---

① 汪涛、谢志鹏：《拟人化营销研究综述》，《外国经济与管理》2014年第1期，第38–45页。

② Aggarwal P. and McGill A. L., "Is that Car Smiling at Me? Schema Congruity as a Basis for Evaluating Anthropomorphized Products," *Journal of Consumer Research* 34, no. 4 (2007): 468–479.

③ Jarvenpaa Sirkka L. and Dorothy E. Leidner, "Communication and Trust in Global Virtual Teams," *Journal of Computer-Mediated Communication* 10, no. 6 (1999): 791–815.

自身的社会性需求①。同样地，经过拟人化处理的产品与品牌会显著增加消费者对拟人化对象的产品功效感知、质量感知、温暖和能力感知等②。此外，消费者不仅对拟人化的广告印象深刻，而且也会对广告中的产品本身产生积极评价③。

（二）拟人化对消费者情感、情绪的影响

拟人化品牌更容易激发消费者的情感共鸣，产生正效价的结果，从而导致消费者产生积极的品牌态度或品牌依恋。对产品本身的拟人特征进行了分析，发现产品本身的特征和人类越接近就越能唤醒人们的积极情绪体验④，其他研究也验证了这一结论⑤。如谢志鹏等（2017）⑥的研究中，使用不同形状的线条模拟了眼睛和嘴巴的形状变化，使得参与者产生了不同的情绪感受。

（三）拟人化对消费者行为意愿的影响

当消费者看到具有人类"腰身"特征的饮料瓶时会情不自禁地在大脑中进行拟人化想象，进而增加对该种饮料的购买意愿⑦。类似地，

---

① Gupta S., Melewar T. C., and Bourlakis M., "A Relational Insight of Brand Personification in Business-To-Business Markets," *Journal of General Management* 35, no.4 (2010): 65–76.

② Sheehan B., Jin H. S., and Gottlieb U., "Customer Service Chatbots: Anthropomorphism and Adoption," *Journal of Business Research* 115, no.C(2020): 14–24.

③ Delbaere M., McQuarrie E. F., and Phillips B. J., "Personification in Advertising," *Journal of Advertising* 40, no.1(2011): 121–130.

④ Aggarwal P. and McGill A. L., "Is that Car Smiling at Me? Schema Congruity as a Basis for Evaluating Anthropomorphized Products," *Journal of Consumer Research* 34, no. 4 (2007): 468–479.

⑤ Wen Wan E., Peng Chen R., and Jin L., "Judging a Book by Its Cover? The Effect of Anthropomorphism on Product Attribute Processing and Consumer Preference," *Journal of Consumer Research* 4, no.6(2017): 1008–1030.

⑥ 谢志鹏、汪涛:《产品也会皱眉头? 产品的"侵略性表情"对消费者的影响》,《心理学报》2017年第5期,第680页。

⑦ Landwehr J. R., McGill A. L., and Herrmann A., "It's Got the Look: The Effect of Friendly and Aggressive "Facial" Expressions on Product Liking and Sales," *Journal of Marketing* 75, no.3(2011):132–146.

消费者对于经过拟人化处理的聊天机器人明显表示出更强的产品接受意愿④。此外，拟人化的产品能够诱发更强的温暖感知，促进其品牌忠诚度的明显提升，使得消费者对已有产品的置换意愿降低①。除了相关意愿的研究，拟人化策略也能够对个体的实际行为产生影响，如拟人化策略能够增加个体的亲社会行为②。

### 二、拟人化对消费者的消极影响

#### （一）基于消费者个体特征的消极影响

社会力量感较弱（vs.社会力量感较强）的个体在与拟人化产品接触时会表现出较低的意愿和倾向，原因在于导致了个体对目标产品较低的控制感。类似地，实体论（vs.渐变论）者认为人格特质相对稳定不易被改变，并且将这一信念赋予拟人化目标物上。当拟人化产品或品牌出现犯错现象后，这类消费者也会认为其犯错现象是不容易得到改观的，从而对该拟人化产品萌生更为负面的评价③。也有研究发现，对于具有独特性需求的消费者而言，拟人产品或品牌所具有的一些类人属性在很大程度上限制了这类消费者的自主性，这会导致其消极的评价④。此外，品牌拟人化还会增强消费者对价格的敏感性，特别是对那些倾向于自身利益最大化的消费者来说，拟人化会显著增加他们对

---

① Chandler J. and Schwarz N., "Use Does Not Wear Ragged the Fabric of Friendship: Thinking of Objects as Alive Makes People Less Willing to Replace Them," *Journal of Consumer Psychology* 20, no.2(2010): 138-145.

② Ahn H. K., Kim H. J., and Aggarwal P., "Helping Fellow Beings: Anthropomorphized Social Causes and the Role of Anticipatory Guilt," *Psychological Science* 21, no.1(2014): 224-229.

③ Puzakova M., Kwak H., and Rocereto J. F, "When Humanizing Brands Goes Wrong: The Detrimental Effect of Brand Anthropomorphization Amid Product Wrongdoings," *Journal of Marketing* 77, no.3(2013): 81-100.

④ Puzakova M. and Aggarwal P, "Brands as Rivals: Consumer Pursuit of Distinctiveness and the Role of Brand Anthropomorphism," *Journal of Consumer Research* 45, no.4(2018): 869-888.

商品涨价的不公平感知[①]。

（二）基于产品因素的消极影响

依据图式一致性理论，消费者会在产品的实际特质属性与表征不一致的情况下对其产生消极评价[②]。此外，产品类型也是重要的影响因素。刘笛等（2017）[③]发现对可食用产品（牛肉）的拟人化会使消费者产生愧疚感，进而导致其对该产品的消极评价。类似地，谢志鹏（2014）指出消费者对拟人化的享乐性产品的评价更高，而对拟人化的功能型产品评价较低。这与后续发现拟人化的咖啡机（vs.功能型产品）会明显引发消费者对其负面的价格公平感知的研究一致[④]。

从拟人化对消费者的双重影响可知，人类天然有拟人化倾向，这来源于人们以"人"自身的角度对非人类客体进行理解和解释的天性[⑤]。另外，拟人化使个体产生高认知图式一致性，进而有效提升个体所感知信息的流畅性。个体对于外界信息的流畅性感知水平越高，其对信息处理对象的评价以及自身所获得的情感体验也会越积极，而且还会进一步将这种情感体验归因到该目标对象上来[⑤]。受到个体动机和拟人化感知的双重影响，当人们看到一个拟人化的产品或品牌时，会更容易地对其形象以及所传递的信息形成认知和理解，进而可能产生

① Kwak H., Puzakova M., and Rocereto J. F., "Better not Smile at the Price: The Differential Role of Brand Anthropomorphization on Perceived Price Fairness," Journal of Marketing 79, no.4(2015): 56–76.

② Aggarwal P. and McGill A. L., "Is that Car Smiling at Me? Schema Congruity as a Basis for Evaluating Anthropomorphized Products," *Journal of Consumer Research* 34, no.4 (2007): 468–479.

③ 刘笛、王海忠：《基于人性本真性的拟人化广告的负面情绪与态度：愧疚感的中介作用》，《心理学报》2017年第1期，第128–137页。

④ Kwak H., Puzakova M., and Rocereto J. F., "Better Not Smile at the Price: The Differential Role of Brand Anthropomorphization on Perceived Price Fairness," *Journal of Marketing* 79, no.4(2015): 56–76.

⑤ Reber R., Schwarz N., and Winkielman P., "Processing Fluency and Aesthetic Pleasure: Is Beauty in the Perceiver's Processing Experience?" *Personality and Social Psychology Review* 8, No.4(2004): 364–382.

正面判断和积极态度。而消费者行为研究中的拟人化负面效应主要表现在一些特定的条件下，如社会环境、产品类型、消费者的人格特质等。


第五节
理论在CB研究中的未来展望

### 一、从拟人化视角探讨二手产品交易

先前的研究通常把拟人化视为一种营销策略，以产品生产企业、零售商为主体对产品或品牌进行拟人化。但是，由于拟人化是一种倾向，消费者也会对自己的拥有物进行拟人化。例如，儿童会精心打扮自己的玩偶，给自己的玩偶化妆、穿衣服，使其更像一位人类伙伴。成年人也会给自己的爱车进行涂装，使其看起来有了嘴巴和眼睛，这些被拥有者赋予人类特征的拥有物在某种程度上不仅是自我概念的延伸，也意味着作为朋友和陪伴具有虚拟社交价值。这可能会影响心理所有权以及后续交易过程中的行为、决策，如更不愿意发生所有权的转移（如丢弃、捐赠），甚至也不愿意发生产品的损耗（如使用）等。未来，可以从拟人化视角考察消费者出售自己的二手产品时的估价意愿和行为。

### 二、拟人化的深度探索

拟人化的三个维度分别是：外在层面的拟人化（如外形）、内在层面的拟人化（如个性）和社会层面的拟人化（如与消费者的互动），三个层面的拟人化程度由低到高。已有研究更多关注的是拟人化与产品或品牌类型之间的匹配，例如，拟人化策略更适合享乐性产品而非实

用性产品①，食品类的产品并不适合拟人化策略等①。但是，何种产品适合外在层面的拟人化，何种产品适合内在层面或社会层面的拟人化，并且匹配与不匹配的结果是怎样的，这些当前并无研究涉及。以努力产品为例，该种产品需要消费者与之进行互动才能更好地发挥效能，因此，低水平的拟人化可能并不能给消费者带来积极影响，甚至会带来消极影响（功能型产品拟人化的结果），但如果强调与消费者的互动（如我是你运动时最可靠的伙伴或最信任的队友），可能结果会不一样。

① Kwak H., Puzakova M., and Rocereto J. F., "Better Not Smile at the Price: The Differential Role of Brand Anthropomorphization on Perceived Price Fairness," *Journal of Marketing* 79, no.4(2015): 56-76.

第十三章

## 社会拥挤理论

丹尼尔·斯托科尔斯（Daniel Stokols），加州大学欧文分校校长、名誉教授。他因对社会生态学、环境与生态心理学、公共卫生的贡献而广为人知。

### 第一节
### 理论起源和观点

#### 一、理论起源

拥挤的研究始于 20 世纪 60 年代，E. T. 霍尔（1966）[①]将拥挤定义为单位面积中具有高密度的物体，这些物体可以是动物、人或者车船。斯托科尔斯进一步解释了拥挤的来源，指出拥挤是由于阻碍而产生的，当个体活动受到阻碍时，行为会受到干预，从而产生拥挤感。该

① Hall E. T., *The Hidden Dimension*（New York: Doubleday, 1966）, p.88.

研究还区分了中性阻碍（neutral thwarting，即物理空间引发的拥挤）和个人阻碍（personal thwarting，即人群密度引发的拥挤）。在此基础上，K. A. 马赫莱特等提出购物环境中的拥挤可以分为社会拥挤和空间拥挤。社会拥挤是指既定空间中的实际人口密度，空间拥挤则指空间面积过小导致的拥挤[1][2]。

## 二、理论主要观点

斯托科尔斯（1972a）[3]对拥挤做了下述解释。首先，密度是拥挤体验的必要不充分条件。密度表示一种涉及空间限制的物理条件，而拥挤指的是一种体验状态，在这种状态下，暴露在有限空间中的个人可以感知到有限空间的限制方面。其次，拥挤是通过密度、社会因素以及个人因素的相互作用而产生的，这些因素使得个体对有限空间的潜在限制更加敏感。具体来说，空间因素是指某确定空间客观的密度或其他属性（如温度），社会因素是指个体与该空间中其他人的互动（如进行需要协调自身活动与他人活动的任务时），个人因素是指个体的人格特质（如没有耐心或侵略性）或与之相关的其他内容（如缺乏处理空间限制方面的经验）。最后，拥挤是一种通过空间、社会和个人因素相互作用产生的动机状态，旨在缓解感知的空间限制。由于对空间限制的感知将会导致个人感知的主观空间大小与实际可用的客观空间大小之间存在差异，所以个体会通过增加空间供应，或调整社会和个人因素，以尽量减少空间限制带来的不便，从而减轻感知到的限制和侵犯。

---

① 丁瑛、杨晨:《社会拥挤如何影响炫耀性消费:基于自我表达需求的中介作用》,《南开管理评论》2021年第4期,第161-173页。

② Machleit K. A., Kellaris J. J., and Eroglu S. A., "Human Versus Spatial Dimensions of Crowding Perceptions in Retail Environments: A Note on Their Measurement and Effect on Shopper Satisfaction," *Marketing Letters* 5, no.2(1994): 183-194.

③ Stokols D., "On the Distinction Between Density and Crowding: Some Implications for Future Research," *Psychological Review* 79, no.3(1972): 275.

# 第二节
## 理论深化和推进

### 一、早期拥挤研究

早期关于拥挤的研究主要有四个方向：动物研究[1][2]；利用人口普查数据进行的相关调查[3][4]；关于人类利用空间的研究[5][6]；拥挤影响人类行为的实验研究[7][8]。尽管拥挤的研究起源较早，但对于"密度"和"拥挤"两者的概念存在一定的混淆。斯托科尔斯于1972年区分了两者的概念，为后续研究奠定了理论基础，同年，J. A. 德索尔（1972）进行了与之相关的实证研究[9]。

---

[1] Christian J. J., Flyger V., and Davis D. E., "Factors in the Mass Mortality of a Herd of Sika Deer, Cervus Nippon," *Chesapeake Science* 1, no.2(1960): 79–95.

[2] Calhoun J. B., "Population Density and Social Pathology," *Scientific American* 206, no.2(1962): 139–149.

[3] Winsborough H. H., "The Social Consequences of High Population Density," *Law and Contemporary Problems* 30, no.1(1965): 120–126.

[4] Mitchell R. E., "Some Social Implications of High Density Housing," *American Sociological Review* 36, no.1(1971): 18–29.

[5] Barker R. G., "Explorations in Ecological Psychology," *American psychologist* 20, no.1(1965): 1–14.

[6] Sommer R., "Classroom Ecology," *The Journal of Applied Behavioral Science* 3, no.4 (1967): 489–503.

[7] Freedman D. S., "The Role of the Consumption of Modern Durables in Economic Development," *Economic Development and Cultural Change* 19, no.1(1970): 21–48.

[8] Ittelson W. H., Proshansky H. M., and Rivlin L. G., "A Study of Bedroom Use on Two Psychiatric Wards," *Psychiatric Services* 21, no.6(1970): 177–180.

[9] Desor J. A., "Toward a Psychological Theory of Crowding," *Journal of Personality and Social Psychology* 21, no1(1972): 79.

## 二、将拥挤理论引入营销领域

1986 年，S.埃罗格鲁等率先将拥挤理论引入营销领域，并创新性地提出了一个零售拥挤的延展模型[1]。该模型不仅延伸了零售环境中有关拥挤的早期研究成果，还推进了拥挤理论的进一步发展。简而言之，该模型的逻辑是，实际的购物环境以及消费者的动机、约束和期望会影响其在零售环境中感知到的环境线索的性质和数量。这些可利用的线索能够影响个体对该零售环境的感知密度。虽然感知密度是个体对既定环境的感知，但其会影响个体的情感密度，这一密度是具有一定情感色彩的，代表着消费者对环境的有利或不利评价[2]。而当密度支持消费者的购物动机时，功能密度发生。反之，当密度抑制消费者的购物动机时，就会导致拥挤。无论哪种情况，消费者都会使用适应性策略来应对环境。

## 三、空间拥挤和社会拥挤的区分

基于埃罗格鲁等（1986）的研究成果，马赫莱特等（1994）[3]通过测量，明确提出拥挤应该包含感知空间拥挤和感知人群拥挤两个维度，并提出了具体的测量方式。具体而言，感知人群拥挤是基于个体数量以及社会互动的拥挤感，感知空间拥挤是基于商品和固定数量及其在商店内的布置的拥挤感。他们的研究打破了以往对拥挤感知仅关注人群拥挤这一单一维度的限制，指出感知拥挤是一个两维度结构。

---

① Eroglu S. and Harrell G. D., "Retail crowding: Theoretical and Strategic Implications," *Journal of Retailing* 62, no.4(1986):346-363.

② Rapoport A., "The Study of Spatial Quality," *Journal of Aesthetic Education* 4, no.4 (1986): 81-95.

③ Machleit K. A., Kellaris J. J., and Eroglu S. A., "Human Versus Spatial Dimensions of Crowding Perceptions in Retail Environments: A Note on Their Measurement and Effect on Shopper Satisfaction," *Marketing Letters* 5, no.2(1994), 183-194.

在营销环境中，消费者密度成为拥挤最重要的组成部分①。最近的一篇综述表明，社会拥挤是指由于单位面积人口密度大而导致个体感到受约束的体验状态，常伴随着焦虑和压力感等不舒适的主观感受。社会拥挤包含单位空间物理维度和社会维度，是个体对有限空间的主观体验，是一种主观感受②。该文中的社会拥挤指的是广义上的社会中的拥挤，而非狭义的拥挤社会性（与他人的交互），但社会维度则能够指明这一属性。在某种程度上，两者可能会混淆。事实上，拥挤包含社会拥挤和空间拥挤，前者是个体的主观感知，后者是环境的客观属性，拥挤的实质即为由社会运动空间和物理空间受限引发的一种主观感受和客观状态相结合的体验。

## 第三节
## 理论所提构念的操纵和测量

社会拥挤是个体对有限空间的主观体验，是一种主观感受③。作为个体对客观环境的主观认知④，它既可以被测量，也可以被操纵。

### 一、社会拥挤的操纵

社会拥挤的操纵方式主要有两种：一是在实验室中营造真实的拥

---

① Michon R., Chebat J. C., and Turley L. W., "Mall Atmospherics: The Interaction Effects of the Mall Environment on Shopping Behavior," *Journal of Business Research* 58, no.5 (2005):576-583.

② 沈曼琼、王海忠、胡桂梅:《营销领域的社会拥挤研究述评与展望》,《外国经济与管理》2019年第3期,第85-97页。

③ Machleit K. A., Kellaris J. J., and Eroglu S. A., "Human Versus Spatial Dimensions of Crowding Perceptions in Retail Environments: A Note on Their Measurement and Effect on Shopper Satisfaction," *Marketing Letters* 5, no.2(1994):183-194.

④ Mehta R., "Understanding Perceived Retail Crowding: A Critical Review and Research Agenda," *Journal of Retailing and Consumer Services* 20, no.6(2013): 642-649.

挤场景（真实操纵）；二是通过图片想象来进行模拟（图片操纵）。

（一）真实社会拥挤

真实操纵可以采用两种方法。第一种，在既定大小的房间里通过调整参与者的数量来操纵拥挤程度[1]。例如，Huang 等（2017）在拥挤条件下同时邀请了20至23位参与者，而不拥挤的条件下则是4至6位参与者[2]。第二种，改变开展实验的物理环境，使其能够容纳较少或较多的参与者[3]。例如，通过设置障碍物使通道变窄来营造拥挤的环境[4]。

（二）想象社会拥挤

图片操纵是指要求参与者观看拥挤程度不同的图片，并让其想象处于所描述的场景中会有何种感受，图片的主要差异在于真实度和人数[5]。对于真实度来说，既有采用真实拍摄的图片来操纵拥挤[6]，也有对拍摄的图片进行虚化处理的[7]。对于人数而言，既有采用直观的真实的包含多人数的图片来操纵拥挤。

两种操纵方式各有优势和劣势。对于真实操纵，其优势是可以提高研究的真实性以及外部效度，增强研究的可信力，而劣势主要在于

---

[1] Ittelson W. H., Proshansky H. M., and Rivlin L. G., "A Study of Bedroom Use on Two Psychiatric Wards," *Psychiatric Services* 21, no.6(1970):177–180.

[2] Huang Siyu, et al., "Body Structure Aware Deep Crowd Counting," *IEEE Transactions on Image Processing* 27, no.3(2017): 1049–1059.

[3] Freedman D. S., "The Role of the Consumption of Modern Durables in Economic Development," *Economic development and cultural change* 19, no.1(1970): 25–48.

[4] Levav J., and Zhu R., "Seeking Freedom Through Variety," *Journal of Consumer Research* 36, no.4(2009): 600–610.

[5] Baum A. and Davis G. E., "Spatial and Social Aspects of Crowding Perception," *Environment and Behavior*, no.8(1976): 527–544.

[6] Hui M. K. and Bateson J. E., "Perceived Control and the Effects of Crowding and Consumer Choice on the Service Experience," *Journal of Consumer Research* 18, no.2(1991): 174–184.

[7] O'Guinn T. C., Tanner R. J., and Maeng A., "Turning to Space: Social Density, Social Class, and the Value of Things in Stores," *Journal of Consumer Research* 42, no.2 (2015): 196–213.

对场地要求较高，可操作性较低，并且真实场景所包含的噪音较大。对于图片操纵，其优势在于便捷、可操作性强，而劣势则是受到个体沉浸感、想象过程的影响，有可能操纵失败。

**二、社会拥挤的测量**

最早用于测量社会拥挤的量表出现于20世纪80年代，G. D. 哈雷尔等（1980）[1]开发了一个包含6个条目的7点量表（太多购物者/太少购物者；限制移动/可以自动移动；可以跟着自己的步伐走/必须以别人限定的速度前进；拥挤/不拥挤；宽敞的/狭窄的；给人空旷的感觉/给人封闭的感觉）。由于该量表只包含物理维度，马赫莱特等（1994）在此基础上又补充了社会维度（这家商店对我来说似乎太拥挤；这家商店有点太忙了；这家商店的客流量不大；这家商店中有很多顾客），即感知人群拥挤。马赫莱特等（1994）提出的测量拥挤的方式受到大多学者的认可。

# 第四节
## 理论在CB研究中的应用

从社会拥挤产生影响的效价看，有关消极影响的研究比较多。例如，社会拥挤能够导致消费者购物满意度下降[2]，促使消费者疏远产品或逃避店铺[3]。但也有研究表明，社会拥挤具有一定的积极作用。例

---

① Harrell G. D., Hutt M. D., and Anderson J. C., "Path Analysis of Buyer Behavior Under Conditions of Crowding," *Journal of Marketing Research* 17, no.1(1980): 45–51.

② Machleit K. A., Eroglu S. A., and Mantel S. P., "Perceived Retail Crowding and Shopping Satisfaction: What Modifies this Relationship?" *Journal of Consumer Psychology* 9, no.1(2000): 29–42.

③ Whiting A. and Donthu N., "Closing the Gap Between Perceived and Actual Waiting Times in a Call Center: Results from a Field Study," *Journal of Services Marketing* 23, no.5 (2009): 279–288.

如，社会拥挤能够增强消费者在休闲服务场所中与他人的互动，促进消费者愉悦目标的实现①。还有一些研究发现，社会拥挤与消费者购物反应之间呈现倒 U 型的关系②。具体而言，随着最佳刺激水平的提高，感知拥挤与愉悦商品评价的倒 U 型关系逐渐显现。下面我们将分别阐述社会拥挤对消费者的积极影响和消极影响。

## 一、社会拥挤对消费者的积极影响

### （一）社会拥挤能够诱发消费者的正性感知

社会拥挤的环境为群体间的接触、建立情感联系，以及产生积极的感知结果提供了便利条件③。原因在于，拥挤环境下的感知人群拥挤容易诱发消费者关于"受欢迎的就是好的"的信念，即社会拥挤能够成为消费者的推断线索④。例如，消费者会认为拥挤的餐厅代表着该餐厅的声誉高、食品质量好、价格低，这一联想会提高消费者对产品的评价。此外，高人流密度的环境会增强消费者在酒吧、舞厅等休闲服务场所中的愉悦体验，这种情况在享乐服务活动中表现得更为明显⑤。除了与现场体验相关的内容，社会拥挤也能够影响消费者的购后感受。

---

① Pons F., Laroche M., and Mourali M., "Consumer Reactions to Crowded Retail Settings: Cross-Cultural Differences Between North America and the Middle East, " *Psychology & Marketing* 23, no.7(2006): 555-572.

② Knoeferle K. M., Paus V. C., and Vossen A., "An Upbeat Crowd: Fast In-Store Music Alleviates Negative Effects of High Social Density on Customers' spending, " *Journal of Retailing* 93, no.4(2017): 541-549.

③ Eroglu S. A., Machleit K. A., and Chebat J. C, "The Interaction of Retail Density and Music Tempo: Effects on Shopper Responses, " *Psychology & Marketing* 22, no.7 (2005): 577-589.

④ 沈曼琼、王海忠、胡桂梅：《营销领域的社会拥挤研究述评与展望》，《外国经济与管理》2019年第3期，第85-97页。

⑤ Pons F., Laroche M., and Mourali M., "Consumer Reactions to Crowded Retail Settings: Cross-Cultural Differences Between North America and the Middle East, " *Psychology & Marketing* 23, no.7(2006): 555-572.

例如，社会拥挤能够增加消费者的购物满意度①。类似地，在研究社会拥挤对节日期间游客满意度之间的关系也发现了同样的结果，即社会拥挤能够正向影响游客的满意度②。

（二）社会拥挤能够促进消费者的趋近行为

当人们感到自己的个人空间被侵犯时，消费者更容易受到预防框架信息的影响③，他们希望通过购买更独特的产品，作为自己重申个性的一种方式④。马恩·阿赫勒姆（Maeng Ahreum，2013）等的研究发现，拥挤引发的回避动机会导致消费者对安全导向的产品更偏好，如乘坐拥挤（vs.非拥挤）地铁的通勤者对手机优惠做出购买反应的可能性更高。除此之外，空间拥挤会导致人们的多样化寻求，这是由于空间过于狭窄时会引发人们的抗拒心理而导致的⑤。类似地，社会拥挤环境也会导致个体缺失控制感进而使其更容易进行口碑传播⑥。而快节奏音乐可以在拥挤环境下增加消费者的购物意愿，促使顾客购买更多的产品⑦。最近的研究也发现，社会拥挤会影响消费者避免社交互动的愿

---

① Eroglu S. A., Machleit K. A., and Chebat J. C., "The Interaction of Retail Density and Music Tempo: Effects on Shopper Responses," *Psychology & Marketing* 22, no. 7 (2005): 577-589.

② Kim Dohee, Choong-Ki Lee, and M. Joseph Sirgy., "Examining the Differential Impact of Human Crowding Versus Spatial Crowding on Visitor Satisfaction at a Festival," *Journal of Travel & Tourism Marketing* 33, no.3(2016): 293-312.

③ Maeng Ahreum, Robin J. Tanner, and Dilip Soman, "Conservative when Crowded: Social Crowding and Consumer Choice," *Journal of Marketing Research* 50, no.6(2013): 739-752.

④ Xu Ming, et al., "Alignment Control of Carbon Nanotube Forest from Random to Nearly Perfectly Aligned by Utilizing the Crowding Effect," *Acs Nano* 6, no.7(2012): 5837-5844.

⑤ Levav J. and Zhu R., "Seeking Freedom Through Variety," *Journal of Consumer Research* 36, no.4(2009): 600-610.

⑥ Consiglio Irene, Matteo De Angelis, and Michele Costabile., "The Effect of Social Density on Word of Mouth," *Journal of Consumer Research* 45, no.3(2018): 511-528.

⑦ Knoeferle K. M., Paus V. C., and Vossen A., "An Upbeat Crowd: Fast in-Store Music Alleviates Negative Effects of High Social Density on Customers' Spending," *Journal of Retailing* 93, no.4(2017): 541-549.

望，进而对品牌依恋的程度更高[1]。而当广告强调个人利益而不是他人利益时，环保产品更受拥挤环境里的人们的喜爱[2]。

### 二、社会拥挤对消费者的消极影响

（一）社会拥挤能够激发消费者的负面情绪

基于刺激超负荷理论，人群高密度是精神压力的来源，过多的信息刺激往往导致消极的情绪状态，而拥挤作为一种外在刺激，如果它的刺激水平超过个体所期望的最佳水平，个体就会感知到拥挤带来的负面影响[3][4]。相对于不拥挤的条件，拥挤的购物环境容易使消费者产生负面情绪，表现出对产品细节以及商店布局信息回忆能力的下降，从而导致对商店满意度的下降[5]。类似地，处于高拥挤环境中的消费者更可能体验到紧张和迷惑的感觉，而处于不拥挤环境中的消费者则体验到的是一种放松和愉快的感觉[6]。此外，有学者通过调查银行情境中的拥挤发现，拥挤的银行会增加消费者的负性情绪体验。相关研究也

---

[1] Huang J. Y., Ackerman J. M., and Sedlovskaya A., "（De）contaminating Product Preferences: A Multi-Method Investigation into Pathogen Threat's Influence on Used Product Preferences," *Journal of Experimental Social Psychology* 70, no.1（2017）:143-152.

[2] 黄利瑶、王乾:《越拥挤,越利己? ——社会拥挤与广告诉求对绿色产品购买意愿的影响研究》,《财经论丛》2020年第6期,第85-94页。

[3] Schmidt Donald E. and John P. Keating, "Human Crowding and Personal Control: An Integration of the Research," *Psychological Bulletin* 86, no.4（1979）: 680-700.

[4] 柳武妹、马增光、卫旭华:《拥挤影响消费者情绪和购物反应的元分析》,《心理学报》2020年第10期,第1237-1254页。

[5] Saegert Susan, Walter Swap, and Robert B. Zajonc, "Exposure, Context, and Interpersonal Attraction," *Journal of Personality and Social Psychology* 25, no. 2（1973）（2020）: 234-242.

[6] Mackingtosh E., West S., and Saegert S., "Two Studies of Crowding in Urban Public Spaces," *Environment and Behavior* 7, no.2（1975）: 159-184.

证明了消费者感知到的密度越高，积极情绪就越低①。

（二）社会拥挤能增加消费者的负性感知与行为

拥挤带来的过多的信息线索会导致过度刺激，使感觉系统不堪重负，从而导致超负荷②、控制感减弱③以及高压力感④。此外，拥挤会增加个人空间侵犯感，当人们感到自己的私人空间被侵犯时，会产生一种被威胁感⑥。拥挤的环境还会使消费者在人际互动中受挫，与社会的连接遭到破坏，导致个体的归属感缺失，进而降低再次光顾的意愿。其他研究也重复验证了这一结果⑤。此外，社会拥挤的情况下能够降低消费者的购物时间，减少购买量。拥挤还会增加消费者的冲动购物行为，具体而言，对拥挤敏感的消费者（vs.对拥挤不敏感）会倾向于冲动购物⑥。不仅如此，拥挤还能分散消费者的注意力，促使消费者使用消耗认知资源较少的情感加工方式作出决定，最终导致他们选择并消费更多高热量的食物⑦。

通过对既往文献的梳理，社会拥挤效应的内驱力可归纳为两个方

① Pons Frank, Mehdi Mourali, and Marilyn Giroux, "The Density-Satisfaction Relationship Revisited: The Role of Scarcity and Consumers Affective Reactions in a Crowded Retail Situation," *Journal of Retailing and Consumer Services* 21, no.1(2014): 54–60.

② Evans Gary W. and Stephen J. Lepore, "Conceptual and Analytic Issues in Crowding Research," *Journal of Environmental Psychology* 12, no.2(1992): 163–173.

③ Van Rompay T. J., Galetzka M., Pruyn A. T., and Garcia J. M., "Human and Spatial Dimensions of Retail Density: Revisiting the Role of Perceived Control," *Psychology & Marketing* 21, no.4(2008): 319–335.

④ Sherrod D. R. and Cohen S., "Density, personal control, and design," in *Residential crowding and design*(Boston MA: Springer US, 1979), pp.217–227.

⑤ Baker J. and Wakefield K. L., "How Consumer Shopping Orientation Influences Perceived Crowding, Excitement, and Stress At The Mall," *Journal of the Academy of Marketing Science* 40, no.6(2012): 791–806.

⑥ Mattila Anna S. and Jochen Wirtz, "The Role of Store Environmental Stimulation and Social Factors on Impulse Purchasing," *Journal of Services Marketing* 22(2008): 562–567.

⑦ Hock Stefan J. and Rajesh Bagchi, "The Impact of Crowding on Calorie Consumption," *Journal of Consumer Research* 44, no.5(2018): 1123–1140.

面，即个体的情绪和认知，社会拥挤会通过影响消费者的情绪进而影响他们的认知与行为。此外，当消费者处于拥挤的环境中时，更倾向于采用情感加工的方式加工信息，这也会对其随后的行为产生影响。近些年，相关学者①开展了拥挤与消费者购物行为关系的元分析，这对我们明确社会拥挤在消费者行为领域的效应方向与效应大小有着重要影响。具体而言，社会拥挤能够正向影响消费者的消极情绪，并显著增强消费者的趋近性购物反应，但也能负向影响消费者的自主感知、购物态度及意愿，并且负向影响的效应要强于正向影响②。由此可见，尽管社会拥挤的影响具有两面性，但它的负向影响偏多。

## 第五节
## 理论在CB研究中的未来展望

### 一、拓展网络社会拥挤的营销结果

已有研究主要关注真实（线下）环境中的社会拥挤，虽然虚拟（网络）环境也存在拥挤现象，但是研究关注并不多。例如，消费者在"双11"下单时会因人数过多导致服务器崩溃，进而出现无法下单或支付失败的现象。鉴于移动互联网设备的普及、各种线上业务的增多，对虚拟环境拥挤的探究很有必要：从感官刺激的角度来看，导致虚拟（网络）环境社会拥挤的影响因素主要在于文字（通过数字、等待时间等展现拥挤）、图片（如在线订购电影票时的座位选择图）。那么，两种呈现方式导致的感知拥挤程度是一样的吗？对随后的感知结果（产品评价）以及行为倾向结果（消费意愿或可能性）的影响存在哪些不

---

① Iyer Gopalkrishnan R., et al., "Impulse Buying: a Meta-Analytic review," *Journal of the Academy of Marketing Science* 48, no.3(2020): 384-404.

② 柳武妹、马增光、卫旭华：《拥挤影响消费者情绪和购物反应的元分析》，《心理学报》2020年第10期，第1237-1254页。

同？未来可以从上述切入点做更加深入的探究。

## 二、挖掘社会拥挤与产品设计偏好的关系

如前所述，拥挤的社会环境可能给消费者带来诸多负面影响，例如，当在受限制的空间中与他人身体距离过近时，消费者容易处于一种紧张、迷惑的状态。同时，当拥挤人数超过可忍受的范围时，消费者会觉得空间受到侵犯，行为受到约束。结合心理抗拒理论，我们认为消费者的自由和空间受威胁时会产生心理抗拒，因此，社会拥挤可能影响消费者的简繁设计偏好。具体而言，感到拥挤（vs.不拥挤）的消费者更倾向于设计简洁的产品或者品牌标识，在广告信息呈现方面具有留白效果的广告可能更具有说服力。另外，拥挤本身会导致个体的个性和独特性受到威胁。感知社会拥挤的消费者更容易受到预防（而不是促进）框架信息的影响，他们可能希望通过购买更独特的产品，作为自己重申个性的一种方式①。

---

① 柳武妹、马增光、卫旭华：《拥挤影响消费者情绪和购物反应的元分析》，《心理学报》2020年第10期，第1237-1254页。

## 第十四章

# 冷-热双系统模型

珍妮特·梅特卡夫（Janet Metcalfe），哥伦比亚大学心理学教授。主要研究领域为元认知、问题解决记忆等。

## 第一节
## 理论起源和观点

### 一、理论起源

冷-热双系统模型的提出源于自我控制研究中对自我控制起因的探索，而自我控制起因的观点之一是个体偏好不一致，即人们的偏好在不同时间点存在差异，当前时间点上的偏好从长期来看并不是最优选择①②。1962年希尔加德·E.R.基于西格蒙德·弗洛伊德的心理理论思想中本我、自我和超我的概念及关系③提出，自我控制所面对的偏好不一致矛盾本质上是原发过程思维和继发过程思维的冲突。这里的原发过程思维遵循本我原则或者快乐原则，是由冲动所驱动的，绝大多数情况下是非理性的，寻求的是即时快乐；而继发过程思维则遵循自我原则或者现实原则，具有逻辑思辨能力，会为了实现长期利益愿意放弃短期的即时享乐④。

G. A. 凯利等（1963）进一步指出认知和情感都会影响个体行为。虽然人不能改变事件，但是可以通过自我调节从不同的角度重新定义事件⑤。当认知和情感都受到重视时，学者们开始探究认知和情感的触发顺序是怎样的：一种观点认为个体的思考与感受同在，不过情感判别发生在广泛的推论之前，也就是说感受先于认知且受不同系统控制⑥；与之相反，另一种观点强调先认知后感受⑦。梅特卡夫等（1996）

① Ainslie George, "Specious Reward: A Behavioral Theory of Impulsiveness and Impulse Control," *Psychological Bulletin* 82, no.4(1975): 463–496.

② Khan Uzma, Ravi Dhar, and Klaus Wertenbroch, "A Behavioral Decision Theory Perspective on Hedonic and Utilitarian Choice" (Inside Consumption. Routledge, 2005), pp.166–187.

③ Freud S., "Formulations Regarding the Two Principles in Mental Functioning," In *D. Rapaport, Organization and Pathology of Thought: Selected Sources* (Columbia University Press, 1951), pp. 315–328.

④ Hilgard Ernest R., "Impulsive Versus Realistic Thinking: An Examination of the Distinction Between Primary and Secondary Processes in Thought," *Psychological Bulletin* 59, no.6(1962): 477–488.

⑤ Kelly George A., *A Theory of Personality: The Psychology of Personal Constructs, Constructs* (WW Norton & Company, 1963), p.69.

⑥ Zajonc Robert B., "Feeling and Thinking: Preferences Need No Inferences," *American Psychologist* 35, no.2(1980): 151–175.

⑦ Lange C. G., James W., and Dunlap K., *The Emotions* (Dunlap Keditor Hafner Publishing Co: New York, 1967), p.69.

对创伤记忆的冷热系统分析研究表明①，人类记忆是由两个系统组成，一个基于杏仁核（情绪触发器），另一个基于海马体以及额叶皮质区域（与高级思维有关）。在此基础上，1999年梅特卡夫等在其研究中明确提出了热-冷双系统模型。

## 二、理论主要观点

冷-热双系统模型提出②，个体同时存在两种决策处理系统：冷的认知系统，由情感中理性的认知构成，用于产生理性的行为；热的情感系统，由情感中的心理表述构成，一般导致欲求、冲动的行为。当热的情感系统居于主导地位时，个体更倾向于短期的即时享乐。相反，当冷的认知系统居于主导地位时，个体更倾向于抑制短期享乐行为，转而追求长期目标。

冷-热双系统的具体区别见表14-1：

表14-1　冷系统和热系统的差异③

| 冷的认知系统 | 热的情感系统 |
| --- | --- |
| 复杂 | 简单 |
| 深思熟虑的 | 反射的 |
| 决策速度慢 | 决策速度快 |
| 发育晚期 | 发育较早 |
| 压力情况下优势减弱 | 压力情况下优势增强 |
| 自我控制 | 刺激控制 |
| 理性决策风格 | 感性决策风格 |

① Metcalfe Janet and Jacobs W. J., "A 'Hot-System/Cool-System' View of Memory Under Stress," *PTSD Research Quarterly* 7, no.2(1996): 1–3.

② Metcalfe Janet and Walter Mischel, "A Hot/Cool-System Analysis of Delay of Gratification: Dynamics of Willpower," *Psychological Review* 106, no.1(1999): 3–19.

③ Metcalfe Janet and Walter Mischel, "A Hot/Cool-System Analysis of Delay of Gratification: Dynamics of Willpower," *Psychological Review* 106, no.1(1999): 3–19.

第二节<br>理论深化和推进

### 一、冷-热双系统平衡的影响因素

（一）生物体的发育阶段

热系统发展较早，而冷系统发展较晚。因此，在个体生命的早期，热系统开始运行时，冷系统在很大程度上还未开发。个体直到 4 岁开始，冷系统才逐渐成熟，此时系统的主导地位发生了从热到冷的转变。梅特卡夫等（1996）认为，生物体热系统的逐渐衰减会反映在动机的减少以及退缩与拒绝行为的增加上。

（二）压力水平

个体在较低水平的压力状态下，冷-热双系统能够和谐共事，但是当压力水平增加的情况下，冷系统逐渐无法正常工作，留下热系统主导行为，即热系统开始控制冷系统，继而产生一些由刺激驱动的快速反应。该过程体现了冷-热双系统平衡的自适应功能。在高压或负性情感被唤醒的情况下，进行有效的自我调节有助于生物体重新运用冷却机制，做出相对理性正确的选择。最后，内源性条件、先天易感性、生理条件和疾病均可以选择性地影响冷系统或热系统的相对功能，并产生可预测的认知、情绪和行为后果。

### 二、冷-热双系统模型与自我控制资源理论的融合

自我控制资源（resource ofself-control，SCR）理论认为，SCR 越低的个体越有可能在跨期决策中做短视选择[①]。当人的认知资源有限时，

---

[①] Baumeister R. F. and Todd F. Heatherton, "Self-Regulation Failure: An Overview," *Psychological Inquiry* 7, no.1(1996): 1–15.

难以调用耗费认知资源的冷系统，此时热系统占主导地位[1]。因此，在这一情况下，人们更多地采用情感与感性进行决策，从而倾向于选择满足情感与欲求的享乐品；当认知资源充足时，就会倾向于采取理性决策风格，此时个体更愿意选择具有信息与功能的实用品。但是，心理转换（mental transformations）和策略性的自我分心（strategic self-distraction）能帮助个体提升自我控制水平。个体以"冷"的方式考虑远期可获得的奖励，或者引导自我专注于当下的任务。避免即时享乐激活情感机制，从而间接地影响个体的自我控制行为，继续保持延迟[2]。个体还可以通过策略性的自我分心以及转移注意力等方式，削弱刺激物对个体的诱惑，使之实现延迟满足[3]。

## 二、冷-热双系统模型的神经心理学证据

在认知神经层面，最初冷-热双处理系统模型只是对冷-热系统的神经生理基础进行了设想。具体而言，该模型认为冷系统受海马体和额叶皮层的支配，由情感中理性的认知构成，具有认知性、策略性、连贯性等特征，通常指导理性行为；而热系统由杏仁核统管，由情感的心理表述构成，具有冲动性、反射性、情绪性等特征，通常导致欲求、冲动以及趋避行为。但是，冷-热双系统的独立与相互作用观点在2004年S. M.麦克卢尔等人的神经心理学研究中得到了证实[4]。

---

① Shiv B. and Fedorikhin A., "Heart and Mind in Conflict: The Interplay of Affect and Cognition in Consumer Decision Making," *Journal of Consumer Research* 26, no. 3 (1999): 278-292.

② Meichenbaum D. and Goodman J., "Reflection-Impulsivity and Verbal Control of Motor Behavior," *Child Development* 40, no.3 (1969): 785-797.

③ Mischel W. and Ebbesen E. B., "Attention in Delay of Gratification," *Journal of Personality and Social Psychology* 16, no.2 (1970): 329-337.

④ McClure S. M., Laibson D. I., Loewenstein G., and Cohen J. D., "Separate Neural Systems Value Immediate and Delayed Monetary Rewards," *Science* 306, no.10 (2004): 503-507.

## 第三节
## 理论所提构念的测量

冷-热双系统模型涉及的关键变量为跨期决策，因此，该部分主要介绍跨期决策的相关测量方式。有三种用来提取人们在跨期决策中收益率的任务，即固定选项任务、滴定选项任务和视觉模拟量表任务。下面笔者将对这三种实验范式进行介绍和比较。

### 一、固定选项任务

固定选项任务最早由 H. 拉赫林等（1972）[1]人提出。在该任务中，参与者需要在当下较小的金额和延迟一段时间后较大的金额之间做出选择。通常是延迟后的金额保持不变，比如，1000元；而当下的金额在每次选择时都是按照从大到小的顺序呈现，比如，990元、980元、960元、940元……延迟时间一般包含7个时间点，即1周、2周、1个月、6个月、1年、5年和21年，参与者在7个时间点上依次完成一系列金额不同的跨期选择任务。在每个时间点系列开始前，都会提示参与者在接下来的实验中的延迟时间点是多少。每个时间点的近期选项与远期选项的无差异点是参与者从选择近期选项金额转换为选择延迟后金额这两个选项的平均值。

### 二、滴定选项任务

第二种范式就是滴定任务。在滴定任务中，参与者也需要在近期较小金额和远期较大金额之间做出选择，同样包含几个不同的延迟时间点。与固定选项任务的不同之处是近期选项金额的变化是随参与者选择的情况而变化的。假设参与者需要对当下得到500元和在一年后得

---

① Rachlin H. and Green L., "Commitment, Choice and Self-Control 1," *Journal of the Experimental Analysis of Behavior* 17, no.1(1972): 15–22.

到1000元两种情况做出选择，如果参与者选择了即时结果，下一个即时结果数量就减少，如果选择了延迟结果，下一个即时结果的数量就会增加。第一次试验的调整是即时结果与延迟结果之间差额的一半（即：250元），后续每次试验的调整幅度为以前调整的一半。按照这样的规则，在每个延迟时间点上重复8次滴定任务，在第9次任务中（或者第10次）显示的金额即可作为无差异点（即，滴定序列过程的无差异点是每个延迟的即时结果的最后值）。H. 林等人从滴定任务的角度研究了未来情境思维对跨期决策的影响，发现未来情境思维通过改变时间视角能降低延迟满足。

### 三、视觉模拟量表任务

视觉模拟量表是一种直观的跨期选择任务。在该任务中，近期和远期选项呈现在一个模拟比例尺上，左端表示0元，右端表示1000元。要求参与者将滑动标尺上的滑块滑到参与者所认为的一周后获得1000元相等的位置。又如，固定选项任务会设置不同的时间点，在模拟标尺任务中，参与者操作一次即可得到近期选项与远期选项的无差异点。P. S. 约翰逊（2015）等采用视觉模拟量表来测试参与者的跨期决策任务，发现时间机会成本会对多种商品的价值折扣幅度产生影响[1]。

已有研究对比了跨期任务的实验用时、无效数据产生量和非系统数据产生量，发现在实验用时方面，视觉模拟量表任务具有操作简单、耗费时间最少的特点，滴定选项任务所耗费的时间次之，固定选项任务所耗费时间最多。在无效数据产生量方面，固定选项任务容易导致参与者产生一个无效的数据或者多个无差异点，进而使其产生的无效数据最多，视觉模拟量表产生的无效数据次之，滴定选项任务产生的无效数据最少。非系统数据的产生量受制于视觉模拟量表任务本身的形式，它产生的非系统性数据最多，滴定选项任务产生的非系统性数

---

[1] Johnson P. S., Herrmann E. S., and Johnson M. W., "Opportunity Costs of Reward Delays and the Discounting of Hypothetical Money and Cigarettes," *Journal of the Experimental Analysis of Behavior* 103, no.1(2015): 87–107.

据次之，固定选项任务产生的非系统性数据最少。通过对比发现，滴定选项任务是目前跨期选择任务的最优选择，因为该任务能够产出较为系统和有效的数据，并且实验耗费时间较少。

# 第四节
## 理论在CB研究中的应用

### 一、冷-热双系统不平衡的前因及营销结果

已有研究显示，认知资源匮乏或有限时消费者会更加偏好享乐品[1]，S. 布鲁内尔等（2006）[2]进一步发现购物过程中的反复选择会消耗个体的自我控制资源，从而更易受享乐品的诱惑，并发生更多的冲动购买。在环境刺激方面，当消费者暴露于食欲刺激下时会启动热系统，从而使其在跨领域消费中表现得更不耐烦，即更倾向于选择即时奖励，并且更容易发生计划外购买[3]。即便只是观看其他个人沉迷于不健康食物的图像（vs.健康食物的图像）时，也能够增强消费者对放纵消费合理性与可接受性的感知，从而增加其对食物的放纵消费与味觉感知[4]。通过环境的亮度增强消费者对热的感知，从而触发其热系统，继而增强消费者的道德情感反应强度，例如，偏好从辛辣的食物中寻

---

① Shiv B. and Fedorikhin A., "Heart and Mind in Conflict: The Interplay of Affect and Cognition in Consumer Decision Making," *Journal of Consumer Research* 26, no.3 (1999): 278-292.

② Bruyneel S., Dewitte S., Vohs K. D., and Warlop L., "Repeated Choosing Increases Susceptibility to Affective Product Features," *International Journal of Research in Marketing* 23, no.2 (2006): 215-225.

③ Li X., "The Effects of Appetitive Stimuli on Out-of-Domain Consumption Impatience," *Journal of Consumer Research* 34, no.5 (2008): 649-656.

④ Poor M., Duhachek A., and Krishnan H. S., "How Images of Other Consumers Influence Subsequent Taste Perceptions," *Journal of Marketing* 77, no.6 (2013): 124-139.

求感觉，对他人更具攻击性，增强其对性感的感知，以及对积极或消极的话语产生更极端的情感反应①。因此，将灯光调暗，能够降低消费者日常决策的情绪化，该过程被称为"白炽灯效应"（incandescent affect）。

其他因素方面，G. 罗斯等②（2017）发现通过改变食品粒度（细 vs. 粗），会触发更多的自我控制冲突，从而减少其对不健康食物的消费。此外，Huang 等（2019）提出，相对于个人电脑，移动购物场景能够启发消费者的感性思维方式。购物网站的良好设计可能会激发消费者的心理体验，让消费者沉浸在感觉体验中，导致冲动购买③。消费者可以通过心理过程模拟（如想象决策过程）抑制冲动性的感性决策④。陈瑞等（2017）还提出⑤，怀旧也是影响消费者权衡感性决策和理性决策的一个重要因素。

**二、抑制热系统并增强自我控制的策略**

以前人研究为基础，营销领域也拓展了增强自我控制力水平的具体策略，包括转移注意力和启动负性情绪两种方法。

**（一）转移注意力**

消费者的分心策略会影响食品试吃计划的有效性，事实上分散注

---

① Xu A. J. and Labroo A. A., "Incandescent Affect: Turning on the Hot Emotional System with Bright Light," *Journal of Consumer Psychology* 24, no.2(2014): 207-216.

② Roose G., Van Kerckhove A., and Huyghe E., "Honey They Shrank the Food! An Integrative Study of the Impact of Food Granularity and Its Operationalization Mode on Consumption," *Journal of Business Research* 75(2017):210-220.

③ 陈洁、丛芳、康枫：《基于心流体验视角的在线消费者购买行为影响因素研究》，《南开管理评论》2009年第2期，第132-140页。

④ 韩德昌、王艳芝：《心理模拟：一种有效预防冲动购买行为的方法》，《南开管理评论》2012年第1期，第142-150页。

⑤ 陈瑞、陈辉辉、郑毓煌：《怀旧对享乐品和实用品消费决策的影响》，《南开管理评论》2017年第6期，第140-149页。

意力可以促使消费者更多地选择试吃食物[1]。以冷-热双系统模型为基础，学者提出了一个体验双过程模型来解释上述发现。简单来说，试吃食物的快乐是由产品的信息成分与情感成分组成的。分散消费者的注意力能够增强其对情感成分的关注，同时也降低其对信息成分的在意，从而促使消费者选择试吃该食物。为了减少即时诱惑的刺激，学者们探究出了一系列方法。例如，当消费者暴露在诱惑刺激下时，通过激活预期与抵制诱惑相关的自豪感（vs.屈服于诱惑的羞耻感）能够帮助个体关注自我而非刺激，继而帮助个体提升自我控制水平[2]。与此同时，与目标意图相比，启动消费者的执行意图能够帮助消费者将注意力转移至可行信息上，从而保持更为"冷静"的头脑对信息进行远距离分析，以便更利于目标的达成[3]。此外，张等（2010）学者还提出将即时诱惑解释为长远目标的破坏因素能够帮助消费者解决短期诱惑与长期目标之间的冲突，该过程即突出了"反解释"的作用[4]。

（二）启动负性情绪

抑制热系统、增强自我控制水平的方式除了转移注意力以外，启动痛苦或恐惧等负性情绪也能够帮助个体抵制短期诱惑。例如，与信用卡支付相比，现金支付带来的痛苦感能够降低短期诱惑的吸引力，

---

[1] Nowlis S. M. and Shiv B., "The Influence of Consumer Distractions on the Effectiveness of Food-Sampling Programs," *Journal of Marketing Research* 42, no.2 (2005): 157-168.

[2] Patrick V. M., Chun H. H., and MacInnis D. J., "Affective Forecasting and Self-Control: Why Anticipating Pride Wins over Anticipating Shame in a Self-Regulation Context," *Journal of Consumer Psychology* 19, no.3 (2009): 537-545.

[3] Gollwitzer P. M. and Sheeran P., "Self-Regulation of Consumer Decision Making and Behavior: The Role of Implementation Intentions," *Journal of Consumer Psychology* 19, no.4 (2009): 593-607.

[4] Zhang Y., Huang S. C., and Broniarczyk S. M., "Counteractive Construal in Consumer Goal Pursuit," *Journal of Consumer Research* 37, no.1 (2010): 129-142.

从而帮助个体实现较长远目标，比如减少其对不健康食物的消费[1]；韦H. 林等（2011）[2]学者也提出，在可口但不健康食物的附近增加恐惧的面部表情时，能够减少个体的不健康消费。

## 第五节
## 理论在CB研究中的未来展望

### 一、解释水平理论与冷–热双系统模型

当热系统占主导地位时，消费者倾向于选择即时奖励；当冷系统占主导地位时，消费者倾向于为完成长期目标而发挥自我控制的作用。而时间距离或者社交距离越远时，消费者的解释水平更高，此时思维方式更为理性与抽象，也即选择更为长远的目标；反之，低解释水平与近距离相关，且更多地对应情感特征，此时个体更倾向于选择即时奖励或者享乐品。可以看到，高、低解释水平与冷–热双系统之间存在一个相互匹配且对应的关系，因此按照理论推导，会导致同方向或者类似的行为结果。但是，目前的研究存在矛盾。例如，为他人进行决策时，从理论推导来看，消费者会做出更为理性客观的选择，这与J. 拉莱（2010）[3]的研究不符，该研究发现，消费者为他人做决策反而更放纵。因此，未来可以探究相关边界条件，以调和两个理论导致的行为结果。

---

① Thomas M., Desai K. K., and Seenivasan S., "How Credit Card Payments Increase Unhealthy Food Purchases: Visceral Regulation of Vices," *Journal of Consumer Research* 38, no.1(2011): 126–139.

② Veling H., Aarts H., and Stroebe W., "Fear Signals Inhibit Impulsive Behavior Toward Rewarding Food Objects," *Appetite* 56, no.3(2011): 643–648.

③ Laran J., "Goal Management in Sequential Choices: Consumer Choices for Others Are More Indulgent Than Personal Choices," *Journal of Consumer Research* 37, no.2(2010): 304–314.

### 二、拓展冷−热双系统不平衡的前因和营销结果

营销领域已从个体层面（如认知资源）和环境层面（如饮食刺激）探讨了热−冷双系统不平衡的前因及可能的结果。未来可以从社会文化层面继续探讨相关主题，尽管已经有一些研究做了工作。例如，社会排斥激发个体的负性情绪从而损害冷系统的作用，做出冲动购物或不理智的行为[①]；启动个人（vs.社会）权利感的消费者会更加偏好感性（vs.理性）诉求广告，其中唤醒度发挥部分中介作用[②]。但是，这一方向仍有挖掘的潜力和价值，例如，社会比较（上行比较 vs.下行比较）如何影响消费者的冷−热双系统？下行比较时人们更容易产生优越感，可能激活了热系统，而上行比较时更需要理性才能维持自尊。另外，消费者的生命史策略与热−冷双系统之间有什么关系？童年期生活资源匮乏的消费者在行为、决策中是否更有可能基于热系统？

---

[①] 张姝玥、黄骏青、赵峰、徐科朋：《社会排斥影响跨期决策的心理机制探讨》，《心理科学进展》2022年第3期，第486−498页。

[②] 江红艳、张婧、孙配贞、江贤锦：《感性还是理性？文化衍生的权力感对广告诉求偏好的影响》，《心理学报》2022年第6期，第684−702页。

第十五章

## 心理模拟理论

谢利·E.泰勒（Shelley E. Taylor），加州大学洛杉矶分校心理学教授，耶鲁大学社会心理学博士。泰勒的研究兴趣在健康心理学，尤为关注能促进长期心理调适的因素以及社会认知方面。

## 第一节
## 理论起源和观点

### 一、理论起源

自20世纪70年代以来，德国心理学和哲学中都出现过"模拟"的概念，用于阐释人们如何解释和理解他人的思想①。心理学领域对心理练习效果的讨论也为心理模拟的提出奠定了基础，心理练习是指通过心理想象或模拟来提高行为表现，心

① Taylor Shelley E. and Sherry K. Schneider, "Coping and the Simulation of Events,"*Social Cognition* 7,no.2(1989): 174-194.

理练习是一种有效的学习形式①，进行过心理练习产生的表现优于完全不练习的表现②。基于已有学者关于读心理论（将一种心理状态归因于目标他人）的争论，以及与模拟相似概念（心理练习、想象、规划等）的实证研究，1989年心理学家谢利·E.泰勒等在其研究中正式提出"心理模拟"的概念。

## 二、理论主要观点

心理模拟（mental simulation）是指一些事件以及系列事件的功能或过程的想象表征。心理模拟理论是一种认知应对理论，该理论以对过去、未来和假设事件的心理模拟为中心，通过三个方面为持续和过去的压力源提供了解决问题的方式：（1）心理模拟提高了想象经验的感知有效性或真实性；（2）心理模拟提供了组织经验的框架；（3）心理模拟提供了聚集特定情绪和唤醒的机制。反过来，这三个方面也有助于通过增加对想象中事件的预期、提供计划和增加动机，将思想转化为行动。

心理模拟不仅可以对已经发生的事情进行模拟，还能对未来将要发生的事情进行模拟，其中针对已经发生事件的模拟叫反事实模拟（也称启发式模拟），而针对未来事件的模拟叫前事实模拟。

---

① Richardson A., "Mental Practice: A Review and Discussion Part 1, "*Research Quarterly American Association for Health, Physical Education and Recreation* 38(1967): 98-107.

② Feltz D. L. and Landers D. M., "The Effects of Mental Practice on Motor Skill Learning and Performance: A Meta-Analysis,"*Journal of Sport Psychology* 5, no.1(1983): 25-57.

## 第二节
## 理论深化和推进

### 一、心理模拟的类型划分

（一）过程模拟和结果模拟

法姆等人①将心理模拟划分为两种类型：第一种是过程模拟，指个体设定一个目标，然后积极地在心里排练实现目标所需的步骤，这会导致行为的适当改变，进而增加实现目标的可能性。过程模拟旨在帮助个体构建一份切实有效的行动计划来帮助其实现最终的目标；第二种是结果模拟，是模拟一个事件的目标，积极关注将要实现的结果有助于实现目标。结果模拟时个体通常将预期结果用视觉想象的方式来虚拟，由此带来的生动具体的表征，可促进个体加强自我效能感，以及努力奋斗实现目标。

（二）自我相关心理模拟和他人相关心理模拟

基于心理模拟的主体可将其分为②：一是自我相关心理模拟，指利用自传体记忆或相关经验，将广告或产品特征与自我参照建立的认知网络联系起来，从而加强相关性和说服力。即消费者以某种方式将广告与自己联系起来，并对广告和广告产品有更好的记忆和更积极的态度。消费者能够想象购买产品，模拟产品体验，并更好地理解产品使用的后果；二是他人相关心理模拟，指消费者在想象购买产品时，想象是他人使用和体验产品的心理模拟过程。

① Pham Lien B. and Taylor Shelley E., "From Thought to Action: Effects of Process Versus Outcome-Based Mental Simulations on Performance," *Personality and Social Psychology Bulletin* 25, no.2(1999): 250–260.

② Dahl D. W. and Hoeffler S., "Visualizing the Self: Exploring the Potential Benefits and Drawbacks for New Product Evaluation," *Journal of Product Innovation Management* 21, no.4(2004): 259–267.

（三）基于记忆的心理模拟和基于想象的心理模拟

基于记忆的心理模拟是指个体基于过去的经验等认知资源想象使用新产品的方法。基于想象的心理模拟是指对于新产品的使用是前所未有的，以富有想象力的心理模拟过程模拟产品的使用，这可能会突出产品利益的感知价值，减弱对学习成本的关注，并增加新产品的评估[1]。

## 二、具身认知与心理模拟

具身认知强调人们的认知过程中身体的作用，认为身体既是认知的基础和来源也会影响认知过程，指出人的心理活动与身体是交互影响的[2]，心理模拟也是"具身"的一种重要方式[3]。人类的身体状态、行为甚至心理模拟都被用来产生其认知活动，心理模拟是感知体验的再现，是一种更自动的心理意象形式，通过接触物体的表征而启动。塔克·迈克等向被试者展示常见的家用物品（如煎锅、茶壶）照片，这些物品朝左或者朝右，要求被试者用左手或右手按下按钮将这些物品分类为直立或倒置类别[4]。因为人们看到物体都是自发地模拟握住物体的手柄，所以本能地当物体朝右（左）时，用右（左）手模拟握住物体。当模拟动作和所需动作（按下按钮）之间更好地匹配时，将促进心理产品交互，从而提高动作准确度。该研究表明，个体对物体的视觉描绘会影响个体与物体的心理互动。该研究考虑了产品描述对反

---

①王海忠、闫怡：《顾客参与新产品构思对消费者自我-品牌联结的正面溢出效应：心理模拟的中介作用》，《南开管理评论》2018年第1期，第132-145页。

② Barsalou L. W., "Grounded Cognition，"Annual Review of Psychology 59（2008）：617-645.

③ Shen Hao, Meng Zhang, and Aradhna Krishna., "Computer Interfaces and the "Direct-Touch"Effect: Can Ipads Increase the Choice of Hedonic Food?"*Journal of Marketing Research* 53，no.5（2016）：745-758.

④ Tucker Mike and Rob Ellis，"On the Relations of Seen Objects and Components of Potential Actions，"*Journal of Experimental Psychology: Human Perception and Performance* 24，no.3（1998）：830-846.

应准备程度的影响，后续研究进一步发现，产品的视觉描述（例如，蛋糕左侧或右侧的叉子）和惯用手（左侧或右侧）之间存在匹配（与不匹配），从而增加了消费者对产品的购买意愿[①]。

### 三、解释水平与心理模拟

依据解释水平理论，人们倾向于关注近期事件的具体方面和远期事件的抽象方面，而对具体方面的关注提高了与可行性相关的组成，对抽象方面的关注则提高了与可取性相关的组成，这可能会导致随着时间推移偏好的不一致[②]。为了防止人们忽视遥远未来行动的低层次方面所带来的负面后果，可以通过要求他们详细练习或计划遥远未来的任务来强调遥远未来事件的具体细节[③]。2007年赵等明确提出使用心理控制机制（即心理模拟）改变解释水平[④]，将随时间变化的选择研究与心理模拟相结合发现，对近期事件结果模拟后的近期偏好与自然的远期偏好更加一致，对遥远未来过程模拟后的遥远未来偏好与自然的近期偏好更一致。

---

[①] Elder Ryan S. and Aradhna Krishna, "The 'Visual Depiction Effect' in Advertising: Facilitating Embodied Mental Simulation through Product Orientation," *Journal of Consumer Research* 38, no.6(2012): 988–1003.

[②] Liberman Nira and Yaacov Trope, "The Role of Feasibility and Desirability Considerations in Near and Distant Future Decisions: A Test of Temporal Construal Theory," *Journal of Personality and Social Psychology* 75, no.1(1998): 5–18.

[③] Yaacov Trope and Liberman Nira, "Temporal Construal," *Psychological Review* 110, no.3(2003): 403–421.

[④] Zhao M., Hoeffler S., and Zauberman G., "Mental Simulation and Preference Consistency Over Time: The Role of Process-Versus Outcome-Focused Thoughts," *Journal of Marketing Research* 44, no.3(2007): 379–388.

## 第三节
## 理论所提构念的操纵和测量

不同研究中关注的心理模拟的类型不同，因此，测量和操纵的方法也存在差异。为了便于比较和系统梳理，本书将有代表性的心理模拟研究中采用的心理模拟测量、操纵方法以表格的形式呈现。

### 一、心理模拟的测量

我们将心理模拟的测量整理在表15-1中。

表15-1  心理模拟的测量

| 构念名称 | 测量方式 | 参考文献 |
|---|---|---|
| 过程模拟 | 以上评论直接激发起我想象、模拟使用产品时的体验过程；我想象、模拟了自己在使用该产品，在使用该笔记本电脑工作；我想象、模拟了产品体验过程，用笔记本电脑看电影、办公的过程 | 崔登峰等（2022） |
| 结果模拟 | 以上评论直接激发我想象、模拟产品的属性和效果；我想象、模拟了该产品的属性，笔记本电脑的尺寸、内存、处理器、接口以及功能等；我想象、模拟了该产品的结果，这款笔记本电脑的配置能达到我预期的使用效果 | |
| 自我相关心理模拟 | 在阅读以上内容过程中，你试图在脑海中模拟自己参与该新产品构思的程度如何；你在脑海中模拟自己参与该新产品构思的过程中，能想象的场景详细程度如何 | 王海忠等（2018） |
| 心理模拟程度 | 吃蛋糕的情景出现在你脑海中的强度(1 = 一点也没有；9 = 非常强)；吃蛋糕的情景进入你脑海中的数量(1 = 非常少或者没有；9 = 非常多)；你在想象蛋糕在口中融化时的质地、感受的程度(1 = 一点也没有；9 = 非常强) | 熊素红等（2021） |

## 二、心理模拟理论的操纵

我们根据前人文献将心理模拟的操纵整理在表15-2中。

表15-2　心理模拟的操纵

| 构念名称 | 操纵方式 | 参考文献 |
|---|---|---|
| 过程模拟 | 情境想象：引导目标顾客想象使用新产品的过程。例如："XI-100笔记本是一款适合外出人士的移动产品。" | Zhao 等（2012） |
| | 情境想象+书写任务：假如你将在明天（一年后）购买I-Clock，请想象并写下您使用I-Clock的过程。但不限于您在使用I-Clock的某些功能时会进行的操作步骤（回答不少于20字） | 曾伏娥等（2022） |
| 结果模拟 | 情境想象：引导目标顾客想象使用或获得新产品后的结果和利益。例如："XI-100超便携笔记本在小巧轻便的笔记本中为用户提供了卓越的性能。" | Zhao 等（2012） |
| | 情境想象+书写任务：假如您将在明天（一年后）购买I-Clock，请想象并写下您使用I-Clock的结果。但不限于I-Clock的某些特点给你带来了哪些收益（回答不少于20字） | 曾伏娥等（2022） |
| 基于记忆的心理模拟 | 情境想象：在考虑是否购买新产品时，许多消费者发现，在脑海中模拟产品的使用可以帮助他们对产品进行评估。例如：通过在脑海中模拟使用某产品可以帮助你更好地评估某产品；在你评估某产品时，请释放你的思维，将这些活动形象化（即思考你将如何使用该产品） | Zhao 等（2009） |
| 基于想象的心理模拟 | 情境想象：在考虑是否购买新产品时，许多消费者发现，在脑海中模拟产品的使用可以帮助他们对产品进行评估。例如：释放你的想象力，想象你以前从未用某产品做新活动，可能会帮助你评估某产品；在评估某产品时，请督促自己想象这些新的活动（即思考使用某产品的新方式） | |
| 自我相关的心理模拟 | 参与者被要求想象自己使用新产品的情景 | Dahl 和 Hoeffler（2004） |
| 他人相关的心理模拟 | 参与者被要求想象典型消费者（他人）使用新产品的情景 | |

## 第四节
### 理论在 CB 研究中的应用

**一、营销沟通中的心理模拟**

心理模拟能够塑造和影响个体的认知、态度和行为，而这正是营销沟通需要达成的目标。因此，早期的消费者行为研究将心理模拟理论广泛地应用在了营销沟通的研究当中。"营销沟通"是指企业与目标顾客进行双向信息交流，通过广告、包装、推销、营业推广等寻求顾客在认知、态度和行为三方面的反应，以建立共识和达成价值交换为目标[①]。消费者面对感兴趣的产品时，会自发地生成与产品特征或产品使用相关的意象。也就是说，消费者在加工处理产品信息时，会通过心理模拟形成产品认知与评价，甚至生成购买动机或决策[②]。从企业角度看，诱导消费者进行心理模拟是较为有效的营销沟通策略。

后续研究挖掘了不同心理模拟在营销沟通中的效果，并取得丰富成果：比起单纯提供文字信息，通过引导人们想象与目标产品互动能够形成更清晰生动的产品视觉意象，进而带来更积极的产品态度[③]；相比于类比式广告，心理模拟式广告能够获得消费者更多的关注度[④]。因为类比是一种在给出产品特征信息之前，个体基于已有信息进行深度

---

① 景奉杰、曾宪伟：《企业营销沟通发展的新趋势》，《商业经济与管理》2000 年第 2 期，第 15-17 页。

② Schlosser A. E., "Experiencing Products in the Virtual World: The Role of Goal and Imagery in Influencing Attitudes Versus Purchase Intentions." *Journal of Consumer Research* 30, no.2(2003): 184-198.

③ Kisielius J. and Sternthal B., "Detecting and Explaining Vividness Effects in Attitudinal Judgments," *Journal of Marketing Research* 21, no.1(1984): 54-64.

④ 李宝珠、魏少木：《广告诉求形式对产品反馈的影响作用：基于眼动的证据》，《心理学报》2018 年第 1 期，第 69-81 页。

加工并做出一系列联想和推理构想出产品特性的认知过程。而心理模拟式的扩散方式不依赖于消费者对产品特性的推理，而是基于一系列的刺激对自己未来将会发生事件的预想以及模拟性认知的重构[1]，心理模拟式的扩散方式可以帮助消费者结合自身的切实需要（产品属性-自身效益）对陌生的产品进行认知[2]，最终使消费者建立产品功能特点的完整框架以及产品态度。还有研究发现以构建故事为目的的广告中，多个产品图片的视觉角度转换会增加认知处理难度，从而导致消费者对广告产品的评价降低；而在以获取信息为目的的广告中，将产品以不同视觉角度的图片形式呈现，会使消费者对产品有更积极的评价[3]。

　　进一步研究指出，引导消费者基于心理模拟加工产品信息[4][5]，或是将心理模拟诉求纳入营销信息（通过使用吸引人的图片和能诱发心理模拟的广告语等方式，诱导消费者与广告产品进行心理互动）[6]，都能够显著提高消费者的产品评价与购买意向。将图片广告中的产品摆放位置与受众的惯用手方向相对应，能够促进受众通过心理模拟与产

---

[1] Sanna L. J., "Mental Simulation, Affect and Personality: A Conceptual Framework," *Current Directions in Psychological Science* 9, no.5(2000): 168–173.

[2] Taylor Shelley E. and Sherry K. Schneider, "Coping and the Simulation of Events," Social Cognition 7, no.2(1989): 174–194.

[3] Jiang Y., Adaval R., Steinhart Y., and Wyer Jr R. S., "Imagining Yourself in the Scene: The Interactive Effects of Goal-Driven Self-Imagery and Visual Perspectives on Consumer Behavior," *Journal of Consumer Research* 41, no.2(2014): 418–435.

[4] Keller P. A. and McGill A. L., "Differences in the Relative Influence of Product Attributes Under Alternative Processing Conditions: Attribute Importance Versus Attribute Ease of Imagability," *Journal of Consumer Psychology* 3, no.1(1994): 29–49.

[5] Keller P. A. and Block L. G., "Vividness Effects: A Resource-Matching Perspective," *Journal of Consumer Research* 24, no.3(1997): 295–304.

[6] Babin L. A. and Burns A. C., "Effects of Print Ad Pictures and Copy Containing Instructions to Imagine on Mental Imagery that Mediates Attitudes," *Journal of Advertising* 26, no.3(1997): 33–44.

品互动，从而提高购买意向①。同样，心理模拟效应在线上购物的体验
中也能够促进消费者的购买意向与行为。例如，对于与外貌有关的产
品，网店模特图片提供了具体生动的产品使用结果，帮助消费者构建
认知场景，弥补信息缺失部分，充当提供熟悉场景的角色，从而更易
引发消费者的心理模拟，降低了心理模拟难度和提高心理模拟精确性，
导致消费者产生更多接近行为②。崔登峰等（2022）在心理模拟视角下
探究在线评论类型对感知在线评论可信性的影响发现，属性型在线评
论能够促使消费者进行结果模拟，进而增强消费者感知搜索型产品在
线评论信息的可信性；体验型在线评论更能促使消费者进行过程模拟，
进而增强消费者感知体验型产品在线评论信息的可信性。

## 二、新产品营销中的心理模拟

2000 年以后，学者们逐渐将心理模拟理论的研究视线转移到新产
品的营销上。最早将心理模拟概念引入新产品营销领域的是 S. 赫夫勒
（2003 年）的研究③，该研究认为心理模拟是消费者常用的学习新产品
的方式，当面对不熟悉的新产品时，他们会自发地模拟想象使用新产
品的情景从而获得相关信息，并据此形成产品偏好。随后，更多的营
销学者开始关注心理模拟在新产品营销沟通中所扮演的角色，大多以
心理模拟内容为轴心，从不同的角度证实了心理模拟在新产品营销中
能够扮演重要的角色，使得相关研究成为心理模拟视角下营销沟通领
域一个重要的研究分支。例如，王海忠等（2018）的研究发现，顾客
参与新产品构思能够激起消费者对新产品的心理模拟，进而强化其自
我-品牌联结。

---

① Elder R. S. and Krishna A., "The 'Visual Depiction Effect' in Advertising: Facilitating Embodied Mental Simulation Through Product Orientation," *Journal of Consumer Research* 38, no.6(2012): 988-1003.

② 武瑞娟、欧晓倩、李东进:《图片呈现对消费者关注及接近行为影响效应研究》,《管理评论》2021 年第 12 期,第 176-186 页。

③ Hoeffler S., "Measuring Preferences for Really New Products," *Journal of Marketing Research* 40, no.4(2003): 406-420.

此外，大量研究关注了不同心理模拟的类型对产品创新影响的差异：首先，对于突破式创新产品，基于想象（vs. 基于记忆）的心理模拟会带来更高的产品评价，能够提高产品感知价值，降低产品学习成本；而对于渐进式创新产品，两种类型的心理模拟不会导致类似效果[①]。其次，自我相关和他人相关的心理模拟类型对新产品评价的影响不同。对于渐进式创新产品，采用自我相关心理模拟会带来更高的产品评价；对于突破式创新产品，采用他人相关心理模拟会带来更高的产品评价[②]。再次，时间距离（近未来 vs. 远未来）与心理模拟类型（过程模拟 vs. 结果模拟）之间存在匹配效应。在远（近）时间距离下，采用结果模拟（过程模拟）在降低新产品的不确定性、强化积极情感和购买意向方面更有效。产品创新程度越高，上述效应越强[③]。最后，信息处理模式（情感主导 vs. 认知主导）与心理模拟类型（过程模拟 vs. 结果模拟）之间也存在匹配效应。在认知主导（情感主导）的信息处理模式下，过程模拟（结果模拟）会带来更高的产品评价[④]。此外，心理模拟还有助于提高消费者的产品创新感知[⑤]。

### 三、饮食消费行为中的心理模拟

近十年，有许多研究者将心理模拟应用在了饮食消费行为中，探

---

① Zhao M., Hoeffler S., and Dahl D. W., "The Role of Imagination-Focused Visualization on New Product Evaluation," *Journal of Marketing Research* 46, no.1(2009): 46-55.

② Dahl D. W. and Hoeffler S., "Visualizing the Self: Exploring the Potential Benefits and Drawbacks for New Product Evaluation," *Journal of Product Innovation Management* 21, no.4(2004): 219-267.

③ Castaño R., Sujan M., Kacker M., and Sujan H., "Managing Consumer Uncertainty in the Adoption of New Products: Temporal Distance and Mental Simulation," *Journal of Marketing Research* 45, no.3(2008): 320-336.

④ Zhao M., Hoeffler S., and Zauberman G., "Mental Simulation and Product Evaluation: The Affective and Cognitive Dimensions of Process Versus Outcome Simulation," *Journal of Marketing Research* 48, no.5(2011): 827-839.

⑤ 曾伏娥、金其然、池韵佳、周海波：《过程还是结果？心理模拟对感知产品创新的影响研究》，《南开管理评论》2023年第2期，第154-165页。

究心理模拟对饮食行为的促进作用和抑制作用。在心理模拟促进饮食的相关研究中，研究者的角度多种多样，总体有三个方面：第一，涉及进食动作的心理模拟，例如，参与者对进食相关动作进行心理模拟时能提高参与者对食物的购买意愿[1]。第二，直接针对感官体验的心理模拟，例如，消费者对食物进行嗅觉方面的心理模拟（即想象去闻食物的气味）会增强其对广告食物的一系列反应，包括生理（唾液分泌）、评价、实际消费量等[2]，越是美味的食物，以上效果越明显[3]。第三，难以归入上述两类的心理模拟。对水果消费过程的心理模拟会提高参与者对水果等健康食物的消费意愿，因为对过程的心理模拟往往会强化认知反应，提高计划性，从而使得消费者更趋理性[4]。熊素红等（2021）发现，感知空间距离通过心理模拟影响消费者对食物的消费欲望，感知空间距离越近，消费者的心理模拟程度越高，就越能增强消费欲望[5]。

### 四、心理模拟理论在消费者行为研究中的其他应用

除了上述提到的心理模拟理论在营销沟通、新产品营销及消费者饮食行为中的应用，还有学者探究了心理模拟对消费者其他行为的影响，例如冲动购买、拖延行为等。

---

① Elder Ryan S. and Aradhna Krishna, "The 'Visual Depiction Effect' in Advertising: Facilitating Embodied Mental Simulation Through Product Orientation," *Journal of Consumer Research* 38, no.6(.2012): 988–1003.

② Krishna A., Morrin M., and Sayin E., "Smellizing Cookies and Salivating: A Focus on Olfactory Imagery," *Journal of Consumer Research* 41, no.1(2014): 18–34.

③ Keesman M., Aarts H., Vermeent S., HäFner M., and Papies E. K., "Consumption Simulations Induce Salivation to Food Cues," *PLoS One* 11, no.11(2016): e0165449

④ Rennie L., Uskul A. K., Adams C., and Appleton K., "Visualisation for Increasing Health Intentions: Enhanced Effects Following a Health Message and When Using a First-Person Perspective," *Psychology & Health* 29, no.2(2014): 237–212.

⑤ 熊素红、张全成：《越近越诱惑？感知食物空间距离对消费欲望的影响》，《心理科学》2021年第2期，第398—404页。

（一）在冲动购买中的应用

冲动购买的基本特点是缺乏计划性，焦虑、压力等负面情感是冲动购买的影响因素之一[1][2]。韩德昌等（2012）的研究发现，过程模拟降低消费者的冲动购买水平，而结果模拟则明显提高消费者的冲动购买水平。过程模拟集中于认知，而结果模拟更集中于情感[3]。冲动性购买者被认为持享乐主义价值观，对自己的情感状态更加敏感，倾向于追求即时满足[4]。在消费过程中，运用过程心理模拟技术能够提高消费者购买的计划性和理性分析能力，减少他们的焦虑心理[5]。

（二）在拖延行为中的应用

李晓等（2016）[6]还探究了心理模拟对消费者线上拖延行为的影响。拖延是指长期地、有意识地压制计划行为，等待未来出现更多的可以利用的附加信息后实施具体行为。李晓等根据拖延行为产生原因的差异将拖延行为划分为两种类型：一是由于过程不确定但结果确定形成的拖延行为，二是由于结果不确定但过程确定形成的拖延行为。他们发现，对于过程不确定的拖延，企业通过结果模拟操控并发送结果类促销的组合营销方式，能够改变消费者的线上拖延行为。

---

[1] Verplanken B., Herabadi A. G., Perry J. A., and Silvera D. H., "Consumer Style and Health: The Role of Impulsive Buying in Unhealthy Eating," *Psychology & Health* 20, no.4 (2005): 429-441.

[2] Rook D. W., "The Buying Impulse," *Journal of Consumer Research* 14, no.2(1987): 189-199.

[3] Taylor S. E., Pham L. B., Rivkin I. D., and Armor D. A., "Harnessing the Imagination: Mental Simulation, Self-Regulation, and Coping," *American Psychologist* 53, no.4 (1998): 429-439.

[4] Rook D. W. and Gardner M. P., "In the Mood: Impulse Buying's Affective Antecedents.," *Research in Consumer Behavior* 6, no.7(1993): 1-28.

[5] Dittmar H., Beattie J., and Friese S., "Gender Identity and Material Symbols: Objects and Decision Considerations in Impulse Purchases," *Journal of Economic Psychology* 16, no.3 (1995): 491-511.

[6] 李晓、尹聪聪、黄磊：《如何改变消费者前线上拖延：心理模拟视角》，《管理现代化》2016年第5期，第75-77页。

# 第五节
## 理论在 CB 研究中的未来展望

### 一、探究心理模拟类型对消费者健康食物选择的影响

尽管有研究发现，对食物消费过程的模拟能够提升消费者对健康食物的消费意愿[①]。然而，笔者却认为相比于过程模拟，结果模拟反而可以降低消费者对不健康食物的购买意愿。因为在食物消费中，过程模拟会使消费者模拟品尝食物的体验过程，这一过程更具享乐属性。而结果模拟则会使消费者模拟进食后带来的各种结果，包括是否能够吃饱，甚至会让消费者考虑不健康食物所带来的健康危害。据此推测，相比于过程模拟，消费者进行结果模拟更能减少对不健康食物的选择，从而提高对健康食物的消费意愿。

### 二、探究心理模拟对线上购物产品展示方式的影响

研究发现，在线上购物体验中，网店模特图片能够帮助消费者构建认知场景，弥补信息缺失部分，充当提供熟悉场景的角色，从而更易引发消费者的心理模拟，降低了心理模拟难度和提高心理模拟精确度，导致消费者产生更多接近行为[②]。那么，在线上购物中，还存在很多产品展示的营销元素，例如，通过视频来描述产品的使用过程、产品的属性信息等。笔者认为，相比于图片，通过视频来展示产品更加能够提高消费者的心理模拟程度，进而提高消费者的购买意愿。

---

[①] Rennie L., Uskul A. K., Adams C., and Appleton K., "Visualisation for Increasing Health Intentions: Enhanced Effects Following a Health Message and When Using a First-Person Perspective," *Psychology & Health* 29, no.2(2014): 237-252.

[②] 武瑞娟、欧晓倩、李东进:《图片呈现对消费者关注及接近行为影响效应研究》,《管理评论》2021年第12期,第176-186页。

第十六章

---

# 内隐人格理论

---

卡罗尔·S.德韦克（Carol S. Dweck），美国心理学家，斯坦福大学心理学教授。德韦克以研究心智而闻名，她的经典著作有《自我理论》（Self-theories，1999）等。

## 第一节
## 理论起源和观点

### 一、理论起源

有关内隐人格理论的研究可以追溯到 G. 凯利（1955）[①]，她在研究个人构建（personal constructs）时提出了内在理论（lay theories），即人们在日常生活中所持有的观念以及这些观念是如何影响人们对自我和他人的认知的。后来的学者在此基础上开展了一系列研究。

---

[①] Kelly G., *Personal Construct Psychology*（Nueva York: Norton, 1955），p.88.

## 二、理论主要观点

由于人们所持的观念大多是内隐而不能明确表达的，因此，卡罗尔·S.德韦克等（1995）将内在理论发展为内隐人格理论[1]，并认为内隐人格理论是普通人所持有的对人的基本特质（如智力、品德和人格特质）以及周围事物可变性的看法，包括实体论和渐变论两个维度[2]。持实体论观点的人被称为实体论者（entity theorist），他们认为人类的特质（如智力、人格、道德）、观念以及周围的事物是相对固定而不能改变的[3]，并且他们更能接受静止、稳定的状态[4]。比如一个人聪明与否，是否擅长运动，这些特质是固有而不能改变的。也正因为不能改变，所以实体论者主要关注的是自己是否具有这些特质。持渐变论观点的人被称为渐变论者（incremental theorist），他们认为人们可以改变自身的特质和周围的事物[5]，并且他们更能接受运动、发展的状态[1]。与实体论者相反，渐变论者认为通过学习和经历，人们能够发展和改变自我。实体论者关注的是一个人本身是否聪明，但渐变论者却认为，一个人可以通过自身的努力来提高自己，所以，渐变论者不太注重即时自我形象的好坏，而是不断地寻求机会提升自己的技能和能力。虽然人们可

---

① Dweck C. S., Chiu C. Y., and Hong Y. Y., "Implicit Theories and Their Role in Judgments and Reactions: A Word from Two Perspectives," *Psychological Inquiry* 6, no. 4 (1995): 267–285.

② Dweck C. S., *Self-theories: Their Role in Motivation, Personality, and Development*, Philadelphia, PA, US: Psychology Press, 1999, p.102.

③ Plaks J. E., Grant H., and Dweck C. S., "Violations of Implicit Theories and the Sense of Prediction and Control: Implications for Motivated Person Perception," *Journal of Personality and Social Psychology* 88, no.2(2005): 245–262.

④ Molden D. C., Plaks J. E., and Dweck C. S., "'Meaningful' Social Inferences: Effects of Implicit Theories on Inferential Processes," *Journal of Experimental Social Psychology* 42, no.6(2006): 738–752.

⑤ Plaks J. E., Grant H., and Dweck C. S., "Violations of Implicit Theories and the Sense of Prediction and Control: Implications for Motivated Person Perception," *Journal of Personality and Social Psychology* 88, no.2(2005): 245–262.

能会认为自己同时存在两种内隐人格理论维度，但个体会长期而固定的倾向于其中的某一维度，这种特定的内隐人格理论能够构建人们大脑的运行方式，引导人们的行为与决策[1]。

第二节<br>理论深化和推进

近年来，有研究者认为用"心智"（mindsets）代替"内隐人格理论"（implicit theories）更为合适[2]，并提出了"固定取向"（fixed mindset）和"发展取向"（growth mindset）来分别与"实体论"和"渐变论"相对应，且这一观点也被其他一些学者所接受[3]。固定取向的人认为人性是固定不变的，人的智力或能力是一种固定的品质，并且注重向他人证明自己拥有这种品质。研究表明，有固定取向的人会竭尽全力去感觉或表现出成功，即使有时会涉及作弊[4]。如果他们不成功，具有固定取向的人可能会采取各种防御行为来掩盖这一点[5][6]。相比之下，一些人认为他们的起点只是他们发展的开始。虽然有些人

---

① Dweck C. S., *Mindset: The New Psychology of Success*（Random House, 2006）, p.123.

② Murphy M. C. and Dweck C. S., "Mindsets Shape Consumer Behavior," *Journal of Consumer Psychology* 26, no.1（2016）: 127–136.

③ Rucker D. D. and Galinsky A. D., "Growing Beyond Growth: Why Multiple Mindsets Matter for Consumer Behavior," *Journal of Consumer Psychology* 26, no.1（2016）: 161–164.

④ Blackwell L. S., Trzesniewski K. H., and Dweck C. S., "Implicit Theories of Intelligence Predict Achievement Across an Adolescent Transition: A Longitudinal Study and an Intervention," *Child Development* 78, no.1（2007）: 246–263.

⑤ Hong Y. Y., Chiu C. Y., Dweck C. S., Lin D. M. S., and Wan W., "Implicit Theories, Attributions, and Coping: A Meaning System Approach," *Journal of Personality and Social psychology* 77, no.3（1999）: 588–599.

⑥ Nussbaum A. D. and Dweck C. S., "Defensiveness Versus Remediation: Self-Theories and Modes of Self-Esteem Maintenance," *Personality and Social Psychology Bulletin* 34, no.5（2008）: 599–612.

可能从优势或劣势开始，但发展取向的人认为所有人都可以通过努力和积累经验来改变和发展。因此，认同发展取向的人可以接受在短期内犯错误，以期随着时间的推移实现最大化发展[⑤]。

第三节<br>理论所提构念的操纵和测量

### 一、实体论倾向与渐变论倾向的测量

谢里·R.莱维（1998）在其研究中使用了内隐理论的领域通用测量，而非内隐理论的领域特定测量（即智力理论或道德品质理论），直接测量参与者的内隐人格倾向。测量的所有条目均为6点评分（1=强烈不同意，6=强烈同意），具体条目见表16-1。

表16-1　实体论倾向和渐变论倾向的测量方式

| 构念名称 | 测量方式 | 参考文献 |
|---|---|---|
| 实体论倾向 | 一个人是什么样的人是他最基本的一面,是无法改变的;人们可以用不同的方式做事,但他们的重要部分是无法改变的;每个人都是某种特定的人,我们很少能够改变原本的自己;人们不能真正改变自己最深层的属性 | 谢里·R.莱维（1998） |
| 渐变论倾向 | 每个人,无论是谁,都可以显著改变其基本特征;人们可以实质性地改变他们是什么样的人;无论一个人是什么样的人,他总是可以改变很多;人们甚至可以改变他们最基本的品质 | |

### 二、实体论倾向与渐变论倾向的操纵

内隐人格倾向的操纵比较常见的有：阅读文章、广告语宣传，以及视频观看等方式，我们选择了采用以上操纵方式的研究，截取具体

操纵信息并整理在表16-2中。

**表16-2　实体论倾向与渐变论倾向的操纵方式**

| 操纵方式 | 实例 | 来源 |
|---|---|---|
| 阅读<br>文章<br>启动 | 以权威科学研究报告的形式向参与者呈现了一段话："人们一般是无法改变一些影响自身健康的因素的……"用以操纵实体论观念参与者对健康可变性的看法 | P. 马图尔等<br>(2013)[1] |
| | 以权威科学研究报告的形式向参与者呈现了一段话："人们一般是可以改变一些影响自身健康的因素的……"用以操纵渐变论观念参与者对健康可变性的看法 | |
| 广告语<br>宣传<br>启动 | **实体论**<br>"在我们公司,我们致力于持久和不变,问问你自己,我们的不变给你带来了多少便利,你一直不变我们也一直与你同在",来启动消费者的实体论倾向 | E. A. 约克斯顿等<br>(2010)[2] |
| | **渐变论**<br>"在我们公司,我们不断在改变,我们在思考如何改变自己以融入你们的生活,你改变了,我们就改变",来启动消费者的渐变论倾向 | |
| 观看<br>视频<br>启动 | **实体论**<br>让参与者观看强调主人公特质固定性的电视或电影片段,如"James Bond"(主人公总是以固定的方式击败邪恶力量)的电影片段,来启动参与者的实体论倾向 | P. 马图尔等<br>(2013)[3] |
| | **渐变论**<br>让参与者观看强调主人公特质可变性的电视或电影片段,如"实习医生格蕾"(主人公的角色不断变换且强调主人公在剧中获得发展)的电视剧片段,来启动参与者的渐变论倾向 | |

---

[1] Mathur P., Jain S. P., Hsieh M. H., Lindsey C. D., and Maheswaran D., "The Influence of Implicit Theories and Message Frame on the Persuasiveness of Disease Prevention and Detection Advocacies," *Organizational Behavior and Human Decision Processes* 122, no. 2 (2013): 141–151.

[2] Yorkston E. A., Nunes J. C., Matta S., "The Malleable Brand: The Role of Implicit Theories in Evaluating Brand Extensions," *Journal of Marketing* 74, no.1(2010): 80–93.

[3] Mathur P., Jain S. P., Hsieh M. H., Lindsey C. D., and Maheswaran D., "The Influence of Implicit Theories and Message Frame on the Persuasiveness of Disease Prevention and Detection Advocacies," *Organizational Behavior and Human Decision Processes* 122, no. 2 (2013): 141–151.

## 第四节
## 理论在 CB 研究中的应用

内隐人格理论在消费者行为领域的研究，主要集中在探究实体论者和渐变论者的决策风格差异，对其随后的消费行为的影响。

### 一、产品选择偏好的差异研究

实体论者偏好"表现导向"（performance goals），即认为能力是天生的且不可改变，所以能力需要被展现出来。将这点运用到消费领域则表现为，那些有助于个体表现自我的商品更容易吸引实体论者的注意。J. K. 帕克等（2010）[①]的研究证实了这一点，实体论者报告使用某品牌是因为"能显示我是谁，能向别人展示我是怎样的人，会让自己感觉更好，给别人留下更好的印象"，由此可见，有助于自我显示的品牌对实体论者更有吸引力。正因为实体论者更加注重"显示"自己，所以他们对不同类型宣传广告的接受程度也不同。帕克等（2012）在研究中用两种不同的广告方式宣传一种眼影，结果发现对于实体论者来说，那些强调通过使用该商品能够展现自己美好特质的广告（如"没有比使用该眼影更好的方法能够让你向别人展示你的美"）更能让实体论者对广告和广告中的产品产生好的态度。

另外，根据实体论者和渐变论者的特质差异，金晓彤等[②]（2020）还发现相比于渐变论者，实体论者偏好进行上行比较，因而其地位消费意愿更明显。渐变论者偏好"学习导向"（learning goals），即认为现在并不代表将来，现在只是他们发展的开端，不管现在是处于优

---

[①] Park J. K. and John D. R., "Got to Get You into My Life: Do Brand Personalities Rub off on Consumers?" *Journal of Consumer Research* 37, no.4(2010): 655–669.

[②] 金晓彤、黄二帅、徐尉：《上行比较对地位消费的影响——基于内隐人格、权力距离、比较目标的调节效应分析》，《管理评论》2020年第11期，第151–161页。

势还是处于劣势，都可以通过自己的努力来得到发展和提高。将这点运用到消费行为领域，就有研究发现即使实体论者和渐变论者同样对一本食谱感兴趣，不同的追求导向也会使他们对食谱产生不同的兴趣点①。不同于实体论者想通过买食谱做菜来得到别人的赞扬，渐变论者可能对学习和掌握新的烹饪技巧更感兴趣，他们购买食谱是用来提高和改善自己的厨艺的。在广告宣传方面，因为渐变论者有自我提高导向，所以强调"自我提高"的广告对渐变论者更有效。在帕克等（2012）的研究中，同样是对眼影的宣传，强调"没有比使用该眼影更好的方法来提高你的美感"之类的宣传广告更能让持渐变论的消费者对实验中所宣传的眼影产生好的印象，实验结果也验证了渐变论者不断追求提高的学习导向。此外，最新的研究发现，消费者的内隐人格调节品牌故事类型对消费者品牌态度的影响。具体而言：对发展取向的消费者（渐变论者）而言，相比于示强型品牌故事，示弱型品牌故事更能激发消费者的激励感知，从而导致其拥有更好的品牌态度；对固定取向的消费者（实体论者）而言，相比于示弱型品牌故事，示强型品牌故事更能激发消费者的能力感知，从而导致其更好的品牌态度②。

## 二、实体论者和渐变论者对结果和过程的关注研究

由于实体论者和渐变论者对结果和过程的关注不同，从而在消费行为的体现上存在差异。由于实体论者更关注结果、渐变论者更关注过程，因此，实体论者可能会有更多的投诉行为。同时，他们也不太相信企业会改善商品或服务，因此，倾向于索取金钱补偿③。而持渐变论的个体在消费中会有更少的投诉，因为他们可能更会考

① Murphy M. C. and Dweck C. S., "Mindsets Shape Consumer Behavior," *Journal of Consumer Psychology* 26, no.1(2016): 127-136.

② 吴媛媛、张慧、刘天娇、黄雪:《示弱还是示强？品牌故事类型影响消费者品牌态度的双重路径模型》,《南开管理评论》2022年第1期,第1-18页。

③ Murphy M. C. and Dweck C. S., "Mindsets Shape Consumer Behavior," *Journal of Consumer Psychology* 26, no.1(2016): 127-136.

虑情境问题，而不是单纯地认为是企业的问题。例如，如果航空公司弄丢了他们的行李，但是承诺做出改变，渐变论者会更愿意给航空公司一个机会，接受可在下次飞行时使用代金券来作为补偿[1]。此外，在广告宣传信息框架研究中，分别以"得"框架和"失"框架呈现信息时，渐变论者对广告的接受程度会受广告框架的影响；实体论者只关注结果，而"得""失"框架的结果是相同的，所以实体论者对框架不敏感[2]。

### 三、消费行为中努力程度上的差异研究

实体论者认为如果有高能力就不需要努力，如果需要努力就没有高能力。所以对于实体论者来说，不需要努力就能获得的成功价值是最高的。渐变论者与实体论者相比更愿意付出努力，他们认为努力是成功的关键。因此，相比于实体论者，渐变论者更偏好智力游戏、迷宫和拼图等通过大量的脑力活动来解决难题的游戏[3][4]。在解决肥胖问题上，他们会被鼓励积极计算卡路里、计算蛋白质、追踪运动量，以及每周通过聚会来减重和保持健康的服务所吸引；而实体论者更愿意采用减肥药、抽脂手术等快速改变肥胖问题的减肥方式[5]。

---

[1] Haselhuhn M. P., Schweitzer M. E., and Wood A. M., "How Implicit Beliefs Influence Trust Recovery,"*Psychological Science* 21, no.5(2010): 645–648.

[2] Jain S. P., Mathur P., and Maheswaran D., "The Influence of Consumers' Lay Theories on Approach/Avoidance Motivation,"*Journal of Marketing Research* 46, no.1(2009): 56–65.

[3] John D. R. and Park J. K., "Mindsets Matter: Implications for Branding Research and Practice,"*Journal of Consumer Psychology* 26, no.1(2016): 153–160.

[4] Murphy M. C. and Dweck C. S., "Mindsets Shape Consumer Behavior,"*Journal of Consumer Psychology* 26, no.1(2016): 127–136.

[5] Murphy M. C. and Dweck C. S., "Mindsets Shape Consumer Behavior,"*Journal of Consumer Psychology* 26, no.1(2016): 127–136.

最后，还有一些无法归入上述分类的相关研究。如，银成钺等①（2014）探究了内隐人格理论在其对服务组织刻板印象的形成与支持中所扮演的角色。研究发现，实体论者较渐变论者更容易在服务接触中通过观察员工行为形成对服务组织的刻板印象，而且实体论者认为这些零散的员工行为足以作为依据对组织做出判断。此外，这种刻板印象一旦形成，无论后续的服务表现如何，实体论者对服务组织的看法都很难改变④。

## 第五节
## 理论在CB研究中的未来展望

### 一、内隐人格理论与"重新开始"心态

渐变论者偏好发展导向，即认为他们的起点只是他们发展的开始。而"重新开始"心态，被定义为一种信念，即无论过去或现在的情况如何，人们都可以开始新的生活，获得新的开始，规划新的人生道路。因此笔者认为，渐变论者的"重新开始"信念会更强。具有更强（vs.较弱）新开始思维的个人会进行变革性的消费与行为，包括购买一副新太阳镜以获得一个新的自我等②。因此，未来可以将内隐人格作为一个边界条件，来探究重新开始心态与消费者变革性行为的研究。

### 二、内隐人格理论与生产力导向

相比于实体论者，渐变论者认为通过学习和经历，人们能够发展

---

① 银成钺、王影:《服务接触中顾客刻板印象的形成与支持:内隐人格理论视角》,《华东经济管理》2014年第2期,第166-171页。

② Price L. L., Coulter R. A., Strizhakova Y., and Schultz A. E., "The Fresh Start Mindset: Transforming Consumers'Lives," *Journal of Consumer Research* 45, no.1(2018):21-48.

和改变自我。因此，渐变论者在实现成功的过程中会付出更多的努力。
因此，作者认为渐变论者可能更偏向生产力导向。生产力导向指的是
消费者关注如何提高生产力，从而取得进步，并在更短的时间内完成
更多的工作①。

---

① Keinan A. and Kivetz R., "Remedying Hyperopia: The Effects of Self-Control Regret on Consumer Behavior," *Journal of Marketing Research* 45, no.6(2008): 676–689.

## 第十七章

# 自我损耗理论

罗伊·F.鲍迈斯特（Roy F. Baumeister），昆士兰大学心理学教授，世界上最多产和最有影响力的心理学家之一。主要研究方向为自我控制、决策、归属需求和人际归属，及意志和自由意志等。

## 第一节
## 理论起源和观点

### 一、理论起源

罗伊·F.鲍迈斯特等（1998）率先使用"自我损耗"（ego depletion）一词描述自我控制能力下降的状态，表示个体的自我参与控制环境、做出抉择和发起行为等控制行为的能力或意愿暂时降低。自我活动需要心理能量的参与，如做出负责任的选择或慎重的决定、发起或抑制某些行

为、制定并执行计划等都需要这种能量①。从事需要自我控制的任务
会导致能量耗尽，并降低后续自我控制任务的绩效。2000年鲍迈斯特
等人总结既往理论和研究，进一步提出自我活动损耗心理能量的
理论。

### 二、理论主要观点

自我损耗理论的主要观点：①心理资源对自我的执行功能（包括
自我控制、审慎的选择、主动性行为）不可或缺；②心理资源是有限
的，短期内只能进行有限次数的自我控制；③所有的执行功能需要的
是同一种资源，一个领域的资源损耗会减少另一领域的可用资源；④
自我控制成功与否取决于心理资源的多少；⑤自我控制的过程就是消
耗心理资源的过程，消耗后需要一段时间才能恢复，类似于肌肉疲劳
后需要休息才能恢复①。

自我损耗的核心思想是，自我控制行为会消耗有限的资源，类似
于力量或能量。因此，先前的自控行为会对随后的控制产生有害影响，
导致随后的损耗发生。例如，抵制巧克力的诱惑可以让一个人在一个
令人困难的谜题上更快地放弃，那就意味着这两种截然不同的自控行
为利用了相同的有限资源。成功的自我控制依赖可利用的资源，自我
控制是一种能力，保证人们不适应的思想、情绪和行为与总体目标一
致②。高自我控制预示着良好的适应、更好的成就和融洽的人际关系③，
而低自我控制则与个人和社会问题有关，如肥胖和上瘾④。自我控制失

---

① Baumeister R. F., et al., *Ego depletion: Is the Active Self a Limited Resource? Self-Regulation and Self-Control* (Routledge, 2018), pp.16−44.

② Baumeister R. F., Vohs R. D., and Tice D. M., "The Strength Model of Self-Control," *Current Directions in Psychological Science* 16, no.6(2007): 351−355.

③ Tangney J. P. and Baumeister R. F., "High Self-Control Predicts Good Adjustment, Less Pathology, Better Grades, and Interpersonal Success," *Self-Regulation and Self-Control* (Routledge, 2018), pp.173−212.

④ Heatherton T. and Tice D. M., *Losing Control: How and Why People Fail at Self-Regulation* (San Diego: Academic, 1994), p.55.

败的关键因素之一是人们容易受到连续自我控制的影响。

# 第二节
# 理论深化和推进

## 一、自我控制的力量模型

自我控制的力量模型（the strength model of self-control，TSMS）最初是鲍迈斯特（1994）提出的，该模型认为自我控制是一个过程，是指人们克服先天性及自动化的倾向、欲望和行为，促使个体更好地抵制短期诱惑以遵守社会规则和实现长远目标[①]。鲍迈斯特还指出自我控制的三个基本成分：一是标准设定，设定自我控制的标准；二是监控，监控自我当前状态与目标状态之间的差距；三是能量，当自我监测到没有达到预设标准时，能量会促使个体做出努力，其中任一成分的缺失都会导致自我控制的失败。关于自我控制与自我损耗的关系，该模型的观点是自我控制基于一种有限的能量，进行自我控制会导致能量衰减，自我控制致使能量缺损的状态称为"自我损耗"，当人们的心理资源处于损耗状态时自我控制能力会下降，这种现象被称为"自我损耗效应"。国内学者对自我控制的力量模型及其自我损耗基本观点做了阐释，其核心观点是所有自我控制行为都共用同一资源库且资源有限。当进行自我控制时所消耗的心理资源未恢复就会出现自我损耗状态，进而导致后续自我控制任务中表现下降。

## 二、自我控制资源模型

自我控制资源模型（self-control strength model，SCSM）是穆拉文·马克（1998）提出的，该模型提出后被不断发展完善，主要观点包括：一是人们进行自我控制时需要消耗有限的心理资源；二是心理资源具有领域通用性，也就是说来自于同一个容量有限的"账户"；三是人们每做一次自我控制，可用于自我控制的心理资源会相应减少，逐渐处于弱自我控制状态进而影响后续任务，也就是出现自我损耗效应①。可见，与自我控制的力量模型相一致，资源模型也将人的自我控制行为界定为一种有限资源的消耗过程，且自我损耗是在自我控制资源模型下的一个重要概念。而且，后续资源模型已经从冲动行为、人际交互以及决策和判断领域进行了大量的研究实证，考察自我损耗对人们的利他行为等多种心理过程和行为的影响。研究的结论基本一致，认为自我控制过程消耗有限资源并影响后续自我控制任务。

### 三、自我损耗后效的内在机制

已有研究中，自我损耗有时候被视为一种过程（自我活动过程中消耗心理资源的过程），有时候被视为一种状态（心理资源损耗后产生的执行功能受损的状态）。自我损耗的后效是基于后一种理解，即心理资源损耗后产生的一种执行功能受损的状态，是自我损耗的结果。自我损耗理论发展初期，鲍迈斯特认为自我损耗后效的内在机制主要有两种情况：一是因为心理资源下降进而导致抑制力减少造成的。也就是说，个体的自我的活动会引起心理能量的损耗，损耗后会造成心理能量的匮乏②；二是心理资源损耗后个体对随后需要心理资源的任务持有保存实力的态度，并非全身心投入到任务中。这两种情况都会引起个体对自我行为的调控能力下降，从而导致在任务中表现差③。

---

① Muraven Mark, Tice D. M., and Baumeister R. F., "Self-Control as a Limited Resource: Regulatory Depletion Patterns," *Journal of Personality and Social Psychology* 74, no.3(1998): 774–789.

② Baumeister R. F., et al., *Ego depletion: Is the Active Self a Limited Resource? Self-Regulation and Self-Control*(Routledge, 2018), pp.16–44.

③ Muraven Mark, Dikla Shmueli, and Edward Burkley, "Conserving Self-Control Strength," *Journal of Personality and Social Psychology* 91, no.3(2006): 524–537.

K. D. 沃斯[1]关于自我损耗后效的内在机制有不同的阐释，认为自我损耗使个体的时间知觉出现偏差，主观感知上延长了自身在任务上花费的时间，导致了在随后任务上轻易地选择放弃。

上述观点主要从三种视角，包括心理资源不足、资源保存，以及任务时间知觉偏差来探讨自我损耗后效的内在机制，本质上都是以自我调控行为受到抑制为核心进行阐释。后续研究表明，自我损耗后效的出现可能是接近动机增加的作用。人在自我损耗后，资源不足导致行为抑制系统的活力会下降，使行为激活系统对行为的影响相对增强。另外，自我损耗后效行为激活系统自身的活力，进而提升了自我调控的难度，且与行为抑制系统的减弱无关[2]。

### 四、自我损耗与心理模拟

早期自我控制的研究主要关注由个体自身行为引起的资源损耗与恢复，但是近十年研究者结合心理模拟理论，从他人视角探讨自我损耗的恢复。研究结果显示：个体不仅在亲身进行自我控制时会消耗心理资源，通过感知他人自我控制的过程，也会消耗其自身资源[3]；当个体消耗资源之后，体会他人资源恢复的过程，再进行其他任务与控制组相比表现并未下降，意味着自我损耗可以替代恢复（即通过想象他人资源恢复可恢复自身的资源）[4]。当人们感知或想象他人行为时，会引起行为心理表征的模拟，这些表征在许多方面与人们亲自执行这些

---

[1] Vohs K. D., and Schmeichel B. J., "Self-Regulation and Extended Now: Controlling the Self Alters the Subjective Experience of Time," *Journal of Personality and Social Psychology* 85, no.2(2003): 217-230.

[2] 谭树华、许燕、王芳、宋婧：《自我损耗：理论、影响因素及研究走向》，《心理科学进展》2012年第5期，第715-725页。

[3] Ackerman J. M., Goldstein N. J., Shapiro J. R., and Bargh J. A., "You Wear Me out the Vicarious Depletion of Self-Control," *Psychological Science* 20, no.3(2009): 326-332.

[4] Egan P. M., Hirt E. R., and Karpen S. C., "Taking a Fresh Perspective: Vicarious Restoration as a Means of Recovering Self-Control," *Journal of Experimental Social Psychology* 48, no.2(2012): 457-465.

行为所产生的表征相同①。而且，这一现象也获得了神经机制研究的支持，个体在想象他人行为时会引起许多身临其境的神经反应，就如同个体自己在执行行为一样②。

第三节
理论所提构念的操纵和测量

### 一、自我损耗的操纵

自我损耗的操纵多采用双任务范式：将参与者分成损耗组和控制组，完成连续进行的任务一（损耗任务）和任务二（因变量任务）。损耗组在任务一中发生损耗，控制组不发生损耗，测量两组在任务二上的表现。损耗组在任务一上消耗自我资源，在任务二中资源不足，表现下降。损耗任务需要自我资源的原因在于：它们是高难度、高努力度且不愉快的，需要施加自我控制以克服放弃的冲动；需要认知系统中执行功能的参与，可能共享一些特性③。常用任务有抗拒诱惑、情绪控制、思维抑制和注意控制④。

---

① Gallese V., Keysers C., and Rizzolatti G., "A Unifying View of the Basis of Social Cognition,"*Trends in Cognitive Sciences* 8, no.9(2004): 396–403.

② Ames D. L.,Jenkins A. C.,Banaji M. R.,and Mitchell J. P.,"Taking Another Person's Perspective Increases Self-Referential Neural Processing, "*Psychological Science* 19, no. 7 (2008): 642–644.

③ Hagger M. S.,et al.,"Ego Depletion and the Strength Model of Self-Control: A Meta-Analysis,"*Psychological Bulletin* 136,no.4(2010): 495–525.

④ 董蕊:《自我损耗研究方法述评》,《心理科学》2013年第4期,第994–997页。

（一）抗拒诱惑

抗拒诱惑可采用对美食的抵制[1]。例如，让参与者进入充满巧克力香味的房间，面前有两种食物，即巧克力和萝卜。损耗组要求抵制巧克力诱惑，只吃萝卜；控制组可随意品尝。5分钟后进行后一任务。

（二）情绪控制

情绪控制包括情绪抑制、夸大或自然流露[2]。参与者观看情绪影片，告知其会摄像。损耗组需要克制或夸大情绪反应；控制组自然流露情绪即可。控制情绪要求个体克服当前的情绪状态，付出努力。

（三）思维抑制

思维抑制要求参与者在记录意识流的过程中，损耗组不去想白熊，控制组未提及白熊。思维抑制是困难的和需要付出努力的，思维表达更容易些[3]。

（四）注意控制

注意控制要求参与者观看一名女性接受采访的无声视频，右下角每10秒出现一个单词。损耗组要求集中注意女性脸部而忽略单词，控制组无要求[4]。注意控制容易自动化朝向环境中的新异刺激[5]，需自我控制克服优势反应。

---

① Muraven Mark, Marylène Gagné, and Heather Rosman, "Helpful Self-Control: Autonomy Support, Vitality, and Depletion," *Journal of Experimental Social Psychology* 44, no.3(2008): 573-585.

② Hofmann Wilhelm, Malte Friese, and Fritz Strack, "Impulse and Self-Control from a Dual-Systems Perspective," *Perspectives on Psychological Science* 4, no.2(2009): 162-176.

③ Wegner D. M., et al., "Paradoxical Effects of Thought Suppression," *Journal of Personality and Social Psychology* 53, no.1(1987): 5-13.

④ Baumeister R. F., et al., *Ego Depletion: Is the Active Self a Limited Resource? Self-Regulation and Self-Control*(Routledge, 2018), pp.16-44.

⑤ Schneider W. and Shiffrin R. M., "Controlled and Automatic Human Information Processing: I. Detection, Search and Attention," *Psychological Review* 84, no.1(1977): 1-66.

## 二、自我损耗的测量

自我损耗常用测量任务有生理耐力任务、问题解决任务、注意和警戒任务。

### (一)生理耐力任务

生理耐力任务有握力任务[1]、冷刺激任务等任务[2]。握力任务是测试者在握力器握柄间放张纸，要求参与者用力握住，保持纸张不下落。因变量是开始握力到纸张落下的坚持时间。该任务表面看是测量肌肉力量，但肌肉短时内疲劳，个体产生放弃的冲动，克服疲劳和冲动需要自我控制，因此能测量自我损耗，其好处是目的隐蔽，不被怀疑[3]。冷刺激任务要求参与者将手放入冰水里尽量坚持，手浸在冰水里很难受，参与者本能反应是迅速离开，因此需要参与者自我控制克服抽手冲动。

### (二)问题解决任务

鲍迈斯特（1998）的问题解决任务有组词题和几何图形描摹题。组词题分两种：一种是给参与者一组字母，限定时间内完成的组词数为成绩；另一种是给参与者一组字母组词（不可解，但参与者不知情），坚持时间为成绩[4]。该任务需要技巧和努力，在拆分组合过程中需要自我控制。几何图形描摹题要求参与者不能折回地追踪几何图形（不可解，但参与者不知情），尝试次数和坚持时间是因变量。因变量任务不可解，可以测量面对失败时参与者的坚持性。当参与者不断遭受挫折和沮丧时，需要自我控制克服放弃冲动，保持尝试任务的状态。

---

[1] Bray Steven R., et al.,"Effects of Self-Regulatory Strength Depletion on Muscular Performance and EMG Activation,"*Psychophysiology* 45, no.2(2008): 337–343.

[2] Vohs K. D. and Schmeichel B. J., "Self-Regulation and Extended Now: Controlling the Self Alters the Subjective Experience of Time, " *Journal of Personality and Social Psychology* 85, no.2(2003): 217–230.

[3] Alberts Hugo Jem, et al.,"Carrying on or Giving in: The Role of Automatic Processes in Overcoming Egodepletion,"*British Journal of Social Psychology* 46, no.2(2007): 383–399.

[4] Muraven Mark, Dikla Shmueli, and Edward Burkley, "Conserving Self-Control Strength,"*Journal of Personality and Social Psychology* 91, no.3(2006): 524–537.

### （三）注意和警戒任务

注意和警戒任务有持续性操作测试（continuous performance test，CPT）、特定目标后持续靶刺激测验（contingent continous performance test，CCPT）和斯特鲁普效应（Stroop）任务。CPT要求参与者对特定靶刺激进行反应；CCPT要求参与者对特定目标后紧接着出现的靶刺激进行反应，而对特定目标后出现的其他刺激不反应[①]；Stroop任务要求参与者抑制读词的冲动，优先对字体颜色进行命名。这些任务需要参与者运用自我控制打断习惯反应，抑制无关刺激和保持警觉状态。

第四节
理论在CB研究中的应用

### 一、自我损耗与消费者的自私行为

自我控制能力的丧失与自私行为的增加与对情境线索的易感性的增加有关。S. 班克等[②]通过测量人们如何在自己和另一个人之间分配奖励来测试关于自我损耗后果的两个相互竞争的假设，七个实验分析了标准独裁者游戏和反向独裁者游戏中的行为。班克的研究为"黏性锚假设（sticky anchor hypothesis）"提供了支持，该假设认为损耗对行为的影响受近端情境线索的影响，而不是直接刺激自私行为。班克等还发现自我损耗并没有导致参与者在做出选择时变得更加匆忙。事实上，他们比未耗尽的参与者花费更多的时间做决定。损耗个体可能

---

① 董蕊：《自我损耗研究方法述评》，《心理科学》2013年第4期，第994–997页。

② Banker Sachin, et al., "The Sticky Anchor Hypothesis: Ego Depletion Increases Susceptibility to Situational Cues," *Journal of Behavioral Decision Making* 30, no.5（2017）: 1027–1040.

比未损耗个体更容易受到选择通达性的影响①。损耗的参与者报告了类似、狭窄的可接受反应范围，无论他们是否收到高或低的锚定值。然而，当锚定值倾向于将更多的钱分配给另一个人时，与倾向于将更多的钱分配给自己时相比，未损耗的参与者愿意考虑更广泛的可接受结果。

## 二、自我损耗与消费者的态度

自我损耗对消费者态度有短期和长期影响②。在短期内，当自我损耗程度较低时，消费者在接近动机的驱动下产生积极的情绪和对态度的积极评价。相反，当自我损耗程度较高时，由于逃避动机会产生负面情绪和对态度的负面评论。因此，自我损耗对活动满意度有显著的负面影响。从长远来看，品牌忠诚度反映了客户和品牌之间的长期关系③，对公司满意度的感知与消费者忠诚度呈正相关④，同时在活动满意度的中介作用下，自我损耗对品牌忠诚也有显著的负面影响②。

## 三、自我损耗与消费者的情绪

在情绪方面，与未遭受自我损耗的个体相比，自我损耗的个体更

---

① Mussweiler Thomas and Fritz Strack, "Hypothesis-Consistent Testing and Semantic Priming in the Anchoring Paradigm: A Selective Accessibility Model," *Journal of Experimental Social Psychology* 35, no.2(1999): 136-164.

② Tang Zhenya, Zhongyun Zhou, and Merrill Warkentin., "A Contextualized Comprehensive Action Determination Model for Predicting Consumer Electronics Recommerce Platform Usage: A Sequential Mixed-Methods Approach," *Information & Management* 59, no.3 (2022): 103617.

③ Kumar Vikas and Arun Kumar Kaushik, "Achieving Destination Advocacy and Destination Loyalty Through Destination Brand Identification," *Journal of Travel & Tourism Marketing* 34, no.9(2017): 1247-1260.

④ Park Eunil, Ki Joon Kim, and Sang Jib Kwon, "Corporate Social Responsibility as a Determinant of Consumer Loyalty: An Examination of Ethical Standard, Satisfaction, and Trust," *Journal of Business Research* 76(2017): 8-13.

有可能使用娱乐媒体①，而且自我损耗可能增加消极评价使用的互动（视频游戏）和非互动（电视）娱乐媒体。自我损耗是与媒体娱乐相关的负面评价和内疚的潜在心理机制②，这是因为尽管自我损耗的个体更需要恢复，但是他们可能从娱乐媒体的心理恢复潜力中受益较少。另外，自我损耗的个体所经历的冲突是将自我损耗与娱乐媒体使用的负面评价联系在一起的一个关键机制。与其对娱乐性媒体的使用或媒体使用的持续时间感到内疚，不如屈服于对媒体的渴望，这似乎助长了自我损耗的个人对媒体使用后感到内疚的倾向⑥。

**四、自我损耗与消费者的长期规划**

规划是一个面向未来的思维过程，非常有益但需要精神上的努力。H.夏斯塔德（2018）等使用了自然发生的决策疲劳诱导，发现自我损耗减少了规划。具体来说，与刚到店的购物者相比，走出店的疲惫购物者更不愿意制定长期规划。计划和自我控制都能帮助人们实现目标，自控能力差的人不喜欢规划。对某些个体来说，自控能力差和不愿意计划可能是问题的双重来源，自控能力强的人更愿意制定计划，这可能是他们成功的秘诀之一。如果没有计划，人们会给自己制造更多的问题，基本上让自己处于意外发展和冲动行为的支配之下，这些行为会产生意想不到的后果，可能会形成一个恶性循环，没有计划会造成压力和困难，进一步消耗有限的自律资源，进而使人们更加不愿意计划。这些可能性有待进一步研究③。

---

① Hofmann Wilhelm and Hiroki Kotabe, "A General Model of Preventive and Interventive Self-Control," *Social and Personality Psychology Compass* 6, no.10(2012): 707–722.

② Reinecke Leonard, Tilo Hartmann, and Allison Eden, "The Guilty Couch Potato: The Role of Ego Depletion in Reducing Recovery Through Media Use," *Journal of Communication* 64, no.4(2014): 569–589.

③ Sjåstad Hallgeir and Baumeister R. F., "The Future and the Will: Planning Requires Self-Control, and Ego Depletion Leads to Planning Aversion," *Journal of Experimental Social Psychology* 76(2018): 127–141.

### 五、自我损耗与消费者决策

自我控制的力量模型认为，决策和判断会消耗自我控制力量，但消耗的程度会因为任务性质和涉及的加工子系统不同而有所不同[1]。D.卡尼曼（2002）等[2]认为，人们的决策和判断涉及两个加工子系统：系统 1（system1）代表自动的、直觉的加工系统；系统 2（system2）代表控制的、意识的加工系统。其中，后者的加工过程更为高级、复杂，在运行时所需能量也更多。因此，当自我控制力量充足时，个体会更多地以系统 2 的方式完成决策和判断任务，而当处于损耗状态时，系统 1 会发挥更大的作用[3]。实证研究为上述理论的假设提供了证据，发现损耗状态下的参与者在选择产品时更容易被产品的情绪性特征所吸引，而忽略产品的认知性特征[4]，损耗参与者在完成决策任务时更倾向于采用直觉式的启发策略[5]。

---

① 于斌、乐国安、刘惠军：《自我控制的力量模型》，《心理科学进展》2013年第7期，第1272-1282页。

② Kahneman D. and Frederick S., "Representativeness Revisited: Attribute Substitution in Intuitive Judgment," in T. Gilovich D. Griffin, and D.Kahneman, *Heuristics & biases: The Psychology of Intuitive Judgment*(New York: Cambridge University Press, 2002), pp. 49-81.

③ Baumeister R. F., et al., "Free Will in Consumer Behavior: Self-Control, Ego Depletion, and Choice," *Journal of Consumer Psychology* 18, no.1(2008): 4-13.

④ Bruyneel S., Dewitte S., Vohs K. D., and Warlop L., "Repeated Choosing Increases Susceptibility to Affective Product Features," *International Journal of Research in Marketing* 23, no.2(2006): 215-225.

⑤ Masicampo E. J. and Baumeister R. F., "Toward a Physiology of Dual-Process Reasoning and Judgment: Lemonade, Willpower, and Expensive Rule-Based Analysis," *Psychological Science* 19, no.3(2008): 255-260.

## 第五节
## 理论在CB研究中的未来展望

### 一、自我损耗与人工智能推荐采纳

营销领域中，对于消费者自我损耗的研究主要关注其负面影响，总体上认为处于自我损耗状态的消费者在意愿上偏好即时利益和目标，并且会做出许多非理性决策行为（如冲动购买、自私行为等）。未来可以挖掘消费者自我损耗可能带来的一些正向效应，例如，自我损耗可能提升消费者对人工智能推荐的采纳意愿。人工智能推荐在消费者购买决策中的作用日益凸显，为消费者提供了获取产品建议的新途径，如天猫和京东等在线商城纷纷通过多样化的人工智能为消费者提供产品推荐和购买建议。人在自我损耗时可能基于保存剩余资源动机而偏好省力产品和服务，而人工智能推荐能降低消费者对产品信息的搜寻成本，减少消费者的海量信息加工负荷，正好符合这一要求。

### 二、自我损耗与替代恢复

生活中，人们常常需要进行自我控制，如控制自己的饮食和情绪。由于自我控制涉及人们克制冲动、欲望和习惯性反应的能力，因此，会消耗自身的自我控制资源，而这种资源是有限的并且容易发生损耗。已有研究显示，积极情绪诱导可以有效恢复个体的自我控制资源[1]，而且他人积极情绪对自我控制资源也有替代恢复作用[2]。替代恢复指通过想象他人资源恢复使得自身的资源恢复的过程。在营销领域中已有相

---

[1] 詹鋆、任俊：《自我控制与自我控制资源》，《心理科学进展》2012年第9期，第1457-1466页。

[2] 胡圣楠、成志娟、窦东徽、张红川、翁学东：《他人积极情绪对自我控制资源的替代恢复及机制》，《心理与行为研究》2018年第1期，第45-50页。

关研究关注消费者自我损耗的后效，以及从自身出发寻求自我控制资源的恢复。未来可以探索从他人视角出发寻求自我损耗后控制资源的恢复，例如，出现自我损耗的消费者是否会因为服务员的积极情绪出现替代恢复，进而对服务有更高的评价和满意度。

_____

## 第十八章

# 心理所有权理论

_____

乔恩·L. 皮尔斯（Jon L. Pierce），美国明尼苏达大学德卢斯分校拉博维茨商业与经济学院管理学和组织学教授。皮尔斯的研究方向是工作和组织的心理学，特别关注基于组织的自尊和心理所有权。

## 第一节
## 理论起源和观点

### 一、理论起源

心理所有权理论较早可以追溯到17世纪的财产心理学，当时有三种关于占有（possession）和财产（property）的心理学解释：一是本能，指占有是人扩张的一种本能；二是效用，指占有主要是自我保护和个人快乐；三是认知，指占有是一个认知联想过程，通过拥有财产获得稳定可预测的环境，进而感受安全感和舒适感①。丽塔·弗比（Lita Furby）提出占有心理学（psychology of possession）是心理所有权的理论基础②。依据弗比的观点，占有感是指感觉某个物体、某种资格或某个观点是"我的"或"我们的"，人们的占有感无处不在，既可指向有形之物也可指向无形之物。

乔恩·L. 皮尔斯（1991）等指出，员工持股计划与其态度行为之间的关系并非简单的主效应模型，而是经心理所有权中介的复杂过程，从而第一次引入了心理所有权的概念。经过数十年的持续研究，皮尔斯等（2001）将心理所有权（perceived ownership）作为一个新的学术概念正式提出，阐述了心理所有权的内涵是占有感，其区别于组织承诺、组织认同和内部化等相似概念。

## 二、理论主要观点

心理所有权指个体认为目标（或目标的一部分）是属于自己的一种心理状态③，是个体对该物品产生的"拥有的感觉"。这种"拥有的心理感觉"让个体认为这一物品是自我的扩展（extension of themselves），反映了个人与有形物体（如笔记本电脑）或非物质人工制品（如项目、想法）之间的关系④⑤。心理所有权应该与个人的法律所

---

① Rudmin Floyd Webster, "The Economic Psychology of Leon Litwinski (1887–1969): A Program of Cognitive Research on Possession and Property, " *Journal of Economic Psychology* 11, no.3 (1990): 307–339.

② Furby Lita, "The Origins and Early Development of Possessive Behavior, " *Political Psychology* 2, no.1 (1980): 30–42.

③ Pierce Jon L., Kostova T., and Dirks K. T., "The State of Psychological Ownership: Integrating and Extending a Century of Research, " *Review of General Psychology* 7, no.1 (2003): 84–107.

④ Avey James B., Tara S. Wernsing, and Michael E. Palanski, "Exploring the Process of Ethical Leadership: The Mediating Role of Employee Voice and Psychological Ownership, " *Journal of Business Ethics* 107, no.1 (2012): 21–34.

⑤ Brown Graham, Pierce Jon L., and Craig Crossley, "Toward an Understanding of the Development of Ownership Feelings, " *Journal of Organizational Behavior* 35, no.3 (2014): 318–338.

有权区分开来，因为感知拥有不一定是实际拥有者。感知到的所有权将表现为不愿放弃某个对象，因为心理上所有它与实际的所有权相当会导致该对象的估值更高。对于消费者而言，不必非常熟悉一个物体几乎可以立即感知所有权[1][2]。

第二节
理论深化和推进

### 一、心理所有权产生的动机

皮尔斯等（2003）通过广泛总结心理所有权产生的生理和社会根源，指出效能感（efficacy and effectance）、自我认同（self-identity）、空间需求（having a place）是产生心理所有权的基本动机，下面是这三种形成根源的介绍。

（一）效能感

效能感是关于自我能力的信念，回答"我擅长做什么"和"我能完成什么"的问题。效能动机是拥有物心理重要性的原因，因为个体往往将所有权与控制权联系在一起，并认为可以从拥有物中获得效能感[3]。相应地，个体为获得效能感而对周围的事物施以控制，故而对事物产生拥有感。随着人们对物体控制感的增强，其拥有感也不断提高。

---

① Kahneman D, Knetsch J., and Thaler R., "Experimental Tests of the Endowment Effect and the Coase Theorem," *Journal of Political Economy* 98, no.6(1990): 1325–1348.

② LeBarr A. and Shedden J., "Psychological Ownership: The Implicit Association Between Self and Already-Owned Versus Newly-Owned Objects," *Conscious and Cognition* 48(2017): 190–197.

③ Furby Lita, "Possession in Humans: An Exploratory Study of Its Meaning And Motivation," *Social Behavior and Personality: An International Journal* 6, no.1(1978): 49–65.

（二）自我认同

自我认同是个体对自我一致性和连续性的感知[1]，包含用于定义自己的一系列特质、社会关系、角色以及社会群体成员身份等[2]。人们通过拥有物质以及对拥有物的了解、控制、使用等互动过程认识自己、展示自己，并维持自我认同在时间上的连续性。在这一动态过程中，个体逐渐对拥有物产生依恋感，并将其视为自我的一部分[3]。

（三）空间需求

空间需求是人类的基本需求之一，通常指人们居住的地方——家[4]。皮尔斯等（2003）认为空间需求是个体心理所有权产生的基本动机之一，因为人类具有天生的领地需求，而家则是该领地的核心。对于人们来说，家如此重要还因为它可以提供安全感、控制感和自我认同。因此，对可能成为家的对象，人们会投入大量的精力和资源，达到占有它的目的[5]。

**二、心理所有权形成的路径**

皮尔斯等（2001）阐释了心理所有权的产生有三条路径：一是控制目标对象。对目标对象的控制是心理所有权现象的关键特征，当对一个对象施加控制时会让人产生对该对象的心理所有权。能被控制的目标对象会被个体看作是自己的一部分，而不能被控制的或被他人控

---

① Erikson Erik H.,"On the Nature of Psycho-Historical Evidence: In Search of Gandhi," *Daedalus* 97, no.3(1968): 695-730.

② Strachan Shaelyn M. and Diane E. Whaley, "Identities, Schemas, and Definitions: How Aspects of the Self Influence Exercise Behavior,"*in the Routledge Handbook of Physical Activity and Mental Health*(Routledge,2013), pp. 234-245.

③ James William, "The Perception of Reality,"*Principles of Psychology* 2(1890): 283-324.

④ Jussila Iiro, et al., "Individual Psychological Ownership: Concepts, Evidence, and Implications for Research in Marketing,"*Journal of Marketing Theory and Practice* 23, no.2 (2015): 121-139.

⑤ Porteous J. Douglas, "Home: The Territorial Core, "*Geographical Review* 66, no.4 (1976): 383-390.

制的目标对象将不会被作为是自己的一部分；二是与目标对象联结。与目标对象之间建立密切的联结是形成心理所有权的重要途径，当人们和某些目标对象有密切的联结或者对它们非常熟悉时会认为它们属于"自己的"。个体掌握的目标对象的信息越多，他们之间的关系就越紧密，所有权的感受也会越强；三是将自己投入到目标对象中。人们倾向于认为自己拥有那些通过自己的劳动力塑造出的物品[1]，这些物品被注入创作者的能量也就成为了个体的代表。因此，当人们将自己的时间、精力、能量和注意力投入某些目标对象当中时，他们会产生与这些目标对象融为一体的感受和心理所有权的感觉[2]。

整体而言，皮尔斯等（2001，2003）的研究发现，心理所有权的形成并非自然而生的，而是需要人们不断地投入才能产生和增强。增加控制、增进熟悉和增加投入等途径有助于人们对目标物品心理所有权的形成，并且途径之间还存在互补或叠加效应。

### 三、心理所有权与调节聚焦理论的融合

依据皮尔斯等（2001、2003）早期的观点，心理所有权是一个由归属感、认同感和效能感等维度构成的三位概念。但是，J.B. 埃维等（2009）提出基于调节聚焦理论将心理所有权划分为两种独立的形式：促进性心理所有权和预防性心理所有权。埃维等经过实证分析发现：促进性心理所有权具有认同感、责任感、归属感与效能感等四个维度，一个人对目标的拥有感将体现在个人是否认同目标，是否对目标有归属感，是否认为自己和他人有权对影响目标负责，以及目标满足效能需求的程度；而预防性心理所有权只有这一单一维度。促进导向和预

---

① James W., *The Principles of Psychology*（Read Books Ltd, 1963），p.89.

② Csikszentmihalyi Mihaly and Eugene Halton, *The Meaning of Things: Domestic Symbols and the Self*（Cambridge University Press, 1981），p.78.

防导向的心理所有权之间存在显著的差异[1]。

### 四、心理所有权与禀赋效应的区分

R.塞勒（1980）基于自己的一项研究提出禀赋效应的概念，描述包含在禀赋中的商品——也就是一个人拥有的商品——比不包含在禀赋中的相同商品的估价更高[2]。禀赋效应通常被认为是损失厌恶（前景理论的核心成分[3]）的结果，人们在评估选项价值过程中，损失（低于某一参照点的结果）的权重远远大于收益（高于参照点的结果）。塞勒认为禀赋改变了参照点，因此，也改变了对损失和收益的评估。

一直以来禀赋效应研究都忽略了实际所有权和心理所有权的差别，有关实证研究也未能区分二者的效应。2007年有学者[4]基于皮尔斯等的心理所有权理论，首次将心理所有权概念引入营销研究，并对禀赋效应的经典解释进行了批判，指出心理所有权才是禀赋效应发生的根本原因，而不是前人研究所宣称的实际所有权。通过操控实际所有权和主观所有权两种实验条件，他们的研究显示，实际所有权只有在人们对目标物产生心理拥有感的情形下才会引发禀赋效应，提高参与者对目标物的价值评价；反之，在对目标物未能产生心理拥有感的情形下，实际所有权并不会引发禀赋效应，从而影响交易价格。

---

① Avey James B., et al., "Psychological Ownership: Theoretical Extensions, Measurement and Relation to Work Outcomes," *Journal of Organizational Behavior: The International Journal of Industrial, Occupational and Organizational Psychology and Behavior* 30, no. 2 (2009): 173–191.

② Thaler Richard., "Toward a Positive Theory of Consumer Choice," *Journal of Economic Behavior & Organization* 1, no.1(1980): 39–60.

③ Kahneman Daniel and Amos Tversky, "On the Interpretation of Intuitive Probability: A Reply to Jonathan Cohen," *Cognition* 7, no.4(1979): 409–411.

④ Reb Jochen and Terry Connolly, "Possession, Feelings of Ownership, and the Endowment Effect," *Judgment and Decision Making* 2, no.2(2007): 107–114.

### 五、国内学者对心理所有权概念的发展

自皮尔斯等人提出心理所有权概念后，近年来，国内大多数学者在继承这一概念的基础上也进行了发展，扩宽了心理所有权的子概念。例如，张辉（2012）提出了"品牌心理所有权"的概念，并将其定义为一种员工对公司（服务品牌）产生所有权感受的心理状态，描述了员工将品牌视为"我的品牌"的程度①；寇燕等人（2018）②发展了"顾客心理所有权"的概念，指消费者将企业、品牌、产品、服务等目标物或其一部分视为"自己的"的一种心理状态，强调顾客对与消费有关的对象的所有权感③。

## 第三节
## 理论所提构念的操纵和测量

### 一、心理所有权的操纵

心理所有权的操纵可以通过告知参与者某物品是"我的"还是"不是我的"来实现。例如，戴先炽等（2013）的研究中采用此方法，具体操纵见下文：

请参与者估计他们面前桌子上一杯水的体积有多少毫升。其中一半的参与者被告知，作为产品评估研究的一部分他们将喝下这杯水（没有明确说明他们是否必须喝完这杯水），从而构成了"是我的"条件；另一半参与者被告知这杯水不是给他们喝的，因为要将水留给以后的参与者，让他们来估计水的体积，这构成了"不是我的"条件。

---

① 张辉、白长虹、牛振邦：《品牌心理所有权，品牌承诺与品牌公民行为关系研究》，《管理科学》2012年第4期，第79-90页。

② 寇燕、高敏、诸彦含、Samart Powpaka：《顾客心理所有权研究综述与展望》，《外国经济与管理》2018年第2期，第105-122页。

③ 覃正虹：《国内心理所有权研究综述》，《现代商业》2019年第31期，第100-102页。

为了鼓励参与者的准确性，实验者告诉他们做出最准确估计的参与者将赢得奖金[1]。

### 二、心理所有权的测量

（一）已有研究中使用的测量条目

J.佩克（2009）[2]、S.B.舒等（2011）[3]研究中使用3个条目测量心理所有权，使用7点评分（1=非常不符合，7=非常符合），具体条目见表18-1：

**表 18-1　佩克心理所有权测量表**

| |
|---|
| 1.我觉得钥匙链的个人所有权非常高。<br>I feel a very high degree of personal ownership for the keychain. |
| 2.我觉得我拥有钥匙链。<br>I feel like I own the keychain. |
| 3.我觉得这是我的钥匙链。<br>I feel like this is my keychain. |

（二）心理所有权问卷（psychological ownership questionnaire，POQ）

J.B.埃维等（2009）[4][5]从两个维度对心理所有权进行研究，区分了

---

① Dai Xianchi and Christopher K. Hsee，"Wish Versus Worry: Ownership Effects on Motivated Judgment，"*Journal of Marketing Research* 50，no.2（2013）：207–215.

② Peck J. and Shu S. B.，"The Effect of Mere Touch on Perceived Ownership，"*Journal of Consumer Research* 36，no.3（2009）：434–447.

③ Shu S. B. and Peck J.，"Psychological Ownership and Affective Reaction: Emotional Attachment Process Variables and the Endowment Effect，"*Journal of Consumer Psychology* 21，no.4（2011）：439–452.

④ Avey James B.，et al.，"Psychological Ownership: Theoretical Extensions，Measurement and Relation to Work Outcomes，"*Journal of Organizational Behavior: The International Journal of Industrial，Occupational and Organizational Psychology and Behavior* 30，no. 2（2009）：173–191.

⑤ 梁果：《心理所有权的产生路径与作用机制研究》，博士学位论文，武汉大学，2014，第77页。

促进性心理所有权和防御性心理所有权的概念，并且编制了包含这两个维度的心理所有权量表。该量表的部分题目见表18-2。

表18-2 埃维心理所有权测量表

| | 领土权(territoriality) |
|---|---|
| 防御性心理所有权<br>prevention-focused form of ownership | 1.我觉得我需要保护我的想法不被我的组织中的其他人使用。<br>I feel I need to protect my ideas from being used by others in my organization. |
| | 2.我觉得在我的组织中的人不应该侵入我的工作空间。<br>I feel that people I work with in my organization should not invade my workspace. |
| | 自我效能感(self-efficacy) |
| | 1.我对自己能够为组织的成功做出贡献充满信心。<br>I am confident in my ability to contribute to my organization's success. |
| | 2.我相信我能在这个组织中做出积极的改变。<br>I am confident I can make a positive difference in this organization. |
| | 问责制(accountability) |
| | 1.如果我认为某事做错了,我会向组织中的任何人发起问责。<br>I would challenge anyone in my organization if I thought something was done wrong. |
| 促进性心理所有权<br>promotion-focused form of ownership | 2.如果我看到其他人做错了什么,我会毫不犹豫地告诉我的组织。<br>I would not hesitate to tell my organization if I saw something that was done wrong. |
| | 归属感(sense of place or belongingness) |
| | 1.我觉得自己属于这个组织。<br>I feel I belong in this organization. |
| | 2.我在这个组织里感到非常舒服。<br>I am totally comfortable being in this organization. |
| | 自我认同(self-identity) |
| | 1.我觉得这个组织的成功就是我的成功。<br>I feel this organization's success is my success. |
| | 2.我觉得成为这个组织的成员有助于定义我是谁。<br>I feel being a member in this organization helps define who I am. |

## 第四节
## 理论在CB研究中的应用

### 一、消费者心理所有权的结果研究

有关消费者心理所有权的实证研究于2008年兴起，但是消费者心理所有权现象如"顾客合作者""品牌所有权""前事实所有权""伪禀赋效应"等则更早被营销学者提及。已有研究显示，忠诚的顾客有重购行为，并且愿意像合作者那样对待企业，如"提供建议、宣传以及担任咨询委员会成员"[①]。而消费者心理所有权是有别于顾客忠诚的高级形式的顾客关系，一名"所有权顾客"比其他顾客重要一百倍，一家企业只要有3%这样的顾客就足以取得佳绩[②]。社群消费者会联合起来表明自己的独特喜好，以宣称其力量甚至对品牌的所有权，他们塑造品牌内涵的同时已经成为营销者，并通过自己的行动引导和维护品牌[③]。

在消费选择领域，消费者仔细审查考虑集中的选项时，源于对这些选项的"前事实所有权"（sense of prefactual ownership）会产生对这些选项的选择依恋[④]。尽管消费者并未实际拥有这些选项，但对这些选项的预期拥有感足以使其在做出抉择后对已经放弃的选项给予高吸引力评价。类似的心理所有权在在线产品竞价过程中会影响消费者的动

---

① Bowen Jhon and Stowe Shoemaker, "The Antecedents and Consequences of Customer Loyalty," *Cornell Hotel Restaurant and Administration Quarterly* 39, no.1(1998): 12–25.

② Heskett James L., "Beyond Customer Loyalty," *Managing Service Quality* 12, no.6 (2002): 355–357.

③ Muniz Jr Albert M. and Hope Jensen Schau, "Religiosity in the Abandoned Apple Newton Brand Community," *Journal of Consumer Research* 31, no.4(2005): 737–747.

④ Carmon Ziv and Dan Ariely, "Focusing on the Forgone: How Value Can Appear so Different to Buyers and Sellers," *Journal of Consumer Research* 27, no.3(2000): 360–370.

态决策，产生"伪禀赋效应"①。具体而言，参与竞价的顾客特别是出价最高者已经从心理上将在售产品视为自己的，当其发现新增的竞价使自己"失去"这个产品时，对于损失的厌恶会促使其在随后的竞价过程中提高出价以重获"所有权"。

近年来，越来越多的营销研究开始关注顾客心理所有权，并将其用于解释多种营销现象在产品价值评价中的作用，如产品触摸②、顾客授权、顾客定制③，以及付款方式④。

## 二、消费者心理所有权的前因研究

营销领域对消费者心理所有权影响因素的研究分两支：一是根据皮尔斯等（2003）理论框架中的心理所有权产生的动机、途径研究控制、自我投入和归属感等对顾客心理所有权的影响；二是根据心理所有权效应与禀赋效应的相似性研究法律所有权的相关因素，如所有权存续时间、产品价值排序（价值升序或降序）、市场交易经验、关注点（金钱或产品利益）等对顾客心理所有权的影响。

### （一）触摸目标物

控制拥有物使个体获得自我效能感，进而对心理所有权产生积极影响⑤。消费者行为研究发现，控制感对消费者心理所有权有正向影响。通过简单而直接的物理控制（如触摸、移动产品）就能诱发消费

---

① Ariely Dan and Itamar Simonson，"Buying, Bidding, Playing, or Competing? Value Assessment and Decision Dynamics in Online Auctions，"*Journal of Consumer Psychology* 13，no.1-2(2003)：113-123.

② Lessard-Bonaventure Simon and Jean-Charles Chebat，"Psychological Ownership, Touch, and Willingness to Pay for an Extended Warranty，"*Journal of Marketing Theory and Practice* 23，no.2(2015)：224-234.

③ Fuchs Christian，"Alternative Media as Critical Media，"*European Journal of Social Theory* 13，no.2(2010)：173-192.

④ Kamleitner Bernadette and Berna Erki，"Payment Method and Perceptions of Ownership，"*Marketing Letters* 24，no.1(2013)：57-69.

⑤ Furby Lita，"Possession in Humans: An Exploratory Study of Its Meaning and Motivation，"*Social Behavior and Personality: An International Journal* 6，no.1(1978)：49-65.

者的心理所有权，从而导致对被触摸产品较高的价值评价[1]。即使是意想的触摸也会因为能提高个体所感知到的控制程度而产生与实际触摸相同的影响[2]。进一步的研究将触摸对象扩展到电子设备上的产品图片，发现在线购物电子设备上呈现的产品图片的可触摸程度同样会影响个体对所购物品的心理所有权[3]。相比于笔记本电脑，平板电脑因产品图片的可触摸程度更高，使顾客的控制感知更强烈而对心理所有权的影响更大，但该效应受到对电子设备实际所有权的调节[4]。将产品往自身方向移动相比于往相反方向移动，会提高个体对产品的心理所有权，从而促进个体对产品的记忆和再认识。此外，个体对数字产品的编辑、移动等操控也会增强控制感进而影响心理所有权。如，消费者对流媒体音乐的应用，在选择、移动等操作产生的控制感正向影响消费者对音乐的心理所有权[5]。博主对博客评论功能的设置、文字和图片的编辑与发布、博客颜色与背景的选择等个性化行为中产生的控制感，也会正向影响其对博客的心理所有权，并会进一步提高其对博客的忠诚度[6]。

除了对产品的触摸、移动和操作，顾客参与、互动等与产品更实

---

[1] Peck J. and Shu S. B., "The Effect of Mere Touch on Perceived Ownership," *Journal of Consumer Research* 36, no.3(2009): 434–447.

[2] Peck Joann, Victor A. Barger, and Andrea Webb, "In Search of a Surrogate for Touch: The Effect of Haptic Imagery on Perceived Ownership, " *Journal of Consumer Psychology* 23, no.2(2013): 189–196.

[3] Brasel S. Adam and James Gips, "Tablets, Touchscreens, and Touchpads: How Varying Touch Interfaces Trigger Psychological Ownership and Endowment, " *Journal of Consumer Psychology* 24, no.2(2014): 226–233.

[4] Truong Grace, et al., "Mine in Motion: How Physical Actions Impact the Psychological Sense of Object Ownership, " *Journal of Experimental Psychology: Human Perception and Performance* 42, no.3(2016): 375–385.

[5] Sinclair Gary and Julie Tinson, "Psychological Ownership and Music Streaming Consumption," *Journal of Business Research* 71(2017): 1–9.

[6] Moon Jennifer A., *Learning journals: A Handbook for Reflective Practice and Professional Development*(Routledge, 2006), p.78.

质性的接触更加能提高控制感，从而影响顾客心理所有权。赋予顾客选择即将上市的服饰产品设计款式的决定权，相比于没有授权的情形，将使顾客对随后上市的服饰表现出更高的心理所有权，并会进一步影响顾客的支付意愿和口碑传播①。类似地，我国学者发现，顾客参与创新会正向影响顾客对其所参与创新的产品的心理所有权，而胜任感和失调感会调节这种关系②。顾客授权对顾客心理所有权的影响不仅限于产品情境，还适用于服务情境。另外，电子书使用过程中的顾客互动以及可穿戴设备、增强现实等新技术的采用都会影响顾客的控制感，从而影响心理所有权③。

（二）对产品的投入

对产品的自我投入包括时间、精力、资源、价值观和自我信念，如亲自画一幅画、做一个雕塑、安装一套家具或者设计一款定制产品。贝尔克（1988）认为，创造物体或者对物体的自我投入使目标物成为个体延伸自我的一部分，这种自我与物体之间的联系使个体对目标物产生心理所有权。尽管皮尔斯等（2003）曾指出，对物体的自我投入不会立即导致心理所有权产生，因为这需要一定的时间。在研究顾客定制中的"我为自己设计"效应时发现，相比于选择标准化产品，对定制产品的自我投入能够及时引发顾客的心理所有权④。

使用金钱购买产品也是一种自我投入的方式，购买过程中的支付方式因影响顾客的自我投入感知而对心理所有权产生影响。现金支付

① Fuchs Christoph, Emanuela Prandelli, and Martin Schreier, "The Psychological Effects of Empowerment Strategies on Consumers' Product Demand," *Journal of Marketing* 74, no.1(2010): 65–79.

② 张德鹏：《顾客参与创新对口碑推荐意愿的影响研究：心理所有权的中介作用》，《管理评论》2015年第12期，第131–140页。

③ Kirk Colleen P., Scott D. Swain, and James E. Gaskin, "I'm Proud of It: Consumer Technology Appropriation and Psychological Ownership," *Journal of Marketing Theory and Practice* 23, no.2(2015): 166–184.

④ Franke Nikolaus, Martin Schreier, and Ulrike Kaiser, "The "I Designed It Myself" Effect in Mass Customization," *Management Science* 56, no.1(2010): 125–140.

虽然相比于刷卡支付使成本感知更突出和痛苦，但却能提高消费者对已购产品的依恋、使用和维护意向[1]。原因在于，现金支付的高透明度使消费者关注资金的实际价值和自己的付出，促进对已购产品的心理拥有感。当然，对目标物的自我投入感知并不一定需要实际的时间和精力等的投入，通过广告操控的投入感同样会影响顾客的心理所有权。对社会营销广告的研究发现，"因你而不同""你已有所作为""你正重建家园"等强调个体自我与投入的广告诉求，能够引发非灾区人民对灾区的心理所有权[2]。

同样，亲密了解与促进心理所有权产生的自我认同动机相关。对事物的认识是个体将其整合进自我的三种方式之一，人们对于"什么是自己的感觉"，产生于对周遭事物的亲近、知晓以及体验。对可口可乐收藏者的观察和访谈表明，消费者对可口可乐品牌的心理所有权源于收藏行为、品牌本身对其自我和态度的象征性以及个人时间和精力的投入，同时也来自于对品牌知识的深度了解。收藏者对品牌历史、故事等的了解程度甚至超过可口可乐员工，并且他们因为这种了解而感到愉悦[3]。

所有权信念也往往在社会交往中形成，因此，社会交往活动必然是影响心理所有权的关键因素。人际关系，包括顾客友谊和社会网络嵌入（关系嵌入、结构嵌入），对顾客心理所有权有正向影响：一方面，顾客与企业的友谊关系在顾客的自我扩展动机驱使下，影响顾客

---

[1] Kamleitner Bernadette and Berna Erki, "Payment Method and Perceptions of Ownership," *Marketing Letters* 24(2013): 57-69.

[2] Garretson Folse Judith Anne, Guidry Moulard Julie, and Raggio Randle D., "Psychological Ownership: A Social Marketing Advertising Message Appeal," *International Journal of Advertising* 31, no.2(2012): 291-315.

[3] Stanley F. Slater and John C. Narver, "The Positive Effect of a Market Orientation on Business Profitability: A Balanced Replication," *Journal of Business Research* 48, no. 1 (2000):69-73.

心理所有权的建立①；另一方面，顾客之间的关系结构同样会影响心理
所有权。


# 第五节
## 理论在 CB 研究中的未来展望


### 一、心理所有权的负面效应及调节作用

顾客心理所有权的影响效应研究仅关注积极影响，对消极影响涉
及较少。顾客心理所有权可能导致其对企业产品线停产决定的抵制，
比如可口可乐消费者对企业更改配方的反对游行。另外，并不是所有
的品牌和产品都适合建立顾客心理所有权。对于奢侈品牌的管理，与
顾客保持适当的距离对维持品牌奢侈属性至关重要②。而顾客心理所有
权意味着顾客与企业心理距离的拉近，可能有害于奢侈品牌的奢侈属
性。未来的研究应该关注顾客心理所有权的负面效应以及产品属性在
该效应中的调节作用。

### 二、二手产品的相关研究推进

定制产品因能满足顾客的个性化需求而为顾客带来增值，并进一
步影响产品评价和购买意愿。此前，关于姓名效应的研究表明，消费
者更喜爱那些与自己的姓名类似的品牌③，未来研究可以探索是在产品
上添加顾客姓名会对顾客态度产生直接影响，还是会通过建立对产品

---

① Kou Yan and Samart Powpaka, "Why Friends Pay More: An Alternative Explanation Based on Self-Expansion Motives," *Social Behavior and Personality: An International Journal* 45, no.9(2017): 1537–1552.

② Hansen Jochim and Michaela Wänke, "The Abstractness of Luxury," *Journal of Economic Psychology* 32, no.5(2011): 789–796.

③ Coulter Keith S. and Dhruv Grewal, "Name-Letters snd Birthday-Numbers: Implicit Egotism Effects in Ricing," *Journal of Marketing* 78, no.3(2014): 102–120.

的心理所有权而对顾客态度产生间接影响。例如：定制产品在二手市场上价格更低？适应水平理论（adaptation-level theory）指出个体倾向于在心理上习惯对目标物的拥有状态。适应性意味着随着时间的流逝，个体对拥有物的享乐性反应降低，同时对失去的敏感性上升。另外，如果卖家持有时间增加，卖家售价更高（对失去的敏感性上升），二手买家出价更低（更关注实用性），买方与卖方的差价更大。

## 第十九章

## 意义维持模型

史蒂文·J.海涅（Steven J. Heine），不列颠哥伦比亚大学社会与文化心理学教授。海涅的研究方向为自尊、意义以及人们理解基因结构的方式。

## 第一节
## 理论起源和观点

### 一、理论起源

西方存在主义者认为，人类存在的一个关键因素是对意义的无休止追求。例如，索伦·克尔凯郭尔（Soren Aabye Kierkegaard，1843）就自我与自我之外的事物之间的关系进行了大量的论述，认为自我被体验是"一种自身与自身相关的关系，并且在自身与自身相关时，自身也与他人相关"①。

---

① Kierkegaard Soren Aabye, *Either/Or*, in *H. Hong*, *and E. Hong*, (Zfte essential Kierkegaard. Princeton, NJ: Princeton University Press, 1997), pp. 37-84.

对于西方存在主义者来说，意义就是关系。1949 年，杰罗姆·布鲁纳（Jerome Bruner）等提出，人们保持着对预期关系的心理表征，这反过来又调节着他们对世界的感知。海涅等人认为布鲁纳的研究揭示了一个更广泛的担忧，它是一系列不同的人类动机的基础，这种不安反映了人们对生活意义的需要。基于上述观点，海涅等人于 2006 年提出意义维持模型（the meaning maintenance model，MMM）[1]。

## 二、理论主要观点

意义维持模型的主要观点是：所有违反意义的经历和刺激都将唤起一种共同的生理厌恶，随后会促使个体采取一系列的补偿行为来缓解厌恶性情绪[2]。依据该模型，个体自动地形成预期关系的心理表征，将他们的经验组织成期望的关系系统，会将人物、地点、事物和思想之间按照预期中的联系视作意义的本质。个体具有先天的能力感知那些与预期不符的关系表征，生活中当个体遭遇的经历与预期关系的现有心理表征无关，或者暗示或引起现有关系系统中的不连贯或不一致时，个体的意义感将会被破坏，进而产生一种厌恶情绪。那些为重建意义统一感而采用的意义维护手段则被称为流体补偿措施。因此，意义维持有三个过程：违反意义、厌恶激起、行为补偿。

---

① Heine Steven J., Proulx Travis, and Vohs K. D., "The Meaning Maintenance Model: on the Coherence of Social Motivations," *Personality and Social Psychology Review* 10, no.2 (2006): 88-110.

② Heine Steven J., Proulx Travis, and Vohs K. D., "The Meaning Maintenance Model: on the Coherence of Social Motivations," *Personality and Social Psychology Review* 10, no.2 (2006): 88-110.

# 第二节
# 理论深化和推进

## 一、对意义内涵的阐释

意义（meaning）是意义维持模型中的一个核心概念。在模型提出早期，海涅等人将联系视为意义的本质，这一定义非常强调预期（expectation）的作用，只有与预期相符合的联系才可以被意义系统接纳[1]。其后，T. 普罗克斯等（2012）对意义的定义做了进一步的扩充和解释，认为意义是个体解释自身经历的一种心理表征。一方面，它是对世界是什么（what）的一种认识论，另一方面，它是对个人经历为何会发生（why）的一种目的论[2]。

## 二、对违反意义类型的补充

根据内容的不同，K. D. 马克曼（K. D. Markman，2012）等人将违反意义区分为不确定（uncertainty）、不一致（dissonance）和预期违背（violation of expectancy）三种类型[3]。不确定是指个体无法对周围的环境做出准确预测；不一致是指自身的想法与从事的行为之间从属于不同逻辑规则；预期违反是指事实与个体的自我图式预期（self-image-based expectancy）、世界观预期（worldview-based expectancy）或分类预

---

① Moser Jason S. and Hans S. Schroder, "Making Sense of It All? Cognitive and Behavioral Mechanisms Needing Clarification in the Meaning Maintenance Model," *Psychological Inquiry* 23, no.4(2012): 367–373.

② Proulx Travis and Michael Inzlicht, "The Five'A's of Meaning Maintenance: Finding Meaning in the Theories of Sense-Making," *Psychological Inquiry* 23, no.4(2012):317–335.

③ Markman K. D., Proulx T., Lindberg M. J., and American Psychological Association, *The Psychology of Meaning* (Washington, DC: American Psychological Association, 2013), pp.17–48.

期（category based expectancy）不符合。根据违反程度的不同，违反意义还可以被区分为高水平违反意义和低水平违反意义。高水平违反意义是指涉及高级认知加工的，可以给个体带来较强冲突感的违反意义，例如认知失调；而低水平违反意义则是指涉及认知水平较低的违反意义。

### 三、违反意义会引发厌恶激起

违反意义会引起个体生理厌恶的感觉。有研究曾观察了参与者的内隐理论（implicit theory）遭受违反后的情绪变化[1]，研究者让参与者参与一项学习反馈任务，学习后如果实体论的参与者被告知成绩提高或者下降都会报告更高的焦虑情绪，而渐变论的参与者被告知成绩没有变化时会报告更高的焦虑情绪。这说明违反意义后的确会产生负面情绪。普罗克斯等（2012）将违反意义引发的生理厌恶总结为一组综合征：首先肾上腺素和皮质醇会被释放，随后会出现皮肤电增加、瞳孔放大、血管收缩和心脏活动改变的现象。这一观点有一定的实证支持，以心血管指标为例，研究者曾用操纵口音的方法来实现违反意义。通常人们认为亚裔美国人讲英语会带有亚洲当地口音，所以当一个亚裔美国人说话带有美国南方口音时，就会违反人们的预期。在实验中，参与者在和说话带有美国南方口音的亚裔参与者交谈后，他们的心血管指标随后会表现出威胁响应的现象[2]。

### 四、对流动补偿策略的总结归纳

流动补偿是意义维持模型的核心假设。海涅等人（2006）在理论提出初期认为补偿措施可以分为三类：第一类，个体重新解释毫无意义的经历，已被解释为已经与我们现有的心理表征相关；第二类，个

① Plaks Jason E. and Kristin Stecher, "Unexpected Improvement, Decline, and Stasis: A Prediction Confidence Perspective on Achievement Success and Failure, " *Journal of Personality and Social Psychology* 93, no.4(2007): 667–684.

② Mendes Wendy Berry, et al., "Threatened by the Unexpected: Physiological Responses During Social Interactions with Expectancy-Violating Partners, " *Journal of Personality and Social Psychology* 93, no.4(2007): 698–716.

体可能会修改他们的心理表征，使经历变得更有意义；第三类，人体从其他的、不直接相关的领域寻求意义，以暂时恢复他们的象征统一感。普罗克斯等（2012）在总结了流动补偿策略之后，提出在行为补偿中一共有5种补偿策略，分别是：同化（assimilation）、顺应（accommodation）、肯定（affirmation）、提取（abstraction）和重组（assembly）。同化和顺应是最常见的两种补偿策略，直接对被违反的意义做出回应，不同的是前者是通过对违反意义进行重新解释使得其符合现有的意义系统；而后者则是调整现有的意义系统，使得被合理解释。不同于同化和顺应，肯定和提取并未直接对违反意义做出回应，而是从其他领域寻求意义。这两种补偿策略更好地体现了流动补偿的形式。其中，肯定是指在违反意义后加强对其他领域价值观的认同程度。重组是指个体对现有意义系统进行大规模结构调整，进而对自己的经历熟悉。

### 五、意义维持模型与恐惧管理理论

海涅等人（2006）将意义维持模型与恐惧管理理论进行了比较，两种理论的联系在于：两种理论都认为存在性焦虑导致支持世界观的反应，都认为死亡率突出是这种焦虑的关键来源，两种理论都强调人们如何通过补偿恢复意义感，此外，这两种理论对恐惧管理理论的所有已发表的发现都做出了相同的预测。而区别在于恐惧管理理论认为，各种各样的动机的起源都可能追溯于对死亡的恐惧，但是意义维持模型认为人们基本需要维持对预期关系的可行的心理表征，即意义。任何挑战一个人的意义感的事情都将导致人们努力构建不同的意义框架，而对死亡的恐惧只是其中一种对不朽感的威胁。

# 第三节
# 理论所提构念的操纵和测量

## 一、对意义威胁的操纵

常见的威胁范式包括阈下呈现与"混乱"相关的词汇①或无意义词组（如"迅速地蓝莓"）②、死亡提醒③、阅读和观赏荒诞主义或超现实主义作品（如弗朗茨·卡夫卡作品）②、玩特征不匹配的扑克牌（如红色的黑桃）等。

### （一）单词回忆任务

单词回忆任务（阈下无意义词组），告知单独测试的参与者，他们将参与一项记忆任务④：观察计算机显示的数字和颜色，然后回忆并聚焦在屏幕中央的一个等待目标单词的点出现。然而，参与者不知道的是，在目标词出现在中心之前，启动线索就会出现在视野的外围。一半的参与者被无意义相关词组暗示（如混乱、空虚、无用），而另一半匹配的中性词（如弯曲、回声、熔炉）出现时，这些词因显示得太快而无法被有意识地识别。

---

① Van Tongeren D. R. and Green J. D., "Combating Meaninglessness: On the Automatic Defense of Meaning," *Personality and Social Psychology Bulletin* 36, no.10 (2010): 1372-1384.

② Randles Daniel, Proulx Travis, and Heine Steven J., "Turn-Frogs and Careful-Sweaters: Non-Conscious Perception of Incongruous Word Pairings Provokes Fluid Compensation," *Journal of Experimental Social Psychology* 47, no.1 (2011): 246-249.

③ Randles Daniel, Heine Steven J., and Nathan Santos, "The Common Pain of Surrealism and Death: Acetaminophen Reduces Compensatory Affirmation Following Meaning Threats," *Psychological Science* 24, no.6 (2013): 966-973.

④ Van Tongeren D. R., and Green J. D., "Combating Meaninglessness: On the Automatic Defense of Meaning," *Personality and Social Psychology Bulletin* 36, no.10 (2010): 1372-1384.

（二）观看荒诞作品

参与者会在电脑屏幕上看到一件艺术品，告知他们花几分钟时间研究这幅艺术品，之后要求他们讲述这幅艺术品的意义。在荒诞艺术组，参与者观看了雷内·马格里特的作品《人子》。这幅画表达了人们对视觉世界的期望，作品内容是由一些意想不到的物体拼合成的一个苹果，这个苹果盘旋在一个男人的面前。在具象艺术组下，参与者观看了约翰·康斯特布尔的作品。这幅画展示了海滩上的一道彩虹。普罗克斯等（2012）已经确定，观看荒诞的作品（与具象作品相比）与描述其意义的预期对比，增加了参与者对结构的需求，这被认为是受到威胁的意义。

## 二、对意义的测量

（一）主观生命意义的测量

斯蒂格等（2006）综合生命意义，包含目标和重要性两个观点，对生命意义进行界定，编制了生命意义量表（the meaning in life questionnaire，MLQ）[①]。此量表也是目前国内使用较多的个体生命意义测评工具。该量表由 10 个条目构成，包括拥有生命意义（the presence for meaning，MLQ-P）和追寻生命意义（search for meaning，MLQ-S）两个维度。所有的条目均采用 7 点评分制，从"1=完全不符合"到"7=完全符合"，具体条目见表 19-1。

（二）对生命意义的客观评价

生命意义是个体从其经历或经验中主观构建的，主观性是生命意义的一个重要特征。然而，有学者认为自我报告法（如 MLQ）存在缺点，参与者做出评价时可能并不知道什么是生命意义，导致信效度不够，测量的结果可能并不是真正的生命意义。因此，有学者提出采用客观作品评估生命意义，即对参与者提供的作品进行客观的评价，作

---

[①] Steger Michael F., et al., "The Meaning in Life Questionnaire: Assessing the Presence of and Search for Meaning in Life," *Journal of Counseling Psychology* 53, no.1(2006): 80-90.

为测量其生命意义水平的方式[①]。

**表 19-1　主观生命意义测量表**

请想一想是什么让你觉得生活对你很重要。请尽可能真实地回答以下的条目。也请记住,这些都是非常主观的问题,没有正确或错误的答案。

| |
|---|
| 1.我明白我生命的意义。<br>I understand my life's meaning. |
| 2.我在寻找让我的生活感到有意义的东西。<br>I am looking for something that makes my life feel meaningful. |
| 3.我一直在寻找自己的人生目标。<br>I am always looking to find my life's purpose. |
| 4.我的生活有明确的目的性。<br>My life has a clear sense of purpose. |
| 5.我很清楚什么使我的生活有意义。<br>I have a good sense of what makes my life meaningful. |
| 6.我发现了一个令人满意的人生目的。<br>I have discovered a satisfying life purpose. |
| 7.我总是在寻找让我的生活变得有意义的东西。<br>I am always searching for something that makes my life feel significant. |
| 8.我在为我的人生寻求一个目的或使命。<br>I am seeking a purpose or mission for my life. |
| 9.我的生活没有明确的目的。<br>My life has no clear purpose. |
| 10.我在生命中寻找意义。<br>I am searching for meaning in my life. |

注:量表有10个条目,分为两个维度,1、4、5、6、9代表拥有生命意义维度,2、3、7、8、10代表追寻生命意义维度。

具体做法是,要求参与者写一篇1000字左右的短文,并且完全覆盖询问参与者的一系列问题,如:"请你认真体会自己生活的有意义程

---

① 张荣伟:《探寻生命意义:测量、变化与理论基础》,《宁波大学学报》(教育科学版)2022年第3期,第83—91页。

度，思考为什么会这样？什么让你的生命变得有意义？什么让你的生活变得有意义？"然后，由评价者对短文内容做客观公正的分析，以评价参与者的生命意义的高低水平。

# 第四节
## 理论在CB研究中的应用

### 一、创新产品采纳

对极度不一致产品的研究发现，当人们面对极度不一致的产品时，会感到意义受威胁而产生焦虑，对不一致产品的评估也较低[①]。当意义受到威胁时，个体可以采取语义关联（即主导品牌）、伦理信仰（如绿色消费）、肯定个人文化（即消费者种族中心论）等流体补偿手段来恢复意义感，提高对不一致产品的评估。由于流体补偿发生在无意识层面，消费者在经历预期违反意义后可能会加强语义关联，主导品牌是与给定产品类别（如，耐克在运动品牌中的主导地位）最紧密的语义关联之一，主导品牌被认为是这一类别的典型代表，它们比非主导品牌更早被认可[②]。因此，当消费者面对极度不一致的产品时，肯定主导品牌将部分弥补这种意义的缺失。此外，意义可以通过确认道德信仰

---

① Leng X., Chen Y., Song X., Zhou X., and Li X., "Make 'Incongruent' to Be 'Excellent': Fluid Compensation in Extremely Incongruent New Products," *Frontiers in Psychology* 13(2022): 878039.

② Zhou Z., Zheng F., Lin J., and Zhou N., "The Interplay Among Green Brand Knowledge, Expected Eudaimonic Well-Being and Environmental Consciousness on Green Brand Purchase Intention," *Corporate Social Responsibility and Environmental Management*, 28, no.2(2021): 630–639.

来补偿，例如对环境友好产品的偏好①。在经历了预期的违背之后，人们会通过种族中心主义消费来确认自己的文化身份②，典型的例子是人们更愿意为他们认同的地区的产品付款。

### 二、怀旧维持人生意义

意义的结构是复杂的，可以在多个层次的分析上考虑。从个人层面考虑，人们努力认为自己是有存在感的，这种存在感是重要的并且有价值的③。因此，当怀旧概念化为一种创造意义的资源时，个人意义就容易受到怀旧的影响。怀旧可能会强化生活中的个人意义，人类在生命中寻求持久意义的一个原因是，他们意识到自己必将死亡④。相信人生经历是比自己的身体更有意义的东西时，就提供了一种心理防御，以抵御不可避免的、绝对的身体毁灭的威胁。可见，怀旧可以维持人生意义。因此，当消费产品（如音乐、电影、服装）可以引发怀旧情绪时，"复古营销"如此流行也许就不足为奇了。

### 三、意义维持与消费者品牌依恋

消费者依恋强大品牌的心理，诱发了安全、信任、信心、吸引力、快乐和认同等积极情绪⑤。如果市场上无法获得依恋品牌，消费者可能

---

① Waheed A., Zhang Q., Rashid Y., Tahir M. S., and Zafar M. W., "Impact of Green Manufacturing on Consumer Ecological Behavior: Stakeholder Engagement Through Green Production and Innovation," *Sustainable Development* 28, no.5(2020): 1395-1403.

② Li X. and Katsumata S., "The Impact of Multidimensional Country Distances on Consumption of Specialty Products: A Case Study of Inbound Tourists to Japan," *Journal of Vacation Marketing* 26, no.1(2020): 18-32.

③ Sedikides Constantine, et al., "Are Normal Narcissists Psychologically Healthy? Self-Esteem Matters," *Journal of Personality and Social Psychology* 87, no.3(2004): 400-406.

④ Routledge C., Arndt J., Sedikides C., and Wildschut T., "A Blast From the Past: The Terror Management Function of Nostalgia," *Journal of Experimental Social Psychology* 44, no. 1 (2008): 132-140.

⑤ Albert Noel and Dwight Merunka, "The Role of Brand Love in Consumer-Brand Relationships," *Journal of Consumer Marketing* 30, no.3(2013): 258-266.

会感到分离焦虑和痛苦，类似于一个人与他所爱的人失去联系时所产生的负面情绪⑤。依据意义维持模型，在不同意义威胁下的人会试图重申嵌入在重要来源中的意义框架以弥补意义损失。不同的意义框架可以相互补偿，只要意义框架嵌入到诸如承诺的信念、喜爱的对象、广泛接受的社会规范或难忘的事件等重要来源中，它就可以弥补任何形式的意义损失。因此，消费者在不同场合遇到意义威胁，会自动转向他们最依恋的品牌，以弥补意义损失①。这些研究表明依恋品牌包含目标消费者的心理意义，并在缓解其意义损失痛苦方面发挥了更大的作用，这说明流体补偿策略对维持意义有着巨大影响。

## 第五节
## 理论在CB研究中的未来展望

### 一、拓展意义维持动机下的产品偏好

根据意义维持模型，意义主要来源于自尊（self-esteem）、确定感（certainty）、归属感（belongingness）和象征性不朽（symbolic immortality）四个领域。因此，当人们的意义被违反时，是否可能：一是更多地购买奢侈品来提升自尊。因为奢侈品被视为提升地位的象征，消费者对获得奢侈品和品牌的渴望在很大程度上是由追求地位和权力的动机所驱动的。二是更多地选择温情产品。因为温情产品更具有亲民气息，具有品牌之爱或品牌激情，能带给消费者以温暖，使消费者更加具有归属感，进而实现意义的补偿。

### 二、探索消费者主动意义维持的结果

根据意义维持模型的观点，人们的意义维持具有消极和悲观的色

---

① Tsai S. P., "Meaning Threats Heighten Consumer Attachment: Implications for Global Brand Management," *European Management Journal* 32, no.6(2014): 991-1000.

彩。具体而言，人们只有在意义系统已经受到威胁时，才会被动地做出防御，意义维持的直接动力是消除厌恶感，存在缓解厌恶感的生理需求。然而，有研究发现当参与者肯定自己的人际关系后，即使遭受违反意义，他们对文化世界观的防御也会更低[1]。这表明在意义受到威胁之前，事先储存意义是有积极意义和价值的。因此，未来在营销领域可以进一步考察，消费者对意义的主动维持或者提前存储如何影响其行为决策。

① Van Tongeren D. R., Green J. D., Hulsey T. L., Legare C. H., Bromley D. G., and Houtman A. M., "A Meaning-Based Approach to Humility: Relationship Affirmation Reduces Worldview Defense," *Journal of Psychology and Theology* 42, no.1(2014): 62-69.

第二十章

# 社会认同理论

亨利·泰菲尔（Henri Tajfel），20世纪最有影响力的社会心理学家之一。英国布里斯托尔大学社会心理学教授。他的主要贡献是基于过去的最简群体范式研究提出了具有广泛影响力的社会认同理论。

## 第一节
## 理论起源和观点

### 一、理论起源

#### （一）现实冲突理论

社会认同理论产生于阐释群体间行为的种族中心主义（ethnoentrism）：指内群体偏好（in-group favoritism）和外群体歧视（out-group derogation）。最初对种族中心主义的解释最有影响的是现实冲突理论（realistic conflict theory），该理论指出群体间的态度和行为反映了一个群体和其他群体之间的客观利益。如果群体目标不一致，一个群体以其他群体的利益为代价而获得自己的目标，就会出现竞争。因此，群体间就倾向于有歧视的态度和相互的敌意。另一方面，如果群体目标是一致的，所有群体都朝同一目标努力，那么他们彼此之间更易于建立共同的、友好的、合作的关系。

（三）群体间偏见的最小条件

由于仅有现实冲突还不足以解释群体间行为，泰菲尔后来的研究对现实冲突理论做了很好的补充。泰菲尔（1970，1971）采用了最简群体实验范式（minimail-group paradigm）创造了一个微型的"群体世界"，深入观察群体的运作方式。研究显示，当参与者单纯地知觉到分类时，就会分给自己的群体更多的资源和正向的评价。这种认知上的分类，会让我们主观上知觉到自己与他人共属从而产生一种认同感，这样的认同所引起的给内群体较多资源以及正向的评价的现象称为内群体偏见；而对外群体成员则分配较少资源并给予负向的评价，这种现象称为外群体偏见。1978 年泰菲尔正式提出社会认同（social identity）的概念，定义为个体认识到自己属于特定的社会群体，并认识到其群体成员身份所带来的情感和价值意义。

## 二、理论主要观点

社会认同理论认为个体通过社会分类对自己的群体产生认同，并产生内群体偏向和外群体偏见。个体通过实现或维持积极的社会认同来提高自尊，积极的自尊来源于在内群体与相关的外群体间的有利比较。当社会认同受到威胁时个体会采用各种策略来提高自尊。个体过分热衷于自己的群体，认为自己的群体比其他群体好，并在寻求积极的社会认同和自尊中体会团体间差异，就容易引起群体间偏见和群体间冲突。社会认同理论认为，社会认同是由社会分类（social categorization）、社会比较（social comparison）和积极区分原则（positive distinctiveness）建立的。

## 第二节
## 理论深化和推进

### 一、自我归类理论对社会认同理论的补充

1985年约翰·特纳（John Turner）在社会认同理论基础上补充了自我归类理论（self-categorization theory），认为人们会自动地将事物分门别类，因此，在将他人分类时会自动地区分内群体和外群体。当人们进行分类时会将自我也纳入这一类别中，将符合内群体的特征赋予自我，这就是一个自我定型的过程。个体通过分类，往往将有利的资源分配给我方群体成员。同时，人们会对自己所在的群体怀有特殊的忠诚感，同时以怀疑的眼光来看待外群体。人们在确认属于内群体的时候，还会将内群体所拥有的特性赋予自己。

### 二、最优特质理论对社会认同理论的补充

1991年M. B. 布鲁尔提出最优特质理论[1]。社会认同需要在两种对立的需求即同化的需要和异化的需要之间做出让步，人们有动机去认同在这两种需求之间提供最优平衡的群体。最优特性理论提出了群体偏见的两种动机：首先，偏见被激发来自于一个最优群体的认同所带来的满足感的需要；其次，给予一定程度的认同，群体偏见是由群体间异化的需要激发的。也就是说，人们在社会中的位置导致了他们被两种根本性的动机所驱动：第一，是被他人认同和与他人相似的本质性需求；第二，对独特性和个性化的补偿性需求。

---

[1] Brewer Marilynn B., "The Social Self: On Being the Same and Different at the Same Time," *Personality and Social Psychology Bulletin* 17, no.5(1991): 475–482.

### 三、社会认同的三维度模型

为精确社会认同的测量操作，1999年埃勒默斯对社会认同的概念内容加以界定，提出了认知、情感和评价三个测量维度[①]。具体而言，认知维度是指个体对所在群体及成员的认知程度；情感维度是指个体对所在群体成员情感和价值意义的感知；评价维度是指个体成为群体成员后对自我价值的评价。最终还发现了群体自尊会受到群体相对地位的影响，认知成分取决于内群体的相对规模，情感成分则取决于群体的形成方式和群体相对地位。

### 四、消费者–企业认同理论

巴塔查里亚等将社会认同观点应用于消费者领域，并提出消费者–企业认同理论框架[②]。他们指出，消费者–企业认同理论反映消费者与企业存在深厚承诺及有意义的关系，主张如同员工对组织的认同，消费者亦可能认同企业，这种认同无须依赖正式的员工关系；一个企业可以代表及提供具有吸引力及有意义的社会特质给消费者，以满足他们自我定义的需求，因此，当消费者认为与特定企业存在有意义及密切的关系并产生情感响应时，便形成了消费者认同。

---

① Ellemers N., Kortekaas P., and Ouwerkerk J. W., "Self-Categorisation, Commitment to the Group and Group Self-Esteem as Related but Distinct Aspects of Social Identity," *European Journal of Social Psychology* 29, no.2–3(1999): 371–389.

② Bhattacharya C. B. and Sankar Sen, "Consumer-Company Identification: A Framework for Understanding Consumers' Relationships with Companies," *Journal of Marketing* 67, no.2 (2003): 76–88.

# 第三节
# 理论所提构念的操纵和测量

## 一、社会认同的操纵

### （一）设计身份认同任务，增强群体间的互动

达斯卡洛娃（2018）在正式实验开始前，要求处理组的参与者共同完成一项"观察和讨论绘画作品"的任务，以此创建和增强小组的身份认同[①]。

### （二）根据肤色操纵社会认同

瓦兹克斯（2018）在实验中给实验组的成员观察具有不同肤色的公众人物图像。因为不同的肤色代表着不同人种，所以能够以此激发和增强参与者的种族身份认同及其规范[②]。

### （三）通过组词成句操纵社会认同

本杰明（2016）等[③]采用了一项"句子整理"任务，即给参与者提供一组被打乱顺序的宗教性语句，要求将其组合成句子，以此增强参与者的宗教身份认同。

---

[①] Daskalova Vessela, "Discrimination, Social Identity, and Coordination: An Experiment," *Games and Economic Behavior* 107(2018): 238-252.

[②] Vazquez R. M. C. and Cortina E. M. M., "Social Identity and Stereotypes by Skin Color: Aspirations and Performance in Youn G Mexicans," *Trimestre Economico* 85, no. 337(2018): 53-79.

[③] Benjamin D. J., et al., "Religious Identity and Economic Behavior," *Review of Economics and Statistics* 98, no.4(2016): 617-637.

### （四）通过"身份启动问卷"启动社会认同

S. X. 李等（2017）[1]在实验中设计了"身份启动问卷"，问卷的问题主要涉及参与者在所生活社区内的生活经历和体验，通过问卷唤起参与者对社区的记忆和经历，以此激发参与者对社区的认同。

此外，还可以通过分组操纵社会认同，随机地将参与者分组，让参与者估计页面上的点数，分成高估计组和低估计组。根据掷硬币进行分组，同样的点数范围为一组。或者根据参与者的实际身份操纵社会认同，具体做法是从真实的环境招募参与者，通过张贴海报等方式，根据不同的身份进行分组，如黑人和白人。

## 二、社会认同的测量

### （一）品牌社会认同量表

德尔里奥（2001）等在其研究中对品牌社会认同进行了测量[2]，量表为7点评分，1=非常不符合，7=非常符合，具体条目见表20-1。

**表20-1　品牌社会认同量表**

| |
| --- |
| 1.××品牌运动鞋时尚流行。<br>Brand XX sports shoes are in fashion. |
| 2.你的朋友有××品牌运动鞋。<br>Your friends have brand XX sports shoes. |
| 3.××品牌运动鞋具有良好的口碑。<br>Brand XX sports shoes have a good reputation. |
| 4.××是品牌领导者。<br>XX is a brand leader. |

---

[1] Li S. X., et al., "Common Identity and the Voluntary Provision of Public Goods: An Experimental Investigation," *Joumai of Economic Behavior & Orqanization* 142 (2017): 32-46.

[2] Río A., Rodolfo Vázquez, and Víctor Iglesias, "The Effects of Brand Associations on Consumer Response," *Journal of Consumer Marketing* 18, no.5 (2001): 410-425.

（二）社会身份认同量表

J. M. 切克（1982）等编制了社会身份认同量表（social identity scales）[①]，量表为7点评分，1=非常不符合，7=非常符合，具体条目见表20-2。

表20-2　社会身份认同量表

| |
|---|
| 1.我在人群中的受欢迎程度。<br>My popularity with other people. |
| 2.其他人对我的一言一行的反应。<br>The ways in which other people react to what I say and do. |
| 3.我的外貌,如身高、体重、身体的形状。<br>My physical appearance：my height，my weight，and the shape of my body. |
| 4.别人怎么看我,如我的名声。<br>My reputation，what others think of me. |
| 5.我对其他人的吸引力。<br>My attractiveness to other people. |
| 6.我对别人的印象,如我的行为举止。<br>My gestures and mannerisms，the impression I make on others. |
| 7.我的社会行为,如我遇见人时的行为方式。<br>My social behavior，such as the way I act when meeting people. |

# 第四节
# 理论在CB研究中的应用

## 一、社会认同与环境、道德主张的产品购买意愿

虽然食物消费是一种个人选择，但是消费者的消费模式对社会环

---

[①] Cheek Jonathan M., et al., "The Distinction Between Social and Collective Identity Orientations in the Aspects of Identity Questionnaire" (paper presented at the Annual Meeting of the Society for Personality and Social Psychology, New Orleans, LA, 2013).

境有重要影响。具体而言，有机食品消费群体的社会认同对消费者在有机食品上的支出有着强烈而直接的影响[1]。因为社会认同已被证明在解释选择方面是重要的，而有机食品消费者的社会认同也会影响消费者购买具有某些环境和道德主张的产品的意愿，有机、生态等可持续标签的展示会增强消费者的社会认同感，即个体对自己属于环保主义者群体的认知和情感价值，这会进一步提升消费者购买具有环境和道德主张的产品的意愿[2]。

## 二、社会认同与消费者忠诚度

在Facebook品牌社区研究中发现，品牌认同感会促使消费者将品牌视为自我概念的重要部分，增强消费者与品牌之间的情感纽带，进而刺激更强的品牌忠诚度[3]。类似地，黄京华等（2016）[4]通过对新浪微博的分析，发现消费者对微博这类社交媒体的认同感，能促进其对开通微博的企业产生认同，提高消费者与企业、产品之间的关系感知，从而积极影响消费者在购买和推荐意愿上的忠诚度。当消费者的多重社会身份较为简单，且有强烈的社会认同需求时，容易受到内部群体的社会规范性影响，提高消费者对品牌价值的感知，进而正向影响品牌忠诚度，由此可知，社会认同复杂性和社会认同需求也会间接促进

---

① Bartels Jos and Machiel J. Reinders, "Social Identification, Social Representations, and Consumer Innovativeness in an Organic Food Context: A Cross-National Comparison," *Food Quality and Preference* 21, no.4(2010): 347-352.

② Bartels Jos and Marleen C. Onwezen, "Consumers' Willingness to Buy Products with Environmental and Ethical Claims: The Roles of Social Representations and Social Identity," *International Journal of Consumer Studies* 38, no.1(2014): 82-89.

③ Barbarossa Maria, Vernuccio Margherita, Pagani Camilla, and Alberto Pastore, "Antecedents of Brand Love in Online Network-Based Communities. A Social Identity Perspective," *Journal of Product & Brand Management* 24, no.7(2015): 706-719.

④ 黄京华、金悦、张晶:《企业微博如何提升消费者忠诚度:基于社会认同理论的实证研究》,《南开管理评论》2016年第4期,第159-168页。

品牌忠诚的形成①。当认同品牌社群的消费者表现出高度的品牌承诺和自我品牌关联时，为了捍卫与他们相关且形象一致的品牌，他们会对竞争品牌产生强烈的抵制态度与行为②。社区互动、社区体验能让消费者在参与社区互动的过程中获取产品信息，满足情感和心理需求，以此让他们感知到品牌社区的价值意义，拉近他们与社区成员之间的关系，从而获得归属感，形成品牌认同③。

第五节

理论在CB研究中的未来展望

### 一、探究居住流动性、社会认同与品牌延伸

随着我国经济转入高质量发展阶段和新型城镇化的持续推进，居民居住流动比例逐年增长，居住流动性成为与个人、社会息息相关的重要生活事件。居住流动的个体是否会更加容易接受品牌延伸？居住地点与生活空间的变化、社交网络系统的更新与重建是居住流动的代表性特点。当个体到达新的居住地点后，意味着全新的社交环境和群体。同时，居住流动性也意味着个体面临着不确定性。因此，个体渴望融入新的居住地点的群体，并希望打破这种不确定性。基于社交认同理论和不确定性降低理论（社交认同理论的发展），居住流动的个体会希望自己迅速融入群体，也为了想要在群体中获得安全感。过去的

---

① Wu P. H. and Lin C. P., "Learning to Foresee the Effects of Social Identity Complexity and Need for Social Approval on Techno gy Brand Loyalty," *Technological Forecasting and Social Change* 111(2016): 188–197.

② Kuo Y. F. and Hou J. R., "Oppositional Brand Loyalty in Online Brand Communities: Perspectives on Social Identity Theory an Consumer-brand Relationship," *Journal of Electronic Commerce Research* 18, no.3(2017): 254–268.

③ 黄敏学、廖俊云、周南：《社区体验能提升消费者的品牌忠诚吗：不同体验成分的作用与影响机制研究》，《南开管理评论》2015年第3期，第151–160页。

研究发现，消费者购买品牌延伸的产品可以提升社会认同。品牌延伸产品因为具有和母品牌一样的标志，会增强消费者的社会认同感。因此，相比于定居的个体，很有可能居住流动的个体为了获取认同、降低不确定性，会对品牌延伸的产品更有好感。同时，因为居住流动的个体有社会认同的需求，社会认同需求进一步刺激居住流动个体对延伸品牌的忠诚感。

### 二、探究品牌讲述消费者故事时要先抑还是先扬

越来越多的品牌会选择在社交媒体上讲述品牌与消费者的故事。同样是讲述一个产品的故事，一种模式是先说消费者在购买该产品前糟糕的消费体验，直到购买了该产品才有正面的、愉快的体验，这是先抑的故事讲述模式。另一种模式是直接讲述消费者使用该产品后的愉快体验，这是先扬的故事讲述模式。究竟哪一种故事讲述模式更加能够促进消费者对品牌的好感和忠诚度呢？我们推测，品牌讲述消费者故事时采用先抑的模式，能使消费者产生情感共鸣，让有同样经历的消费者们形成同一群体，弱化界限从而产生社会认同感。而消费者对品牌具有社会认同感，能够促进消费者对品牌的好感和忠诚度。因此，品牌讲述消费者故事采用先抑的模式能够增加消费者的好感和忠诚度。

同时，品牌的类型也会影响品牌讲述消费者故事的模式与消费者对品牌的态度。研究表明，品牌类型的差异会对社会认同影响消费行为产生调节作用。相对于必需品和私人用品，消费者在购买和使用奢侈品和公共用品时，更容易受到参照群体的影响[1]。因此，相比于必需品，奢侈品品牌在讲述消费者故事时采用先抑的模式更加能够激发消费者的品牌认同感，从而促进消费者对品牌的积极态度。

---

[1] Bearden William O. and Michael J. Etzel, "Reference Group Influence on Product and Brand Purchase Decisions," *Journal of Consumer Research* 9, no.2(1982): 183–194.

下编

理论在研究中的运用

在上编中，我们介绍了社会心理学的理论及其营销研究运用。下编我们将详细介绍围绕前面章节介绍的理论开展的具体实证研究。这些实证研究由于各种原因未发表，因此，我们在本编对它们进行介绍。下编包含三部分：第一部分将分享我们基于感知控制双过程模型开展的消费者触摸渴望研究。第二部分将介绍我们基于资源稀缺理论和生命史理论而开展的放纵消费研究。第三部分将介绍我们在新产品这一研究领域运用本书前面章节介绍的理论撰写的新产品研究综述。

我们期望，本书提出的未来研究方向能对读者和学者的研究有所启发和借鉴。

第二十一章

## 消费者恢复个人
## 控制感的双过程
## 假设和营销结果
## 研究

这一章，我们将介绍我们自己开展的一篇资源稀缺理论和生命史理论结合的研究。论文标题是"消费者恢复个人控制感的双过程假设和营销结果研究"。作者柳武妹（兰州大学管理学院）、拉杰夫·巴特拉（Rajeev Batra，密歇根大学罗斯商学院）、王海忠（中山大学管理学院）。文章年份是2017年。以下是论文信息。

## 第一节
## 引　言

2017年8月9日，中国领先的大型电子商务企业——京东发布新闻表示在2017年底将会开设约300家线下体验店，有助于消费者在购买前触摸产品。除了京东，像亚马逊、阿里巴巴等其他大型电子商务企业也开设了线下体验店。而且，这些实体体验店展示的产品多为与购买目标相关的工具性产品（instrumental products），即数字电话、笔记本电脑以及其他电子产品等，而不是与购买目标无关的享乐性产品（autotelic products）。J. 佩克（2003）发现，对于工具性产品，人们触摸这些产品的目的是增加购买信心，实现购买目标，而对于享乐性产品，人们触摸它们仅仅是一种自发行为，与购买目标无关[1]。因此，我们好奇的是，为什么像京东、天猫这样的电商企业要在实体店展示更多的工具性产品而非享乐性产品呢？他们这样做是为了让消费者在情感上受益，并为线下零售商带来积极的营销结果吗？如果是的话，对于线上零售（消费者往往不能在购买前触摸产品）而言，营销者该如何做才能取得和线下实体体验店相似的营销结果？

已有的产品触觉研究无法系统地解答这些重要的研究问题。此处特别提及产品触觉是因为，本研究认为线上购物和线下购物的本质区别之一是，相对于触摸享乐性产品，触摸工具性产品可以帮助低控制感的消费者恢复他们对环境的个人控制感。我们的理由是当消费者感觉到他们缺乏个人控制感时，他们会感觉到焦虑[2]和担心[3]。为了减少这种令人厌恶的感受，我们认为消费者将会寻求触摸工具性产品（而不是享乐性产品），因为前者更多的是为了实现一个特定的目标，而不是毫无目的地追求乐趣。一般来说，减少感受到的焦虑能够帮助低控制感的人们增强对环境的控制感[4]，并且可能导致积极的产品评估[5]

---

① Peck Joann and Childers Terry L., "Individual Differences in Haptic Information Processing: The 'Need for Touch' Scale," *Journal of Consumer Research* 30, no. 3 (2003): 430–442.

② Cutright Keisha M, "The Beauty of Boundaries: When and Why We Seek Structure in Consumption," *Journal of Consumer Research* 38, no.8 (2012): 775–790.

③ Janoff-Bulman Ronnie, *Shattered Assumptions: Towards a New Psychology of Trauma* (New York: Free Press. 1992), p.79.

④ Lazarus Richard S. and Susan Folkman, *Stress, Appraisal, and Coping* (Springer publishing company, 1984).

⑤ Citrin Alka V., Stem Donald E., Spangenberg Eric R., and Clark Michael J., "Consumer Need for Tactile Input An Internet Retailing Challenge," *Journal of Business Research* 56, no.11 (2003): 915–922.

和相应的积极产品估值（即支付意愿）。因此，在触摸工具性产品（相对于享乐性产品）之后，低控制感消费者的焦虑和忧虑水平都将会被降低，同时他们的个人控制感和相关的产品评价均会被提升。我们通过研究1a和研究1b来验证这些假设。

在消费者不可能通过触摸工具性产品来寻求更多主控制的情况下（即网上购物），我们进一步预测自我肯定同样也会通过降低焦虑来帮助他们增强所获得的控制感。然而，我们认为当工具触摸有效时，自我肯定介入可能会失效。因为工具触摸的存在有助于低控制感消费者更直接地应对高焦虑感，从而使得额外的自我肯定是没必要的。我们在研究2和研究3中来检验这一命题，同时在研究3中测试与控制感恢复相关的营销结果，即产品估值。

本研究对以往的个人控制感文献有重大的推进作用［例如，B.蔡等（2014）①；C.Y.陈等（2017）②；K. M. 柯特赖特（2012）③］：（1）引入一个新的缺乏个人控制感的结果变量（即寻求工具性触摸）；（2）丰富和增加了由罗斯鲍姆等（1982）提出的感知控制双过程模型④新的分支。重要的是，本研究对现有触觉营销文献［例如，B.格罗曼等（2007）⑤，J.佩克（2003a）］做出如下两点贡献：（1）本研究发现工具性触摸能够增加低个人控制感消费者的个人控制感；（2）本研究发现工具性触摸增加低个人控制感消费者的个人控制感的现象在消费者

① Chae Boyoun and Rui Zhu, "Environmental Disorder Leads to Self-Regulatory Failure," *Journal of Consumer Research* 40, no.6(2014): 1203–1218.

② Chen Charlene Y., Leonard Lee, and Andy J. Yap, "Control Deprivation Motivates Acquisition of Utilitarian Products," *Journal of Consumer Research* 43, no.6(2017): 1031–1047.

③ Curtright Keisha M., "The Beauty of Boundaries: When and Why We Seek Structure in Consumption," *Journal of Consumer Research* 38, no.5(2012):775–790.

④ Rothbaum Fred, Weisz John R., and Snyder Samuel S., "Changing the World and Changing the Self: A Two-Process Model of Perceived Control," *Journal of Personality and Social Psychology* 42, no.1(1982): 5–37.

⑤ Grohmann Bianca, Eric R. Spangenberg, and David E. Sprott, "The Influence of Tactile Input on the Evaluation of Retail Product Offerings," *Journal of Retailing* 83, no. 2 (2007): 237–245.

进行自我否定后消失。本研究对线上线下零售商均具有较大的启示作用。它探讨了零售商如何利用线下环境中的工具触摸和网购环境中的自我肯定来帮助消费者应对他们的低控制感，并提高他们对目标的估值。

## 第二节
## 文献回顾与假设提出

### 一、个人控制感

个人控制感（feelings of personal control）反映了一个人的个人信仰，它是指在给定的某一时间点上，他有能力使环境按照预期的方向改变[①]。长期的研究表明，保持我们可以对环境施加个人控制的信念是人类行为的根本动力[②]，同时也能对社会心理健康做出贡献[③][④]。但是这种信念总是受媒体报道的一些犯罪行为和死亡事件的威胁[⑤]；同时也受到类似于产品失败和不良的品牌延伸等与市场相关的一些现象的影

---

[①] Proudfoot Devon and Aaron C. Kay, "How Perceptions of One's Organization Can Affect Perceptions of the Self: Membership in a Stable Organization Can Sustain Individuals' Sense of Control," *Journal of Experimental Social Psychology* 76, no.7(2018): 104-115.

[②] Kelley Harold H., *Attribution in Social Interaction*, Morristown(NJ: General Learning Corporation, 1971), p.66.

[③] Chae Boyoun and Rui Zhu, "Environmental Disorder Leads to Self-Regulatory Failure.," *Journal of Consumer Research* 40, no.6(2014): 1203-1218.

[④] Rodin J., "Aging and Health: Effects of the Sense of Control," *Science* 233, no.4770 (1986): 1271-1276.

[⑤] Fritsche I., Jonas E., and Fankhanel T., "The Role of Control Motivation in Mortality Salience Effects on Ingroup Support and Defense," *Journal of Personality and Social Psychology* 95, no.3(2008): 524-541.

响①；此外，其他的日常生活体验，例如无休止的交通堵塞②、拥挤的零售环境③，甚至是先进的产品（相对于传统产品来说）④，都会对人们的个人控制感产生威胁。当人们的个人控制感遇到这些威胁时，他们将会如何应对呢？

感知控制的双过程模型这一理论能帮助我们理解当人们的个人控制感受到威胁时他们可能的应对方式。根据这个理论，个人控制感受到威胁这一情况将会激起人们恢复控制的强烈愿望。为了达到这一目的，人们首先要寻求初级控制。B.格罗曼等⑤在他们的开创性工作中提出四种类型的初级控制：预测型初级控制（试图通过预测事件以便在其中取得成功）、虚幻型初级控制（试图影响机会决定的结果）、替代型初级控制（试图操纵强大的他人或模仿他们的力量和能力）和解释型初级控制（试图理解问题以便能够解决或以其他方式掌握问题）。后来的实证研究为虚幻型初级控制和解释型初级控制假设提供了支持，表明个人控制感受到威胁会导致人们对环境施加控制，以此来影响或

---

① Cutright Keisha M., James R. Bettman, and Gavan J. Fitzsimons, "Putting Brands in Their Place: How a Lack of Control Keeps Brands Contained," *Journal of Marketing Research* 50, no.3(2013): 365–377.

② Cutright Keisha M. and Samper A, "Doing It the Hard Way: How Low Control Drives Preferences for High-Effort Products and Services," *Journal of Consumer Research* 41, no.3 (2014):730–745.

③ Baker Julie and Kirk L. Wakefield, "How Consumer Shopping Orientation Influences Perceived Crowding, Excitement, and Stress at The Mall," *Journal of the Academy of Marketing Science* 40, no.6(2012): 791–806.

④ Faraji-Rad Ali, Shiri Melumad, and Gita Venkataramani Johar, "Consumer Desire for Control as a Barrier to New Product Adoption," *Journal of Consumer Psychology* 27, no.3 (2017): 347–354.

⑤ Rothbaum Fred, Weisz John R., and Snyder Samuel S., "Changing the World and Changing the Self: A Two-Process Model of Perceived Control," *Journal of Personality and Social Psychology*, 42, no.1(1982): 5–37.

者掌控结果[1]。例如，周等人（2012）提出经历控制剥夺的参与者比他们的同伴更注重环境线索（即周围的事物），以便更好地理解和管理他们的环境[2]。相似地，柯特赖特等（2014）表示个人控制感受到威胁会导致人们通过选择高效率产品来寻求虚幻型初级控制（一种可以给人们提供机会，通过发挥自己的努力取得理想成果的产品）。

本研究的核心是，我们认为低控制感消费者对产品的物理触摸与 B. 格罗曼等（1982）人提出的虚幻性和解释性初级控制类似。因为触摸物体表示在环境中寻求对物体的物理控制[3]，所以触摸物体的行为应该能帮助低控制感消费者感觉到他们仍然可以影响到相关结果，从而能让他们更好地理解物体，更好地控制外部环境，最终增强他们的个人控制感。

（一）触摸工具性产品有助于消费者重获个人控制感

然而，并不是所有类型的物体触摸都能同等地增强控制感。基于这样的观点，J. 佩克等（2003b）认为，消费者通过消费或者购物，无论是为了达到目标，还是为了寻求感官刺激和享受[4]，消费者触摸产品的需求是由工具性以及享乐性这两个维度构成的。工具性维度指的是购买前的触摸，反映了显著的结果导向以及与购买相关的目标，而享乐性维度则将触摸看作获取愉悦感的来源。J. 佩克等（2003b）还认为，工具性触摸反映消费者有意识地参与目标导向的活动，而享乐性触摸

① Zhou Xinyue, et al., "Control Deprivation and Styles of Thinking.," *Journal of Personality and Social Psychology* 102, no.3 (2011): 460-478.

② Zhou Xinyue, He Lingnan, Yang Qing, Lao Junpeng, and Baumeister R. F., "Control Deprivation and Styles of Thinking," *Journal of Personality and Social Psychology* 102, no.3 (2012): 460-478.

③ Peck Joann, Victor A. Barger, and Andrea Webb, "In Search of a Surrogate for Touch: The Effect of Haptic Imagery on Perceived Ownership," *Journal of Consumer Psychology* 23, no.2 (2013): 189-196.

④ Holbrook Morris B. and Elizabeth C. Hirschman, "The Experiential Aspects of Consumption: Consumer Fantasies, Feelings, and Fun," *Journal of Consumer Research* 9, no.2 (1982): 132-140.

涉及一种以享乐主义为导向的反应，主要以寻求乐趣和享受为主（与目标实现无关）。

有趣的是，C.Y.陈等（2017）的研究表明，相对于高控制感消费者来说，低控制感消费者为了摆脱他们目前不理想的状态（即控制丢失），往往表现出较强的解决问题倾向。为了提高他们的控制水平，低控制感消费者转向分析思维方式[①]，并更倾向于寻求功能型产品。我们这里认为的功能型产品是与工具性物体相关的，因为人们经常通过触摸这些物体来检查和确定它们的功能，从而实现他们的特定目标（即购买目标）。因此，我们提出低控制感应该会激发消费者对工具性触摸的渴望，同时刺激消费者更愿意去触摸与购买目标相关的工具性产品（例如一个电脑鼠标或者一支钢笔）。我们进一步认为，低个人控制感不会刺激消费者寻求对享乐性产品的触摸。因为在触摸享乐性产品之后，低个人控制感的消费者可能既感到开心（由于享乐性产品的享乐特征）又感到焦虑（由于他们的低控制力体验）。这种同时发生的混合情绪仍然会让消费者感知到低控制感。在逻辑上，上述结论与C.Y.陈等人（2017）的发现有关，但实际上C.Y.陈等人（2017）只测试了缺乏个人控制感是否会刺激人们去获取功能性产品，而没有测试低控制感消费者是否会积极地触摸这些产品，并在触摸之后他们的个人控制感是否会增加。更重要的是，C.Y.陈等人（2017）的研究和以往的研究都没有进一步检验自我肯定是否能弥补低控制感消费者因无法触摸工具性产品而导致的后果，而这个重要的问题我们在之后的文章中解决。

由于高控制感消费者不容易察觉到个人控制感受到威胁，我们认为这些消费者不需要通过触摸工具性产品来增强他们的控制感知觉。因为他们的个人控制感已经很高了，不再需要加强，过多的控制实际上会产生负面的结果（通过削弱任务绩效），从而导致他们会放弃部分

---

[①] Zhou Xinyue, He Lingnan, Yang Qing, Lao Junpeng, and Baumeister R. F., "Control Deprivation and Styles of Thinking," *Journal of Personality and Social Psychology* 102, no.3 (2012): 460-478.

控制①。如果高控制感的消费者不寻求工具性触摸，那么工具性触摸就不会增加这些消费者感知到的控制力。与工具性触摸类似，和目标无关的享乐性触摸也不会增强他们感知到的控制力。因此我们假设：

假设1（H1）：低控制感消费者会更多地触摸工具性产品而不是享乐性产品。而高控制感消费者在两者上寻求的触摸量类似。

假设2（H2）：对于低控制感消费者，触摸工具性产品（相对于享乐性产品）能够增强他们的个人控制感。对于高控制感消费者，触摸任何产品对他们的个人控制感无影响。

那么，通过何种机制触摸工具性产品能够帮助低控制感消费者恢复个人控制？大量研究表明，当个人控制感降低时，他们会感到不舒服②。这种不适的感觉一般来说就是压力、忧虑③④、焦虑⑤、挫折和无助感②。有趣的是，这种不适的感觉可以转移到对特定对象（产品）的关注点上，并且可以通过触摸产品来达到最小化。例如，当个体感到高度焦虑时，他们经常会高估环境中的危险并强调他们在环境中所看到的消极方面⑥⑦，然而通过触摸产品（如光盘或者毛衣）能够降低消

① Burger Jerry M., "Negative Reactions to Increases in Perceived Personal Control," *Journal of Personality and Social Psychology* 56, no.2(1989): 246–256.

② Pittman Nancy L. and Thane S. Pittman, "Effects of Amount of Helplessness Training and Internal-External Locus of Control on Mood and Performance," *Journal of Personality and Social Psychology* 37, no.1(1979): 39–47.

③ Janoff-Bulman Ronnie, *Shattered Assumptions: Towards a New Psychology of Trauma* (New York: Free Press, 1992), p.55.

④ Rodin J., "Aging and Health: Effects of the Sense of Control," *Science* 233, no.4770 (1986): 1271–1276.

⑤ Downey H. K., Hellriegel D., and Slocum J. W., "Environmental Uncertainty: The Construct and Its Applications," *Administrative Science Quarterly* 20, no.4(1975): 613–629.

⑥ Beck A. T., et al., "Differentiating Anxiety and Depression: A Test of the Cognitive Content-Specificity Hypothesis," *Journal of Abnormal Psychology* 96, no.3(1987): 179–183.

⑦ Shapiro Anne M., Roberts John E., and Beck J. Gayle, "Differentiating Symptoms of Anxiety and Depression in Older Adults: Distinct Cognitive and Affective Profiles?" *Cognitive Therapy and Research* 23, no.1(1999): 53–74.

费者对产品质量的忧虑[①]。大量的研究进一步表明，高控制感与较低的焦虑感密切相关[②]，降低压力能够增强个人控制感[③]。基于这些观点，我们预测控制威胁将刺激消费者寻求工具性触摸而不是享乐性触摸，并以此减少他们的焦虑感，从而提高他们的控制感（寻求享乐性触摸并不能彻底降低低控制感消费者感知到的焦虑水平）。因此，在低控制感消费者经历过工具性触摸后（相对于享乐性触摸），他们的焦虑感将会降低，而个人控制感将会增强。这导致：

**假设3（H3）：** 焦虑感的降低中介是我们在H1和H2中预测的结果。

（二）当工具性触摸不可能时，自我肯定能替代这类触摸

虽然低控制感消费者为了减少焦虑而追求工具性产品触摸，但这种寻求初级控制的常常失败，特别是在网上购物的情况下（因为消费者在购买之前无法直接触摸产品）。控制感的双过程模型预测，当人们寻求初级控制的努力失败时，将会积极寻求二次控制来恢复个人控制：他们将改变自己以便更好地适应环境。类似于前面提到的四种初级控制类型，罗斯鲍姆等人（1982）也提出四种二次控制类型：预测型次级控制（试图将不可控性归因于他们有限的能力，从而避免失望）；虚幻型次级控制（试图将不可控性归因于机遇和运气）；替代型次级控制（试图将不可控性归因于他人的强大）；解释型次级控制（试图将其他无法控制的事件归因于前面的属性，以便接受它们）。最近的研究表明，这种次级控制能帮助个体减少因初级控制失败而产生的不安和不

---

① Citrin Alka V., Stem Donald E., Spangenberg Eric R., and Clark Michael J., "Consumer Need for Tactile Input an Internet Retailing Challenge," *Journal of Business Research* 56, no.11(2003): 915–922.

② Janoff-Bulman Ronnie, *Shattered Assumptions: Towards a New Psychology of Trauma* (New York: Free Press, 1992), p.55.

③ Lazarus Richard S. and Susan Folkman, *Stress, Appraisal, and Coping* (Springer publishing company, 1984), pp: 1–437.

适感，从而有利于他们的心理健康①。下面我们提出，自我肯定也是一种次级控制策略。

自我肯定是指肯定自我概念中一些与威胁无关的重要概念，以此来保持自我完整性和自我价值感②。大量的研究表明，与次级控制一样，自我肯定也可以帮助人们通过更好地适应环境，以此来应对他们无法对外部环境施加初级控制的问题③④。在高度自我肯定下，个人控制感受到威胁的个体表现出想要减少对外部环境施加控制的需求，不再表现出极端归因等防御反应⑤⑥，这能帮助个体更好地适应环境⑦。人们采取的适应策略之一是否认自己对失败的责任以保持自我的价值感①，这似乎与次级控制的几种来源类似：虚幻型控制、替代型控制和解释型控制。

有关自我肯定的文献进一步表明，与初级工具性触摸类似，寻求自我肯定也能帮助低控制感的个体减少他们的焦虑感，并最终达到加强个人控制感的目的。具体来说，自我肯定可以作为一种缓冲来降低

---

① Wrosch Carsten, Jutta Heckhausen, and Margie E. Lachman, "Primary and Secondary Control Strategies for Managing Health and Financial Stress Across Adulthood," *Psychology and Aging* 15, no.3(2000): 387–399.

② Steele C. M., "The Psychology of Self-Affirmation: Sustaining the Integrity of the Self," in *Advances in Experimental Social Psychology*(New York: Academic, 1988), pp.261–302.

③ Cohen GeoVrey L. and Sherman David K., "The Psychology of Change: Self-Affirmation and Social Psychological Intervention," *Annual Review of Psychology* 65(2014): 333–371.

④ Sherman David K. and Geoffrey L. Cohen, "The Psychology of Self-Defense: Self-Affirmation Theory," *Advances in Experimental Social Psychology* 38(2006): 183–242.

⑤ Liu Thomas J. and Steele Claude M., "Attributional Analysis as Self-Affirmation," *Journal or Personality and Social Psychology* 51, no.3(1986): 531–540.

⑥ Whitson Jennifer A. and Galinsky Adam D., "Lacking Control Increases Illusory Pattern Perception," *Science* 322, no.5898(2008): 115–117.

⑦ Cohen GeoVrey L. and Sherman David K., "The Psychology of Change: Self-Affirmation and Social Psychological Intervention," *The Annual Review of Psychology* 65 (2014): 333–371.

特定威胁的负面影响，使个体能够以更积极和更强烈的看法来看待威胁，从而体验更少的威胁和痛苦[1]，更少的压力和焦虑[1]。因为低水平的焦虑与高水平的控制感有着密切的联系[2]。我们认为，当不可能触摸到工具性产品时，相对于没有自我肯定来说，自我肯定能通过降低个体的焦虑水平，从而增强低控制感消费者的个人控制感。综合这些观点，得到：

**假设4（H4）：** 当不可能触摸到工具性产品时，提供（相对于不提供）给低控制感消费者自我肯定的机会将会增强他们的个人控制感。当可以触摸到产品时，低控制感消费者感受到的个人控制感将不会受到自我肯定的影响。

**假设5（H5）：** 焦虑感是我们在H4中所述现象的中介。

因为高控制感消费者不会感觉到控制威胁、焦虑以及紧迫感，所以这类消费者被认为既不需要实际地触摸工具性产品，也不需要通过自我肯定去降低焦虑。因此，他们的控制感将独立于是否发生工具性触摸以及是否存在自我肯定。

为了检验上述假设，我们进行了四项研究。研究1a和研究1b检验了初级工具触摸假设（H1-H2）和焦虑感的降低中介作用（H3）。研究1a通过操纵消费者的个人控制感，然后观察消费者对于工具性产品和享乐性产品的实际触摸行为（H1和H3）。为了增加实验控制，研究1b通过操纵消费者对同一产品的工具性感知或享乐性感知来进一步检验H2和H3。然后，为了测试实际触摸的效果，我们邀请参与者触摸（相对于不触摸）产品，并测量他们感知到的控制感。研究2和研究3检验了次级自我肯定假设（H4）和焦虑感知的中介作用机制（H5）。在研究2中，我们采用了传统的方式来操纵物体触摸和自我肯定。在研究3中，

---

① Stinson Danu Anthony, et al., "Rewriting the Self-Fulfilling Prophecy of Social Rejection: Self-Affirmation Improves Relational Security and Social Behavior up to 2 Months Later," *Psychological Science* 22, no.9(2011): 1145-1149.

② Lazarus Richard S. and Susan Folkman, *Stress, Appraisal, and Coping* (Springer Publishing Company, 1984), pp: 1-437.

为增强与零售业的相关性，将要求参与者登录一个模拟购物网站，然后查看一个包含丰富自我肯定信息的购物网页或一个缺乏这类信息的网页。最后，我们还测试了工具性触摸和自我肯定所引起的控制感是否会导致积极的产品评价（研究1b）和较高的产品估值（研究3）。

# 第三节
## 实证研究

### 一、 研究1a和研究1b：与工具性产品相关的初级触摸假设检验

（一）预实验

为了确定哪些产品更具有工具性，哪些产品更具有享乐性，我们进行了两次预实验。在预实验1中，我们首先要求学生（N=42）列出一个他们能想到的工具性物体和享乐性物体清单（包括产品）。他们被明确告知，工具性物体指的是那些人们通常需要经过触摸再做出购买决定的物品，而享乐性物体指的是那些触摸它们只是为了享乐而不是以购买为目标的物品。他们列出的工具性物品有钢笔、马克杯、电脑鼠标、纸巾、胶卷、电子词典等。而他们列出的享乐性物品有丝绒品、羽毛饰品、巧克力、玩具（如玩具飞机）以及手镯等。然后，我们要求35位学生用7分量表（1=一点也不，7=完全）来表示他们对每个物品（巧克力、手镯、丝绒品、羽毛饰品、玩具飞机、钢笔、杯子、电脑鼠标、纸巾、电子词典和胶卷）的购买意愿，通过测量值来确定享乐导向消费和目标导向消费的代表物品（参考C. Y. 陈等2017年的研究）。一个配对样本 $t$ 检验显示：丝绒品 [$M_{享乐}$=5.14，$SD$=1.82；$M_{目标}$=2.71，$SD$=1.45；$t(34)$=6.45，$p<0.001$]、羽毛饰品 [$M_{享乐}$=5.60，$SD$=1.46；$M_{目标}$=2.63，$SD$=1.66；$t(34)$=8.23，$p<0.001$] 和玩具飞机 [$M_{享乐}$=5.74，$SD$=1.44；$M_{目标}$=2.97，$SD$=1.67；$t(34)$=6.47，$p<0.001$] 是享乐导向消费的典型代表，而在目标导向消费上的代表性较弱。但是电子词

典［$M_{目标}$=5.91，$SD$=1.42；$M_{享乐}$=2.49，$SD$=1.31；$t(34)$=9.22，$p<$ 0.001］、纸巾［$M_{目标}$=5.69，$SD$=1.99；$M_{享乐}$=2.40，$SD$=1.42；$t(34)$= 7.52，$p<0.001$］和胶卷［$M_{目标}$=6.23，$SD$=1.21；$M_{享乐}$=1.71，$SD$=0.99；$t(34)$=13.94，$p<0.001$］是目标导向消费的代表，而在享乐导向消费上的代表性较弱。因此，我们使用这些物体作为研究1a中的研究材料。

因为有些杯子是用来喝水的，而有些杯子则更偏于它的观赏价值，所以参与者对杯子的目标导向感知（$M_{目标}$=4.31，$SD$=1.71）和享乐导向感知（$M_{享乐}$=4.23，$SD$=1.59）处于相似的水平［$t(34)$=0.21，$p=0.838$］。因此，我们在研究1b中使用杯子作为研究材料，以此来操纵消费者的工具性感知和享乐性感知。最后，电脑鼠标［$M_{目标}$= 6.05，$SD$=1.40；$M_{享乐}$=2.93，$SD$=1.50；$t(34)$=10.42，$p<0.001$］和钢笔［$M_{目标}$=5.50，$SD$ =1.47；$M_{享乐}$=2.86，$SD$=1.32；$t(34)$=7.88，$p<0.001$］也被认为是目标导向消费的典型代表，因此，我们在研究2中使用电脑鼠标和钢笔作为研究材料，在研究3中使用电脑鼠标作为研究材料。

（二）研究1a

研究1a的主要目的是通过观察消费者的实际触摸行为，获得H1和H3的初步证据，同时也能检验感知焦虑在其中的中介效应。

参与者与实验设计：共有230名参与者（男性41.7%；年龄16～23；$M_{age}$=19.1），是一个2（个人控制感：高 vs. 低）×2（产品类型：工具性产品 vs.享乐性产品）的组间双因素方差分析。因变量是参与者是否触摸产品、实际触摸的持续时间，以及感知到的焦虑水平。3个参与者因为没有遵守我们的操作指南而被剔除（他们没有完成控制回忆任务）。本实验和剩下的实验都是单独进行的，目的是排除社交互动的潜在影响。

实验程序：我们告知参与者该实验包括两份无关的问卷，旨在调查消费者的信息处理能力。在"问卷1"中，我们通过一个经典的"控制回忆任务"来操纵个人控制感。具体的操作改编自惠特森·詹妮弗

（2008）等①，让处于高控制感下的参与者（相对于那些处于低控制感的参与者）用3分钟回忆并写下他们生命中发生的一次威胁事件，并确保他们完全处于高控制感下（相对于处于低控制感下）。接下来是操纵检查项，同时也对感知到的焦虑水平以及其他一般性情绪的正负情绪进行测量。根据已有研究②，要求参与者说明他们觉得自己能在多大程度上控制七点李克特量表中所描述的事件（1=绝对没有控制，7=完全控制）。对于焦虑感知，我们要求参与者在五点李克特量表中描述他们目前感觉到的舒服（反向）、放松（反向）、平静（反向）、焦虑和紧张（α=0.84）的程度（1=一点也不，5=完全）。这五个形容词是从K.M.柯特赖特（2012）的研究中选择出来的。我们用这些焦虑指标的平均值，得到了焦虑感知指数。我们将用五点李克特量表来测量其他一般性情绪（1=一点也不，5=完全）。描述积极情绪的形容词有兴奋的、强烈的、热情的、自豪的、受鼓舞的和积极的。描述负性情绪的形容词有愤怒、内疚、羞愧、敌意、易怒和悲伤。这些情绪项目是从正性和负性情绪量表（the positive and negative affect schedule，PANAS）③中选出的，同时也被柯特赖特（2012）所使用。而PANAS量表并不包括幸福和挫折等情绪，因此，我们把这两种情绪纳入了我们的情绪测量中。总的来说，所有的积极情绪测量（α=0.88）和消极情绪测量（α=0.89）都有可接受的信度系数。接下来参与者将移至另一个房间完成"问卷2"的实验。

在这个房间里，一位研究人员将告诉参与者："研究员会去另一个房间，很快就帮你把问卷2带回来。请坐下来等一会儿。"在考虑工具

① Whitson Jennifer A. and Galinsky Adam D., "Lacking Control Increases Illusory Pattern Perception," *Science* 322, no.5898(2008): 115–117.

② Rutjens Bastiaan T., "Frenk Van Harreveld, and Joop Van Der Pligt. "Yes We Can: Belief in Progress as Compensatory Control," *Social Psychological and Personality Science* 1, no.3(2010): 246–252.

③ Tellegen Auke, "Development and Validation of Brief Measures of Positive and Negative Affect: The PANAS Scales," *Journal of Personality and Social Psychology* 54, no.6 (1988): 1063–1070.

性产品的情况下，参与者将看到三个工具性产品（纸巾、电子词典和胶卷）放在桌子上。而在考虑享乐性产品的情况下，他们将看到三个享乐性产品（丝绒品、羽毛饰品和玩具）放在桌上。研究人员又告诉参与者："今天早上，另一位研究人员用这些物体作为实验刺激物，但他们太忙了没有把它们拿走。如果你需要空间请随意移动东西。再过几分钟研究就要开始了。"随后，研究人员观察并记录参与者是否触摸产品，以及触摸产品的持续时间。进行数据编码时，如果参与者触摸了产品，那么他们的反应会被编码为"1"。如果他们没有触摸产品则编码为"0"。在观察完参与者行为之后，参与者将拿到"问卷2"。在"问卷2"中，参与者完成了有12个条目的触摸需求量表（NFT），该量表是由 J. 佩克和奇尔德斯（2003b）改良而来的（1=完全不符合我，7=非常符合我；$\alpha=0.90$）。测量触摸需求是为了检验消费者触摸需求水平是否会影响我们假设的个人控制感与产品类型的交互作用，以及参与者实际的触摸行为。

实验操控检验：在个人控制感操控检验项目上，组间单因素方差分析揭示了个人控制感操纵是显著的，即回忆低控制感状态的参与者（$M=2.89$，$SD=1.26$）所报告的控制感知水平显著低于那些回忆高控制感状态的参与者 [$M=4.61$，$SD=1.14$），$F(2,228)=116.88$，$p<0.001$]，这表明成功操纵了个人控制感。

主要发现：实际触摸行为。实际触摸行为（0=未触摸；1=触摸）的二元 Logistic 回归分析显示在个人控制感操纵上显著（0=高控制；1=低控制）[$B=2.34$，$SE=0.87$，$p=0.007$，$\text{Exp}(B)=0.096$]，而在产品类型（0=享乐性；1=工具性）的主效益上不显著 [$B=1.38$，$SE=0.85$，$p=0.103$，$\text{Exp}(B)=0.123$]。同时，在个人控制感与产品类型的交互感应显著 [$B=1.17$，$SE=0.54$，$p=0.031$，$\text{Exp}(B)=3.22$]。为了检验这种交互作用的本质，我们进行了两个独立的 Pearson 卡方分析。我们发现在低控制感状态下（$n=116$），相对于享乐性产品来说，更大比例的参与者会主动触摸工具性产品（70.2% vs. 47.5%，Pearson $x^2=6.17$，$p=0.013$）。然而在高控制感状态下（$n=114$），参与者触摸工具性产品的比例为

42.1%，触摸享乐性产品的比例为47.4%，两者具有可比性，同时 Pearson$x^2$=0.32，$p$=0.572。可以看出此结果支持H1。

实际触摸的持续时间：为了"个人控制感×产品类型"交互是否影响参与者实际触摸的持续时间，我们对触摸持续时间进行了双因素（个人控制感×产品类型）方差分析（对于没有触摸产品的参与者，其触摸持续时间为0）。结果显示在个人控制感上显著 $[F(1,226)=6.60$，$p=0.011]$，在产品类型上不显著 $[F(1,226)=.44$，$p=0.510]$，同时在个人控制感与产品类型的交互效应上不显著 $[F(1,226)=2.49$，$p=0.116]$。进一步的分组比较表明：不管是在低控制感 $[M_{工具性}=17.46s$，$SD=21.43$；$M_{享乐性}=12.35s$，$SD=17.15$；$F(1,226)=2.53$，$p=0.113]$ 下，还是高控制感 $[M_{工具性}=7.99s$，$SD=13.24$；$M_{享乐性}=10.09s$，$SD=16.38$；$F(1,226)=0.42$，$p=0.519]$ 下，参与者触摸工具性产品和享乐性产品的持续时间是类似的。同时，这些结果也表明低控制感参与者只想触摸工具性产品，而不关注能够触摸多长时间。

焦虑感知：为了检验从控制感的操控是否影响了参与者感知到的焦虑水平，我们在操纵了个人控制感之后，对感知焦虑指数进行了参与组间单因素方差分析。结果显示，个人控制感操纵对个人控制感的影响显著，也就是说低控制感组感受到的焦虑水平（$M=2.89$，$SD=1.13$）显著高于高控制感组（$M=2.50$，$SD=1.13$）；$F(1,228)=6.75$，$p=0.010$，表明我们操纵的个人控制感的确减少了参与者的焦虑感。

其他积极情绪和消极情绪：为了检验控制感的操控是否影响参与者的一般性积极情绪和除焦虑外的其他负性情绪，我们进行了两次独立的组间单因素方差分析。我们发现参与者的一般性积极情绪 $[M_{高控制}=2.46$，$SD=0.79$ vs. $M_{低控制}=2.48$，$SD=0.75$，$F(1,228)=0.04$，$p=0.840]$ 和其他消极情绪 $[M_{高控制}=1.02$，$SD=0.40$ vs. $M_{低控制}=1.09$，$SD=0.45$，$F(1,228)=1.59$，$p=0.208]$ 在高控制感组和低控制感组之间没有差异。这些结果表明，操纵个人控制感不会影响参与者的一般性积极情绪和除焦虑外的其他负性情绪。

中介分析：为了检验焦虑感知是否在个人控制感影响实际触摸行

为的过程中起中介作用，我们进行了两次独立的自展分析。首先，针对工具性产品进行bootstrap分析（模型4，5000个样本）①。我们发现，焦虑感知的间接影响是显著的，效应值=0.095，95%的$CI$=（0.021，0.404），这一结果支持假设H3提到的焦虑感知是中介变量的推测。然而在享乐性产品的条件下，焦虑感知的间接影响不显著，效应值=0.0005，95%的$CI$=（−0.158，0.159）。为了检验除焦虑以外的一般积极情绪或其他消极情绪是否会调节个人控制感操纵对触摸行为的影响，我们对这些情绪也进行了类似的bootstrap分析。结果显示在触摸工具性产品与享乐性产品的两种情况下，一般性积极情绪的间接影响不显著，同样其他消极情绪的间接影响也不显著。

额外分析：前文提到个人控制感操纵与产品类型的交互可能会影响实际触摸需求，因此，为了检验参与者在触摸需求上的个体差异是否会对这一过程产生影响，我们进行了一个Logistic回归分析，其中触摸需求得分作为协变量参与分析。我们发现个人触摸需求得分是显著的，同时个人控制感操纵与产品类型对触摸行为的交互也是显著的。这些结果表明消费者在触摸需求上的个体差异不会影响我们的结论。

讨论：研究1a使用不同的工具性产品和享乐性产品来检验低控制感消费者和高控制感消费者中谁会更愿意触摸哪种类型的产品。研究结果表明，低（vs.高）控制感的消费者会寻求对工具性而非享乐性产品的触摸。即一种对外部环境缺乏个人控制的感觉促使人们在环境中触摸工具性产品而非享乐性产品。存在这种影响是由于他们的焦虑感，而不是因为其他的积极或消极的情绪。

尽管研究1a的结果支持假H1和H3，但该实验仍有一个重要的缺陷。本实验使用不同的产品（例如电子词典与丝绒品）作为刺激物来操纵工具性感知或享乐性感知。这很可能导致混乱的实验操作。例如，参与者触摸电子词典并不是因为它是工具性的，而是因为他们对它感

① Hayes Andrew F. and Michael Scharkow，"The Relative Trustworthiness of Inferential Tests of the Indirect Effect in Statistical Mediation Analysis: Does Method Really Matter?"*Psychological Science* 24，no.10（2013）：1918–1927.

到好奇。严谨的实验控制要求我们在不同条件下使用相同的物体，并且只需要通过操纵它的工具性或享乐性感知即可。此外，因为线下零售商的信息不够多，所以本研究 1a 也没有测试低控制感消费者的个人控制感和目标评价在实际触摸工具性产品后是否得到了提升。

（三）研究 1b

研究 1b 主要是通过操纵消费者对同一物体（杯子）的工具性或享乐性感知，以更严格的方式来检验我们的初级工具性触摸假设。为了增强线下零售的相关性，研究 1b 同样检验了工具性触摸引起的个人控制感恢复是否会进一步提高消费者在实体购物环境中的产品评价。K. M. 柯特赖特（2012）的研究表明，缺乏个人控制感会导致高度的焦虑感，这导致消费者高估环境中他们所看到的消极内容[1]，特别是涉及如黑色卫生纸这一类的新工具性产品时[2]。然而 J. 佩克（2003a；2003b）的研究表明，对工具性产品质量的担忧可以通过触摸来减少，从而提高他们的产品评价[3]。按照这一逻辑，在控制恢复后低控制感消费者感受到的焦虑感水平会降低，因此他们的产品评价也会提高。

参与者与实验设计：研究 1b 共有 260 名参与者，是一个 2（个人控制感：高 vs. 低）× 2（触摸：触摸 vs. 不触摸）× 2（产品类型：工具性 vs. 享乐性）的组间三因素方差分析。因变量为第二次焦虑感知和第二次个人控制感知。

实验程序：除了一些小的细节不同，研究 1b 的实验程序与研究 1a 的实验程序相似。具体来说，为了排除研究 1a 的结果取决于特定操纵

---

[1] Shapiro Anne M., Roberts John E., and Beck J. Gayle, "Differentiating Symptoms of Anxiety and Depression in Older Adults: Distinct Cognitive and Affective Profiles?" *Cognitive Therapy and Research* 23, no.1 (1999): 53-74.

[2] Noseworthy Theodore J., Muro Fabrizio D., and Murray Kyle B., "The Role of Arousal in Congruity-Based Product Evaluation," *Journal of Consumer Research* 41, no. 4 (2014): 1108-1126.

[3] Grohmann Bianca, Eric R. Spangenberg, and David E. Sprott, "The Influence of Tactile Input on the Evaluation of Retail Product Offerings," *Journal of Retailing* 83, no. 2 (2007): 237-245.

方法的可能性，研究1b通过采用与研究1a不同的新闻阅读任务来操纵个人控制感。我们创建的新闻稿改编自K. M. 柯特赖特（2014），该新闻稿描述了人们对生活拥有更高或更低个人控制感的原因。低控制感组的参与者将读到以下内容：人的运动成绩、健康、社会形象、学业成就和未来职业成就等是由基因以及外部因素包括强大的他人、环境和运气等来决定的，而不是因为个人的努力。同时高控制感组的参与者将会被告知，决定人们是否取得运动成绩等成就的是由个人努力而不是由基因和外部因素。接下来，参与者完成了研究1a中使用的个人控制感操控检验和对焦虑感知和控制感知的第一次测量。

随后，参与者被带到另一个房间去触摸（vs.不触摸）不同感知的产品。因为研究1a的预实验表明，杯子处于工具性与享乐性之间，所以我们用杯子作为实验刺激物来操纵参与者对杯子的工具性感知或享乐性感知。我们的实验操作改编自C. Y. 陈等人（2017）的研究，具体来说，工具性感知条件下的参与者被告知杯子产自当地一家知名公司，拥有优异的性能（例如，杯子不容易摔碎且不易褪色）。在享乐性感知条件下的参与者被告知杯子产自当地一家知名公司，拥有极优的观赏特征（例如，杯子设计精致，表面有舒适且令人愉快的颜色）。为了操作触摸行为，我们要求处于触摸状态组（相对于非触摸状态）的参与者观察和触摸（相对于只看而不碰）杯子一分钟，以模拟消费者考虑购买的场景。一分钟后参与者收到一份问卷，在问卷中他们回答了自己对杯子的评价（1=非常糟糕，7=非常好），随后他们完成了感觉焦虑和感知控制的测量任务。为了检查我们对物体感知的操控是否成功，参与者在实验完成后还完成了一份问卷，该问卷用来评估他们认为购买杯子是目标导向型消费还是享乐导向型消费（1=一点也不，7=非常多）。

操纵检验：以个人控制感为因变量，一个进行组间单因素方差分析表明，回忆低控制感体验的参与者相对于那些回忆高控制感体验的参与者来说，他们感知到更低水平的个人控制感 $[M_{低控制}=3.87，SD=1.49\ versus\ M_{高控制}=4.93，SD=1.21；\ t(218)=6.29，p<0.001]$。其次，只对目标导向消费各条目进行一个2（个人控制感）×2（产品感知操

纵）×2（触摸）的组间三因素方差分析，该结果显示产品感知操纵呈显著性 $[F(1,212)=8.94，p=0.003]$。也就是说，相对于那些被告知杯子具享乐特征的参与者，被告知杯子具有优异性能的参与者认为购买杯子是更典型的目标导向消费 $[M_{工具}=4.73，SD=1.62)，M_{享乐}=4.11，SD=1.77，t(218)=2.95，p=0.004]$。同样，只对享乐导向消费各条目进行组间三因素方差分析，结果显示产品感知操纵具有显著性 $[F(1,212)=19.95，p<0.001]$。相对于那些被告知杯子具有优异性能的参与者来说，被告知杯子具享乐特征的参与者认为购买杯子是更典型的乐趣导向消费 $[M_{享乐}=5.11，SD=1.41，M_{工具}=4.36，SD=1.71，t(247)=3.87，p<0.001]$。综上所述，这些结果表明我们对个人控制感和产品感知的操纵是成功的。

主要结果：第二次感知控制。以第一次感知控制指数作为协变量，对第二次感知控制指数进行2（个人控制感）×2（产品感知操纵）×2（触摸）的组间三因素方差分析，结果显示，协变量（第一次感知控制指标 $[F(1,211)=152.62，p<0.001]$）、触摸 $[F(1,211)=5.98，p=0.015]$、触摸与控制操纵的交互 $[F(1,211)=5.42，p=0.021]$ 以及控制操纵、产品操纵和触摸的三因素交互 $[F(1,211)=6.86，p=0.009]$ 的主效应均显著。但其他影响均不显著，$p>0.242$。三因素交互的本质即为当产品被触摸时，个人控制感与产品感知操纵的双向交互作用趋近显著，$F(1,211)=3.84，p=0.051$。

具体来说，相对于触摸享乐性杯子（$M_{享乐}=4.17，SD=1.34$），低控制感参与者在触摸工具性杯子（$M_{工具}=4.81，SD=1.12$）时感知到的控制感更高，$F(1,212)=4.91，p=0.028$，然而高控制感参与者在触摸工具性杯子（$M_{工具}=4.53，SD=1.08$）和触摸享乐性杯子（$M_{享乐}=4.69，SD=1.26$）的条件下所感受到的控制感相似，$F(1,211)=0.29，p=0.593$。当无法触摸时，个人控制感与产品感知操纵的双向交互变得不显著，$F(1,211)=2.09，p=0.149$。具体而言，当低控制感参与者在看工具性（$M_{工具}=3.70，SD=1.26$）和享乐性（$M_{享乐}=4.12，SD=0.79$）两种杯子时，他们感知到同样水平的控制感，$F(1,211)=2.33，p=0.128$。高控制感参与者在看工具性杯子（$M_{工具}=4.68，SD=1.22$）和享乐性杯子（$M_{享乐}=$

4.51，$SD$=1.18）时感知到的控制感相似，$F(1,211)$=0.26，$p$=0.609。这些结果再次支持假设H2的结论。

第二次的感知焦虑：以第一次感知焦虑指数作为协变量，对第二次感知焦虑指数进行2（个人控制感）×2（产品感知操纵）×2（触摸）的组间三因素方差分析。结果显示，第一次感知焦虑指标［$F(1,211)$=180.26，$p$<0.001］、触摸［（$F(1,211)$=6.92，$p$=0.009］、触摸与产品感知操纵的交互［$F(1,211)$=5.24，$p$=0.023］以及个人控制感、产品感知操纵和触摸的三因素交互［$F(1,211)$=3.98，$p$=0.047］的主效应均显著。三因素交互的本质即为当发生触摸行为时，个人控制感与产品感知操纵的双向交互作用是显著的，$F(1,211)$=5.36，$p$=0.021。相对于触摸享乐性杯子（$M_{享乐}$=2.28，$SD$=1.20），低控制感参与者在触摸工具性杯子（$M_{工具}$=1.75，$SD$=0.62）后感受到更低的焦虑感，$F(1,211)$=4.28，$p$=0.040；然而在触摸工具性杯子（$M_{工具}$=2.12，$SD$=0.83）和享乐性杯子（$M_{享乐}$=1.81，$SD$=0.86）的条件下，高控制感参与者会感受到同等水平的焦虑感，$F(1,211)$=1.43，$p$=0.233。当没有触摸时，个人控制感与产品感知操纵的双向交互作用对感知焦虑的影响并不显著，$F(1,211)$=0.54，$p$=0.465。进一步的分析表明，相对于享乐性产品（$M_{享乐}$=1.97，$SD$=1.09）来说，当低控制感参与者只能看不能摸工具性产品（$M_{工具}$=2.48，$SD$=1.21）时，他们感知到的焦虑感水平更高，$F(1,211)$=4.02，$p$=0.046。然而，在看工具性杯子（$M_{工具}$=2.32，$SD$=1.14）和享乐性杯子（$M_{享乐}$=2.06，$SD$=1.17）的条件下，高控制感参与者感知到的焦虑感相当，$F(1,211)$=0.96，$p$=0.327。

中介检验：为了检验焦虑是否能够中介个人控制感、产品感知操纵和触摸这三者的交互作用在第二次感知控制的过程中起中介作用，我们进行了几次bootstrap分析。bootstrap分析（带有5000个样本的模型8）显示，在触摸条件下，个人控制感与产品感知操纵对第二次感知控制的影响被第二次感觉焦虑所中介，效应值 = −0.141，95%的$CI$=［−0.419，−0.096］，该结果支持H3。具体来说，在低控制感的触摸条件下，第二次感知控制的中介效应是显著的［效应值=−0.089，95%

的 $CI=(-0.291,-0.005)$］，而在高控制感的触摸条件下，第二次感知控制的中介效应并不显著［效应值=0.052，95% 的 $CI=(-0.006,0.214)$］。

附加分析：产品评价。为了检验由工具性触摸产生的控制恢复是否能够进一步增强产品评价，我们对产品评价进行了一个 2（个人控制感）×2（产品感知操纵）×2（触摸）的组间三因素方差分析。我们观察到仅仅是三因素交互项对产品评价的影响显著，$F(1,212)=4.88$，$p=0.028$。结果显示，在低控制感情况下，产品感知操纵与触摸的双向交互对产品评价的影响是显著的，$F(1,212)=5.73$，$p=0.107$。这个交互的本质是相对于触摸享乐性产品来说，低控制感参与者在触摸工具性产品之后对产品的评价更高［$M_{工具}=5.86$，$SD=1.01$；$M_{享乐}=5.40$，$SD=0.97$；$F(1,212)=4.15$，$p=0.043$］，但是当不能触摸时，相对于看享乐性产品，他们在工具性产品条件下的产品评价更低［$M_{工具}=5.55$，$SD=0.91$ vs. $M_{享乐}=5.85$，$SD=0.56$；$F(1,212)=1.80$，$p=0.180$］。相反，在高控制感情况下，产品感知操纵与触摸的双向交互不显著，$F(1,212)=0.57$，$p=0.453$。具体来说，在触摸工具性和享乐性产品的条件下，高控制感参与者的产品评价相当［$M_{工具}=5.72$，$SD=0.85$；$M_{享乐}=5.50$，$SD=1.28$；$F(1,212)=0.88$，$p=0.349$］，同时在他们不能触摸工具性和享乐性产品时，他们的产品评价也基本一致［$M_{工具}=5.63$，$SD=0.82$；$M_{享乐}=5.66$，$SD=0.90$；$F(1,212)=0.02$，$p=0.901$］。这样的结果表明，给低控制感消费者提供触摸工具性产品（而非享乐性产品）的触摸机会能够提升他们的产品评价。

bootstrap 分析进一步说明，在低控制感条件下，产品感知操纵与触摸的交互对产品评价的影响被第二次感知控制所中介［效应值=0.075，95% 的 $CI=(0.057,0.310)$］，表明工具性触摸会导致低控制感消费者的控制恢复，以及由此产生的高产品评价。

讨论：研究 1b 扩展了研究 1a 的研究结果，表明不仅仅是触摸明确的工具性产品（例如电子词典）能提高低控制感消费者的控制感知能力，而且只要能展现它的工具属性，触摸同一产品也可达到上述效果。此外，本研究还表明，触摸工具性产品所引起的个人控制感可以进一步提高消费者对产品的评价。然而，虽然研究1a和研究1b的结果对线下零售商是有帮助的，但这些研究并没有解决线上零售商在工具性触摸不可及时，如何帮助低控制感的消费者重获个人控制感的问题（例如网购）。基于此我们提出研究2和研究3。

## 二、 研究2和研究3：自我肯定为次级控制的假设检验

研究2和研究3通过检验次级自我肯定（假设H4）和感知焦虑的中介作用（假设H5），扩展了研究1a和研究1b的结果。我们期望当初级工具性触摸失效时，次级自我肯定策略可以通过减少低控制感消费者感受到的焦虑从而增强他们的感知控制。然而，当初级工具性触摸有效时，这种自我肯定不会降低他们感觉到的焦虑，因此，无法进一步增强他们感知到的个人控制感。我们通过实验室实验（研究2）和模拟网络购物实验 （研究3）来验证这些假设。在研究3中，我们还让参与者通过浏览一个含有自我肯定信息的网站来检验该网站能否促进参与者的个人控制感，进而提升消费者对产品的支付意愿。此处主要讨论对网络销售的工具性产品的支付意愿。

（一）研究2

参与者与实验设计：共有237名参与者（男性157名；$M_{age}$ =21.5岁，年龄段为18～26）被随机分配到实验中，该实验为2（个人控制感：高vs.低）×2（工具性触摸：触摸vs.不触摸）×2（自我肯定：有vs.无）的组间三因素方差分析。因变量是第二次感知焦虑和第二次感知控制。根据研究1a中的预实验结果，本研究使用的刺激物是电脑鼠标和钢笔，它们被认为是目标导向消费的典型代表。

实验程序：研究2的实验程序与先前的研究1a和研究1b相似。具体来说，参与者首先要完成一个控制操纵任务，该任务是在研究1b中使用过的（阅读与高控制感或低控制感相关的新闻稿）。接下来是控制操纵检验项目，使用焦虑检测条目以及研究1b中用到过的个人控制感检验条目。参与者进行操纵工具性触摸和自我肯定，并测量因变量。具体地说，在触摸条件下（相对于非触摸条件）的参与者被要求花一

分钟的时间去观察和触摸（相对于只看不摸）电脑鼠标和钢笔这两个工具性产品，模拟他们考虑是否购买的场景，之后是操纵自我肯定。

我们的操纵程序改编自 C. M. 斯蒂尔（C. M. Steele，1983）的研究，处于肯定状态的参与者按照价值观对个人的重要性对一组价值观进行评级，并写下他们认为的第一价值观对他们最重要的原因；处于非肯定状态的参与者按照个人不重要性对同一组价值观进行评级，并写下他们认为的第一价值观对他们最不重要的原因。最后，参与者完成对第二次感知焦虑和第二次感知控制这两个因变量的测量任务。

主要结果：二次感知控制。将第一次感知控制指标作为协变量，对第二次感知控制指标进行了一个 2（个人控制感）×2（工具性触摸）×2（自我肯定）的组间三因素方差分析。结果表明，工具性触摸 $[F(1,228)=8.57$，$p=0.004]$ 和自我肯定 $[F(1,228)=9.84$，$p=0.002]$ 之间具有显著的主效应，个人控制感与工具性触摸之间的双向交互作用显著 $[F(1,228)=8.44$，$p=0.004]$，并且个人控制感与自我肯定之间也存在显著的双向交互作用 $[F(1,228)=10.93$，$p=0.001]$。个人控制感、工具性触摸、自我肯定三向交互作用也显著，$F(1,228)=4.62$，$p=0.033$。接下来，我们分别分析了在低个人控制感和高个人控制感条件下，自我肯定与工具性触摸之间的交互作用。我们发现在低个人控制感下，自我肯定与工具性触摸之间的交互作用是显著的，$F(1,228)=4.86$，$p=0.029$。具体来说，当不允许工具性触摸时，这些低控制感参与者在自我肯定状态下感知到的个人控制感要高于在无自我肯定状态下感知到的个人控制感 $[M_{肯定}=4.87$，$SD=0.95$ vs. $M_{无肯定}=3.83$，$SD=1.07$；$F(1,228)=20.14$，$p<0.001]$。但是当允许工具性触摸时，在自我肯定和无自我肯定条件下，低个人控制感参与者感知到的控制感是相当的 $[M_{肯定}=5.13$，$SD=0.88$ vs. $M_{无肯定}=4.84$，$SD=1.00$；$F(1,228)=1.49$，$p=0.223]$，因此可以看出以上的结果支持H4。然而在高控制感条件下，自我肯定与工具性触摸之间的交互作用不显著，$F(1,228)=2.00$，$p=0.159$。具体来说，当允许工具性触摸时，高控制感的参与者感知到的个人控制感在自我肯定和非自我肯定状态下都是相似的 $[M_{肯定}=4.91$，

$SD$=0.74 vs.$M_{无肯定}$=4.78，$SD$=0.99；$F(1,228)$=0.33，$p$=0.567]。同时在不允许工具性触摸的条件下，以上结论仍然成立 [$M_{肯定}$= 4.73，$SD$=0.65 vs. $M_{无肯定}$=5.07，$SD$=0.86；$F(1,228)$=2.04，$p$=0.155]。这些结果共同支持了我们的观点，即当工具性触摸失效时，自我肯定可以弥补低控制感消费者因不能触摸所带来的损失，它可以帮助消费者提高他们的感知控制力。然而，当工具性触摸有效时，自我肯定不再有助于提高这些消费者的感知控制力。

二次感知焦虑：将第一次感知焦虑指标作为协变量，对第二次感知焦虑指标进行了一个2（个人控制感）×2（工具性触摸）×2（自我肯定）的组间三因素方差分析。结果显示，个人控制感、工具性触摸和自我肯定这三个因素之间的交互作用显著 [$F(1,228)$= 3.91，$p$=0.049]。随后，我们分别分析了在高控制感和低控制感条件下，自我肯定与工具性触摸双向交互作用是否显著。我们发现在低控制感下，自我肯定与工具性触摸双向交互显著 [$F(1228)$=6.83，$p$=0.009]。具体来说，当不允许工具性触摸时，参与者在自我肯定状态下感知到的焦虑低于在非自我肯定状态下感知到的焦虑 [$M_{肯定}$= 2.61，$SD$=0.82 vs. $M_{无肯定}$=3.49，$SD$=0.96；$F(1,228)$=19.41，$p$<0.001]，但是当工具性触摸被允许时，参与者感知到的焦虑又变成了相当的水平 [$M_{肯定}$=2.22，$SD$=0.90 vs. $M_{无肯定}$=2.35，$SD$=0.71；$F(1228)$=1.73，$p$=0.190]。然而在高控制感状态下，自我肯定与工具性触摸之间的双向交互作用不显著 [$F(1,229)$=0.73，$p$=0.394]。不管是允许工具性触摸 [$M_{肯定}$= 2.34，$SD$=.65 vs. $M_{无肯定}$=2.40，$SD$=0.72；$F(1,229)$=0.11，$p$=0.749] 还是不允许工具性触摸 [$M_{肯定}$=2.35，$SD$=.76 vs.$M_{无肯定}$=2.16，$SD$=.68；$F(1229)$=0.79，$p$=0.376]，高控制感消费者在自我肯定与非自我肯定状态下感知到的焦虑水平基本一致。这些结果表明，自我肯定只有在初级工具性触摸失效时，才能减少低控制感消费者的焦虑。

中介分析：bootstrap分析（模型8，5000个样本，将第一次感知焦虑指数和第一次感知控制指数作为协变量）显示了在低控制感状态下，工具性触摸对自我肯定与第二次感知控制指数关系的调节作用受第二

次感觉焦虑的中介 ［效应值=-0.333， 95%的 $CI$=(-0.716,-0.076)］。在不允许工具性触摸 ［效应值 = -0.395，95%的 $CI$=(-0.712,-0.163)］ 的情况下，第二次感知焦虑指数中介了自我肯定对第二次感知控制指数的影响。

讨论：该研究运用了传统方法来操作自我肯定，同时也为我们的双过程控制理论提供了依据。然而从实际角度来看，这项研究仍存在缺陷，因为在真实营销实践中，经理和营销人员不能用这种"传统方式"（自我排名和价值清单）来真正操纵自我肯定。与之相关的，在研究2中观察到的研究结果是否能够借鉴到相对真实的在线购物环境中来，这是不确定的。

（二）研究3

研究3的目的是通过在购物网站上操纵自我肯定，以此来检验研究2的结果是否能复制到实际零售实践中去。此外，本研究还将进一步检验自我肯定所引发的控制恢复是否会带来积极的营销结果，例如在线零售环境中更高的产品价值（即 willingness-to-pay，WTP）。当低控制感消费者的个人控制感通过浏览含有自我肯定信息的购物网站后，他们可能对购物网站以及其产品都表现出积极的态度，最终这可能导致更高的产品支付意愿。值得注意的是，在实际的网购过程中，真实触摸是不可能的，但是为了充分检验我们的感知双过程控制理论，我们的研究还是包括了触摸条件，主要是通过该条件来进行比较。最后，由于研究1和研究2已经表明高控制感消费者的个人控制感不受工具性触摸或自我肯定的影响，所以下面的研究3将不再包括个人控制感这一条件。

1.预实验1

自我肯定操作检验：在进行研究3之前，我们进行了一项预实验，以此来检查模拟电子商务网站的设计是否能够成功地操纵自我肯定。如前所述，J. L. 科恩（2014）等认为自我肯定是指在自我肯定受到威胁后，肯定自己的完整性和自我价值的行为。虽然有很多方法可以操纵参与者的自我肯定：例如，有意识地发现和肯定三个最积极的个人特征[1]；无意识地通过选择需要高度审美的产品[2]。最常用的实验操纵还是要求参与者写下他们的个人核心价值观[3]，就类似于在研究2中所做的那样。然而，直接要求参与者在访问购物网站时完成研究2中的价值清单任务是不现实的。此外，自我肯定干预的关键是它的内容是自我生成的，并适用于挖掘每个人的特定价值认同。这些限制意味着，我们在网站上进行自我肯定操纵时，不能将智力或道德等任何特定价值随意分配给参与者；相反地，我们只能要求参与者确定什么是他们最看重的。

基于这些考虑，我们邀请46名消费者登录两个网站中的一个，此外，不同网站的主要区别是是否存在自我肯定操纵。在自我肯定组的网页底部，包含了此类信息："你高度重视的东西确定了你是什么样的人，因为它能让你更好地思考自己。"而非自我肯定组的网页不包含此类信息。在查看了这个网页之后，参与者被告知跳转到下一页回答一个操纵检查项："总的来说，你对自己有什么看法？"答案是从 1（一点也不好）到 7（非常好）的。该操纵检查项同样是借用科恩（2000，Study 3）[4] 以及大卫·K.谢尔曼（2000，Study 1）[5] 的相关研究。单向方差分析表明，在自我肯定操纵上主效应显著：相对于非自我肯定条件 $[M = 3.28，SD=0.90；F(1,38)=13.23，p<0.001]$，在自我肯定条件

---

① Amsterdam Free U., "Uncertainty Management: The Influence of Uncertainty Salience on Reactions to Perceived Procedural Fairness." *Journal of Personality and Social Psychology* 80, no.6(2001): 931–941.

② Townsend Claudia and Sanjay Sood, "Self-affirmation Through the Choice of Highly Aesthetic Products." *Journal of Consumer Research* 39, no.2(2012): 415–428.

③ McQueen Amy and William MP Klein, "Experimental Manipulations of Self-affirmation: A Systematic Review," *Self and Identity* 5, no.4(2006): 289–354.

④ Cohen Geoffrey L., Joshua Aronson, and Claude M. Steele, "When Beliefs Yield to Evidence: Reducing Biased Evaluation by Affirming the Self," *Personality and Social Psychology Bulletin* 26, no.9(2000): 1151–1164.

⑤ Sherman D. K., Nelson L. D., and Steele C. M., "Do Messages About Health Risks Threaten the Self: Increasing the Acceptance of Threatening Health Messages Via Self-Affirmation," *Personality and Social Psychology Bulletin* 26, no.9(2000): 1046–1058.

（$M$=4.31，$SD$=0.88）下，参与者感受到一个更积极的自我，表明我们成功地操纵了自我肯定。

2.预实验2

比较不同的肯定操纵方法。为了检验我们在本研究中使用的自我肯定操纵方法是否确实启动了自我肯定，我们进行了预实验2，我们采用的自我肯定操纵方法是被广泛使用的方法。在目前的研究中，我们使用多种方式来操纵自我肯定：研究2中通过确认一个人的核心价值观来操纵，而在研究3中通过查看一个包含自我肯定信息的网站来操纵，并通过询问参与者发现和确认自己的三个积极特征来操纵自我肯定[①]。预实验1检查了这三种自我肯定方式是否启动了先前研究中测试的相同类型的自我肯定。

在预实验2中，76名参与者被随机分配到4个自我肯定干预条件组：肯定核心价值观组、浏览购物网站组、积极特征组、控制条件组。核心价值观组的参与者接受了研究2中使用的操纵（价值观列表任务）。根据已有研究[③]，积极特征组的参与者被告知："每个人都有一些积极的性格，这些特点可以是智慧、美丽的外表、勤奋和善良等。现在请花点时间想想哪三个积极的特征可以描述你。请把它们写下来，并解释它们为什么可以描述你。"对照组的参与者没有受到任何操纵。然后，所有四组被要求完成标准的自我肯定操纵检查项目。

与控制条件组（$M$=4.53，$SD$=1.07）相比，在核心价值观条件下［$M$=5.26，$SD$=0.99；$t(36)$=2.20，$p$=0.034］、购物网站条件下［$M$=5.31，$SD$=1.33；$t(36)$=2.01，$p$=0.052］和积极特征条件下［$M$=5.37，$SD$=1.01；$t(36)$=2.49，$p$=0.018］，所有人对自己的评价都更积极。然而，后三种情况在正向自我知觉方面并无差异，$F(2,54)$=0.04，$p$=0.959。因此，预实验2显示，我们在本研究中所使用的自我肯定方法实际上启动了同一类型的自我肯定。

参与者和实验设计：研究3是一个2（工具性触摸：触摸与没有触

---

① Van den Bos Kees,"Uncertainty Management: The Influence of Uncertainty Salience on,"*Journal of Personality and Social Psychology* 80,no.6(2001): 931-941.

摸）×2（自我肯定：是与否）的组间双因素方差分析，使用第二次感知控制指标和WTP作为因变量。研究3中共有123名消费者（56.9%为男性）参与，我们将告知他们实验目的是收集他们的消费偏好信息。参与者的年龄从18岁到59岁不等，平均年龄为23.5岁。

实验程序：在实验开始时，所有参与者都被要求回忆一个低控制感的情境，就像我们在研究1a（控制回忆任务）中所做的那样。然后让他们报告了自己最初的感知控制水平，这既是一个操作检查也是一个协变量。接下来，我们邀请他们登录预先测试过的网站，操纵工具性触摸和自我肯定。具体要求为：工具性触摸条件下的参与者打开标价为59元人民币的鼠标包装，并触摸鼠标。然后他们观看两个预先测试过的网站中的一个，以操纵自我肯定。在不允许工具性触摸的情况下，要求参与者只浏览两个网站中的一个。最后，让所有参与者提交他们的WTP（不限成员名额），完成感知控制测量。

第二次感知控制：以第一次感知控制指标为协变量，对第二次感知控制指标进行2（工具性触摸）×2（自我肯定）的组间双因素方差分析。这产生了显著的工具性触摸主效应［$F(1,118)=5.24$，$p=0.024$］和自我肯定主效应［$F(1,118)=6.72$，$p=0.011$］，显著的工具性触摸与自我肯定交互作用，$F(1,118)=6.57$，$p=0.012$。组间比较表明，当不允许触摸鼠标时，相对于非自我肯定，浏览一个自我肯定类购物网站会帮助低控制感消费者感知更高控制感，（$M_{肯定}=4.41$，$SD=1.39$ vs. $M_{无肯定}=3.48$，$SD=1.43$），$F(1,118)=7.04$，$p=0.009$。而当允许触摸鼠标时，低控制感消费者在浏览自我肯定类购物网站和浏览非肯定类网站时感知到的控制感相似，（$M_{肯定}=4.55$，$SD=1.39$ vs. $M_{无肯定}=4.68$，$SD=1.22$）；$F(1,118)=0.14$，$p=0.709$，该结论支持H4。这些结果再次表明，只有当工具性触摸不可能时，自我肯定才能增强低控制感消费者的感知控制。

第二次感知焦虑：以第一次感知焦虑指数作为协变量，我们对二次感知焦虑指数进行了2（工具性触摸）×2（自我肯定）的组间双因素方差分析。结果表明，产生了一个显著的自我肯定主效应［$F(1,118)=$

10.29，$p=0.002$］，以及一个不显著的自我肯定主效应［$F(1,118)=$ 0.85，$p=0.358$］，同时工具性触摸与自我肯定的交互作用显著［$F(1,118)=$ 6.57，$p=0.012$］。组间比较表明，当不允许触摸鼠标时，相对于非自我肯定，浏览一个自我肯定类购物网站会使低控制感消费者感知到更低的焦虑水平［$M_{肯定}= 1.81$，$SD=0.90$ vs. $M_{无肯定}=2.76$，$SD=1.12$，$F(1,118)=$ 13.04，$p<0.001$］。而当允许触碰鼠标时，低控制感消费者在浏览自我肯定类购物网站和非自我肯定类购物网站时的焦虑感相似［$M_{肯定}=$ 2.10，$SD=0.87$ vs. $M_{无肯定}=2.23$，$SD=1.17$；$F(1,118)=0.21$，$p=0.620$］。这些结果表明，自我肯定只能在工具性触摸失效的情况下，才能降低低控制感消费者的焦虑感。

中介分析：bootstrap分析（模型8，5000个样本；将第一次感知控制指数作为协变量）表明，第二次感知控制指数显著中介了工具性触摸对自我肯定与WTP关系的调节作用，效应值$=-0.174$，95%的$CI=(-0.531,-0.011)$。具体来说，当不允许工具性触摸时，第二次感知控制中介了自我肯定对感知控制的影响，效应值$=-0.195$，95%的$CI=(-0.479,-0.019)$。而允许工具性触摸时，第二次感知控制指数并不起中介作用，效应值$=$ $-0.021$，95%的$CI=(-0.178,0.080)$，因此上述结果支持H5。

附加分析：我们对WTP进行了2（工具性触摸）×2（自我肯定）的组间双因素方差分析。在工具性触摸上的主效应显著，$F(1,119)=$ 5.17，$p=0.021$，自我肯定上的主效应不显著，$F(1,119)=2.72$，$p=0.102$，但是工具性触摸与自我肯定的交互作用显著，$F(1,119)=4.23$，$p=$ 0.042。组间比较显示，当不允许触摸鼠标时，相对于浏览无自我肯定类购物网站来说，低控制感消费者在浏览自我肯定类购物网站时的WTP更高［$M_{肯定}=45.16$元，$SD=12.07$；$M_{无肯定}=35.76$元，$SD=13.96$；$F(1,119)=6.70$，$p=0.010$］；而当允许触摸鼠标时，WTP值趋于一致［$M_{肯定}=45.71$元，$SD=14.53$，$M_{无肯定}= 46.74$元，$SD=15.51$；$F(1,119)=$ 0.08，$p=0.772$］。此结果表明，自我肯定只能在没有初级工具触摸的情况下，能增强低控制感消费者的WTP。

通过bootstrap分析（模型6，将第一次感知焦虑和第一次感知控制视为协变量），我们发现从工具性触摸与自我肯定的双向交互到第二次感知焦虑，到第二次感知控制，再到 WTP 的间接路径显著，效应值=-0.499，95% 的 $CI$=$(-1.352, -0.018)$。而从工具性触摸与自我肯定的交互到第二次感知焦虑到 WTP，效应值=-0.327，95% 的 $CI$=$(-1.475, 0.429)$，以及从工具性触摸与自我肯定双向交互到第二次感知控制再到 WTP，效应值=-0.094，95% 的 $CI$=$(-0.388, 0.003)$，这两条间接路径都不显著。这些结果支持了我们的观点，即当工具性触摸失效时，自我肯定会减少低控制感消费者的焦虑感，从而增加他们的感知控制，最终导致在线销售产品 WTP 的提高。

讨论：研究 2 和研究 3 提供了有力的证据支持我们的二次自我肯定假设（H4）和感知焦虑的中介作用（H5）。研究 3 的结果也与零售业相关，表明浏览一个含有自我肯定信息的购物网站，可以帮助低控制感消费者重新获得个人控制感，从而提高他们对在线销售产品的 WTP。

# 第四节
## 总结论

目前的研究提出了一种新的感知控制双过程模型，该模型表明当消费者处于低控制感时，触摸环境中的工具性物体可以帮助他们恢复个人控制感（初级工具性触摸假设），同时当寻求初级控制失败时，他们的自我完整性得到肯定（自我肯定），也可以帮助他们重新获得个人控制感（二次自我肯定假设）。研究 1a 为初级工具性触摸假设提供了初步证据，我们发现当感知到的个人控制感较低时，消费者会更多地触摸以目标为导向的工具性产品（如纸巾、电子词典和胶水棒），而不是以享乐为导向的享乐性产品（例如丝绒品、羽毛饰品和玩具），因为前者可以帮助消费者减少焦虑感知。研究 1b 通过操纵同一产品的工具性感知或享乐性感知，以及测量消费者在实际触摸后感知到的个人控制感，给初级工具性触摸假设提供了更直接的支持。而研究 2 和研究 3 测试了二次自我肯定假设，结果表明当触摸工具性产品失效（相对于有效）时，在确认核心价值（研究 2）和浏览自我肯定类的购物网站（研究 3）之后，低控制感消费者感觉到的焦虑会减少，同时他们感知到的个人控制感会增加。最后，与营销考虑密切相关的是我们的研究 1b 和研究 3 所得到的结论，两个研究表明低控制感消费者的控制感恢复进一步导致线下购物中更高的产品评价，以及网上购物时较高的 WTP。

## 一、理论贡献

第一，本研究扩展了已有的关于个人控制感的研究，如蔡等（2014），卡特赖特等（2013），惠特森等（2008），周等（2012），通过确认低个人控制感的新结果（寻找工具性产品触摸），同时提出这种工具性触摸可以通过减少焦虑来帮助消费者恢复个人控制感。重要的是，目前的研究系统地考察了初级工具性触摸和二次自我肯定之间的关系，这丰富了感知控制双过程模型［罗斯鲍姆等（1982），卡斯滕·沃斯奇等（2000）］①。我们发现，人们的主动触摸行为反映了他们在外部环境中寻求虚幻初级控制的愿望。当工具性触摸不被允许时，他们可以从自我肯定中获益。据我们所知，本研究是消费者文献中第一个提出感知控制双过程模型的，在帮助低控制感消费者如何重新获得控制这一方面，我们提出寻求工具性触摸是首要策略，而寻求有效自我肯定是次要策略。

第二，本研究显著推进了已有的触摸营销研究。具体来说，在之前的研究中已经发现工具性触摸和享乐性触摸是不同的（J. 佩克等，2003a，2003 b）。然而，先前的触觉研究除了观察消费者在工具性触摸需求和享乐性触摸需要上的个体差异之外，还没有研究在哪些情况下消费者更喜欢工具性触摸而不是享乐性触摸，尽管这对想要设计相应营销活动的营销者来说至关重要。例如，如果消费者在某些情况下

---

① Wrosch Carsten, Jutta Heckhausen, and Margie E. Lachman, "Primary and Secondary Control Strategies for Managing Health and Financial Stress Across Adulthood," *Psychology and Aging* 15, no.3(2000): 387–399.

（假如在体验店内）更喜欢工具性触摸而不是享乐性触摸，那么营销人员可以展示更多的工具性产品。我们第一次发现，当消费者处于低控制感情况下，他们会为了某一目标，不仅仅只是因为乐趣，而去更多地寻求触摸工具性产品（相对于享乐性产品）。当消费者处于高度控制感情况下，工具性触摸和享乐性触摸都是首选（研究1a）。此外，以前的触觉营销研究也呼吁我们在网络购物时代确认实际触摸的替代品（J. 佩克等2003a）。本研究通过将自我肯定作为一种新的替代，为这一研究趋势做出了贡献。我们的研究表明，当工具性触摸无效时，自我肯定可以帮助低控制感消费者重新获得个人控制感。

第三，本研究对现有的自我肯定研究有重要贡献，认为自我肯定可以帮助个体应对个人控制感所受到的威胁［如蔡等（2014），惠特森等（2008）］。我们证明，只有当工具性触摸无效时，有效的自我肯定才可以帮助消费者应对控制威胁（相对于有效）。值得注意的是，之前的一些自我肯定研究也发现了其他的边界条件（例如，当人们没有意识到自我肯定干预以及当人们拥有较低的自尊时）。在这些边界条件下，自我肯定不会帮助人们应对心理威胁[1][2]。因此，我们的结论与这些文献结论相一致，不仅为这些结论增加了额外的证据，还表明了在应对心理威胁上自我肯定并不是万能的。

我们在研究2和研究3中观察到自我肯定效应是否可以归因于其他过程还有待考证，如一般的积极情绪或注意力分散。研究表明，当启动积极情绪时，个人会在认知上更具灵活性[3]，同时也对新信息更具开

---

[1] Silverman Arielle, Christine Logel, and Geoffrey L. Cohen, "Self-affirmation as a Deliberate Coping Strategy: The Moderating Role of Choice," *Journal of Experimental Social Psychology* 49, no.1(2013): 93-98.

[2] Wood J. V., Perunovic W. E., and Lee J. W., "Positive Self-Statements: Power for Some, Peril for Others," *Psychological Science* 20, no.7(2009): 860-866.

[3] Jhang Ji Hoon, Susan Jung Grant, and Margaret C. Campbell, "Get it? Got it. Good! Enhancing New Product Acceptance by Facilitating Resolution of Extreme Incongruity," *Journal of Marketing Research* 49, no.2(2012): 247-259.

放性①，但当人们感到焦虑或高度兴奋时，他们不太可能接受新事物（例如，一个新产品②）。这意味着启动积极情绪和感知焦虑之间可能存在负相关，这表明积极情绪本身可能降低了焦虑感。我们认为，简单地激发低控制感消费者的积极情绪，并不一定会减少他们的焦虑感（从而有助于增加感知控制）。相反，我们认为低控制感消费者可能会同时感到高兴（由于影响启动效应）和焦虑（由于他们的低控制体验）。如果这是真的，那么这些同时出现的复杂情绪仍然会让他们感到难以控制。

此外，之前的研究还表明，将注意力从心理威胁上转移开，也能帮助消费者缓冲某些威胁③。例如，人们经常使用放纵的消费来转移他们对心理威胁的注意力，比如死亡。但是，这种通过分心来逃避现实的行为并不能真正解决或减少心理威胁④。因此，我们认为只要威胁存在，人们就会感到不舒服。所以与积极情绪的启动效应类似，我们认为分散注意力干预也不能减少低控制感消费者的焦虑感，因此，也不能帮助他们恢复个人控制感。

为了测试这些替代过程的可能性，我们进行了一项补充研究（$N=$ 130名参与者，43名男性；$M_{age}$=21.5岁，年龄段从18岁到28岁）来检验自我肯定效应的唯一性。我们发现，与启动积极情绪和分散注意力相比，只有自我肯定操纵（而不是积极情绪或分散注意力）才能通过

① Bakamitsos Georgios A.，"A Cue Alone or a Probe to Think? The Dual Role of Affect in Product Evaluations，"*Journal of Consumer Research* 33，no.3（2006）：403–412.

② Noseworthy Theodore J.，Muro Fabrizio D.，and Murray Kyle B.，"The Role of Arousal in Congruity-based Product Evaluation，" *Journal of Consumer Research* 41，no. 4（2014）：1108–1126.

③ Mandel Naomi，et al.，"The Compensatory Consumer Behavior Model: How Self-discrepancies Drive Consumer Behavior，"*Journal of Consumer Psychology* 27，no.1（2017）：133–146.

④ Starczewski Janusz T. and Janusz T. Starczewski，"Defuzzification of Uncertain Fuzzy Sets，" Advanced Concepts in Fuzzy Logic and Systems with Membership Uncertainty，（2013）：77–135.

减轻他们的焦虑感来帮助低控制感消费者在无法获得初级工具性触摸时恢复控制。

## 二、实践启示

第一，对零售业的影响。在零售启示方面，本研究为线上零售商店和线下零售商店提供了重要的启示。首先，在这个电子商务时代，许多实体店面临着来自网上商店的激烈竞争，导致许多实体店举步维艰甚至关门大吉，这对实体店的长期生存能力提出了质疑。我们的研究发现缺乏控制感会刺激消费者寻求对工具性产品的触摸（研究1a），这突出了实体店对购物者的持续重要性。我们的发现进一步增加了实验证据，结论表明这些实体店将继续受到消费者的青睐，这些消费者往往对外部环境缺乏足够的控制力。对于那些比其他人更重视个人控制感的消费者来说，这应该具有特殊价值，那这些消费者可能是谁呢？在先前的研究中发现，女性群体[1]、低教育人群、低收入人群[2]和老年人群体[3]等这些群体的个人控制感相对较低。因此，销售数字产品和其他工具类产品的公司应该考虑将这些群体作为目标客户，并考虑开设更多的线下体验店来满足消费者触摸工具性产品的需求。

第二，我们的研究1b表明，相同的产品可以定位为工具性产品和享乐性产品。重要的是研究1b进一步表明触摸工具性产品（相对于享乐性产品）可以增强低控制感消费者感知到的控制感，从而导致更高的产品评价。这意味着在经济衰退的情况下，在广告中突出产品的工具属性而不是享乐属性，并为消费者提供触摸该产品的机会，可能对线下零售商来说是更有效的营销策略。

第三，我们发现在低控制感的情况下，自我肯定可以代替实际触

---

[1] Avison William R. and Donna D. McAlpine, "Gender Differences in Symptoms of Depression Among Adolescents,"*Journal of Health and Social Behavior* 32,no.2(1992): 77-96.

[2] Michinov Nicolas, "Social Comparison, Perceived Control, and Occupational Burnout.,"*Applied Psychology* 54,no.1(2005): 99-118.

[3] Mirowsky John, "Age and The Sense of Control,"*Social Psychology Quarterly* 58, no.1(1995): 31-43.

摸，从而增强消费者的个人控制感（研究2和研究3），最终导致在线销售产品的WTP增加。这意味着在线零售商可以在他们的网站设计或产品描述中提供潜在的自我肯定线索，因为我们的研究表明，低控制感消费者将从这种自我肯定线索中受益。在这种背景下，一些读者可能会认为我们在研究3（网上购物研究）中对自我肯定的处理似乎很奇怪。他们可能会争辩说，这种自我肯定的操作从来没有出现在现实中，一个真正的购物网站永远不会展示任何关于消费者生活或价值观的内容。然而许多流行的购物网站经常使用这一类的句子，如"颜色是生活态度""颜色是一种可以减轻孤独的安慰剂"，他们使用的句子与我们进行自我肯定操作时使用的句子很类似，这些句子均可以用来帮助人们确定他们的自我完整性以及减轻威胁带来的痛苦。也就是说我们用于自我肯定操纵的文本与真实网站的文本一致。

## 第二十二章

资源稀缺理论
和生命史理论
对消费者放纵
消费的影响

这一章，我们将介绍我们自己开展的一篇资源稀缺理论和生命史理论结合的研究。论文标题是"身处雾霾环境导致人们进行放纵消费的实证研究"。作者柳武妹（兰州大学管理学院）。文章年份是2015年。以下是论文信息。

## 第一节
## 引　言

环境问题仍是我国在社会经济发展过程中不容忽视也不能忽视的问题。戏剧的是，在环境资源日益枯竭的同时，大多数消费者却正在增加对地球有限资源尤其是食物资源的过度、过量消耗。鉴于对食物资源的过度、过量消耗以及对高热量、不健康食物的摄入等都是放纵消费（indulgence consumption）的表现[1]，因此，本研究旨在探讨：（1）自然资源的恶化尤其是雾霾暴露与人们的放纵消费间是否存在关联？（2）如果存在关联，内在过程机制又是怎样？

这一话题具有重要的理论价值和实践启示。近年来，已经有少数学者关注经济环境的不景气和不确定与人们放纵消费间的关系，并发现经济萧条会加强个体的放纵消费倾向[2]。那么，自然资源（如水、空气等）的枯竭与放纵消费间是否存在关联？据我们所知，目前尚未见有学者探讨。尽管二者有本质的不同：人们对自然资源枯竭所引发的死亡恐惧会远远大于经济不景气所引发的死亡恐惧。事实上，经济不好时大多数个体会想到国家会救助他们，自己的生命暂时不会有担忧，但自然资源的枯竭（如新鲜氧气的缺乏）会让个体直接面临死亡的威胁。因此，本研究认为，很有必要验证前人关于经济不景气与人们消费行为间的研究结论是否能在自然资源枯竭这一情境下成立。更重要的是，关于性别在自然资源的枯竭（包含经济不景气）与人们放纵消费倾向间扮演何种角色这一问题，目前也未见有学者关注并系统探讨。此处特别提及性别是因为生命史理论[3][4]（下文将详述）预测，自然资源的枯竭会促使个体采取快生活节奏（即维持自己躯体的生存）。但性别研究指出，男性的行为主要受独立（agency）动机驱使，而女性的行

① Mandel N. and Smeesters D., "The Sweet Escape: Effects of Mortality Salience on Consumption Quantities for High-and Low-Self-Esteem Consumers," *Journal of Consumer Research* 35, no.2(2008): 309-323.

② Mittal C. and Griskevicius V., "Sense of Control Under Uncertainty Depends on People's Childhood Environment: A Life History Theory Approach," *Journal of Personality and Social Psychology* 107, no.4, (2014): 621-637.

③ Griskevicius V., Tybur J. M., Delton A. W., and Robertson T. E., "The Influence of Mortality and Socioeconomic Status on Risk and Delayed Rewards: A Life History Theory Approach," *Journal of Personality and Social Psychology* 100, no.6(2011): 1015-1026.

④ Griskevicius V., Delton A. W., Robertson T. E., and Tybur J. M., "Environmental Contingency in Life History Strategies: The Influence of Mortality and Socioeconomic Status on Reproductive Timing," *Journal of Personality and Social Psychology* 100, no.2(2011): 241-291.

为主要受联结（communion）动机驱使[①]。这一动机差异启示，环境恶化时，男性由于独立导向会更倾向于通过自己的双手来获取资源，而女性由于自身在体力上的先天劣势倾向于联结导向，她们会通过寻找到有资源的男性来获取资源。由于摄入过量食物和热量含量高的不健康食物会快速帮助男性获得体力和精力以应对艰难环境，因而本研究预测自然资源的枯竭会增加男性对食物的放纵消费倾向。相反，摄入过量食物和热量含量高的不健康食物反而会使女性变胖，从而使其对有资源的男性的外表吸引力降低，因而本研究预测自然资源的枯竭会降低女性对食物的放纵消费倾向。本研究认为，男女性在食物选择上的上述差异，都是为了使自己的基因在艰难环境中得以延续下去。

综上所述，本研究将首次关注性别是否会调节、如何调节，以及为何会调节自然资源的枯竭与人们放纵消费间的关系。本研究结论将为已有生命史理论的研究、性别研究及放纵消费研究提供明显理论创新，同时，还将对政府环保政策的制定与宣传、对企业和行业（尤其是餐饮业）的营销战略的制定提供有益启示。

# 第二节
## 理论构建和假设推演

### 一、生命史理论

人类及其他有机体的生命、时间及能量都是有限的，但是这些有机体必须在有限生命中做出躯体努力（somatic effort，即维持自己躯体的生存和成长）和繁衍努力（reproductive effort，即在同性竞争、择偶、

---

[①] Griskevicius V., Delton A. W., Robertson T. E., and Tybur J. M., "Environmental Contingency in Life History Strategies: The Influence of Mortality and Socioeconomic Status on Reproductive Timing," *Journal of Personality and Social Psychology* 100, no.2(2011): 241–291.

繁衍及后代教养上的投入）之间做出适应特定环境的权衡和选择。这种权衡和选择的倾向和过程被学者们称为生命史策略（life history strategy）[1]。学者们的一致观点是，生命史策略是一个以"快策略"和"慢策略"为两极的连续谱系；在快策略的一端，个体更早地性成熟，更早地发生性行为，有更多的性伴侣，以及生育更多的子女，在后代教养上投入更少；而在慢策略的一端，个体更注重身体培养和技能发展，较迟开始性行为，更注重后代的质量而非数量，更注重后代的教养[2]。因此，可以说，采取快生活节奏的个体他们往往自我调控失败，不能延迟满足；相反，采取慢生活节奏的个体具有很强的自我调控能力，可以延迟满足。相应地，用来解释人们如何及为何会选择快策略或慢策略的理论，被学者[3]称为生命史理论（life history theory）。可以说，生命史理论是对达尔文以自然选择为核心的物种进化学说的进一步发展和升华。该理论具有强大的生命力。国内已经有学者，如林镇超和王燕（2015）[4]对生命史理论进行了相关文献综述，但是，该理论在消费者行为领域的相关实证研究还非常罕见。

## 二、放纵消费

已有放纵消费领域的研究可以分为两个分支。第一个分支关注常态（未遭遇心理威胁时）下影响人们何时会进行或不会进行放纵消费。

[1] Griskevicius V., et al., "The Influence of Mortality and Socioeconomic Status on Risk and Delayed Rewards: A Life History Theory Approach," *Journal of Personality and Social Psychology* 100, no.6(2011): 1015-1026.

[2] Griskevicius V., et al., "The Influence of Mortality and Socioeconomic Status on Risk and Delayed Rewards: A Life History Theory Approach," *Journal of Personality and Social Psychology* 100, no.6(2011): 1015-1026.

[3] Kaplan H. S. and Gangestad S. W., "Life History Theory and Evolutionary Psychology," *in The Handbook of Evolutionary Psychology*(New York: John Wiley and Sons, 2005), pp. 68-95.

[4] 林镇超、王燕：《生命史理论：进化视角下的生命发展观》，《心理科学进展》2015年第4期，第721-728页。

这一研究分支的结论是，当未提醒消费者与他人的亲密关系后，当未提醒消费者自己放纵消费对身体的负面后果以及未提醒他们对他人应尽的责任后[①]，当消费者认为放纵消费带给自己的好处超过坏处时[②]，消费者更倾向于进行放纵消费。第二个分支关注遭遇心理威胁后人们在放纵消费上的差异。比如，已有研究发现，观看灾难新闻或想象自己死亡时，个体会放纵自己吃更多高热量的不健康食物[③]。又比如，当消费者遭遇婚姻威胁时，个体会过量摄入对自己身体不利的酒精[④]。再比如，当遭遇经济不景气这一威胁后，个体会更偏向于食用高热量的不健康食物（如巧克力蛋糕）[⑤]。本研究对放纵消费的关注属于第二股分支，关注自然资源的枯竭尤其是雾霾环境是否以及如何影响人们的放纵消费倾向。

### 三、自然资源的枯竭与放纵消费

生命史理论预测，当资源稀缺、竞争激烈时，人们会采取快策略，会偏爱即时的躯体维持（vs.躯体成长）以及即刻繁衍/生育（vs.较长期内繁衍/生育）；相反，当资源充足、竞争较不激烈时，人们会采取慢策略，偏爱躯体的成长与缓慢地繁衍/生育。后续研究已经对这两种预测

① Cavanaugh L. A., "Because I(Don't) Deserve It: How Relationship Reminders and Deservingness Influence Consumer Indulgence", *Journal of Marketing Research* 56, no. 2 (2014): 218–232.

② Scott M. L. and Nenkov G.Y., "Using Consumer Responsibility Reminders to Reduce Cuteness-induced Indulgent Consumption, "Marketing Letters 27(2014): 323–336.

③ Mandel N. and Smeesters D., "The Sweet Escape: Effects of Mortality Salience on Consumption Quantities for High-and Low-Self-Esteem Consumers, "*Journal of Consumer Research* 35, no.2(2008): 309–323.

④ Ramanathan S. and Williams P., "Immediate and Delayed Emotional Consequences of Indulgence: The Moderating Influence of Personality Type on Mixed Emotions, "*Journal of Consumer Research* 34, no.2(2007): 212–223.

⑤ Mittal C. and Griskevicius V., "Sense of Control Under Uncertainty Depends on People's Childhood Environment: A Life History Theory Approach, "*Journal of Personality and Social Psychology* 107, no.4(2014): 621–637.

都进行了实证支持。比如，幼年生活环境中的贫穷会促使个体生育第一个子女的时间早，但给子女投入的教育却少于在富裕环境长大的个体[①]。同时，也有一些研究表明，当前经济环境的不景气也会促使个体采取快策略（渴望即时满足，希望立即得到低回报的奖励，而非1个月后得到高回报的奖励）[②]。更重要的是，近期研究发现，除渴望得到快速奖励外，经济环境的不景气还会促使个体对具有饱足感的、高能量的食物（如巧克力）进行过度消费，并且这些个体在经济萧条时会拼命花钱，不能抵制诱惑，原因是拼命消费有助于帮助他们缓解经济萧条带来的压力及负性情绪。但是，当这些负性情绪得以缓解（如，体验到愉悦等正性情绪后），他们对高能量食物的放纵消费倾向反而会降低[③]。

上述研究表明，经济环境的恶化（经济不景气）会促使个体通过牺牲自己的健康来放纵消费。但是，上述研究存在两点不足。第一，自然资源的枯竭（如，空气、水资源污染等）是否会导致人们进行放纵消费，目前尚未见有学者探讨。相比经济不景气，自然资源的枯竭会直接对人们的生命产生威胁，因此，很有必要检验前人在经济不景气的情形下得出的结论是否适用于自然资源的枯竭这一更严重的情形。第二，性别在自然资源的枯竭与人们的放纵消费间扮演什么角色，前人研究并没有对此探讨。

---

[①] Schwarz J. C. and Wheeler D. S., "Dependency Conflict, Marital Threat, and Alcohol Consumption in a Middle-Aged Sample," *The Journal of Genetic Psychology* 153, no. 3 (1992): 249–267.

[②] Mittal C. and Griskevicius V., "Sense of Control Under Uncertainty Depends on People's Childhood Environment: A Life History Theory Approach," *Journal of Personality and Social Psychology* 107, no.4, (2014): 621–637.

[③] Griskevicius V., et al., "When the Economy Falters, do People Spend or Save? Responses to Resource Scarcity Depend on Childhood Environments," *Psychological Science* 24, no.2(2013): 197–205

## 四、性别的调节作用

生命史理论预测，遭遇艰难环境时，个体会采取快策略，具体行为表现包括关注自己的生存、增加对资源的占有等[1]。而性别领域的研究证实，男性的独立导向高过女性，而女性的联结导向高过男性[2]。同时，近期研究进一步发现，女性在艰难环境下会更加关注自身的外观修饰，以增加对有资源的男性的吸引力[3]。由于对不健康的、高热量的食物进行放纵消费会直接影响女性的身材和容貌，而发胖的身材及容貌会降低女性的外表吸引力[4]。来自37多个国家的数据已经发现，女性的外表吸引力是男性最看重的，将直接影响男性是否会和该女性进一步交往[5]。因此，我们预测，自然资源枯竭时，女性会更加关注自己的外表吸引力，降低对食物的过量摄入以及对高热量食物的摄入，以便让自己保持身材苗条，增加对有资源的男性的吸引力。

虽然希尔等（2012）的研究没有发现经济不景气时男性在美观促进产品上的差异[6]，但是本研究认为，资源稀缺时，男性反而没有女性

① Griskevicius V., et al., "The Influence of Mortality and Socioeconomic Status on Risk and Delayed Rewards: A Life History Theory Approach," *Journal of Personality and Social Psychology* 100, no.6(2011): 1015-1026.

② Moskowitz D. S., Jung S. E., and Desaulniers J., "Situational Influences on Gender Differences in Agency and Communion," *Journal of Personality and Social Psychology* 66, no. 4(1994): 753-761.

③ Hill S. E., Rodeheffer C. D., Griskevicius V., Durante K., and White A. E., "Boosting Beauty in an Economic Decline: Mating, Spending, and the Lipstick Effect," *Journal of Personality and Social Psychology* 103, no.2(2012): 275-291.

④ 阿伦森:《社会心理学》,侯玉波等译,中国轻工业出版社,2007年版,第136-138页。

⑤ Walster Elaine, et al., "Importance of Physical Attractiveness in Dating Behavior," *Journal of Personality and Social Psychology* 4, no.5(1966): 508-516.

⑥ Hill S. E., Rodeheffer C. D., Griskevicius V., Durante K., and White A. E., "Boosting Beauty in an Economic Decline: Mating, Spending, and the Lipstick Effect," *Journal of Personality and Social Psychology* 103, no.2(2012): 275-291.

那么在乎自己的身材及容貌。因此，他们会对不健康的高热量食物进行放纵消费。这是因为，男性觉得自己必须保持充足的体力和精力来为全家寻找到可维持生命的资源。同时，本研究认为，男性的独立导向也会促使他们通过摄入过量的高热量的食物来维持体力和精力，以便让自己在艰难环境中有体力获取生存资源。

综上所述，我们预测，雾霾环境对消费者放纵消费的影响受性别调节。男性会在雾霾环境下增加放纵消费倾向，目的是在艰难环境下保持体力和精力；而女性在雾霾环境下会降低放纵消费，目的是在艰难环境中保持身材苗条，以增强自己对有资源男性的吸引力。由此，我们得出：

**假设1**：雾霾环境对消费者放纵消费的影响受性别的调节。雾霾环境中，男性会增加放纵消费倾向，而女性会降低这一倾向。

**假设2**：男性在雾霾环境下增加放纵消费倾向受在艰难环境下保持体力和精力这一想法的中介作用，而女性在雾霾环境下降低放纵消费倾向受在艰难环境下保持身材苗条这一想法的中介作用。

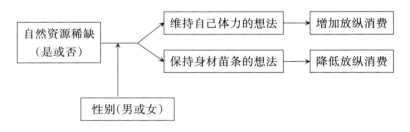

**图22-1 本研究理论框架图**

图22-1展示了本研究的理论框架。我们将开展三个实验来对其加以验证。由于放纵消费既包含对食物的过量消费，也包含对高热量的不健康食物的摄入[①]，实验1a和实验1b将着眼于食物过量消费，实验2将着眼于高热量食物的消费。我们期待，尽管研究视角不同，实验1和实验2的结果将具有一致性，都可以验证假设1和假设2。

---

① Mandel N. and Smeesters D., "The Sweet Escape: Effects of Mortality Salience on Consumption Quantities for High-and Low-Self-Esteem Consumers," *Journal of Consumer Research* 35, no.2(2008): 309-323.

# 第三节
## 实证研究

### 一、实验1a

实验1a的目的在于检验假设1，即相比自然资源未稀缺的情形，男性在自然资源稀缺时会增强放纵消费，而女性则在自然资源稀缺时会降低放纵消费。实验过程是让参与者在一个给出的食物清单中选出自己在未来一周内会消费哪些食物，选择的食物数量越多，过量消费的倾向越明显。值得提出的是，实验1a的情境并没有完全限制在雾霾情境下，相反是想检验广泛意义上的自然资源稀缺（如空气、水资源污染等）是否会对人们的放纵消费产生影响。我们期待，自然资源稀缺时，男性会消费过量的食物，而女性则降低选择食物的数量。

（一）前测

鉴于已有的关于资源稀缺的研究多关注经济萧条，而本研究的关注点是自然资源的恶化。因此，前人使用的启动经济萧条的材料并不适用于本研究。所以，我们需要编制新的启动资源稀缺的材料，并前测该材料的有效性。

基于前期调研和焦点小组访谈，我们决定采用双重启动的方式来操纵自然资源的稀缺。具体而言，在启动自然资源稀缺时，我们既让参与者阅读新闻报道，又让参与者回忆自己亲身经历的自然资源稀缺的情境。将42名消费者随机分配到稀缺组和对照组。对照组阅读的材料是："中国地大物博，是资源大国。下表为中国主要资源的总量在世界上的排名……"而稀缺组阅读的材料是："中国是资源大国（总量），更是资源小国（人均）。人口过多导致我们的国土不堪重负，各种资源早已陷入短缺的困境。下表为中国主要资源在世界上的排名……"在回答了与上述报告相关的问题后，让稀缺组（vs.对照组）回想一下自己亲身经历的水、空气等自然环境受到污染（vs. 未受污染）的经历，并写出事情发生的时间、地点，当时的心情。之后，参与者回答了操作核查项，即"你在多大程度上认为所处环境中的清洁水或清新空气等资源是充裕的，1=一点也不充裕，7=非常充裕"。同时，为检验上述启动材料是否会对参与者的情绪产生影响，参与者的正性情绪（高兴的、愉悦的、开心的，一致性系数 $a$=0.947）和负性情绪（伤心、忧郁、闷闷不乐的，$a$=0.853）也被测量[1]。

对前测数据进行自然资源稀缺（稀缺 vs. 对照）组间单因素方差分析。发现，与对照组（$M$=4.27，$SD$=1.28）相比，自然资源稀缺组（$M$=3.40，$SD$=1.09）认为自己所处环境中的清洁资源更加稀缺，$F(1,40)$=4.62，$p$<0.05。当将正性情绪和负性情绪作为协变量进行协方差分析后，发现，资源稀缺的主效应依旧显著 [$F(1,40)$=4.36，$p$<0.05]，而正性情绪 [$F(1,38)$=1.40，$p$=0.243] 和负性情绪（$F$ <1，NS）对稀缺指数的主效应均不显著。上述结果表明，我们编制的资源稀缺材料是成功的。

（二）主实验

参与者和设计。共有69名参与者（男性32名，女性37名，平均年龄19.6岁）被随机分配到实验中，该实验为2（自然资源稀缺：稀缺 vs. 对照）×2（性别：男 vs. 女）组间双因素方差分析。因变量是购物清单数量。

程序：实验开始时，参与者被告知本实验将包含两个互不相关的任务。在任务1中，他们接受了与前测相同的自然资源稀缺的操纵。之后进入任务2，测量食物选择。具体参考 N. 曼德（2008）的实验1[2]，我们让参与者从一个列有20种食物和饮料的购物清单（内容包含水果

---

[1] Mehta R., Zhu R., and Cheema A., "Is Noise Always Bad? Exploring the Effects of Ambient Noise on Creative Cognition," *Journal of Consumer Research* 39, no.4(2012):784-799.

[2] Mandel N. and Smeesters D., "The Sweet Escape: Effects of Mortality Salience on Consumption Quantities for High-and Low-Self-Esteem Consumers," *Journal of Consumer Research* 35, no.2(2008): 309-323.

沙拉、巧克力蛋糕、奶油面包、粗粮面包、燕麦片、油炸薯条、饼干、粥、新鲜蔬菜、新鲜肉、加工过的水果、加工过的肉、冷冻的食物、碳酸饮料、果汁饮料、蔬菜汁饮料、乳饮料、植物蛋白饮料、天然矿泉水饮料、茶饮料等）中选出自己在下周会购买哪些食物和饮料，并让他们把所选食物和饮料的名称誊写在横线上。之后，经过无关分心任务（目的是减少参与者对实验目的的猜测），参与者填写了测量解释水平的行为识别表（behavior indentification form），也称 BIF 量表。此处测量解释水平是因为，前人研究发现低解释水平（即对事物具体表征）会增加人们的对食物的放纵消费，而高解释水平（抽象表征）会抑制放纵消费[①]。本文预测，男性要比女性更易进行放纵消费，原因很有可能是资源稀缺导致男性的解释水平低于女性。

数据编码：如果购物清单上的每种食物或饮料被选择则编码为 1，未被选择则编码为 0。将这些选择加总，形成购物清单数量（取值在 0～20 之间）。将 BIF 量表得分加总以形成解释水平得分，得分越高表明心理表征越具体。

结果：资源稀缺和性别组间双因素方差分析（因变量是购物清单数量）发现，资源稀缺和性别对购物清单数量的主效应均不显著（$F$ 均 <1，NS），但两者交互效应显著 $[F(1,65)=9.01, p<0.01]$。进一步组间比较发现，对男性参与者而言，暴露于自然资源稀缺的情境下，他们为自己下周购买的食物数量远远高于未暴露于自然资源稀缺的情境下购买的食物数量 $[F(1,65)=4.59, p<0.05]$；对于女性而言，她们在暴露于自然资源稀缺的情境下购买的食物数量显著低于未暴露于自然资源稀缺的情境下购买的食物数量 $[F(1,65)=4.50, p<0.05]$。换种角度分析，暴露于自然资源稀缺的情境会促使男性在下周给自己购买的食物数量远远多于女性 $[F(1,65)=7.01, p<0.05]$；但当未经历这种暴露时，男性和女性在下周给自己购买的食物数量上相似

---

[①] Gardner M. P., Wansink B., Kim J., and Park Se-Bum., "Better Moods for Better Eating?: How Mood Influences Food Choice," *Journal of Consumer Psychology* 24, no. 3 (2014): 320–335.

$[F(1,65)=2.50，p=0.119]$。具体结果见图22-2。

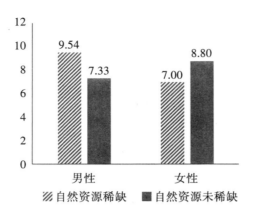

**图22-2　自然资源稀缺对不同性别者
购物清单选择数量的影响**

　　为检验解释水平是否扮演中介角色，我们进行有调节的中介分析[1]。发现，第二步中，资源稀缺和性别的交互项对解释水平的预测作用不显著（$b=-0.150$，$t=-0.27$，$p=0.787$）；第三步（将解释水平总分放进全模型用以预测购物清单数量），资源稀缺和性别的交互项对购物清单数量的预测作用依旧显著（$b=1.532$，$t=2.97$，$p<0.01$），但解释水平总分对购物清单数量的预测作用不显著（$b=-0.119$，$t=-1.03$，$p=0.308$）。参考已有研究进行bootstrap分析（5000个样本）[2]。发现，对于男性而言，解释水平并不能中介自然资源稀缺对购物清单数量的影响$[indirect\ effect=-0.0516，95\%$ 的 $CI=(-0.6556,0.1230)]$；同样，对于女性而言，解释水平也不能中介自然资源稀缺对购物清单数量的影响$[indirect\ effect=-0.0054，95\%$ 的 $CI=(-0.4213,0.3233)]$。上述回归分析和bootstrap分析结果都表明，解释水平不能解释为何性别会调节自然资

　　① Vallacher R. R. and Wegner D. M.，"Levels of Personal Agency: Individual Variation in Actiona Identification，"*Psychological Review* 57，no. 4(1987): 3–15.

　　② Preacher K. J. and Hayes A. F.，"Asymptotic and Resampling Strategies for Assessing and Comparing Indirect Effects in Multiple Mediator Models，"*Behavior Research Methods* 40(2008): 879–891.

源稀缺对消费者放纵消费的影响。

讨论：实验1a检验了自然资源稀缺是否会影响消费者对食物的放纵消费。实验结果证明假设1成立，资源稀缺会增强男性的放纵消费倾向，但会抑制女性的放纵消费。尽管如此，实验1a也有其自身的缺陷。第一，实验1a关注广泛意义上的自然资源稀缺，在雾霾这一具体情形下，男性是否依旧会比女性更易进行放纵消费，实验1a不能完全回答。第二，实验1a没有测量参与者当时的饥饿水平，很有可能男性是由于饥饿而非资源稀缺进行的放纵消费。实验1b将解决上述两点不足。

**二、实验1b**

实验1b旨在检验实验1a结果的可复制性，并进一步验证假设1。同时，实验1b将直接让参与者回忆雾霾暴露情境，以检验雾霾暴露是否影响不同性别者对食物的选择。此外，实验1b将测量参与者参加实验时的饥饿水平，以检验饥饿水平是否是可能的中介解释。

参与者和设计：共有97名参与者（男性39人，女性58人，平均年龄21.0岁）被随机分配到4个实验组别中，该实验为2（雾霾暴露：暴露 vs. 对照）×2（性别：男 vs. 女）组间双因素方差分析。因变量是购物清单数量。

程序：实验1b的程序与实验1a相似，区别仅在于以下两点。第一，暴露组没有再看新闻报道，而是直接回忆了自己亲身经历的一次暴露于严重雾霾空气下的情境，而对照组回忆自己亲身经历的一次暴露于清新空气下的情境。之后，两组都写出了该情境发生的具体时间、地点和自己当时的感受等。在经过无关分心任务后，参与者完成了与实验1a的前测相似的操纵核查项，即"在刚才的情境回忆任务中，你感到自己吸入的雾霾量是多少？（1=完全没有吸入雾霾，7=吸入雾霾非常多）"。第二，在完成实验1a的购物清单选择任务后，我们还询问了参与者参加实验前的饥饿水平（1=一点也不饿，7=非常饿）。

操纵核查：雾霾暴露和性别的组间双因素方差分析（因变量是操纵核查项得分）发现，雾霾暴露的主效应显著 $[F(1,93)=4.66, p<0.05]$；

性别的主效应不显著 $[F(1,93)=2.23，p=0.139]$；两者交互项不显著（$F<1$，NS）。进一步分析发现，雾霾暴露组（$M=3.96$，$SD=1.35$）比对照组（$M=3.37$，$SD=1.35$）吸入的雾霾量更多。上述结果说明，我们的雾霾暴露操纵成功。

结果：将饥饿水平作为协变量，进行雾霾暴露和性别组间双因素协方差分析，因变量是购物清单数量加总。结果发现，雾霾暴露的主效应不显著（$F<1$，NS）；饥饿水平的主效应不显著（$F<1$，NS）（说明饥饿水平不影响参与者的购物清单选择）；性别的主效应不显著 $[F(1,92)=1.51，p=0.223]$；更重要的是，雾霾暴露和性别的交互效应显著 $[F(1,92)=9.38，p<0.01]$。进一步组间比较发现，男性参与者在雾霾暴露下（$M=9.16$，$SD=3.52$）的购物清单数量显著多于未暴露于雾霾下的情形 $[M=6.95$，$SD=2.14$，$F(1,93)=5.60$，$p<0.05]$；而女性在雾霾暴露下的购物清单数量（$M=6.57$，$SD=2.69$）显著低于未暴露于雾霾下的情形 $[M=8.07$，$SD=3.13$，$F(1,93)=3.82$，$p=0.054]$。换种角度来看，暴露于雾霾时，男性为自己下周选择的食物数量显著高于女性 $[F(1,93)=8.93$，$p<0.01]$；但未暴露于雾霾时，两性在为自己选择的食物数量上没有显著差异 $[F(1,93)=1.77$，$p=0.187]$。

讨论：实验1b复制了实验1a的结果，证明了实验1a结果的稳定性，并再次证明假设1成立。同时，实验1b检验了雾霾暴露这一具体的自然资源稀缺情境对不同性别者食物消费数量的影响。实验结果表明，雾霾暴露是一把双刃剑，不仅会增强男性对食物的放纵消费倾向，也会抑制女性的这一倾向。值得提出的是，当控制饥饿水平这一可能的干扰变量后，不同性别者在食物选择数量上依旧有差异。说明雾霾暴露导致男性放纵消费不是因为男性比女性在参加实验时更饥饿。

综上所述，实验1a排除了思维方式这一可能的中介解释，实验1b进一步排除了饥饿水平这一可能的中介解释。那么，究竟是什么原因导致男性在雾霾暴露下放纵消费呢？接下来，实验2将检验内在中介机制。值得提出的是，实验1a和实验1b中参与者的男女比例稍微存在差异，接下来在实验2中的招募参与者性别比例将相似，以排除性别比例分布不均这一微小因素对研究结果的影响。

三、实验2

实验2旨在检验为何雾霾暴露会助长男性的放纵消费倾向而会抑制女性的这一倾向。我们预测男性在雾霾暴露下的放纵消费是为了保持体力，而女性在雾霾暴露下不进行放纵消费是为了保持身材苗条（假设2）。实验2将检验这一假设。值得提出的是，放纵消费既包含过量消费又包含高能量食物的摄入偏好，而实验1a和1b只检验了自然资源的恶化，尤其是雾霾暴露对消费者过量消费的影响，因而实验2将重点检验雾霾暴露对消费者高热量食物摄入的影响。

参与者和设计：共有179名参与者（男性90人，女性89人，平均年龄24.3岁，年龄跨度为15～49岁）被随机分配到实验中，该实验为2（雾霾暴露：暴露 vs. 对照）×2（性别：男 vs. 女）的组间双因素方差分析。因变量是对高热量食物的选择。

程序：实验2的程序与实验1b相似，区别仅在于以下三点。第一，在雾霾暴露的回忆任务后，测量了参与者内心想保持身材苗条的想法，和想保持体力和精力的想法。具体而言，我们询问参与者："此刻，我想尽量少吃高热量食物，以保持身材苗条并增强自己的外表吸引力。""此刻，我想尽量多吃高热量食物，以保持体力和精力。"参与者都在7点李克特量表上指出了自己对每条表述的同意程度，其中1=一点也不同意，7=非常同意。第二，因变量放纵消费的测量方式不同。具体而言，我们让暴露组参与者和对照组参与者在四组食物上进行二选一任务。在进行选择时，我们让参与者假定两种食物的价格和质量评分是相似的，以排除质量和价格对本文的影响。这四组食物分别是：水果沙拉 vs. 巧克力蛋糕，米饼 vs. 薯片，燕麦棒 vs. 糖果棒，碳酸饮料 vs. 非碳酸饮料，前三组食物选自前人文献①，第四组食物组合是我们自己

---

① Mandel N. and Smeesters D., "The Sweet Escape: Effects of Mortality Salience on Consumption Quantities for High-and Low-Self-Esteem Consumers," *Journal of Consumer Research* 35, no.2(2008): 309–323.

编制的。接下来，为了确保参与者对四组食物的热量和健康感知存在差异，让参与者进一步回答："你认为水果沙拉和巧克力蛋糕相比，谁的热量含量更高？谁对身体更健康？"对于其他三组食物，也询问了相同的问题。第三，在实验末尾，我们让参与者指出自己目前是否正在节食减肥，因为节食减肥时人们不会选择摄入高热量食物。数据发现，节食减肥这一干扰因素不影响本文关注的变量间的关系，因此不再具体讨论。

数据编码：在四组食物选择中，若参与者选健康食物或低热量食物则编码为0，若选不健康食物或高热量食物则编码为1，对四组食物的选择进行加总，得出因变量高热量食物的选择加总，取值范围在0～4之间，数值越高表明参与者选择的不健康食物数量越多。

结果：频数分析发现，在水果沙拉和巧克力蛋糕组合中，179位参与者中有172人（96.1%）认为巧克力蛋糕热量更高，173人（97.3%）认为水果沙拉更健康。同样，米饼和薯片组合中，170人（95.0%）认为薯片的热量更高，164人（91.6%）认为米饼更健康；燕麦棒和糖果棒组合中，152人（84.9%）认为糖果棒热量更高，159人（88.8%）认为燕麦棒更健康；碳酸饮料和非碳酸饮料组合中，158人（88.3%）认为碳酸饮料热量更高，170人（95.0%）认为非碳酸饮料更健康。上述人群比例说明，参与者对我们所选食物的热量和健康感知是符合预期和常识的。为检验上述热量和健康感知是否存在性别差异，进行pearson $x^2$分析，发现，男性和女性在对上述食物组合中每一食物的热量和健康感知不存在差异（$p>0.154$）。

接下来，进行雾霾暴露和性别组间双因素方差分析（因变量是高热量食物选择加总），以检验性别是否调节雾霾暴露对消费者选择高热量食物消费的影响。实验发现，雾霾暴露（$F<1$，NS）和性别 $[F(1,175)=1.15，p=0.286]$ 的主效应均不显著，而二者的交互作用显著 $[F(1,175)=8.21，p<0.01]$。进一步组间比较发现，男性在雾霾暴露下（$M=1.56$，$SD=1.11$）对高热量食物选择的数量显著多于未暴露于雾霾下的情形 $[M=1.09，SD=1.05，F(1,175)=4.64，p<0.05]$；而女性

在雾霾暴露下对高热量食物的选择数量（$M=0.95$，$SD=0.87$）显著低于未暴露于雾霾下的情形［$M=1.37$，$SD=1.09$，$F(1,175)=3.61$，$p=0.059$］。换种角度来看，暴露于雾霾时，男性的高热量食物选择数量显著高于女性［$F(1,175)=7.29$，$p<0.01$］；但未暴露于雾霾时，两性在高热量食物选择数量上没有显著差异［$F(1,175)=1.72$，$p=0.192$］。具体结果见图22-3。

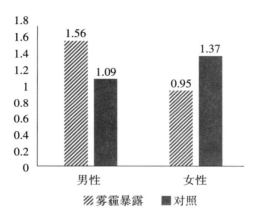

**图22-3　雾霾暴露对不同性别者
不健康食物选择数量的影响**

为验证假设2，分别对男性和女性进行分析。首先分析男性。参照普瑞彻斯和海耶斯（2004）进行 bootstrap 分析（取5000个样本），发现保持体力和精力的想法中介雾霾暴露对高热量食物选择数量的影响［indirect effect=0.0362，95% 的 $CI$=（0.0155，0.2286）］；但是保持身材苗条的想法不起中介作用［indirect effect=0.0027，95% 的 $CI$=（−0.0347，0.0876）］。接下来分析女性。bootstrap 分析发现，保持身材苗条的想法中介雾霾暴露对高热量食物选择的影响［indirect effect=0.0249，95% 的 $CI$=（0.0177，0.1672）］；但是保持体力和精力的想法不起中介作用［indirect effect=−0.0030，95% 的 $CI$=（−0.0918，0.0329）］。

讨论：实验2检验了雾霾暴露是否会影响不同性别者对高热量食物的偏好。实验结果证明了假设1成立，男性暴露于雾霾会增加高热量食物的消费，而女性则会降低高热量食物的消费。同时，实验2还检验了这一现象背后的原因，发现假设2成立，女性在雾霾暴露下会降低高热量食物选择，以便保持身材苗条，增加自己对男性的外表吸引力；而男性在雾霾暴露下会增加高热量食物的选择，以便维持体力和精力。

# 第四节
# 总结论

论文运用实验法，选用学生样本和社会样本检验了自然环境（导致自然资源的枯竭）尤其是当前雾霾环境对人们消费行为的影响。人类赖以生存的自然资源尤其是新鲜空气日益恶化已引起全世界的普遍担忧。但在自然环境恶化的同时，人类给地球产生的垃圾尤其是食物垃圾与日俱增。究竟这两类现象间是否存在必然关联？目前尚未见有学者尤其是国内学者对此进行系统探讨。

本研究以生命史理论为依据，首次实证检验了雾霾暴露与人们放纵消费（具体表现为对食物的过量消费和不健康食物消费）间的关联。本研究发现了一个非常有趣的现象：与未暴露于雾霾相比，暴露于雾霾环境会增加男性的放纵消费倾向，但却会抑制女性的放纵消费。同时，本研究进一步检验了驱动这一现象产生的内在原因。我们发现，男性在雾霾暴露下放纵消费是为了保持体力和精力以应对艰难环境，而女性在雾霾暴露下会降低放纵消费是为了保持身材苗条以增加自己对有资源的男性的外表吸引力。男性和女性的上述食物选择都是为了让自己的基因在艰难环境下得以延续下去（男性通过使自己有充沛的精力来获取生存资源，而女性为了吸引有资源的男性来保证自己的生存）。同时，论文排除了其他可能的中介解释，如解释水平的差异，参加实验前的饥饿水平，是否正处于节食减肥的状态，等。

## 一、理论贡献

（一）对生命史理论的贡献

生命史理论是对达尔文关于物种进化观点的进一步发展。生命史理论认为，艰难环境会促使个体采取快策略，会让个体更加关注自身的生存而非发展[1]。所以，艰难环境会迫使个体关注如何使自己的基因延续下去，目前已发掘的个体延续基因的方式包括提前生育孩子、增加对高风险高回报金融产品的偏好[2]、增加对美观促进产品的消费[3]、增加对高热量不健康食物的消费[4]等。但是，上述研究关注的艰难环境主要锁定于经济萧条。对于水资源、空气资源等的污染或恶化对人们消费行为的影响，上述研究并未关注，尽管相比经济低迷，空气污染会直接威胁到个体的生命安全。本研究系统检验了自然环境的恶化尤其是空气恶化（雾霾）对人们放纵消费（包含过量消费和高热量食物消费）的影响。同时，上述研究仅检验了经济萧条对不同性别者在美观促进产品上的消费差异，对两类性别者在放纵消费上是否存在差异，并没有进行探讨。本研究首次关注性别在环境恶化与食物消费间的关系，并得出男性在环境恶化后会增加放纵消费，但女性却会抑制这一倾向。可见，本研究对雾霾暴露和性别如何影响人们对食物的选择的研究，是对已有生命史理论知识的最新补充。

（二）对放纵消费领域的贡献

已有放纵消费领域的研究可以分为两个分支。第一个分支关注未

---

[1] Mittal C. and Griskevicius V., "Sense of Control Under Uncertainty Depends on People's Childhood Environment: A Life History Theory Approach," *Journal of Personality and Social Psychology* 107, no.4(2014): 621–637.

[2] Mittal C. and Griskevicius V., "Sense of Control Under Uncertainty Depends on People's Childhood Environment: A Life History Theory Approach," *Journal of Personality and Social Psychology* 107, no.4(2014): 621–637.

[3] Hill S. E., Rodeheffer C. D., Griskevicius V., Durante K., and White A. E., "Boosting Beauty in an Economic Decline: Mating, Spending, and the Lipstick Effect," *Journal of Personality and Social Psychology* 103, no.2(2012): 275–291.

[4] Laran J. and Salerno A., "Life-History Strategy, Food Choice, and Caloric Consumption," *Psychological Science* 24, no.2(2013): 167–173.

遭遇心理威胁下影响人们放纵消费的因素①。第二个分支关注遭遇心理威胁（如生命威胁、婚姻威胁等）后，人们在放纵消费上的差异②。本文对放纵消费的关注属于第二个分支。在这个分支中，自然环境的恶化尤其是雾霾暴露对人们放纵消费是否会产生影响，据我们所知，目前还鲜见有学者关注。本研究通过检验雾霾暴露对不同性别者放纵消费的影响，对放纵消费领域的研究进行了理论推进和丰富。

（三）对消费行为中的性别研究的贡献

性别是一种最基本的个体差异，目前消费者行为领域关注性别的研究非常多。这些研究发现，性别差异会影响消费者对产品信息的加工③、对社会排斥的反应④以及对触觉信息的输入需求⑤等。本研究通过关注不同性别者在自然环境恶化尤其是雾霾暴露时在食物选择数量和热量上的差异，为消费者行为中的性别研究提供了新知识。值得提出的是，虽然希尔等（2012）的研究提出，在经济不景气时女性会更加爱美，而男性在美观促进产品上的购买量没有变化⑥。但是他们并没有进一步检验上述差异是否会影响男性和女性在食物选择上的差异。所

---

① Cavanaugh L. A., "Because I(Don't) Deserve It: How Relationship Reminders and Deservingness Influence Consumer Indulgence," *Journal of Marketing Research* 51, no. 2 (2014): 218-232.

② Mandel N. and Smeesters D., "The Sweet Escape: Effects of Mortality Salience on Consumption Quantities for High-and Low-Self-Esteem Consumers," *Journal of Consumer Research* 35, no.2(2008): 309-323.

③ Noseworthy T. J., Cotte J., and Lee S. H., "The Effects of Ad Context and Gender on the Identification of Visually Incongruent Products," *Journal of Consumer Research* 38, no.2 (2011): 358-375.

④ 王紫薇、涂平:《社会排斥情境下自我关注变化的性别差异》,《心理学报》2014年第11期,第1782-1792页。

⑤ Citrin A. V., Stem D. E., Spangenberg R., and Clark M. J., "Consumer Need for Tactile Input An Internet Retailing Challenge," *Journal of Business Research* 56, no. 11 (2003): 915-922.

⑥ Hill Sarah E., et al., "Boosting Beauty in an Economic Decline: Mating, Spending, and the Lipstick Effect," *Journal of Personality and Social Psychology* 103, no.2(2012): 275-291.

以，本研究对希尔等（2012）的研究进行了推进和创新。

## 二、实践启示

本研究具有非常丰富的管理启示和政策启示。企业只有洞悉雾霾会对人们的行为产生怎样的影响，才能更明确地知道生产怎样的产品能满足消费者需求；而政府也才能制定出有利于社会福祉和国民健康的政策。接下来，我们将具体阐释本文结论的管理启示和政府政策启示。

（一）管理启示

依据本研究结论，雾霾暴露会增加男性对食物的过量消费和对高热量不健康食物的偏好。从企业盈利角度而言，身处雾霾暴露严重地区的企业（如京津冀等地的企业）可以生产针对男性消费者的大号食物和高卡路里含量的食物，并通过直销或零售渠道（如超市等）销售这些食物。同时，在广告实践中，京津冀地区的餐饮业可以为自己出售的食物设计出针对男性消费者的广告词，如"让你保持体力和精力的××食物不容错过"，并且投放广告的时间可以选在关于雾霾的新闻报道之后。在促销实践中，企业和其零售渠道可以制定出针对男性的优惠促销方案（如买一送一、送优惠券等）。

本研究还发现，雾霾暴露会降低女性的放纵消费，会让女性为了保持身材苗条而降低对食物的过量消费和对高卡路里含量食物的摄入。这一研究结论启示企业和营销者：在生产女性喜欢的食物，如巧克力蛋糕、薯条、糖果时，需要降低卡路里和脂肪含量。同时，企业还可以生产针对女性的小号食物，并且明确地在产品成分信息中标出卡路里和脂肪的含量。最后，在产品包装上可采用身材苗条的女明星正在食用该食物的图片，让消费者感到自己食用这些食物也不会变胖。

（二）政府政策启示

制定有利于社会福祉和国民健康的政策是政府的初衷和目标。本研究发现，雾霾暴露会加重男性的过量食物摄入和高热量食物的摄入等放纵消费倾向。这一发现对政府政策的制定具有下述启示。众所周知，摄入过量的食物和热量过高的食物都会增加个体的肥胖、增加心血管等疾病的发病率。这些负性后果最终都会威胁人类的寿命。因此，除了节能减排、停止产生污染源企业的作业等直接减少雾霾的举措外，政府还需要通过公益广告、社区宣传教育等方式明确告知消费者雾霾对他们消费行为的影响。这种告知会让消费者意识到自己放纵消费的原因，从而在消费时更加理性。

### 三、研究局限与研究展望

本研究采取的是实验室检验，未来研究还可以采取现场实验来检验本研究假设。比如，本研究发现雾霾暴露会增加男性对食物的放纵消费，而对食物的过量摄入是否会引发心血管疾病和肠胃疾病没有检验，因而未来研究还可以进一步检验雾霾暴露地区和没有雾霾地区的人们在心血管疾病和肠胃疾病的发病率上有无差异。

## 第二十三章

## 本书介绍的理论在我们新产品研究综述中的运用

这一章，我们将介绍我们自己开展的一篇将本书介绍的解释水平理论、心理模拟理论等融合在新产品领域的研究综述。论文标题是"消费者对新产品的接受与采纳研究述评及未来方向"。作者柳武妹（兰州大学管理学院）。文章年份是2015年。以下是论文信息。

## 第一节
## 引　言

新产品研发关乎企业的生存与发展，可以说，不能研发出新产品并将新产品成功推向市场的企业一定不会在市场上立足和发展。但是一个不争的事实却是，很多新产品的研发和推广最终以失败告终。研究指出，新产品研发及推广的成功率只有

10%①。鉴于新产品研发和推广的重要性及居高不下的失败率，很多企业都将如何提升消费者对新产品的接受和采纳作为重要的战略议题。相应地，过去20多年间，市场营销学科已经派生出一个研究领域来专门探讨消费者对新产品的反应与接受。这一领域在1997年之后更加活跃，因为1997年国际市场营销领域的顶级刊物 *Journal of Marketing* 开办了一个关于"新产品研发与研究机会"的专题，呼吁更多学者进行新产品研究②。2000 年至今，*Journal of Marketing*、*Journal of Marketing Research* 等顶级刊物上每年或每两年都会有至少一篇关注新产品研发的研究文章。然而迄今为止，这一领域的各研究间彼此零散、孤立，缺乏系统归纳和梳理，同时，一些重要的研究机会尚未被学者们认识到。更重要的是，新产品的研发和推广在国际营销界已有20多年的历史，但据我们所知，国内还少有学者关注该领域开展综述或实证探讨；这一领域的一些研究成果还没有被企业（尤其是国内企业）应用到营销实践中。基于上述不足和研究机会，本研究将对新产品研发和推广这一领域的理论进行介绍、归纳和梳理。同时，我们还将提出一些重要的有价值的研究命题和未来研究方向。

　　本研究首先对新产品的概念和类别进行介绍。其次，介绍图式一致理论③④，因为该理论是探究消费者对新产品的接受和购买的基础理论。随后，会归纳和梳理消费者行为领域应用图式一致理论的新产品研究。在此基础上会进一步阐释为促进消费者对新产品的接受和购买，企业如何将现有研究成果转化为具体的营销管理实践。

---

① Losos Jonathan B. and Robert E. Ricklefs, *The Theory of Island Biogeography Revisited* (Princeton University Press, 2009), pp. 1–463.

② Wind Jerry and Vijay Mahajan, "Issues and Opportunities in New Product Development: An Introduction to the Special Issue," *Journal of Marketing Research* 34, no. 1 (1997): 1–12.

③ Mandler G., "The Structure of Value: Accounting for Taste," in *Affect and Cognition: The 17th Annual Carnegie Symposium* (Hillsdale, NJ: Erlbaum, 1982), pp. 3–36.

④ Meyers-Levy Joan and Alice M. Tybout, "Schema Congruity as a Basis for Product Evaluation," *Journal of Consumer Research* 16, no. 1 (1989): 39–54.

# 第二节
## 新产品及其概念辨析

对新产品这一词语，我们在日常口语中会被频繁提到。我们会将所有与常见产品不同的产品都总称为新产品。但其实，大多数营销学者都不是从整体的角度来比较消费者对常见产品和新产品在接受和购买上的差异，相反，会关注具体的新产品类别。这些类别包括：视觉新产品与概念新产品，一致新产品、中度不一致新产品与极度不一致新产品，渐新产品与全新产品，非杂交新产品与杂交新产品等。我们接下来将对每一类新产品进行介绍。在此之前，先对新产品的概念进行学术界定。

### 一、新产品的概念

新产品（new product）与常见产品相对应，指与人们预期相不一致的产品。通俗地讲，可以将新产品理解成在同一个产品类别中，与人们对常见产品的预期相不一致的产品。举例来说，在蛋糕这一品类中，奶油蛋糕是常见产品，因为市面上的蛋糕大多含有奶油，但辣椒蛋糕却是新产品（市面上较少有含有辣椒的蛋糕）。需要指出的是，市场营销中的新产品研究关注的品类多是高科技产品（如相机和手表[1][2]）和

---

① Herzenstein, Michal Steven S., Posavac, and J. Joško Brakus, "Adoption of New and Really New Products: The Effects of Self-regulation Systems and Risk Salience, " *Journal of Marketing Research* 44, no.2(2007): 251-260.

② Noseworthy Theodore J. and Remi Trudel, "Looks Interesting, But What Does It Do? Evaluation of Incongruent Product Form Depends on Positioning, " *Journal of Marketing Research* 48, no.6(2011): 1008-1019.

食品（如饮料和甜点①）。这是因为，在信息更新快、食品选择过剩的当下，高科技产品和食品必须频繁且快速创新，以维持消费者的品牌忠诚。

## 二、新产品的分类

### （一）视觉新产品与概念新产品

与常见产品相比，新产品的"新"可以体现在两个层面：视觉外观层面和概念属性层面。如果某新产品在视觉外观层面与常见产品不同，则该产品被称为视觉新产品（visually new product），如果某新产品是在概念属性层面与常见产品不同，则其被称为概念新产品（conceptually new product）②。以照相机为例，常见相机的像素为300万、镜框形状为正方形或长方形，但如果市面上新出现一款镜框为椭圆形、其余属性与常见相机相同的相机，则该相机为视觉新产品。如果新出现的相机的外观特征与常见相机相同，但产品属性之一——像素却是1亿，则该相机为概念新产品。可以说，视觉新产品是对市面上已有产品的外观进行少许改变，以便让消费者体验到更多的美学享受②和视觉创新带给自己的价值③，而概念新产品则是对已有产品的功能属性进行改进，以便让消费者获取更多的功能利益。

尽管在现实生活中，消费者接触到的新产品可能会将"视觉新"和"概念新"兼具一身（如，"概念手机"是在视觉和概念属性上都与常见产品不同的新产品），但为方便读者理解，学者们通常将二者分开

---

① Campbell Margaret C. and Ronald C. Goodstein, "The Moderating Effect of Perceived Risk on Consumers' Evaluations of Product Incongruity: Preference for the Norm," *Journal of Consumer Research* 28, no.3(2001): 439-449.

② Veryzer Robert W. and Hutchinson J. Wesley, "The Influence of Unity and Prototypicality on Aesthetic Responses to New Product Designs," *Journal of Consumer Research* 24, no.4(1998): 374-394.

③ Rindova Violina P. and Antoaneta P. Petkova, "When is a New Thing a Good Thing? Technological Change, Product Form Design, and Perceptions of Value for Product Innovations," *Organization Science* 18, no.2(2007): 217-232.

研究。可以说，市场营销领域的新产品研究起源于对概念新产品的研究①，迄今仍非常活跃。除概念新产品外，布洛克（P. H. Bloch，1995）②发现市场上还存在视觉新产品，他们首次从产品设计方面对视觉新产品进行关注，并提出了一系列有价值的研究命题供后续学者探讨。已有研究成果进一步以视觉新产品为研究对象，探究了如何提升消费者对视觉新产品的接受和购买③。值得提出的是，尽管学者们依据研究兴趣对概念新产品和视觉新产品进行了分别探讨，但二者所依据的理论却都是图式一致理论（随后详述），发现的研究结论也大致相同。比如，相对于常见产品，消费者对中度新的视觉新产品和中度新的概念新产品的评价都更高④⑤。

（二）一致新产品、中度不一致新产品与极度不一致新产品

按照新产品与常见产品在视觉外观或概念属性上相不一致的程度，可以将新产品分为一致新产品（congruently new product）、中度不一致新产品（moderately incongruent new product）和极度不一致新产品（extremely incongruent new product）③255。此处的不一致（incongruity）指的是，新产品与人们对它的预期不匹配（fit）的程度⑥。依然以相机为例，人们对相机的预期是镜框为正方形的，如果市面上出现一款镜框依旧为正方形的相机，那么该相机为一致新产品；如果新出现的相机的镜框为椭圆形，那么该相机为中度不一致新产品（正方形和椭圆

① Mandler G., "The Structure of Value: Accounting for Taste" in *Affect and Cognition: The 17th Annual Carnegie Symposium* (Hillsdale, NJ: Erlbaum, 1982), pp. 3–36.

② Bloch Peter H., "Seeking the Ideal Form: Product Design and Consumer Response," *Journal of Marketing* 59, no.3(1995): 16–29.

③ Noseworthy T. J., Cotte J., and Lee S. H., "The Effects of Ad Context and Gender on the Identification of Visually Incongruent Products," *Journal of Consumer Research* 38, no.2 (2011): 358–375.

④ Noseworthy T. J., Karen Finlay, and Towhidul Islam, "From a Commodity to An Experience: The Moderating Role of Thematic Positioning on Congruity-Based Product Judgment," *Psychology & Marketing* 27, no.5(2010): 465–486.

⑤ Peracchio Laura A. and Alice M. Tybout, "The Moderating Role of Prior Knowledge in Schema-Based Product Evaluation," *Journal of Consumer Research* 23, no.3(1996): 177–192.

形间的差距并不是很大）；相反，如果新出现的相机的镜框为八角形，镜框周围又带有把手，那么该相机则为极度不一致的新产品。可以说，中度不一致新产品尽管与人们对其预期不匹配，但经过认知努力，人们依然能正确辨别出它所在的品类；而对于极度不一致的新产品，人们需花费精力后也猜不出它究竟是什么。如，人们不确定带把手的八角形的镜框的产品是相机还是望远镜。

（三）渐新产品与全新产品

除根据不一致程度对新产品进行划分外，另一种划分新产品的方式是依据消费者投入学习成本的多寡。如果某新产品向消费者提供了新颖的产品好处，且需要消费者投入较少的学习成本来理解这些好处，那么该新产品称为渐新产品（incrementally new product）；相反，如果某新产品向消费者提供了新颖的产品好处，但需要消费者投入很高的学习成本来理解这些好处，那么该新产品则被称为全新产品（really new products）[1]。尽管学界并没有明确地将渐新等同于中度不一致，将全新等同于极度不一致，但笔者以为，为方便理解，可以这样等同。因为，渐新产品和中度不一致新产品都暗含着新产品创新的程度是缓慢的，消费者通过投入精力和时间（即学习成本）可以猜出它所在的品类；而全新产品和极度不一致新产品都暗含着新产品创新的程度是急剧的，消费者尽管投入很多学习成本也猜不出它所在的品类。

（四）非杂交新产品与杂交新产品

依据新产品所属的品类个数，学界还将新产品分为非杂交新产品和杂交新产品。非杂交新产品（non-hybrid new product）无论从概念还是外观上都只属于某一特定品类，而杂交新产品（hybrid new product）则从概念或外观上会属于超过一个以上的品类，使得消费者很难对其

---

[1] Zhou Kevin Zheng, James R. Brown, and Chekitan S. Dev, "Market Orientation, Competitive Advantage, and Performance: A Demand-based Perspective," *Journal of Business Research* 62, no.11(2009): 1063–1070.

进行品类归类①。举例而言，镜框为椭圆形、其余属性与常见相机相同的相机是一款非杂交新产品，消费者一眼便可以识别出它只能是相机。相反，镜框为八角形带有把手的相机却是一款杂交新产品，因为消费者会认为它既像相机又像望远镜，或二者都不像。通过上述概念辨析和举例，我们可以发现，杂交新产品的一个重要特征便是"模棱两可"。研究指出，杂交新产品会让消费者对它的所属品类感到困惑，因此，会打击消费者的自信心并引发消费者对这类产品的质量和性能的怀疑②。

综上所述，从不同的视角可以将新产品划分为不同的类别。尽管从字面来看各类别间彼此孤立，但其实这四种分类是相对的，它们彼此间在一定程度上呈现出重叠和互通的关系。比如，第一种分类可以涵盖后三种分类，一款概念新产品既可以是中度不一致的新产品，也可以是渐新产品，还可以是非杂交新产品。而且，后三种分类之间也可以重叠，极度不一致的新产品、全新产品和杂交产品都具有消费者不太容易理解它们这一共同特征。当然，这四者之间，尤其是全新产品和杂交产品之间并不能完全等同，因为一款全新产品既可以是杂交产品也可以是非杂交产品。

## 第三节
## 理论梳理

这一节中，我们将依次介绍上述不同新产品类别的研究成果，之后会对这些研究成果进行归纳和总结。由于第一种分类包含了后三种分类，所以学者们在研究概念新产品或视觉新产品时，都是以后三种

---

① Rajagopal Priyali and Robert E. Burnkrant, "Consumer Evaluations of Hybrid Products,"*Journal of Consumer Research* 36, no.2(2009): 232-241.

② Hayes Brett K. and Ben R. Newell, "Induction with Uncertain Categories: When do People Consider the Category Alternatives?" *Memory & Cognition* 37, no.6(2009): 730-743.

分类为切入点进行探讨的。为了与前人研究一致，我们在此只介绍关于后三种分类的研究成果，不再对概念新产品和视觉新产品进行单独赘述。需要指出的是，除关注消费者对这三种具体分类的新产品的接受与购买外，少数学者[①]还另辟蹊径，不是从关注具体分类角度而是从整体的角度检验消费者到底是喜欢常见产品还是新产品。我们也将对这一分支的研究成果进行介绍。需要指出的是，上述研究成果都以图式一致理论为理论基础，因此，在介绍具体成果之前，先阐释什么是图式一致理论。

## 一、图式一致理论

图式一致理论（schema congruity theory）是用来解释物体的图式不一致程度和消费者物体评估间关系的最为经典的理论。此处的图式（schema）指的是人们对一个物体所持有的知识结构[②]，类似于人们对某物体持有的知识地图。鉴于新产品和人们对它所属的品类知识，即品类图式的期待不一致，因而学者们常用图式一致理论来理解新产品的不一致程度和消费者物体评估间的关系。图式一致理论由 G. 曼德勒（1982）提出，J. 迈耶斯-利维（1989）[③]将该理论引进到新产品的研究中，并实证检验了曼德勒（1982）的预测。图式一致理论认为，产品评估的效价和程度是不一致解决的函数，这一函数的外观特征是倒 U 型。具体而言，一致新产品（如瓶口为圆形的可乐瓶）与人们对该产品所持的品类图式相匹配，因此人们不需要解决不一致，并会因为熟悉它而对其给予稍微正面的评估[③]。但中度不一致新产品（如瓶口为漏

---

① Herzenstein Michal, Steven S. Posavac, and Brakus J. Joško, "Adoption of New and Really New Products: The Effects of Self-Regulation Systems and Risk Salience," *Journal of Marketing Research* 44, no.2(2007): 251–260.

② Meyers-Levy Joan and Alice M. Tybout, "Schema Congruity as a Basis for Product Evaluation," *Journal of Consumer Research* 16, no.1(1989): 39–54.

③ Meyers-Levy Joan and Alice M. Tybout, "Schema Congruity as a Basis for Product Evaluation," *Journal of Consumer Research* 16, no.1(1989): 39–54.

斗形状的可乐瓶）会激发人们的生理唤醒（arousal）和探究兴趣[1]，由于中度不一致新产品和人们对该产品所持的品类图式之间中度匹配，经过尝试和努力人们通常都能够成功解决这种中度不一致，并体验到发现的愉悦，因而会给予它高过一致新产品的评价[3]。然而，极度不一致新产品虽然能引发人们的生理唤醒和探究兴趣，但它与人们对该产品所持的品类图式之间的匹配度非常低。常见的情况是，人们尽管付诸了时间和精力去识别它是什么，但最终会因为不能理解它而感到失望和受挫。这种负性情绪体验会最终迫使人们对极度不一致新产品给予低于中度不一致产品的评价。上述这种中度不一致产品的评价高过一致产品和极度不一致产品的现象也被一些学者称为中度不一致效应[2]（moderate incongruity effect）。可以说，中度不一致效应是图式一致理论的另一种表达。

需要指出的是，除新产品领域外，图式一致理论在市场营销中的其他领域也被广泛应用。比如，学者们常用图式一致理论来解释为何母品牌与子品牌（或延伸品牌）间的关联度中度相似（即中度延伸）时，品牌延伸最成功[3]。此外，图式一致理论也可以解释为何与消费者中度不一致预期的广告设计、品牌联合、产品包装等营销策略会最

---

① Meyers-Levy Joan and Alice M. Tybout, "Schema Congruity as a Basis for Product Evaluation," *Journal of Consumer Research* 16, no.1(1989): 39–54.

② Campbell Margaret C. and Ronald C. Goodstein, "The Moderating Effect of Perceived Risk on Consumers' Evaluations of Product Incongruity: Preference for the Norm," *Journal of Consumer Research* 28, no.3(2001): 439–449.

③ Meyers-Levy Joan and Alice M. Tybout, "Schema Congruity as a Basis for Product Evaluation," *Journal of Consumer Research* 16, no.1(1989): 39–54.

成功①②③。

## 二、应用图式一致理论的新产品研究

### （一）不一致新产品的接受与购买

总体来看，这一主题的研究有两个分支。分支1是检验图式一致理论的前半部分（中度不一致新产品的评价高于一致新产品）的稳定性。分支2旨在探讨如何提升消费者对极度不一致新产品的评价与接受。接下来依次阐述这两个分支。

**分支1：** 对一致新产品与中度不一致新产品的接受与购买

通过梳理这一分支的研究，我们发现，学者们都是从比较消费者对一致新产品和中度不一致新产品在评价上的差异来探讨消费者对它们的接受与购买。依据图式一致理论，消费者对中度不一致新产品的评价总会高过一致新产品④。令学者们好奇的是，是否图式一致理论总会成立？何时何地这一理论的预测会失灵？围绕上述问题，以迈耶斯–利维（1989）为首的学者率先开展了相应的实证研究，发现具有开放性人格特质的消费者更倾向于使用款式或功能新颖的产品⑤，而低教条

---

① Cheong Y. and Kim K., "The Interplay Between Advertising Claims and Product Categories in Food Advertising: A Schema Congruity Perspective," *Journal of Applied Communication* 39, no.1(2011): 55-74.

② Walchli S. B., "The Effects of Between-Partner Congruity on Consumer Evaluation of Co-Branded Products," *Psychology & Marketing* 24, no.11(2007): 947-973.

③ Schoormans J.P. and Robben H.S., "The Effect of New Package Design on Product Attention, Categorization and Evaluation," *Journal of Economic Psychology* 18(1997): 271-287.

④ Mandler G., "The Structure of Value: Accounting for Taste" in *Affect and Cognition: The 17th Annual Carnegie Symposium*(Hillsdale, NJ: Erlbaum, 1982), pp. 3-36.

⑤ Sparks D. L. and Tucker W. T., "A Multivariate Analysis of Personality and Product Use," *Journal of Marketing Research* 81, no.1(1971): 67-70.

主义消费者和高认知需求消费者的共同特征都是思维灵活、开放[①②]，因此，迈耶斯–利维（1989）提出并发现，图式一致理论仅在低教条主义消费者和高认知需求消费者身上存在，对于他们而言，他们对一致新产品的评价会高过对中度不一致新产品的评价。

除低教条主义消费者和高认知需求消费者外，学者们还发现其他的消费者特征（如消费者拥有产品知识的多寡）也会影响图式一致理论的稳定性。比如，对于拥有丰富品类知识的消费者（vs.拥有的品类知识匮乏的消费者）而言，图式一致理论的预测也会失灵，因为这些消费者的新产品评价不受不一致程度的影响，而是取决于消费者对特定产品属性（如蛋糕中的辣椒）的联想[③]。除消费者特征外，产品自身的特征也至关重要。具体而言，当中度不一致的新产品会让消费者感到更高的社交风险（如将一个中度不一致的酒瓶带到领导的宴会上，会引发领导对自己的差评）时，人们对一致新产品（vs.中度不一致新产品）的评价反而更高[④]。当新产品采用语义定位（如将自行车和相机定位为爱好）而非类别定位（如将刀叉定位为厨房用品）时，或当新产品采取享乐定位而非功能定位时[⑤]，一致新产品比中度不一致新产品更受好评。

综上所述，学者们围绕消费者特征和产品自身特征探讨了导致图式一致理论预测失灵的边界情形。除消费者特征和产品特征外，环境

---

① Cacioppo J. T. and Richard E.P., "The Need for Cognition," *Journal of Personality and Social Psychology* 42, no.1(1982): 116–131.

② Vacchiano R.B., Strauss P.S., and Hochman L., "The Open and Closed Mind: A Review of Dogmatism" *Psychological Bulletin* 71, no.4(1969): 261–273.

③ Peracchio Laura A. and Alice M. Tybout, "The Moderating Role of Prior Knowledge in Schema-Based Product Evaluation," *Journal of Consumer Research* 23, no.3(1996): 177–192.

④ Campbell M. C. and Ronald C. G., "The Moderating Effect of Perceived Risk on Consumers' Evaluations of Product Incongruity: Preference for the Norm," *Journal of Consumer Research* 28, no.3(2001): 439–449.

⑤ Peracchio Laura A. and Alice M. Tybout, "The Moderating Role of Prior Knowledge in Schema-Based Product Evaluation," *Journal of Consumer Research* 23, no.3(1996): 177–192.

因素是否也会影响图式一致理论的稳定性，目前还少见有学者探讨。

分支2：提升极度不一致新产品的接受与购买

图式一致理论认为，消费者由于不能解决极度不一致而对极度不一致新产品的评价一直会很低。这一观点引发了学界的讨论，鉴于极度不一致新产品会在未来成为常见产品，因而讨论的焦点之一便是如何提升消费者对极度不一致新产品的接受与购买。以T. J. 诺斯沃西[①]等为代表的学者围绕这一焦点展开了实证探讨。具体而言，诺斯沃西（2011）发现，消费者的性别差异和极度不一致新产品的陈列方式至关重要。对于女性消费者，当极度不一致新产品和其他同类竞争产品一起呈现（vs. 单独呈现）时，她们对极度不一致新产品的评价更高，这是因为女性消费者的自我建构是依存型的，一起呈现诱发了女性消费者对所呈现信息的关系加工，从而促进了对极度不一致新产品的理解；相反，男性对极度不一致新产品的评价不受产品呈现方式的影响。由于极度不一致引发人们的高唤醒，以及伴随高唤醒出现的不能解决极度不一致的负性情绪，这种负性情绪体验导致人们对极度不一致新产品给予差评[②]，因此，诺斯沃西（2014）预测并发现，只要降低消费者在看到极度不一致新产品后的唤醒水平，便能提升消费者对极度不一致新产品的评价，其内在机制是负性情绪体验的降低。除诺斯沃西外，张（Zhang，2012）等发现了另一种促进消费者接受和购买极度不一致新产品的办法，即可以提高消费者的认知灵活度。消费者的认知灵活度可以通过间接途径（即增加正性情绪体验、强调新产品在未来才上市）和直接途径（直接启动认知灵活）得以提升[③]。

---

① Noseworthy T. J., Cotte J., and Lee S. H., "The Effects of Ad Context and Gender on the Identification of Visually Incongruent Products," *Journal of Consumer Research* 38, no. 2 (2011): 358–375.

② Meyers-Levy Joan and Alice M. Tybout, "Schema Congruity As a Basis for Product Evaluation," *Journal of Consumer Research* 16, no. 1 (1989): 39–54.

③ Jhang J. H., Grant S. J., and Campbell M. C., "Get It? Got It. Good! Enhancing New Product Acceptance by Facilitating Resolution of Extreme Incongruity," *Journal of Marketing Research* 49, no. 2 (2012): 247–259.

综上所述，尽管关系加工、唤醒水平、认知灵活这三种提升极度不一致新产品的策略在字面上看彼此不同，但实质上它们彼此相连相通。因为，认知灵活是消费者进行关系加工的前提①，而中度唤醒水平与积极情绪体验紧密相连，后者可以促进认知灵活②。因此，通过上述研究我们可以发现，只要提升了消费者的认知灵活，便能促进消费者对极度不一致新产品的理解，进而提升消费者对极度不一致新产品的接受与购买。

（二）渐新产品与全新产品的接受与购买

与渐新产品相比，全新产品的创新程度更高。尽管如此，并不是所有消费者都喜欢高创新的全新产品。总体而言，关注消费者对渐新产品与全新产品的接受与购买这一主题的研究也可以分为如下分支。

**分支 1：** 探究偏爱渐新产品与全新产品的消费者特征

由于产品特征和消费者特征之间具有匹配性，消费者会偏爱和使用与其个性特征相匹配的产品③。这一分支的研究为关注接受与购买渐新产品和全新产品的个体差异，以亚历山大（Alexander D. L.）④、金杰仕（Kim J. S.）等学者为代表。总体而言，有两类个体差异可以预测消费者究竟是偏爱渐新产品还是全新产品。个体差异 1 是思维抽象程度。我们通过商场拦截的方式调查了参与者正在使用的产品是渐新、全新，还是普通，并让参与者提出在未来 6 个月内购买每一类产品的意愿。调查发现，倾向于使用和购买全新产品的消费者的思维更加抽象，而使

---

① Hunt R. R. and Einstein G. O., "Relational and Item-Specific Information in Memory," *Journal of Verbal Learning and Verbal Behavior* 20, no.5(1981): 497–514.

② Jhang J. H., Grant S. J., and Campbell M. C., "Get It? Got It. Good! Enhancing New Product Acceptance by Facilitating Resolution of Extreme Incongruity," *Journal of Marketing Research* 49, no.2(2012): 247–259.

③ Park J. K. and John D. R., "Got to Get You into My Life: Do Brand Personalities Rub Off on Consumers?" *Journal of Consumer Research* 37, no.4(2010): 655–669.

④ Alexander D. L., Lynch J., and Wang Q., "As Time Goes By: Do Cold Feet Follow Warm Intentions for Really New Versus Incrementally New Products?" *Journal of Marketing Research* 45, no.5(2008): 307–319.

用和购买渐新产品的消费者的思维则更加具体。个体差异2是对结构的需求。金杰仕等（2015）发现，低结构需求者对全新产品的评估会高于渐新产品，而高结构需求者对渐新产品的评估却高于全新产品，但当消费者具有丰富的品类知识时，结构需求这一个体差异不再影响全新产品与渐新产品的评估。既然不同的消费者喜欢投入学习成本不同的新产品（包含渐新产品和全新产品），那么一个有趣的问题随之出现：企业究竟要研发渐新产品还是全新产品？本研究认为答案取决于产品的目标客户定位。如果某新产品定位的目标客户是高教育水平、高收入者，这些人通常思维更灵活，那么企业需要研发全新产品。

分支2：探究促进消费者接受和购买全新产品的策略

分支1探讨了哪类消费者会接受和购买全新产品，分支2则进一步探究促进所有消费者接受和购买全新产品的策略。目前已经识别出如下几种策略：

策略1是心理模拟。心理模拟指在头脑中反

映某事物的进展，并想象该事物的具体形式。心理模拟之所以能够提升全新产品的接受与购买是因为，它可以激发消费者与全新产品相关的使用经验，从而让消费者更好地理解全新产品的用途[1]。

策略2是运用类比。此处的类比指的是由此及彼的一种逻辑推理过程。类比是促进消费者学习的一种有效途径[2]，消费者之所以对全新产品评价低是因为消费者头脑中没有储存关于全新产品的知识，而类比可以让消费者意识到全新产品和自己头脑中已存的常见产品知识间存在关联，这一关联的识别会诱发积极情感以及相应的高产品评价[3]。

策略3是运用想象聚焦的视觉化，而非记忆聚焦的视觉化。具体而

---

[1] Hoeffler S., "Measuring Preferences for Really New Products," *Journal of Marketing Research* 40, no.4(2003): 406-420.

[2] Gregan-Paxton J. and John D. R., "Consumer Learning by Analogy: A Model of Internal Knowledge Transfer," *Journal of Consumer Research* 24, no.3(1997): 266-284.

[3] Gregan-Paxton J., Hibbard J. D., Brunel F. F., and Azar P., "So That's What That Is: Examining the Impact of Analogy on Consumers' Knowledge Development for Really New Products," *Psychology & Marketing* 19, no.6(2002): 533-550.

言，赵（2009）等指出[①]，有两种途径可以让消费者对新产品的印象更加清晰鲜明：想象聚焦（即让消费者想象可以以哪些可能的方式来使用这款新产品，并把这些方式画成图片）和记忆聚焦（即让消费者想象人们通常会怎样使用这款新产品，并把这些使用方式画成图片）。他们发现，对于渐新产品，两种视觉化策略都不影响消费者的产品评估；而对于全新产品，相比记忆聚焦的视觉化，想象聚焦的视觉化会提升产品评估，但当外显地让消费者认识到学习全新产品的成本后，消费者不会再关注全新产品的好处，想象聚焦的视觉化这一策略也相应消失。

综上所述，不管是心理模拟还是类比，抑或想象聚焦，它们的实质均是让消费者学习到全新产品与已有产品图式之间的关联，从而降低消费者对全新产品的陌生感。生活常识也告诉我们，当我们对一个物体的陌生感下降后，亲近感、喜爱度和接纳度就会自然提升。

（三）非杂交产品与杂交新产品的接受与购买

由于"模棱两可"是产品设计的一种来源[②]，设计"模棱两可"的新产品便成为新产品研发的途径之一。因而新产品领域便涌现出关注消费者对非杂交新产品和杂交新产品的接受与购买这一分支。目前，该分支在新产品领域中一直活跃且成果丰硕。起源文献可以追溯到斯蒂芬·J.霍克[③]。在这一起源文献中，霍克（1986）认为，消费者会依据广告中关于"模棱两可"产品的品类线索来对该产品的质量进行判断。这一开创性研究延伸出了如下三个亚分支。

亚分支1：继续关注杂交新产品自身的品类线索是否会影响及如何影响消费者对杂交产品的品类信念。这一亚分支以C. P. 莫罗、格雷

---

① Zhao M., Hoeffler S. and Dahl D. W., "The Role of Imagination-Focused Visualization on New Product Evaluation," *Journal of Marketing Research* 46, no.1(2009): 46-55.

② Gaver William W., Jacob Beaver, and Steve Benford, "Ambiguity as a Resource for Design"(Proceedings of the SIGCHI Conference on Human Factors in Computing Systems, November 233-240,2003).

③ Hoch Stephen J. and Young-Won Ha, "Consumer Learning: Advertising and the Ambiguity of Product Experience," *Journal of Consumer Research* 13,no.2(1986): 221-233.

甘-帕克斯顿等学者为代表。具体而言，莫罗（2001）等认为[1]，消费者会依据广告中对某杂交新产品（如，既像相机又像打印机的相机）的类别标签信息（如，标签的是相机或打印机）判断该杂交产品属于单品类还是多品类。与莫罗等（2001）不同，格雷甘-帕克斯顿等（2005）关注了广告中给出的产品分类线索的作用。他们发现，产品分类线索的性质（视觉分类 vs. 概念分类）会决定消费者对所看到的杂交新产品进行单品类分类还是多品类分类。当一个"模棱两可"的新产品同时用视觉分类线索（如，外观像手机 vs. 外观既像相机又像打印机）和概念分类线索（如，手机 vs. 数码助手）描述时，消费者倾向于采用单分类策略；而当消费者对该"模棱两可"的新产品所使用的视觉分类线索的熟悉度不如概念分类线索时，消费者倾向于采用多分类线索[2]。

亚分支2：转向关注与杂交新产品无关的线索（如广告中的竞争产品）在促进杂交新产品分类方面的作用。这一分支是对霍克等（1986）研究的发展，如诺斯沃西等（2012）认为，消费者是否会将某杂交新产品（一个既像手机又像耳机的杂交新产品）看成单一品类或多品类，取决于该杂交新产品所处的环境（如广告背景）中有没有竞争产品；如果有竞争产品（如手机），消费者会依据竞争产品的品类对该杂交新产品进行归类（如，认为该杂交产品是手机）。

亚分支3：关注消费者对杂交产品的心理加工模式。以 P. 拉贾戈帕尔[3]等学者为代表。拉贾戈帕尔（2009）认为，不同的启动策略（关系启动 vs. 属性启动）如何影响消费者对杂交新产品的分类。他们发现，属性启动会让消费者将一个杂交新产品进行亚型化（subtyping）加工，

---

① Moreau C. Page, Arthur B. Markman, and Donald R. Lehmann, "'What Is It?' Categorization Flexibility and Consumers' Responses to Really New Products," *Journal of Consumer Research* 27, no.4(2001): 489–498.

② Gregan-Paxton J., Hoeffler S., and Zhao M., "When Categorization Is Ambiguous: Factors That Facilitate the Use of a Multiple Category Inference Strategy," *Journal of Consumer Psychology* 15, no.2(2005): 127–140.

③ Rajagopal P. and Burnkrant R. E., "Consumer Evaluations of Hybrid Products," *Journal of Consumer Research* 36, no.2(2009): 232–241.

进而促使消费者认为该杂交新产品是多品类的，而关系启动则会诱发消费者对杂交新产品的单一品类信念。关于属性启动与多品类信念间的关系也在同年得到了海耶斯·B. K.（2009）[1]的证实。

综上所述，关于杂交新产品的上述研究虽然着眼点不同，但它们的内在精髓却一致：通过不同路径让消费者对杂交新产品进行归类（不管是单品类归类还是多品类归类），因为归类后消费者会理解和解决悬而不决的"杂交"，进而会接受和购买这类杂交新产品。需要指出的是，除杂交新产品外，市场营销这一学科中也有学者关注与杂交相似的一个现象："模棱两可"的未裁剪完整的产品。他们的研究结论是，相比广告中裁剪完整的产品图片而言，出于认知闭合的需求，消费者会倾向于将"模棱两可"的未裁剪完整的产品图片的剩余部分补全，进而会对该"模棱两可"的产品给予更高的评价。基于这一研究，波赫普索瓦·A.（2010）等发现，将产品图片和字体变得模糊（vs.清晰）反而会提升产品评估。有兴趣的读者可以对此关注，由于所列举的上述研究与本研究关注的新产品主题只有一定程度的关联度，作者不再赘述[2]。

（四）普通产品与新产品的接受与购买

这一分支的导向与前面三个分支都不一样，它没有关注具体的新产品类别，而是从整体角度探讨哪类消费者更倾向于采用新产品[3]。具体而言，通过商场拦截的方式测量了消费者的自我调控方式及对新产品的购买意愿。发现，相比预防型自我调控者，促进型自我调控者更愿意购买新产品，原因是这类消费者对产品的性能担心较少；但自我

① Hayes B. K. and Newell B. R., "Induction with Uncertain Categories: When Do People Consider the Category Alternatives," *Memory & Cognition* 37, no.6(2009): 730-743.

② Pocheptsova A., Labroo A. A., and Dhar R., "Making Products Feel Special: When Metacognitive Difficulty Enhances Evaluation," *Journal of Marketing Research* 47, no. 6 (2010): 1059-1069.

③ Herzenstein Michal, Steven S. Posavac, and J. Joško Brakus, "Adoption of New and Really New Products: The Effects of Self-Regulation Systems and Risk Salience," *Journal of Marketing Research* 44, no.2(2007): 251-260.

调控方式对新产品购买意愿的预测作用仅在新产品的风险不显著的情形下成立，当营销者将新产品的风险明显地告知消费者后，两类自我调控者都不愿购买新产品。

综上所述，本研究梳理了新产品研发和推广领域的四个研究分支。这四个分支都以图式一致理论为基础，假定都是消费者对高创新程度的产品很难接受和购买。因此，不同分支的学者们探讨了有哪些因素可以促进消费者接受和购买这类高创新产品。这些因素涉及消费者层面（人格差异、认知加工方式）、产品层面（产品定位、广告标签）和情境层面（是否有竞争产品）等。接下来，本研究将具体阐释上述四个分支的研究成果对企业营销管理实践的启示。

# 第四节
# 营销管理启示

上节梳理了新产品领域的最新研究成果。这些研究成果对企业具有丰富的营销管理启示。如何让这些研究成果落地并转化为具体的、可操作的营销策略，是企业关心的核心问题。本节将围绕对渐新产品和中度不一致新产品研发和推广的启示、对全新产品和极度不一致新产品研发和推广的启示，以及对杂交新产品研发和推广的启示这三个板块，具体阐释上节展示的研究成果如何转化为营销策略。

## 一、对渐新产品和中度不一致新产品研发和推广的启示

渐新产品和中度不一致新产品只是对同品类的常见产品的外观或属性进行稍许改变或丰富，因此，消费者对渐新产品和中度不一致新产品的评估要高于常见产品和全新产品。但这并不意味着企业只要设计和研发好渐新产品和中度不一致新产品就可以高枕无忧了。相反地，企业依然要密切关注市场环境和消费者动态，以促进消费者对渐新产品和中度不一致新产品的接受和购买。下述策略将对研发这两类新产

品的企业大有裨益。

（一）市场定位与潜在客户的挖掘

研发和设计的新产品将投向哪类消费者？这是企业必须回答的问题之一。鉴于思维灵活、视野开阔、不照搬常规的消费者对中度不一致新产品的评估和喜爱程度高于常见产品[1]，而现实生活中高教育水平者和居住在经济发达地区的消费者通常思维更灵活、视野更开阔。因此，本研究建议设计和研发中度不一致新产品和渐新产品的企业将目标客户定位成高教育水平者（如大学生、公司白领等），并且可以考虑在大学校园周围及商业写字楼周围开设新产品体验店。与此同时，为提升新产品推广的成功率，新产品的首个投放地需要放在消费者视野普遍开阔的经济发达地区。待这里的消费者成功接受新产品后，可以将市场进一步扩展到经济欠发达地区。

（二）产品定位

研究指出，同一新产品采取不同的定位方式会导致截然不同的营销结果；相比体验定位和语义定位，消费者对采取功能定位和分类定位的中度不一致新产品更加偏爱[2]。这一研究结论启示营销管理者：将中度不一致的新产品定位成"功能卓越"，远远比定位成"享乐体验"效果更好。因为中度不一致新产品在外观或属性上会让消费者感到明显的使用风险，此时如果企业不强调这类新产品在质量和性能等功能上的优势，消费者会对中度不一致新产品避而远之[3][4]。除功能定位外，

---

[1] Meyers-Levy Joan and Alice M. Tybout, "Schema Congruity As a Basis for Product Evaluation," *Journal of Consumer Research* 16, no.1(1989): 39-54.

[2] Noseworthy T. J., Cotte J., and Lee S. H., "The Effects of Ad Context and Gender on the Identification of Visually Incongruent Products," *Journal of Consumer Research* 38, no.2 (2011): 358-375.

[3] Noseworthy T. J., Cotte J., and Lee S. H., "The Effects of Ad Context and Gender on the Identification of Visually Incongruent Products," *Journal of Consumer Research* 38, no.2 (2011): 358-375.

[4] Bloch Peter H., "Seeking the Deal Form: Product Design and Consumer Response," *Journal of Marketing* 59, no.3(1995): 16-29.

企业也可以考虑对所研发的中度不一致新产品进行类别定位（如，"这是一本书"），而非语义定位（如，"知识的海洋"）。因为类别定位会明确地告知消费者该中度不一致新产品的所属品类，但语义定位的实质是让消费者对所属品类进行语义联想和猜测。显然，并不是所有消费者都能成功进行语义联想，受教育水平较低的消费者囿于知识局限便不能成功联想。

（三）广告和促销

可以说采取功能定位或类别定位只是新产品（尤其是中度不一致新产品和渐新产品）成功的前提，正确的广告和促销策略才是新产品成功的关键。研究指出，如果中度不一致新产品使用起来具有高社交风险（会引起他人对自己的差评），那么消费者会倾向于偏爱零社交风险的常规产品。因此，本研究建议企业在设计中度不一致新产品的广告时要淡化该产品的社交风险。比如，在广告中将新产品的使用情境描绘成单独使用，而非与他人一起使用。此外，鉴于当消费者具有丰富的关于中度不一致新产品的知识后，他们对中度不一致新产品的接纳度会与常见产品相似。本研究建议企业在广告和促销中不要过分介绍新产品的所有细节信息，以避免消费者对新产品的过于熟悉。

## 二、对全新产品和极度不一致新产品研发和推广的启示

依据图式一致理论，极少有消费者愿意购买全新产品和极度不一致的新产品。但是，有长远眼光的企业会认识到，当前的全新产品和极度不一致新产品在未来消费者的眼中会成为中度不一致产品，甚至常见产品。因此，它们会率先设计和研发这类新产品，以便成为未来市场的领导者。下述营销策略将对研发和设计全新产品和极度不一致新产品的企业有所启示。

（一）重视新产品呈现的外围线索和投放时机

研究指出，极度不一致新产品呈现的外围线索（如，广告背景中有无同品类的竞争产品）将决定消费者，尤其是女性消费者是否偏爱该新产品。这一研究结论表明，为了促进消费者了解和猜测到极度不

一致新产品的所属品类，企业可以在新产品的广告背景中放入其他常见的竞争产品。除外围线索外，新产品投放时机也至关重要。相比高结构需求者，低结构需求者更容易接受和购买极度不一致的新产品[1]，而当个体在日常环境中遭遇打击和威胁后，他们对结构的需求会增加[2]，会在内心更渴望接触到的事物是可理解的、可预测的[3]。因而，极度不一致新产品的最佳投放时机最好选择在消费者没有遭遇到普遍性的威胁（如，地震、空难、经济萧条、股市下跌）时。

（二）鼓励和激励消费者自主学习

全新产品需要消费者投入较多的学习成本来理解和熟悉它们，一旦理解后消费者会对他们的评价得以提升。除了学者们介绍的类比、心理模拟、想象聚焦等相对较难理解的策略外，一个简单可行的鼓励消费者自主学习的策略是诱发消费者积极的情绪体验。这是因为，图式一致理论认为，消费者出于受挫失望等负性情绪体验才对极度不一致新产品和全新产品给予差评，而积极情绪体验却可以提升消费者对这两类新产品的评价和喜爱度。如何诱发积极情绪体验呢？选取让人感到欢快、愉悦的广告背景便是可行策略。研究指出，相比红色，蓝色与平静、开放等相连[4]，因而看到蓝色时人们的思维会更加开阔，富有创造力[5]。上述研究启示，研发全新产品的企业将新产品的外观和广

---

① Kim J.S., Hahn M., and Yoon Y., "The Moderating Role of Personal Need for Structure on the Evaluation of Incrementally New Products versus Really New Products," *Psychology & Marketing* 32,no.2(2015): 144-161.

② Cutright K. M., Bettman J. R., and Fitzsimons G. J., "Putting Brands in Their Place: How a Lack of Control Keeps Brands Contained," *Journal of Marketing Research* 50, no.3 (2013): 365-377.

③ Neuberg S. L. and Newsom J. T., "Personal Need for Structure: Individual Differences in the Desire for Simple Structure," *Journal of Personality and Social Psychology* 65, no.1 (1993): 113-131.

④ Kaya N. and Epps H. H., "Relationship between Color and Emotion: A Studies of College Students," *College Studies Journal 38*,no.3(2004): 396-403.

⑤ Mehta R. and Zhu R., "Blue or Red? Exploring the Effects of Color on Cognitive Task Performances," *Science* 323, no.5918(2009): 1226-1229.

告背景都可以设置成蓝色。除此之外，触觉属性丰富的物体（如毛织物）和柔软的物体都可以诱发消费者的积极情绪体验[1]、减缓挫败感[2]，因此，推广全新产品时企业可以在新产品橱柜上放置具有愉悦触感的无关物体，鼓励消费者触摸这些无关物体，之后再向他们展示新产品。

（三）鼓励消费者聚焦未来

依据解释水平理论，低解释水平的消费者更倾向于着眼未来，这种未来聚焦使得他们思维灵活，更易接受和购买全新产品。上述研究启示，企业在介绍和宣传新产品时可以强调该新产品将在几年后才投放市场而非近期投放市场，这种远时间距离会诱发消费者的未来聚焦，促进他们对新产品的接受。此外，有研究指出，关注未来的消费者的自我调控方式是促进型的[3]，这类消费者倾向于冒险，他们追求卓越、渴望成功。因此，全新产品和极度不一致新产品的广告可以重点激发消费者的成功动机（如，广告语可以是"××新款相机，成功者的选择"），广告内容可以强调该产品如何有助于消费者获取成功（如，强调该产品能够帮助消费者管理时间）。

### 三、对杂交新产品研发和推广的启示

对于品类"模棱两可"的杂交新产品而言，消费者往往会对它给予差评，主要原因是消费者无法辨别出它所属的品类。以下两类策略可以提升消费者对杂交新产品的接受和购买：策略1是明确地告知消费者新产品的类别。由于消费者会依据杂交新产品的类别标签信息判断该产品是单品类产品还是多品类产品，因而企业可以在宣传和展示新产品时明确地告知消费者产品的所属类别及相对于同类产品的属性优

① Peck J. and Shu S. B., "The Effect of Mere Touch on Perceived Ownership," *Journal of Consumer Research* 10, no.36(2009): 434-447.

② 钟科、王海忠、杨晨:《感官营销战略在服务失败中的应用:触觉体验缓解顾客抱怨的实证研究》,《中国工业经济》2014年第1期,第114-116页。

③ Mogilner C., Aaker J. L., and Pennington J., "Time Will Tell: The Distant Appeal of Promotion and Imminent Appeal of Prevention," *Journal of Consumer Research* 34, no.5 (2008): 670-681.

势。策略2是间接传达杂交新产品的类别信息。有研究指出，将杂交新产品放在品类明确的竞争产品中会有助于消费者的产品分类，究其原因主要是竞争产品可以诱发消费者的关系加工[①]。因此，企业可以考虑在杂交新产品的广告内容中放置竞争产品，以便于消费者的品类猜测。但是，需要指出的是，不管是明确告知还是间接猜测，企业必须在宣传新产品时提供产品的功能信息。这是因为，缺乏功能介绍只会强化产品的使用风险，从而让原本愿意接近该新产品的消费者对其远离。

## 第五节
## 未来研究方向

通过上文的文献梳理我们发现，新产品领域已积累了一系列丰硕的研究成果。这些研究成果以图式一致理论为基础。更重要的是，通过识别产品层面、消费者层面以及情境层面的边界条件，它们对图式一致理论进行了创新和丰富，为企业的营销管理提供了具体的可操作的启示。但是，这些研究成果并不是完美无瑕的，一些重要的研究问题尚未被已有研究解答，一些迫切的研究机会也尚未被学界认识到。接下来，本文将对这些研究问题的未来研究方向进行展望。

### 一、新产品领域内部研究成果的丰富和完善

（一）抽象思维的作用

细心的读者会发现，抽象思维在促进消费者对新产品的接受和购买方面的作用被多数研究直接或间接提到。但是，仔细研究会发现，这些研究在对抽象思维重要性的论述上是不一致的，甚至是矛盾的。具体而言，迈耶斯－利维等（1989）认为，偏爱和使用中度不一致新产

---

① Noseworthy T. J., Wang J., and Islam T., "How Context Shapes Category Inferences and Attribute Preference for New Ambiguous Products," *Journal of Consumer Psychology* 22, no.4(2012): 529–544.

品的消费者的思维通常是灵活、抽象的。而张（2012）、亚历山大等（2008）却认为偏爱和使用中度不一致新产品和渐新产品的消费者的思维是具体、不抽象的。那么，如何看待这一对相反的研究结论呢？一些读者会想到，是否是因为进行比较的参照点不同，迈耶斯-利维（1989）将中度不一致新产品和常见产品进行比较，而张、亚历山大等是将中度不一致新产品和极度不一致新产品进行比较。由此引发一个研究命题：产品的新颖程度或不一致程度对产品评估的预测作用可能受抽象思维的中介解释，思维抽象程度与产品评估之间正相关。这一研究命题具有重要的理论价值。因为图式一致理论预测到，消费者对产品不一致的解决能力是产品评估的函数，不一致的解决能力与产品评估之间呈现倒U型的关系。近期对图式一致理论有明显发展的研究认为，唤醒水平是产品评估的函数[①]。因此，如果能进一步检验抽象思维与产品评估间的关系，以及与不一致解决能力和唤醒水平间的关系，将对图式一致理论进行明显创新。

（二）熟悉度的作用

新产品研究领域的先驱提到，消费者出于熟悉常见产品而对其给予稍微正面的评价，出于中度熟悉渐新产品而对其给予好评，出于极度不熟悉全新产品而对其给予差评。随后的学者们进一步发现，对于不熟悉的全新产品，心理模拟、类比、想象聚焦等策略都能促进消费者学习和熟悉全新产品，进而提高产品评估，从而验证了曼德勒（1982）、迈耶斯-利维（1989）等的猜想。由此引发的一个研究问题是：对于极度不一致新产品和全新产品，直接启动消费者对它们的熟悉感是否能提升产品评估？有兴趣的学者可以探讨。

## 二、新产品领域与其他领域的结合

将新产品领域的已有成果与其他领域结合是对新产品领域进行创新和丰富的另一途径。

---

① Noseworthy T. J., Muro F. D., and Murray K. B., "The Role of Arousal in Congruity-Based Product Evaluation," *Journal of Consumer Research* 41, no.4(2014): 1108-1126.

（一）将接受和购买新产品与威胁应对领域相结合

人类有四类基本需求：对生命永存的需求、对控制环境的需求、对人际归属的需求，以及对自尊的需求。柳武妹等（2014）发现[1]，为应对这四类威胁，消费者会表现出一系列消费行为。对结构需求较高者会偏爱常见产品而非中度不一致新产品，即控制环境的需求受到威胁，以及生命永存的需求受到威胁后，消费者对结构的需求会提升[2]。基于上述理论依据，我们预测，控制环境的需求和生命永存的需求受到威胁后，消费者会偏爱一致新产品胜过中度不一致新产品和渐新产品，此时，图式一致理论的预测也会失灵。同时，学者们还可以进一步检验人际归属需求的威胁以及自尊需求的威胁与新产品采纳间的关系。由于社会排斥（归属需求受威胁）包含被忽视和被拒绝，被忽视会增加人们的炫耀性消费倾向，而被拒绝则会增加慈善和助人行为[3]。鉴于使用外观或功能新颖的新产品会引发他人对自己的注意，因此，我们猜测与被拒绝相比，当消费被他人忽视后，消费者更有可能选择新产品，以引发他人注意。

（二）将接受和购买新产品与面子研究相结合

研究指出，消费者之所以偏爱和使用标新立异的产品是为了向他人展示自己的身份地位，从而获取面子感[4]，而极度不一致新产品和全新产品的特征之一便是标新立异。因此，本研究预测，当有他人在场

---

① 柳武妹、王海忠、王静一：《消费行为领域中的触觉研究：回顾、营销应用及未来展望》，《外国经济与管理》2014年第4期，第25-35页。

② Vess M., Routledg C., Landau M.J., and Arndt J., "The Dynamics of Death and Meaning: The Effects of Death-Relevant Cognitions and Personal Need for Structure on Perceptions of Meaning in Life," *Journal of Personality and Social Psychology* 97, no.4 (2009): 728-744.

③ Lee J. and Shrum L. J., "Conspicuous Consumption versus Charitable Behavior in Response to Social Exclusion: A Differential Needs Explanation," *Journal of Consumer Research* 39, no.3(2012): 530-544.

④ Hwang Kwang-kuo., "Face and Favor: The Chinese Power Game," *American Journal of Sociology* 92, no.4(1987): 944-974.

时，消费者会为了维护面子对标新立异的新产品更加偏爱，当无他人在场时，这一倾向会减弱。因此，未来研究可以检验社会情境因素（如，是否有他人在场）对消费者接受和购买新产品的影响。此外，鉴于面子观具有跨文化差异，相比西方消费者，东亚消费者（如中国、日本等）的面子意识更强[1]，因此，我们猜测，消费者对新产品的购买也具有跨文化差异，即新产品和常见产品在质量、价格、品牌名等属性相同的情境下，生活在东方文化下的消费者是否要比生活在西方文化下的消费者更倾向于选择新产品。

（三）将接受和购买新产品与生命史研究相结合

人类和其他有机体将有限的时间和资源分配到躯体努力（somatic effort，即维持自己躯体的生存和成长）和繁衍努力（reproductive effort，即在同性竞争、择偶、繁衍及后代教养上的投入）上的权重是生命史理论研究的核心。有研究指出，资源有限或匮乏会促使人们采取快策略，而这些行为其实是一种寻求风险和刺激的表现。鉴于接受和购买标新立异的新产品的实质是接近风险[2]，寻求美学刺激和体验，因此，未来研究还可以采用生命史研究视角来探讨人们对新产品的接受和购买。

---

① Bao Y., Zhou K. Z., and Su C., "Face Consciousness and Risk Aversion: Do They Affect Consumer Decision Making?"*Psychology & Marketing* 20, no.8(2003): 733–755.

② Hoeffler S., "Measuring Preferences for Really New Products,"*Journal of Marketing Research* 11, no.40(2003): 406–420.

# 结 束 语

本书用20章篇幅介绍了20个社会心理学中的常用理论及其对CB领域的渗透和研究应用。接下来，我们对每一章内容进行小结，并讨论本书的价值和未来方向。

## 第一节
### 内容小结和讨论

### 一、各章理论内容小结

#### （一）解释水平理论

解释水平理论是基于阐释人们如何评价和计划未来的时间解释理论。2000年利伯曼首次采用"解释水平理论"替代"时间解释理论"，从只关注时间距离维度对人们的心理表征、评价、选择的影响，逐渐扩展到社会距离、空间距离和假设性三个距离维度，形成了心理距离的统一理论。该理论的核心观点是人们对社会事件的反应取决于其对事件的心理表征。心理表征有不同的抽象程度（即解释水平），受到人们所感知的个体与认知客体的心理距离的影响。解释水平理论的深化和推进体现在两个方面：第一，解释水平理论自身的完善和发展，包括发展为心理距离的统一理论，在纯粹的概念层次上检验了心理距离与解释水平的关系，揭示了心理距离与解释水平之间的双向关系；第二，解释水平理论与其他理论的融合，包括解释水平理论与调节聚焦理论的融合和内隐人格理论的融合。解释水平理论在CB领域的已有研究主要涉及了感官营销、消费者耐心、自我控制、消费者情感和认知以及价格质量决策等领域。未来还可以从解释水平理论的视角继续探讨消费者支付方式的前因和后果，以及对不同属性产品的偏好。

（二）调节聚焦理论

调节聚焦理论以享乐原理和自我差异理论为基础，提出从不同角度阐释自我调节行为的促进-预防原理能对人类行为动机及其作用机制进行更深入的阐释。调节聚焦理论认为，促进聚焦的个体具有进取动机，以努力实现个体的理想、希望和愿望为目标，注重个人发展和自我实现；预防聚焦的个体具有防御动机，以努力避免失败和错误为目标结果，注重履行个人的责任和义务，满足他人的期望。继1997年希金斯提出调节聚焦理论后，该理论在希金斯本人及其他研究者努力下不断发展。首先，希金斯本人将调节聚焦理论与已有的任务中断、禀赋效应两支研究建立起联系，发现不同的调节焦点与稳定、变化具有匹配性；其次，调节聚焦理论与损失、收益问题建立联系，明确了不同焦点个体与积极、消极结果的关注取向；再次，弥补调节聚焦理论忽视目标追求过程中个人与环境的互动对自我调节产生影响的不足，并提出了调节匹配理论。已有调节聚焦理论视角下的研究主要关注了调节定向与新产品类型、新颖线索、消费者决策策略，以及拟人化沟通方面的匹配问题。未来还可以继续探索调节定向与产品获取方式、消费者着装美学（服装风格）的关系。

（三）恐惧管理理论

恐惧管理理论认为人类拥有死亡意识，同时也拥有生存的本能，两者的冲突导致了死亡焦虑以及较低的幸福感，该理论明确了死亡凸显对人们生活造成威胁，为了应对这种威胁人们会启动一系列心理防御机制。恐惧管理理论的深化及推进体现在两个方面：一是人们应对死亡焦虑的缓冲机制：为了应对这种死亡焦虑，人们会选择捍卫自己的文化世界观和自尊，增加人际归属和人际联结。这三种缓冲剂都会减少死亡意识，进而减缓死亡焦虑。二是认知双加工模型，从微观层面对恐惧管理的认知过程进行探索，提出人们防御死亡意识的威胁有近端防御和远端防御的两种机制。恐惧管理理论在CB研究的应用为探究死亡凸显引发的焦虑可以通过什么防御策略来减缓，包括文化世界观防御机制、自尊防御机制、归属需求机制以及生命永恒机制的应用。未来还可以继续从上述防御策略深入挖掘，如死亡凸显与自我提升偏好、绿色消费的关系。

（四）感知控制双过程模型

人们在面临受威胁的情境时常处于低控制感的状态。感知控制双过程模型认为，个体控制感受威胁时，经历的第一个心理过程是获取初级控制——指向外部环境，即个体通过改变外部环境来满足自己的需要和欲望。当初级控制失败后，个体会经历第二个心理过程，是获取次级控制——指向自我，包括思想、评价和反应等，即个体通过调整自身来适应环境。感知控制双过程模型的进一步发展是毕生控制理论，该理论扩展了初级控制和次级控制理论，其核心观点是个体控制感受威胁时会试图去控制环境和自身，并试图解释人对环境的适应性。感知控制双过程模型在CB研究中的应用主要体现在，当消费者面临威胁控制感的事件时，什么样的产品能帮助消费者追求自己的目标。未来研究者还可以继续探索，在消费者的控制感基线水平上（尚未丧失控制感），什么样的产品能让消费者感受到向上流动的控制感。

（五）生命史理论

生命史理论是在整合了依恋理论、社会化理论、社会学习理论等相关学科知识，借鉴进化领域的"生命史"概念后提出的一个全新的生命发展模型。该理论认为，个体生命史策略的选择主要受到生命历程中早期成长环境的影响，由于生命早期可获取资源存在差异，不同个体形成了快慢不同的生命史策略，进而影响其成年后的各种行为。生命史理论提出后得到了进一步发展，包括个体面对一系列生命命题时如何权衡资源的分配、"快"与"慢"的生命史策略、解释生命史策略形成的敏感化模型，以及生命史理论与解释水平理论的融合。已有研究基于生命史理论阐释了消费者感知社会经济线索时的消费决策、选择偏好。未来还可以在生命史理论视角下探讨自然环境线索下的消费者行为，进一步推进该理论与其他理论如解释水平、调节聚焦理论的融合。

（六）心理抗拒理论

心理抗拒理论认为，社会影响可能会威胁到人们自主决策、形成自己的观点以及做事情的自由。当人们认为自己的自由受到威胁时会进行反抗，出现一种旨在恢复自由的动机。来自内部和外部的自由威胁出现时，人们会产生一系列反应，如消极的情感体验、认知的改变以及旨在恢复自由的一系列行为举措。随着研究的深入，发现人际相似性可以通过增加顺应性和减少阻力来缓冲心理抗拒，不同文化（如个人主义和集体主义）对不同威胁有差异化的反应并以不同的方式恢复其自由。心理抗拒理论在 CB 研究中主要用于解释主动式营销领域的用户心理，如消费者对于个性化服务产生消极情绪的原因。未来研究者可以进一步开发心理抗拒的测量工具，探讨消费者的抗拒心理与让消费者感知到享乐性产品的偏好。

（七）行为免疫系统

行为免疫系统是由感知特定种类的刺激（如形态异常的外观）而触发的。当感知到这种刺激时，随之而来的是特定情绪和认知的自动激活（厌恶情绪；关于疾病暗示特征的自动推断），这会进一步促进功能性行为反应（回避、社会排斥）。该理论提出后，研究者进一步提出了行为免疫系统发挥作用的基本原则及其机制。行为免疫系统由一整套心理机制组成，包括检测暗示周围环境中存在传染性病原体的线索，引发与疾病相关的情绪和认知反应，促进对病原体感染的行为回避。行为免疫系统在CB研究中的应用，主要涉及由行为免疫系统激发的厌恶情绪、人际规避动机驱动的消费者行为反应，以及行为免疫系统被激活所导致的延迟就医现象。未来研究可以继续探讨疾病线索导致的特定包装和有序消费环境。

（八）社会比较理论

社会比较理论认为，人们有获取自我评价的内驱力，当客观的评价标准不可得时就会转向与他人比较；在相对主观的、社会性的评价中，人们倾向于通过与相似他人比较进行自我评价，并在此过程中满足自身对于观点和能力进行自我评价的内在需求。社会比较理论提出后已有近70年，得到了不断的推进与发展。经典社会比较理论将社会比较界定为一种人际比较的社会心理现象，提出人有自我评价的欲望，通过评价确定自己的观点是否正确以及确定自身能做什么。恐惧-从属理论扩展了社会比较理论的范围——从只关注能力和观点到关注情绪和情感。下行比较理论是社会比较理论发展的第三个重大发展，强调了下行比较在威胁下的作用。选择通达理论对社会比较过程中个体的内部心理过程进行展示，当个体面对外在环境提供的潜在社会比较信息时，会首先在自我评价与比较目标之间快速进行有关相似性的判断。已有研究主要关注了社会比较对消费者的美德行为、补偿性消费行为的影响。未来还可以探讨社会比较会触发消费者对反享乐主义和自我提升类产品的偏好。

（九）资源稀缺理论

资源稀缺理论提出，稀缺使个体对某些信息产生注意偏向，因个体需要集中精力解决稀缺问题，所以潜意识中对稀缺资源的相关信息尤为敏感。由于注意力集中于所缺的资源上，个体接下来要执行其他任务的认知、执行能力便会受到认知资源不足的影响。整体来看，学者们对资源稀缺理论的深化和推进主要体现为稀缺的双刃剑效应：资源稀缺可以给个体带来"专注红利"。如稀缺可以引发个体的注意偏向，促使个体产生珍惜性行为以及创造性行为等积极影响；资源稀缺还会带来"管窥负担"。如稀缺会导致个体的认知、执行能力降低，引发个体产生补偿性行为、攻击性行为等消极影响。资源稀缺理论在CB研究中的应用集中在两个方面：一是资源稀缺对消费者心理的影响，包括产品价值感知、竞争感知、安全感知及消费者情绪；二是资源稀缺对消费者行为的影响，包括消费者对产品的选择与使用、推断与评估、购买与捐赠及合作与冒险行为。未来可以开展资源稀缺影响消费者行为的元分析，探究稀缺线索对消费者冲动购买行为的影响。

（十）归属需求理论

人类需要成为群体和关系的一部分。归属需求理论主张：一是人们需要与他人频繁的私人接触或互动。理想情况下这些互动是积极或令人愉快的。二是人们之间持续不断的关系的概念是至关重要的。人们需要认识到存在一种以稳定的情感关注和持续到可预见的未来为特征的人际纽带或关系。这些互动不能是随机的，而是应该作为稳定的持久的关系的一部分发生，在这种关系中，人们关心对方的长期健康和幸福。归属需求理论提出后，研究者进一步发现对归属感的威胁导致对关系和社会联系的认知关注增加，通过消耗有限的认知资源可能导致其他领域的加工受损。另外，对归属感的威胁也会对情感产生深刻影响，负性情绪水平更高而积极情绪水平较低。该理论在CB研究中的应用体现在当这种归属需求得不到满足时，消费产品以一种间接的应对方式可重新建立归属感。具体研究探讨了归属需求对怀旧、真诚品牌个性、柔软触感、拟人化产品的偏好，以及从众消费等主题。未来还可以探讨归属需求对人工智能产品的偏好。

（十一）刻板印象内容模型

刻板印象内容模型是以温暖和能力为基础建立的二维模型，可以可靠地预测不同文化背景下的刻板印象内容和对各种不同群体的情感反应。该模型有四个前提假设：双维结构假设，温暖和能力决定外群体的分布；混合评价假设，大多数刻板印象是混合的；社会地位假设；由群体的社会地位可以预测刻板印象群体偏好假设，刻板印象中普遍存在参照群体偏好和外群体贬抑。新近研究进一步将刻板印象内容模型与群际情绪、行为反应相结合，开创性地形成了群际情绪-刻板印象-行为趋向系统模型。该模型将社会结构（环境背景）与新的认知解释（刻板印象）的发展联系起来，然后激起情感并最终导致行动倾向（行为）。刻板印象内容模型在CB研究中的应用集中在消费者对广告、品牌、公司的刻板印象的前因和后果方面。未来还可以继续探索人工智能的外观、属性与刻板印象的关系。

（十二）拟人化理论

拟人化指以人类的形式和事件来看待非人类的物体，这一倾向普遍存在于个体的判断之中。拟人化有三种类型：部分拟人化、实际拟人化、偶然拟人化。个体进行拟人化的原因主要有：拟人化可以通过提供关系或陪伴来安慰人们；拟人化可以帮助人们更好地理解周围的世界；拟人化可以被视为一种认知和感知策略。即人们可以通过优先考虑对世界的更高层次的解释，而不是较低层次的解释，从而最大限度地提高给定属性的附加属性的可预测性，增强个体的控制感。拟人化概念被提出以后，研究者从拟人化动机、过程、影响因素等方面进行了深入和推进，在CB研究中关于拟人化主要探讨了对消费者的积极影响和消极影响。未来可以继续探究消费者对拥有物的拟人化，以及不同程度的拟人化对消费者的影响。

（十三）社会拥挤理论

社会拥挤是指既定空间中的实际人口密度。密度是拥挤体验的必要不充分条件。密度表示一种涉及空间限制的物理条件，而拥挤指的是一种体验状态，在这种状态下，暴露在有限空间中的个人可以感知到有限空间的限制方面。拥挤是通过空间、社会因素以及个人因素的相互作用而产生的，这些因素使得个体对有限空间的潜在限制更加敏感。拥挤是一种通过空间、社会因素和个人因素相互作用产生的动机状态，旨在缓解感知的空间限制。研究者将拥挤理论引入营销领域，并创新性地提出了一个零售拥挤的延展模型。该模型不仅延伸了零售环境中有关拥挤的早期研究成果，还推进了拥挤理论的进一步发展。

营销领域的社会拥挤研究主要关注了对消费者的积极影响和消极影响，未来可以继续探讨虚拟（线上）环境的社会拥挤，以及线上和线下拥挤的差异影响。

（十四）冷–热双系统模型

冷–热双系统模型的理论基础涉及无意识动机决定论、环境决定论、创伤记忆的冷热系统。该模型提出消费者的决策处理同时受冷的认知系统与热的情感系统影响。其中，"冷"系统受海马体和额叶皮层的支配，由情感中性的认知构成，具有认知性、策略性、连贯性等特征，通常指导理性行为；而"热"系统由杏仁核统管，由情感的心理表述构成，具有冲动性、反射性、情绪性等特征，通常导致欲求、冲动以及趋避行为。冷–热双系统模型在CB研究中的应用主要涉及消费者冷、热系统平衡的影响因素，未来可以进一步讨论解释水平理论与冷–热双系统模型的匹配与矛盾调和，寻找影响消费者自我控制水平或者导致其自我损耗的前因变量。

（十五）心理模拟理论

心理模拟指为个体对某个事件或者一系列事件的模拟性心理表征。心理模拟理论是一种认知应对理论，该理论以对过去、未来和假设事件的心理模拟为中心，针对持续和过去的压力源，利用三个主要属性解决问题和调节情绪。后续学者将心理模拟划分为两种类型，分别是"过程模拟"与"结果模拟"。心理模拟理论主要应用在营销沟通中的心理模拟，包括新产品营销中的心理模拟、饮食消费行为中的心理模拟，消费者的心理模拟程度越高就越能增强消费欲望。还有学者探究了心理模拟对消费者其他行为的影响，例如冲动购买、拖延行为等。未来还可以探究心理模拟对消费者选择健康食物的影响，以及对线上购物产品展示方式的影响。

（十六）内隐人格理论

内隐人格理论是普通人所持有的对人的基本特质（如智力、品德和人格特质）以及周围事物可变性的看法，包括实体论和渐变论两个维度。实体论者认为人类的特质、观念以及周围的事物是相对固定而不能改变的，并且他们更能接受静止、稳定的状态。渐变论者认为通过学习和经历，人们能够发展和改变自我。近年来，有研究者认为用"心智"代替"内隐人格理论"更为合适，并提出了"固定取向"和"发展取向"来分别与实体论和渐变论相对应。固定取向的人认为人性是固定不变的，人的智力或能力是一种固定的品质，并且注重向他人证明自己拥有这种品质。发展取向的人认为所有人都可以通过努力和积累经验来改变和发展。内隐人格理论在CB研究中的应用主要集中在探究实体论者和渐变论者的决策风格差异对其随后的消费行为的影响，如产品选择偏好上的差异、消费行为中努力程度上的差异。未来可以进一步探究渐变论者和实体论者谁更拥有"重新开始"心态。

（十七）自我损耗理论

自我损耗理论认为，自我控制允许人们超越他们主要但不适应的思想、情绪和行为，以使他们与总体目标保持一致。但是，自我控制会消耗有限的力量或能量资源出现自我损耗，从而对个体的认知、情绪和行为产生影响。后续研究揭示了任务的认可度与价值判断、积极情绪、人格特质、亲密关系、生理因素等是自我损耗的影响因素。有学者进一步提出自我控制的力量模型，认为自我控制包含三个重要的成分：标准、监控、行为改变的能力。在CB研究中学者探讨了自我损耗与消费者的自私行为、营销促销的后效、消费态度及长期规划等的关系。未来可以进一步探究自我损耗与人工智能推荐采纳、自我损耗与替代恢复的关系。

（十八）心理所有权理论

心理所有权是指个人感觉所有权目标（或该目标的一部分）是他们的（即"我的"）状态。心理所有权反映了个人与有形物体（如笔记本电脑）或非物质人工制品（如项目/想法）之间的关系。心理所有权的深入研究包括以下几个方面：心理所有权产生的三种途径有控制、自我投入和亲密了解；从关注个人占有体验发展到关注社会交往过程；从关注主效应发展到关注复杂的调节效应；从关注西方的科层式组织情境发展到关注其他文化下多种形态的组织情境。心理所有权理论在

CB研究中的应用主要集中在顾客心理所有权，包括顾客心理所有权的影响因素等。未来研究可以探索心理所有权的负面效应及调节作用，将心理所有权理论运用到广告词的设计中。

（十九）意义维持模型

意义维持模型提出，个体自动地形成预期关系的心理表征，倾向于将他们的经验组织成期望的关系系统，会将人物、地点、事物和思想之间按照预期中的联系方式视作意义的本质，个体也具有先天的能力感知到那些与预期不符的关系表征。后续研究对该模型进行了深化和推进，包括对意义内涵的扩充和进一步阐释；对违反意义类型的补充；对流动补偿策略的梳理归纳；将意义维持模型与恐惧管理理论建立联系，探讨二者的联系与区别。意义维持模型在CB领域的应用涉及极度不一致创新产品采纳、怀旧维持人生意义、消费者品牌依恋。未来可以进一步拓展意义维持动机下的产品偏好，探索消费者主动意义维持的结果。

（二十）社会认同理论

社会认同指个体认识到自己属于特定的社会群体，并认识到其群体成员身份所带来的情感和价值意义。社会认同理论认为，个体通过社会分类对自己的群体产生认同，并产生内群体偏好和外群体偏见，当社会认同受到威胁时个体会采用各种策略来提高自尊。自社会认同理论提出后，后续学者在此基础上提出自我归类理论、最优特质理论以及社会认同的三维度模型，作为补充理论深化和推进了该理论。社会认同理论在CB领域中的应用涉及社会认同与环境、道德主张的产品购买意愿和社会认同与消费者忠诚度。未来可以继续探究居住流动性、社会认同与品牌延伸、众筹与消费者对极度不一致新产品的偏好等主题。

## 二、本书讨论

### （一）本书特色和创新

特色：本书作为一本社会心理学和消费者行为的交叉学科著作，

体现出学科的交叉性和融会贯通。本书旨在阐释社会心理学中的20个理论，并介绍和展望了每个理论在消费者行为领域的研究应用。同时，本书还介绍了我们研究团队围绕这些理论开展的未发表的研究成果。本书的基本观点是：社会心理学的理论构成了市场营销领域消费者行为（CB）研究的理论基石。本书在第一章用表格阐释提出观点，在随后章节详细论述了这些观点的证据。

创新：目前市面上《市场营销》《消费者行为》《社会心理学》等教材琳琅满目。其长处是给读者打下专业基础，但在开拓读者的研究思维和培养读者的研究能力上不足。尽管管理学领域有一本非常优秀的专著——《管理与组织研究常用的60个理论》，但它没有聚焦消费者行为领域，没有介绍研究应用。本书能够系统回答社会心理学的理论为何/如何构成消费者行为研究的基石；梳理每个理论的后续推进和构念测量/操纵；展望消费者行为学者未来探究的研究方向。

（二）本书价值

本书是作者近10年来在心理学和消费者行为领域积累的结果。本书的读者和受众是心理学和消费者行为领域的本科生、研究生和学者，以及从业人员。本书不仅能为读者开展心理学和消费者行为学的交叉研究提供指引和帮助，还能成为心理学和消费者行为领域的本科生、研究生和学者开展学术研究时的理论工具书。

# 第二节
## 未来方向

### 一、不足和局限性

尽管本书用相对全面和系统的方式阐述了每一个我们熟悉和擅长的社会心理学理论对CB领域的渗透和研究应用，但是本书依旧存在明显不足。首先，本书介绍的不是社会心理学的所有理论，也不是最为经典的社会心理学理论。这一点需要向读者说明。其次，消费者行为的研究领域非常庞大，本书介绍的研究领域也不是消费者行为学的所有研究领域。再次，本书成书时间仓促，需要后续补充最新的研究应用。

## 二、未来方向

作为对本书的推进和延展，后续学者可以探究下述问题。

第一，从其他学科视角探究其他学科的理论和方法对消费者行为领域的研究。比如，可以探究生理学和神经生理学的研究方法和技术对消费者行为领域的研究。又比如，可以从地理学、社会学和民族学等视角梳理这些学科的理论和方法对消费者行为领域的研究。

第二，从消费者行为学视角探究消费者行为研究自身的独特性，以及与社会心理学研究的区分。

第三，聚焦消费者行为的某个具体研究领域，比如信息加工、决策制定、情绪、知觉、消费者创造力等，来梳理这一领域中学者们使用的所有理论和方法，以及研究子主题。